JN016614

合格
トレーニング

よくわかる **簿記** シリーズ

TRAINING

日商簿記 2 級
商業簿記

はしがき

　日本商工会議所主催の簿記検定試験は，2022年4月より新しい出題区分で実施されていますが，本書は，この出題区分に対応した検定試験の受験対策用問題集です。「合格力をつける」ことを本書の最大の目的とし，ＴＡＣ簿記検定講座で培ってきた長年のノウハウをここに集約しました。

　本書は，特に次のような特徴をもっています。

１．合格テキストに準拠

　本書は，テキストで学習した論点のアウトプット用トレーニング教材として最適です。本書は，姉妹書『合格テキスト』の各テーマに準拠した問題集ですので，ぜひ『合格テキスト』とあわせてご使用ください。

２．各問題に重要度を明示

　各問題には，出題頻度にもとづいて重要度を★マークで表示しました。学習計画に応じて重要度の高い問題を選びながら学習を進めていくことができます。

　　★★★ … 必ず解いてほしい重要問題
　　★★☆ … 重要問題を解いた後に可能な限り解いてほしい問題
　　★☆☆ … 時間に余裕があれば解いてほしい問題

３．詳しい解説つき

　計算根拠や間違えやすい問題については，解答だけでなく「解答への道」として解説を付してあります。さらに『合格テキスト』と併用することで，より理解が深まります。

４．解答用紙ダウンロードサービスつき

　繰り返し演習し，知識の定着をはかるために，解答用紙のダウンロードサービスをご利用いただけます。ＴＡＣ出版書籍販売サイト・サイバーブックストア（URL https://bookstore.tac-school.co.jp/）にアクセスしてください。

　本書はこうした特徴をもっていますので，読者の皆さんが検定試験に合格できるだけの実力を必ず身につけられるものと確信しています。

　現在，日本の企業は国際競争の真っ只中にあり，いずれの企業でも実力のある人材，とりわけ簿記会計の知識を身につけた有用な人材を求めています。読者の皆さんが本書を活用することで，検定試験に合格し，将来の日本をになう人材として成長されることを心から願っています。

2024年1月

ＴＡＣ簿記検定講座

Ver.17.0への改訂について

　本書は，『合格トレーニング　日商簿記2級　商業簿記』Ver.16.0について，最近の出題傾向に基づき，改訂を行ったものです。

CONTENTS

問題編

ネット試験用

模擬試験プログラムにチャレンジしよう！

本書購入特典として、模擬試験プログラムが付属しています。

実際にパソコンで解いてみると、下書用紙の使い方や、日本語入力への切り替えなど、ペーパー試験とは違った工夫が必要なことに気づかれると思います。

ネット試験を受験されるかたは、ぜひこの模擬試験プログラムにアクセスして、ネット試験を体験してみてください。

※本サービスの提供期間は、本書の改訂版刊行月末日までです。

（免責事項）
(1) 本アプリの利用にあたり、当社の故意または重大な過失によるもの以外で生じた損害、及び第三者から利用者に対してなされた損害賠償請求に基づく損害については一切の責任を負いません。
(2) 利用者が使用する対応端末は、利用者の費用と責任において準備するものとし、当社は、通信環境の不備等による本アプリの使用障害については、一切サポートを行いません。
(3) 当社は、本アプリの正確性、健全性、適用性、有用性、動作保証、対応端末への適合性、その他一切の事項について保証しません。
(4) 各種本試験の申込、試験申込期間などは、必ず利用者自身で確認するものとし、いかなる損害が発生した場合であっても当社では一切の責任を負いません。

（推奨デバイス）PC・タブレット
（推奨ブラウザ）Microsoft Edge 最新版／
Google Chrome 最新版／Safari 最新版

詳細は、下記URLにてご確認ください。
https://program.tac-school.co.jp/login/2

模擬試験プログラムへのアクセス方法

STEP 1

TAC 出版	検索

STEP 2

🌳 書籍連動ダウンロードサービス

にアクセス

STEP 3

パスワードを入力

240210665

＼ Start! ／

問題編

合格トレーニング

日商簿記 **2** 級 商業簿記

Theme 00 簿記一巡の手続き

問題0-1 ★★★

東京商店（決算日12月末）の以下の資料にもとづいて，解答欄に示した「試算表」を完成させなさい。なお，解答欄に示した「仕訳帳」「総勘定元帳」は自由に使用してよい。

〔A〕当期首（×2年1月1日）における残高試算表

残 高 試 算 表
×2年1月1日

借　　方	勘 定 科 目	貸　　方
246,000	現　　　　　金	
60,000	売　　掛　　金	
32,000	繰　越　商　品	
250,000	備　　　　　品	
3,000	前　払　保　険　料	
	買　　掛　　金	46,000
	未　払　家　賃	15,000
	貸 倒 引 当 金	3,000
	減 価 償 却 累 計 額	27,000
	資　　本　　金	350,000
	利　益　準　備　金	87,500
	繰 越 利 益 剰 余 金	62,500
591,000		591,000

注）前払保険料，未払家賃は，期首の日付で再振替仕訳を行う。

〔B〕期中取引

① 商品120,000円を仕入れ，代金は現金で支払った。
② 商品250,000円を仕入れ，代金は掛けとした。
③ 商品（原価150,000円，売価220,000円）を販売し，代金は現金で受け取った。
④ 商品（原価200,000円，売価300,000円）を販売し，代金は掛けとした。
⑤ 買掛金200,000円を現金で支払った。
⑥ 売掛金225,000円を現金で回収した。
⑦ 株主総会において，株主に対する配当金35,000円が決議され，決議後，ただちに配当金を現金で支払った。なお，利益準備金の積み立ては考慮しなくてよい。
⑧ 前期販売分に対する売掛金2,000円が貸し倒れた。
⑨ 備品100,000円を購入し（購入日×2年7月1日），代金は現金で支払った。
⑩ 給料30,000円を現金で支払った。

⑪　向こう 1 年分の保険料12,000円（×2年 4 月 1 日～×3年 3 月末）を現金で支払った。

⑫　過去 1 年分の家賃60,000円（×1年10月 1 日～×2年 9 月末）を現金で支払った。

〔C〕決算整理事項

(1)　期末商品棚卸高は52,000円である。なお，売上原価を仕入勘定で算定する。

(2)　売掛金の期末残高に対して 5 ％を貸倒引当金として計上する（差額補充法）。

(3)　備品に対し，残存価額は取得原価の10％，耐用年数は 5 年の定額法により減価償却を行う。なお，当期に取得した備品については月割計算による。

(4)　次期分の保険料を前払い計上する。

(5)　当期分の家賃について未払い計上する。

▼ 解答欄

〔試算表〕

試　算　表

勘 定 科 目	期首試算表		決算整理前残高試算表		決算整理後残高試算表		繰 越 試 算 表	
	借　方	貸　方	借　方	貸　方	借　方	貸　方	借　方	貸　方
現　　　　　金	246,000							
売　　掛　　金	60,000							
繰　越　商　品	32,000							
備　　　　　品	250,000							
前　払　保険料	3,000							
買　　掛　　金		46,000						
未　払　家　賃		15,000						
貸　倒　引当金		3,000						
減価償却累計額		27,000						
資　　本　　金		350,000						
利　益　準備金		87,500						
繰越利益剰余金		62,500						
売　　　　　上								
仕　　　　　入								
給　　　　　料								
保　　険　　料								
支　払　家　賃								
貸倒引当金繰入								
減　価　償却費								
	591,000	591,000						

4

〔仕訳帳〕
・再振替仕訳

借　方　科　目	金　　額	貸　方　科　目	金　　額

・期中取引の仕訳

	借　方　科　目	金　　額	貸　方　科　目	金　　額
①				
②				
③				
④				
⑤				
⑥				
⑦				
⑧				
⑨				
⑩				
⑪				
⑫				

・決算整理仕訳

	借 方 科 目	金 額	貸 方 科 目	金 額
(1)				
(2)				
(3)				
(4)				
(5)				

・決算振替仕訳
（収益の振り替え）

借 方 科 目	金 額	貸 方 科 目	金 額

（費用の振り替え）

借 方 科 目	金 額	貸 方 科 目	金 額

（当期純利益の振り替え）

借 方 科 目	金 額	貸 方 科 目	金 額

〔総勘定元帳〕

	現 金		
1/1 前期繰越 246,000			

	買 掛 金		
	1/1 前期繰越 46,000		

	売 掛 金		
1/1 前期繰越 60,000			

	未 払 家 賃		
	1/1 前期繰越 15,000		

	繰 越 商 品		
1/1 前期繰越 32,000			

	貸 倒 引 当 金		
	1/1 前期繰越 3,000		

	備 品		
1/1 前期繰越 250,000			

	減価償却累計額		
	1/1 前期繰越 27,000		

	前 払 保 険 料		
1/1 前期繰越 3,000			

	資 本 金		
	1/1 前期繰越 350,000		

	利 益 準 備 金		
	1/1 前期繰越 87,500		

	繰越利益剰余金		
	1/1 前期繰越 62,500		

	仕　　　　入	

	売　　　　上	

	給　　　　料

	保　　険　　料

	支　払　家　賃

	貸倒引当金繰入

	減　価　償　却　費

	損　　　　益	

解答〈3〉ページ

01 財務諸表

問題1-1 ★★☆

以下の語群より，適切な語句を選んで，報告式の損益計算書に関する文章を完成させなさい。

報告式の損益計算書では，売上高から売上原価を控除して（ ① ）を表示する。次に（ ① ）から販売費及び一般管理費を控除して（ ② ）を表示する。さらに（ ② ）に営業外収益を加算し，営業外費用を控除して（ ③ ）を表示する。さらに（ ③ ）に（ ④ ）を加算し，（ ⑤ ）を控除して税引前（ ⑥ ）を表示する。

（語　群）

| 営　業　利　益 | 売　上　総　利　益 | 当　期　純　利　益 | 特　別　利　益 |
| 法　人　税　等 | 特　別　損　失 | 経　常　利　益 | |

▼ 解答欄

①	②	③
④	⑤	⑥

解答〈7〉ページ

問題1-2 ★★☆

以下の語群より，適切な語句を選んで，貸借対照表に関する文章を完成させなさい。

貸借対照表は，大きく資産の部，負債の部，（　①　）の部の3つに区分される。資産の部および負債の部については，その内容を（　②　）資産および（　②　）負債と固定資産および固定負債に区分される。また，（　①　）の部は大きく（　③　）と評価・換算差額等の部に区分される。

（語　群）

株 主 資 本	当 期 純 利 益	資 本 剰 余 金	純 資 産
資 本 金	流 動	経 常 利 益	利 益 剰 余 金

▼解答欄

①	②	③

解答〈7〉ページ

問題1-3 ★★★

以下の決算整理後の残高にもとづき，解答欄の損益計算書を作成しなさい。

(1) 収益項目

売　　　　上	720,000円	受 取 利 息	500円
償却債権取立益	3,500円（注1）	固定資産売却益	10,000円

(2) 費用項目

仕　　　　入	450,000円（注2）	給　　　　料	85,000円
広 告 宣 伝 費	22,000円	旅 費 交 通 費	28,000円
水 道 光 熱 費	16,000円	通 信 費	13,000円
租 税 公 課	8,000円	減 価 償 却 費	7,000円
貸倒引当金繰入	1,000円（注3）	支 払 利 息	1,200円
雑　　　　損	800円	災 害 損 失	22,000円

（注1）償却債権取立益は「営業外収益」の区分に表示する。

（注2）期首商品棚卸高は80,000円であり，期末商品棚卸高は150,000円であった。

（注3）すべて売上債権に対して計上したものであり，「販売費及び一般管理費」の区分に表示する。

損 益 計 算 書

自×1年4月1日　至×2年3月31日　　　（単位：円）

Ⅰ　売　　上　　高　　　　　　　　　　（　　　　　　）

Ⅱ　売　上　原　価

　　1　期 首 商 品 棚 卸 高　　（　　　　　　）

　　2　当 期 商 品 仕 入 高　　（　　　　　　）

　　　　　　合　　　　計　　　（　　　　　　）

　　3　期 末 商 品 棚 卸 高　　（　　　　　　）　（　　　　　　）

　　　　売　上　総　利　益　　　　　　　　　　（　　　　　　）

Ⅲ　販売費及び一般管理費

　　1　（　　　　　　）　（　　　　　　）

　　2　（　　　　　　）　（　　　　　　）

　　3　（　　　　　　）　（　　　　　　）

　　4　（　　　　　　）　（　　　　　　）

　　5　（　　　　　　）　（　　　　　　）

　　6　（　　　　　　）　（　　　　　　）

　　7　（　　　　　　）　（　　　　　　）

　　8　（　　　　　　）　（　　　　　　）　（　　　　　　）

　　　　営　業　利　益　　　　　　　　　　（　　　　　　）

Ⅳ　営　業　外　収　益

　　1　（　　　　　　）　（　　　　　　）

　　2　（　　　　　　）　（　　　　　　）　（　　　　　　）

Ⅴ　営　業　外　費　用

　　1　（　　　　　　）　（　　　　　　）

　　2　（　　　　　　）　（　　　　　　）　（　　　　　　）

　　　　経　常　利　益　　　　　　　　　　（　　　　　　）

Ⅵ　特　別　利　益

　　1　（　　　　　　）　（　　　　　　）　（　　　　　　）

Ⅶ　特　別　損　失

　　1　（　　　　　　）　（　　　　　　）　（　　　　　　）

　　　　税 引 前 当 期 純 利 益　　　　　（　　　　　　）

　　　　法人税, 住民税及び事業税　　　　　30,000

　　　　当　期　純　利　益　　　　　　　（　　　　　　）

問題2-1 ★★★

以下の商品売買取引を(1)三分法，(2)売上原価対立法，それぞれの方法で記帳した場合の仕訳を示し，勘定の記入を完成させなさい。なお，仕訳が不要な場合は「仕訳なし」と解答すること。

また，転記については取引番号と金額のみを記入し，締め切らなくてよい。

〈指定勘定科目〉

| 売 掛 金 | 商 品 | 繰 越 商 品 | 買 掛 金 |
| 売 上 | 仕 入 | 売 上 原 価 | |

(資 料)

① 横浜商店より商品500,000円を掛けで仕入れた。

② 大阪商店に商品（原価550,000円，売価800,000円）を掛けで販売した。

③ 決算整理を行う。期首商品棚卸高は120,000円，期末商品棚卸高は70,000円である。

▼ 解答欄

(1) 三分法

	借 方 科 目	金 額	貸 方 科 目	金 額
①				
②				
③				

仕　　　　入		売　　　　上	

繰 越 商 品	
前期繰越　　120,000	

(2) 売上原価対立法

	借 方 科 目	金 額	貸 方 科 目	金 額
①				
②				
③				

```
            商        品
前期繰越   120,000  |
                    |
```

```
       売  上  原  価                        売        上
              |                                   |
              |                                   |
```

解答〈10〉ページ

問題2-2 ★★★

千代田商店は当期に商品400個を@3,500円（売価）で販売した。

以下の資料にもとづき，(1)三分法，(2)売上原価対立法，それぞれの方法で記帳した場合の精算表の記入を完成させなさい。なお，払出単価の計算は先入先出法による。

(資 料)

期首商品棚卸高：@2,800円　50個
当期商品仕入高：@3,000円　450個
期末商品棚卸高：　　　　　100個

▼ 解答欄

(1)

精 算 表

勘 定 科 目	残高試算表		修 正 記 入		損益計算書		貸借対照表	
	借 方	貸 方	借 方	貸 方	借 方	貸 方	借 方	貸 方
繰 越 商 品								
売　　　　上								
仕　　　　入								

(2)

精 算 表

勘 定 科 目	残高試算表		修 正 記 入		損益計算書		貸借対照表	
	借 方	貸 方	借 方	貸 方	借 方	貸 方	借 方	貸 方
商　　　　品								
売　　　　上								
売 上 原 価								

解答〈11〉ページ

問題2-3 ★★★

次の一連の取引について，(1)三分法で記帳した場合，(2)売上原価対立法で記帳した場合の仕訳を示しなさい。

〈指定勘定科目〉

現　　　金　　売　掛　金　　商　　　品　　買　掛　金
売　　　上　　仕　　　入　　売　上　原　価

① 商品Z100個を1個あたり5,000円で仕入れ，代金を掛けとした。
② 上記，仕入商品のうち10個を品違いのため返品し，掛け代金と相殺した。
③ 上記，商品Z60個を1個あたり6,500円販売し，代金は掛けとした。
④ 上記，売上商品のうち5個について品違いのため返品を受け，掛け代金と相殺した。

▼ 解答欄

(1) 三分法

	借　方　科　目	金　　額	貸　方　科　目	金　　額
①				
②				
③				
④				

(2) 売上原価対立法

	借　方　科　目	金　　額	貸　方　科　目	金　　額
①				
②				
③				
④				

解答〈13〉ページ

問題2-4 ★★★

次の一連の取引について，仕入の計上基準につき，(1)入荷基準を採用した場合，(2)検収基準を採用した場合のそれぞれの仕訳を答えなさい。なお，商品売買の記帳は三分法とし，仕訳不要の場合には「仕訳なし」と借方科目欄に解答すること。

〈指定勘定科目〉

当 座 預 金 　 　 前 払 金 　 　 買 掛 金 　 　 仕 　 　 入

（取　引）

① 仕入先札幌商店に商品100,000円を注文した。代金は掛けとする。

② 先に注文した商品のうち80,000円が到着した。

③ 商品を検収したところ7,000円の商品が品違いであったため，返品した。

▼ 解答欄

(1)　入荷基準

	借 方 科 目	金 　 額	貸 方 科 目	金 　 額
①				
②				
③				

(2)　検収基準

	借 方 科 目	金 　 額	貸 方 科 目	金 　 額
①				
②				
③				

解答〈13〉ページ

問題2-5 ★★★

次の一連の取引について，売上の計上基準につき，(1)出荷基準を採用した場合，(2)着荷基準を採用した場合，(3)検収基準を採用した場合，それぞれの仕訳を答えなさい。なお，商品売買の記帳は三分法とし，仕訳不要の場合には「仕訳なし」と借方科目欄に解答すること。

〈指定勘定科目〉

　　　当 座 預 金　　　売 掛 金　　　前 受 金　　　売　　　　上

(取　引)

① 得意先宮崎商店より商品150,000円の注文を受けた。代金は掛けとする。
② 先に注文を受けた商品のうち120,000円を発送した。
③ 先に発送した商品について，先方より商品が到着した旨，連絡を受けた。
④ 検収の結果10,000円の商品について品違いがあったため，先方より返品を受けた。

▼ 解答欄

(1)　出荷基準

	借 方 科 目	金 額	貸 方 科 目	金 額
①				
②				
③				
④				

(2)　着荷基準

	借 方 科 目	金 額	貸 方 科 目	金 額
①				
②				
③				
④				

(3)　検収基準

	借 方 科 目	金 額	貸 方 科 目	金 額
①				
②				
③				
④				

解答〈14〉ページ

問題2-6　★★★

次の期末修正事項にもとづいて，(1)精算表の記入，および(2)与えられた勘定の記入を完成させなさい。なお，会計期間は1年（決算日：3月末）である。

（期末修正事項）

商品の期末棚卸高は次のとおりである。なお，商品売買取引は三分法で記帳しており，売上原価を仕入勘定で算定する。また，棚卸減耗損と商品評価損は売上原価に算入しない。

(1)　帳簿棚卸数量　　500個　　　　実地棚卸数量　　480個
(2)　原　　　　価　@500円　　　正味売却価額　@450円

▼ 解答欄

(1)

精　算　表

勘定科目	残高試算表 借方	残高試算表 貸方	修正記入 借方	修正記入 貸方	損益計算書 借方	損益計算書 貸方	貸借対照表 借方	貸借対照表 貸方
繰越商品	210,000							
売　　上		1,850,000						
仕　　入	950,000							
棚卸減耗損								
商品評価損								

(2)

繰　越　商　品

月	日	摘要	借方	月	日	摘要	貸方
4	1	前期繰越	210,000	3	31	仕　入	
3	31	仕　入		3	31	棚卸減耗損	
				3	31	商品評価損	
				3	31	次期繰越	

仕　　入

月	日	摘要	借方	月	日	摘要	貸方
×	×	諸口	950,000	3	31	繰越商品	
3	31	繰越商品		3	31	損益	

解答〈14〉ページ

問題2-7 ★★★

次の期末修正事項にもとづいて，(1)精算表の記入，および(2)与えられた勘定の記入を完成させなさい。なお，会計期間は1年（決算日：3月末）である。

（期末修正事項）

商品の期末棚卸高は次のとおりである。なお，商品売買取引は三分法で記帳しており，売上原価を仕入勘定で算定する。また，商品評価損は売上原価に算入し，棚卸減耗損は売上原価に算入しない。

(1) 帳簿棚卸高　　数量　　500個　　　原価　@500円
(2) 実地棚卸高
　　①良　　品　　数量　　430個　　　正味売却価額　@750円
　　②品質低下品　数量　　 50個　　　正味売却価額　@200円

▼ 解答欄

(1)

精　算　表

勘定科目	残高試算表		修正記入		損益計算書		貸借対照表	
	借　方	貸　方	借　方	貸　方	借　方	貸　方	借　方	貸　方
繰 越 商 品	210,000							
売　　　　上		1,850,000						
仕　　　　入	950,000							
棚 卸 減 耗 損								
商 品 評 価 損								

(2)

繰　越　商　品

月	日	摘　　要	借　　方	月	日	摘　　要	貸　　方
4	1	前 期 繰 越	210,000	3	31		
3	31			3	31	棚 卸 減 耗 損	
				3	31	商 品 評 価 損	
				3	31		

仕　　　　入

月	日	摘　　要	借　　方	月	日	摘　　要	貸　　方
×	×	諸　　　口	950,000	3	31		
3	31			3	31		
3	31						

問題2-8 ★★☆

　次の資料にもとづいて，以下の各勘定に記入しなさい。なお，各取引は番号順に発生したものとし，払出単価の計算は先入先出法による。なお，商品売買の記帳は三分法で行っており，売上原価の計算は仕入勘定で行う。また，商品評価損は売上原価に算入し，棚卸減耗損は売上原価に算入しない。

（資　料）

1	前期繰越	50個	@2,000円
2	仕　入	150個	@2,400円
3	売　上	100個	@4,500円（売　価）
4	仕　入	100個	@2,000円
5	売　上	140個	@4,600円（売　価）
6	期末商品棚卸高		

　　　帳簿数量：各自計算　　　原　　　　価：各自計算
　　　実地数量　　55個　　　正味売却価額　@1,900円

▼解答欄

繰越商品

4/1 前期繰越（　　）	3/31 （　　）（　　）		
3/31 （　　）（　　）	〃 棚卸減耗損（　　）		
	〃 商品評価損（　　）		
	〃 （　　）（　　）		
（　　）	（　　）		
4/1 前期繰越（　　）			

棚卸減耗損

3/31 （　　）（　　）	3/31 （　　）（　　）	

商品評価損

3/31 （　　）（　　）	3/31 （　　）（　　）	

仕　入

総仕入高（　　）	3/31 （　　）（　　）
3/31 （　　）（　　）	〃 （　　）（　　）
〃 （　　）（　　）	
（　　）	（　　）

売　上

3/31 （　　）（　　）	総売上高（　　）

損　益

3/31 （　　）（　　）	3/31 （　　）（　　）
〃 （　　）（　　）	

解答〈16〉ページ

理解度チェック

問題3-1　★★★

以下の資料にもとづき，(1)雑損又は雑益の金額および(2)決算整理後の現金勘定の残高を答えなさい。

（資　料）

決算につき，現金の実際有高を調べたところ次のとおりである。なお，決算整理前の現金勘定の残高は28,000円であった。

①　通貨手許有高　9,000円

②　得意先A商店振出の小切手　20,000円

③　売掛金の回収として受け取った郵便為替証書　5,000円（未記帳）

④　貸付金の利息として受け取った送金小切手　3,000円（未記帳）

▼解答欄

(1)		(2)	
雑　（　　　）	円	決算整理後の 現　　金	円

解答〈18〉ページ

問題3-2 ★★★

次の(1)および(2)について仕訳しなさい。

〈指定勘定科目〉

当 座 預 金	売 掛 金	未 収 入 金	買 掛 金
未 払 金	修 繕 費		

(1) 銀行勘定調整表を作成して，当座預金勘定の残高950,000円と銀行の残高証明書の金額1,090,000円との不一致の原因を調べたところ，仕入先秋田商店に対する買掛金の支払いとして振り出し，交付した小切手95,000円がいまだ銀行で未払いであるほか，預け入れた小切手（得意先東京商店より売掛金の回収として受け取ったもの）172,000円が127,000円と記帳されていたことが判明した。

(2) 本日，決算（12月31日）のため，金庫の中を実査したところ，車両の修理代金77,000円の支払いのため12月25日に振り出された小切手が，相手先に未渡しであることが判明した。なお，会計上，12月25日に支払済みとして処理がされている。

▼ 解答欄

	借 方 科 目	金 額	貸 方 科 目	金 額
(1)				
(2)				

解答〈18〉ページ

問題3-3　★★☆

次の資料にもとづいて修正仕訳を行いなさい。なお，仕訳が不要の場合は「仕訳なし」と借方科目欄に記入すること。

〈指定勘定科目〉

当座預金　　売掛金　　買掛金　　未払金
修繕費　　通信費

(資　料)

当社の当座預金勘定の帳簿残高と銀行残高証明書の残高が一致しなかったので，その原因を調査したところ次のことが判明した。

(1) 売掛金の回収として小切手200,000円を受け取り，ただちに当座預金に預け入れたが，銀行では翌日入金としていた。

(2) 仕入先横浜商店に対する買掛金の支払いとして振り出し，交付した小切手89,000円が，いまだ銀行で未払いである。

(3) 仕入先川崎商店に対する買掛金77,000円の支払いのため，小切手を振り出したが，まだ川崎商店に渡されていなかった（振出時に記帳済み）。

(4) 機械の修理代金として振り出した小切手35,000円が未渡しである（振出時に記帳済み）。

(5) 銀行から口座引き落としで電話料金56,000円が支払われていたが，その連絡が当方に未達である。

(6) 仕入先品川商店に対する買掛金の支払いとして振り出した小切手55,000円が，66,000円と記帳されていた。

▼ 解答欄

	借　方　科　目	金　　額	貸　方　科　目	金　　額
(1)				
(2)				
(3)				
(4)				
(5)				
(6)				

解答〈18〉ページ

問題3-4　★★★

　関東商店（株）が，取引銀行（水道橋銀行）より取り寄せた当座預金の残高証明書（×3年3月31日現在）は，当社の当座預金勘定の残高と一致していなかった。次の資料により解答欄の銀行勘定調整表を作成しなさい。

（資料Ⅰ） 水道橋銀行残高証明書残高　　　1,455,000円

（資料Ⅱ） 関東商店の当座預金勘定残高　1,471,000円

（資料Ⅲ） 不一致の原因を調査したところ次の事項が判明した。

① 得意先有楽町商店に対する受取手形40,000円が決済され取り立てられたが，通知が当社に未達であった。

② 仕入先成増商店に対する買掛金の支払いとして，小切手10,000円を振り出したが，先方に未渡しであり，いまだ出納係の手許にあった（振出時に記帳済み）。

③ 送金手数料4,000円が当座預金口座から引き落とされていたが，当社では未記帳であった。

④ 仕入先飯田橋商店に対する買掛金の支払いとして，小切手35,000円を振り出し，交付したが，未取付であった。

⑤ 3月31日に現金97,000円を当座預金口座へ預け入れたが，銀行の営業時間終了後であったため，銀行は翌日の入金として処理していた。

▼解答欄

（注）〔　　〕には**（資料Ⅲ）**における番号①～⑤を記入しなさい。

　　　（　　）には金額を記入しなさい。

⑴　両者区分調整法

銀 行 勘 定 調 整 表

×3年3月31日　　　　　　　　　　　　　　　（単位：円）

関東商店の当座預金勘定残高　（　　　　　　　）	水道橋銀行残高証明書残高　（　　　　　　　）
（加　算）	（加　算）
〔　　〕　（　　　　　　　）	〔　　〕　　　　　　　　　　（　　　　　　　）
〔　　〕　（　　　　　　　）（　　　　　　　）	（減　算）
（減　算）	〔　　〕　　　　　　　　　　（　　　　　　　）
〔　　〕　　　　　　　　（　　　　　　　）	
（　　　　　　　）	（　　　　　　　）

(2) 企業残高基準法

銀 行 勘 定 調 整 表

×3年 3 月31日　　　　　　　　　　（単位：円）

関東商店の当座預金勘定残高　　　　　　　　　（　　　　　　　）

（加　算）

〔　　　　　　〕　　　　　　（　　　　　　）

〔　　　　　　〕　　　　　　（　　　　　　）

〔　　　　　　〕　　　　　　（　　　　　　）　（　　　　　　　）

（減　算）

〔　　　　　　〕　　　　　　（　　　　　　）

〔　　　　　　〕　　　　　　（　　　　　　）　（　　　　　　　）

水道橋銀行残高証明書残高　　　　　　　　　　（　　　　　　　）

(3) 銀行残高基準法

銀 行 勘 定 調 整 表

×3年 3 月31日　　　　　　　　　　（単位：円）

水道橋銀行残高証明書残高　　　　　　　　　　（　　　　　　　）

（加　算）

〔　　　　　　〕　　　　　　（　　　　　　）

〔　　　　　　〕　　　　　　（　　　　　　）　（　　　　　　　）

（減　算）

〔　　　　　　〕　　　　　　（　　　　　　）

〔　　　　　　〕　　　　　　（　　　　　　）

〔　　　　　　〕　　　　　　（　　　　　　）　（　　　　　　　）

関東商店の当座預金勘定残高　　　　　　　　　（　　　　　　　）

解答〈19〉ページ

問題3-5　★★☆

次の資料にもとづいて，解答欄に示した決算整理後残高試算表（一部）を完成しなさい。会計期間は1年，当期は×1年4月1日から×2年3月31日までである。なお，組替仕訳を一部考慮すること。

（資料1）決算整理前残高試算表（一部）

決算整理前残高試算表

×2年3月31日　　　　　　　　（単位：円）

現　　　　　金	28,000	当座預金・Y銀行	8,500
当座預金・X銀行	30,900	買　　掛　　金	30,000
定　期　預　金	20,000	未　　払　　金	5,000
売　　掛　　金	74,100	受　取　利　息	600

（資料2）期末整理事項

(1) 現金の実際有高を調べたところ次のとおりであった。

① 通貨手許有高　9,000円

② 得意先A商店振出の小切手　20,000円

③ 売掛金の回収として受け取った送金小切手　8,000円（未記帳）

(2) 当座預金・X銀行勘定残高とX銀行残高証明書残高（77,000円）との差異の原因は次のとおりであった。

① 決算日に現金12,000円を預け入れたが，営業時間外であったため，銀行では翌日付で入金の記帳をした。

② 仕入先B商店に対する買掛金9,000円を支払うために振り出し，交付した小切手が，いまだ銀行に支払呈示されていなかった。

③ 仕入先C商店に対する買掛金30,000円を支払うために振り出した小切手が未渡しであった（振出時に記帳済み）。

④ 広告宣伝費10,000円を支払うために振り出した小切手が未渡しであった（振出時に記帳済み）。

⑤ 得意先D商店より売掛金15,000円が当座預金に振り込まれたが，その連絡が当社に未達であった。

⑥ 支払利息5,000円が当座預金から引き落とされていたが，その連絡が当社に未達であった。

⑦ 当社では，得意先E商店からの売掛金6,000円の振込額を誤って6,900円と処理していた。

(3) 当社はY銀行と当座借越契約を締結している。同行の当座預金残高が貸方残高となっているため，これを短期借入金に振り替える。

(4) 定期預金・Y銀行20,000円は，×1年5月1日から期間2年の定期預金（利率年6％，利払日は4月と10月の各末日）である。

▼ 解答欄

決算整理後残高試算表（一部）

現　　　　　　　金	（　　　　　）	買　　　掛　　　金	（　　　　　）
当座預金・X銀行	（　　　　　）	短　期　借　入　金	（　　　　　）
売　　　掛　　　金	（　　　　　）	未　　　払　　　金	（　　　　　）
未　収　利　息	（　　　　　）	受　　取　　利　息	（　　　　　）
長　期　性　預　金	（　　　　　）	雑　　　　　益	（　　　　　）
支　払　利　息	（　　　　　）		

問題3-6　★★★

[資料Ⅰ] ～ [資料Ⅳ] から, 次の各問いに答えなさい。

[資料Ⅰ] 決算整理前残高試算表（一部）

残 高 試 算 表
×年3月31日　　　　（単位：円）

借　　方	勘　定　科　目	貸　　方
153,900	現　　　　　金	
（各自推定）	当　座　預　金	
194,830	受　取　手　形	
386,500	貸　付　金	

[資料Ⅱ]

決算にあたり作成した銀行勘定調整表を示すと, 次のとおりである。なお, 銀行から取り寄せた証明書の残高は257,100円であった。

銀 行 勘 定 調 整 表　　　　　　　（単位：円）

当社の当座預金勘定残高		（ 各自推定 ）
（加　算）［未取付小切手（仕入代金の支払いのため）］	19,700	
［未渡小切手（広告費支払いのため）］	17,900	37,600
（減　算）［銀行営業時間外の預け入れ］	12,300	
［他店振出小切手を当座預金の増加としていた］	23,900	36,200
銀行の残高証明書残高		257,100

[資料Ⅲ]

決算日において, 金庫の中を実査したところ, 次のものが入っていた。このうち, 貸付金の利息として受け取った郵便為替証書2,200円が未処理であることが判明した。

他店振出小切手　　23,900円　　　他店振出の約束手形　　194,830円
自己振出の未渡小切手　17,900円　　紙幣・硬貨　　152,400円
借用証書　　386,500円　　　郵便為替証書　　2,200円

[資料Ⅳ] 仕訳に使用できる勘定科目

現　　　金　　　　当座預金　　　　貸　付　金　　　　買　掛　金　　　　未　払　金
現金過不足　　　　受取利息　　　　雑　　　益　　　　広　告　費　　　　雑　　　損

問1　資料Ⅱから判明する必要な決算整理仕訳をしなさい。
問2　資料Ⅲから判明する必要な決算整理仕訳（未処理事項を含む）をしなさい。
問3　貸借対照表に表示される「現金預金」の金額を求めなさい。

問1

借　方　科　目	金　　額	貸　方　科　目	金　　額

※　仕訳は各行に1組ずつ記入しなさい。

問2

借　方　科　目	金　　額	貸　方　科　目	金　　額

※　仕訳は各行に1組ずつ記入しなさい。

問3

円

解答〈21〉ページ

Theme 04 債権・債務

理解度チェック

問題4-1　★★☆

次の一連の取引について仕訳しなさい。商品売買の記帳は三分法によること。

〈指定勘定科目〉

| 現　　　　　金 | 当 座 預 金 | クレジット売掛金 | 売　　　　　上 |
| 支 払 手 数 料 | 支 払 利 息 | | |

(1) 商品500,000円を販売し，顧客よりクレジット・カードによる決済を依頼された。なお，当社は当該クレジット・カードの加盟店である。カード会社へ支払う手数料は販売代金の1.5％であり，販売時に計上する。

(2) 上記，クレジット取引について，カード会社から手数料を差し引いた手取額が当店の当座預金口座に入金された。

▼ 解答欄

	借　方　科　目	金　　額	貸　方　科　目	金　　額
(1)				
(2)				

解答〈23〉ページ

問題4-2 ★★★

次の取引について仕訳しなさい。商品売買の記帳は三分法によること。

〈指定勘定科目〉

当　座　預　金　　　受　取　手　形　　　売　掛　金　　　支　払　手　形
買　掛　金　　　　　売　　　上　　　　　仕　　　入

(1) 東京商店は大阪商店から商品100,000円を仕入れ，代金のうち半額は福井商店振出，当店宛の約束手形を裏書譲渡し，残額は掛けとした。

(2) 大阪商店は東京商店に商品100,000円を販売し，代金のうち半額は福井商店振出，東京商店宛の約束手形を裏書譲渡され，残額は掛けとした。

(3) 千葉商店は，熊本商店より商品280,000円を仕入れ，代金のうち200,000円は福島商店振出の約束手形を裏書譲渡し，残りは熊本商店宛の約束手形を振り出して支払った。

(4) 得意先横浜商店より売掛金の回収として，長崎商店振出，横浜商店宛の約束手形200,000円と，当店振出，川崎商店宛の約束手形70,000円を受け取った。

▼ 解答欄

	借　方　科　目	金　　額	貸　方　科　目	金　　額
(1)				
(2)				
(3)				
(4)				

解答〈23〉ページ

問題4-3 ★★★

　次の一連の取引について各商店の立場から仕訳しなさい。商品売買の記帳は三分法によること。なお，取引が発生していなければ，「仕訳なし」と借方科目欄に記入すること。

〈指定勘定科目〉

　　当 座 預 金　　　受 取 手 形　　　売 掛 金　　　支 払 手 形
　　買 掛 金　　　売　　　上　　　仕　　　入

(1)　金沢商店は買掛金の支払いのため，約束手形350,000円を振り出して仕入先富山商店に渡した。

(2)　富山商店は商品350,000円を仕入れ，代金は上記約束手形を仕入先である輪島商店に裏書譲渡した。

(3)　上記約束手形が期日になり，両店とも当座預金にて決済された。

▼ 解答欄

〔金沢商店〕

	借 方 科 目	金 額	貸 方 科 目	金 額
(1)				
(2)				
(3)				

〔富山商店〕

	借 方 科 目	金 額	貸 方 科 目	金 額
(1)				
(2)				
(3)				

〔輪島商店〕

	借 方 科 目	金 額	貸 方 科 目	金 額
(1)				
(2)				
(3)				

解答〈23〉ページ

問題4-4 ★★★

次の取引について仕訳しなさい。

〈指定勘定科目〉

　　当 座 預 金　　受 取 手 形　　支 払 手 形　　手 形 売 却 損

(1) 得意先浦和商店から商品を売り上げた際に裏書譲渡された清水商店振出，浦和商店宛の約束手形300,000円を東名銀行に売却し，割引料3,000円を差し引かれた手取金を当座預金に預け入れた。

(2) 先に得意先高知商店から受け取った同店振出の約束手形40,000円を銀行で割り引き，割引料を差し引かれた手取金を同行の当座預金とした。割引日数は146日で利率は年9％である（1年を365日として計算する）。

▼ 解答欄

	借 方 科 目	金 額	貸 方 科 目	金 額
(1)				
(2)				

解答〈24〉ページ

問題4-5 ★★☆

次の一連の取引について，**東京商店**の仕訳を示しなさい。

〈指定勘定科目〉

　　現　　　　　金　　当 座 預 金　　受 取 手 形　　不 渡 手 形
　　貸 倒 引 当 金　　貸 倒 損 失

(1) 東京商店は，前期に千代田商店から受け取った約束手形100,000円（振出人：千代田商店）が，満期において支払いを拒絶され，不渡りとなった。

(2) 後日，東京商店は，上記の約束手形について，千代田商店より現金30,000円を受け取り，残額を貸し倒れ処理することにした。なお，貸倒引当金の残高が100,000円ある。

▼ 解答欄

	借 方 科 目	金 額	貸 方 科 目	金 額
(1)				
(2)				

解答〈24〉ページ

問題4-6 ★★☆

次の一連の取引について，**新宿商店**の仕訳を示しなさい。

〈指定勘定科目〉

現　　　　金　　当　座　預　金　　受　取　手　形　　売　　掛　　金
不　渡　手　形　　受　取　利　息

(1) 新宿商店は中央商店に対する売掛金の回収として，渋谷商店振出，中央商店名宛ての約束手形250,000円を裏書譲渡された。

(2) 先に裏書きされた渋谷商店振出の約束手形が期日に不渡りとなったため，中央商店に償還請求を行った。

(3) 上記の約束手形について，中央商店より満期日以降の利息5,500円とともに同店振出の小切手を受け取った。

▼ 解答欄

	借　方　科　目	金　　額	貸　方　科　目	金　　額
(1)				
(2)				
(3)				

解答〈24〉ページ

問題4-7 ★★☆

次の一連の取引について，**中央商店**の仕訳を示しなさい。

〈指定勘定科目〉

| 現 金 | 当 座 預 金 | 受 取 手 形 | 売 掛 金 |
| 不 渡 手 形 | 買 掛 金 | 貸 倒 引 当 金 | 貸 倒 損 失 |

(1) 中央商店は新宿商店に対する買掛金を支払うため，渋谷商店振出，当店名宛ての約束手形250,000円を裏書譲渡した。

(2) 先に裏書きした渋谷商店振出の約束手形が不渡りとなったため，新宿商店より償還請求をうけ，満期日以降の利息5,500円とともに小切手を振り出して決済した。同時に渋谷商店に対し償還請求を行った。

(3) 渋谷商店が倒産したため，上記の約束手形について貸倒れ処理する。なお，貸倒引当金の残高はない。

▼ 解答欄

	借 方 科 目	金 額	貸 方 科 目	金 額
(1)				
(2)				
(3)				

解答〈24〉ページ

問題4-8 ★★★

次の一連の取引について，**大阪商店**の仕訳を示しなさい。

〈指定勘定科目〉

| 当 座 預 金 | 受 取 手 形 | 売 掛 金 | 不 渡 手 形 |
| 買 掛 金 | 貸 倒 引 当 金 | 貸 倒 損 失 | 手 形 売 却 損 |

(1) 大阪商店は，関西商店振出，当店名宛ての約束手形300,000円を銀行で割り引き，割引料7,000円を差し引かれた残額を当座預金に入金した。

(2) 先に割り引きした関西商店振出の約束手形が不渡りとなったため，取引銀行より償還請求をうけ，満期日以降の利息8,000円とともに小切手を振り出して決済した。

(3) 関西商店が倒産したため，上記の約束手形について貸倒引当金を取り崩し，貸倒れ処理を行う。なお，貸倒引当金の残高が200,000円ある。

	借　方　科　目	金　　額	貸　方　科　目	金　　額
(1)				
(2)				
(3)				

解答〈24〉ページ

問題4-9　★★☆

次の取引について仕訳しなさい。

〈指定勘定科目〉

現　　　　　金　　　当　座　預　金　　　受　取　手　形　　　売　　掛　　金
支　払　手　形　　　買　　掛　　金　　　受　取　利　息　　　支　払　利　息

(1) 宇都宮商店は，かつて那須商店に対する買掛金支払いのため800,000円の約束手形を振り出していたが，その約束手形の満期日が近づいたにもかかわらず決済の見通しが立たないため，那須商店に手形の更改を申し入れ，利息10,000円を現金で支払い，旧手形を新手形と交換した。

(2) 静岡商店へ商品を売り上げた際に受け取った同店振り出し，当店受け取りの約束手形500,000円につき，静岡商店より手形の更改を求められたので，それに応ずることとし，旧手形と交換に新手形を受け取った。なお，その際に期日延長に対する利息として8,000円を現金で受け取った。

▼ 解答欄

	借　方　科　目	金　　額	貸　方　科　目	金　　額
(1)				
(2)				

解答〈25〉ページ

問題4-10 ★★★

次の取引について仕訳しなさい。

〈指定勘定科目〉

| 現 金 | 営業外受取手形 | 車 両 運 搬 具 | 土 地 |
| 営業外支払手形 | 固定資産売却益 | 支 払 手 数 料 | 固定資産売却損 |

(1) 営業用の自動車1,550,000円を購入し，代金は約束手形を振り出して支払った。なお，登録手数料等の付随費用35,000円を現金で支払った。

(2) 所有する土地300㎡（帳簿価額：9,000,000円）のうち半分の150㎡を1㎡あたり32,000円で売却し，代金として先方振出の約束手形を受け取った。なお，不動産業者に対する仲介手数料130,000円を現金で支払い，費用として計上した。

▼ 解答欄

	借 方 科 目	金 額	貸 方 科 目	金 額
(1)				
(2)				

解答〈25〉ページ

問題4-11 ★★★

次の取引について仕訳しなさい。

〈指定勘定科目〉

| 現 金 | 電子記録債権 | 貸 付 金 | 電子記録債務 |
| 借 入 金 | 売 上 | 仕 入 | |

(1) 東京商店は，得意先横浜商店に商品300,000円を販売し，ただちに同店の承諾を得て，電子記録債権の発生記録を行った。

(2) 町田商店は，新宿商店に現金1,000,000円を貸し付け，ただちに同店の承諾を得て，電子記録債権の発生記録を行った。

(3) 京都商店は，大阪商店より商品200,000円を仕入れ，ただちに電子記録債務の発生記録を行い，その旨を大阪商店に通知した。

(4) 神戸商店は，関西銀行より現金1,500,000円を借り入れ，同銀行の電子記録債務の発生記録を行った。

	借 方 科 目	金 額	貸 方 科 目	金 額
(1)				
(2)				
(3)				
(4)				

解答〈25〉ページ

理解度チェック

問題4-12 ★★★

以下の**渋谷商店**における一連の取引について仕訳しなさい。

〈指定勘定科目〉

現　　　　金　　　当　座　預　金　　　電　子　記　録　債　権　　　売　　掛　　金
電　子　記　録　債　務　　　買　　掛　　金　　　電子記録債権売却益　　　電子記録債権売却損

(1) 渋谷商店は，得意先池袋商店に対する売掛金350,000円について，同店の承諾を得て，電子記録債権の発生記録を行った。

(2) 渋谷商店は，八重洲商店に対する買掛金50,000円を支払うため，上記，電子記録債権の譲渡記録を行った。

(3) 渋谷商店は，上記，電子記録債権200,000円を品川商店に売却し，譲渡記録を行った。なお，売却代金195,000円は現金で受け取った。

(4) 上記，電子記録債権の支払期限が到来し，当座預金で決済された。

▼ 解答欄

	借 方 科 目	金 額	貸 方 科 目	金 額
(1)				
(2)				
(3)				
(4)				

解答〈26〉ページ

問題4-13　★☆☆

　次の一連の取引について仕訳しなさい。なお，仕訳が不要な場合は「仕訳なし」と借方科目欄に解答すること。

〈指定勘定科目〉

　　　現　　　　　金　　売　掛　金　　未　収　入　金　　買　掛　金

⑴　東京商店は，横浜商店に対する買掛金を支払うため，横須賀商店に対する売掛金120,000円を同店の承諾を得て横浜商店に譲渡した。

⑵　横浜商店は，東京商店に対する売掛金の回収として，同店の横須賀商店に対する債権120,000円につき譲渡を受け，これを未収入金として計上することにした。

⑶　横須賀商店は，買掛金を負担する東京商店より，当店に対する債権120,000円を横浜商店に譲渡する旨の通知を受けたので，これを承諾した。

⑷　横須賀商店は，先に譲渡を承諾した債権について横浜商店より請求を受けたため，現金120,000円を支払った。

⑸　横浜商店は，先に譲渡を受けた債権について横須賀商店より現金120,000円を受け取った。

⑹　東京商店は，先に横浜商店に譲渡した横須賀商店に対する売掛金120,000円につき，期日において無事決済された旨連絡を受けた。

▼ 解答欄

	借　方　科　目	金　　額	貸　方　科　目	金　　額
⑴				
⑵				
⑶				
⑷				
⑸				
⑹				

解答〈26〉ページ

Theme 05 有価証券

問題5-1 ★★★

理解度チェック

次の取引について仕訳しなさい。

〈指定勘定科目〉

| 現　　　　　金 | 当　座　預　金 | 売買目的有価証券 | 満期保有目的債券 |
| その他有価証券 | 子　会　社　株　式 | 買　　掛　　金 | 未　　払　　金 |

(1) 短期売買の目的でA社の株式500株を1株につき1,250円で購入し，購入手数料15,000円とともに小切手を振り出して支払った。

(2) 短期売買の目的でB社の社債（額面5,000,000円）を額面@100円につき@97.5円で発行と同時に購入し，購入手数料50,000円とともに小切手を振り出して支払った。

(3) 満期まで保有する目的でC社の社債（額面3,000,000円）を額面@100円につき@98.2円で発行と同時に取得し，小切手を振り出して支払った。

(4) 長期利殖の目的でD社の株式1,000株を1株につき350円で取得した，代金は3日後に当座預金で決済する予定である。

(5) E社の株式5,000株を1株につき750円で取得し，代金を現金で支払った。なお，E社の発行済株式総数は8,000株である。

▼ 解答欄

	借　方　科　目	金　　額	貸　方　科　目	金　　額
(1)				
(2)				
(3)				
(4)				
(5)				

解答〈27〉ページ

問題5-2 ★★☆

次の一連の取引について仕訳しなさい。

〈指定勘定科目〉

現　　　金　　　当座預金　　　売買目的有価証券　　　有価証券売却益　　　有価証券売却損

(1) 短期売買の目的で九州産業株式会社の株式10株を1株につき80,000円で購入し，代金は購入手数料25,000円とともに小切手を振り出して支払った。

(2) 上記，九州産業株式会社の株式4株を1株あたり85,000円で売却し，代金を現金で受け取った。

▼ 解答欄

	借　方　科　目	金　　　額	貸　方　科　目	金　　　額
(1)				
(2)				

解答〈27〉ページ

問題5-3 ★★☆

次の一連の取引について仕訳しなさい。なお，端数利息について考慮する必要はない。

〈指定勘定科目〉

現　　　金　　　未　収　入　金　　　売買目的有価証券　　　有価証券売却益
有価証券売却損　　　未　払　金

(1) 短期売買の目的で北陸食品株式会社の社債（額面総額5,000,000円）を額面100円につき98円で買い入れ，代金は買入手数料20,000円とともに月末に支払うことにした。

(2) 上記，北陸食品株式会社の社債のうち，額面総額3,000,000円を額面100円につき99円で売却し，代金は月末に受け取ることとした。

▼ 解答欄

	借　方　科　目	金　　　額	貸　方　科　目	金　　　額
(1)				
(2)				

解答〈27〉ページ

問題5-4 ★★★

次の取引について仕訳しなさい。

〈指定勘定科目〉

現　　　金　　　未　収　入　金　　　売買目的有価証券　　　有価証券売却益　　　有価証券売却損

〔取　引〕

売買目的で当期中に2回にわたって購入していた山形産業株式会社株式9,000株のうち4,000株を1株あたり3,100円で売却し，代金は月末に受け取ることとした。なお，同社株式は第1回目に5,000株を1株あたり3,200円，第2回目に4,000株を1株あたり2,750円でそれぞれ購入したもので，株式の記帳は平均原価法によっている。

▼ 解答欄

借　方　科　目	金　　　額	貸　方　科　目	金　　　額

解答〈28〉ページ

問題5-5 ★★☆

次の取引について購入側と売却側の両方から仕訳しなさい。

〈指定勘定科目〉

現　　　金　　　当　座　預　金　　　売買目的有価証券　　　有価証券売却益
有　価　証　券　利　息　　　有価証券売却損　　　支　払　利　息

〔取　引〕

当社は，売買目的で額面金額600,000円の千葉製菓株式会社の社債を東京製菓株式会社から570,000円で買い入れ，購入代金のほかに，前の利払日から購入当日までの利息2,000円を合わせて，小切手を振り出して支払った。なお，東京製菓株式会社はこの社債を売買目的で所有しており，その帳簿価額は550,000円であった。

▼ 解答欄

	借　方　科　目	金　　　額	貸　方　科　目	金　　　額
購入側				
売却側				

解答〈28〉ページ

問題5-6 ★★★

次の取引について仕訳しなさい。

〈指定勘定科目〉

当 座 預 金	未 収 入 金	売買目的有価証券	有価証券売却益
有 価 証 券 利 息	受 取 利 息	有価証券売却損	

〔取 引〕

×5年12月12日に，売買目的で所有している水道橋株式会社社債（帳簿価額：額面100円につき97.5円，利率：年7％，利払日：3月31日と9月30日の年2回，償還期間：5年）額面総額2,000,000円を額面100円につき98.5円で売却し，代金は前の利払日の翌日から売却日までの端数利息を含めて，月末に受け取ることにした。

▼解答欄

借 方 科 目	金 額	貸 方 科 目	金 額

解答〈28〉ページ

問題5-7 ★★☆

前期中に売買目的で現金により取得した上場株式1,000株（取得原価@100円，前期末時価@150円）を@130円で売却し，代金は現金で受け取った。なお，評価替えの処理は**洗替方式**により処理している。

上記の取引について，(1)購入時，(2)前期末決算時，(3)当期首および(4)売却時の仕訳をしなさい。

〈指定勘定科目〉

現　　　金	売買目的有価証券	有価証券評価損益
有価証券売却益	有価証券売却損	

	借 方 科 目	金 額	貸 方 科 目	金 額
(1)				
(2)				
(3)				
(4)				

解答〈29〉ページ

理解度チェック

問題5-8　★★☆

　前期中に売買目的で現金により取得した上場株式1,000株（取得原価@100円，前期末時価@150円）を@130円で売却し，代金は現金で受け取った。なお，評価替えの処理は**切放方式**により処理している。

　上記取引について，(1)購入時，(2)前期末決算時，(3)当期首および(4)売却時の仕訳をしなさい。なお，仕訳不要の場合には「仕訳なし」と借方科目欄に解答すること。

〈指定勘定科目〉

　　　現　　　　　金　　　　売買目的有価証券　　　　有価証券評価損益
　　　有価証券売却益　　　　有価証券売却損

	借 方 科 目	金 額	貸 方 科 目	金 額
(1)				
(2)				
(3)				
(4)				

解答〈29〉ページ

問題5-9 ★★★

当社は，×1年4月1日に満期保有の目的でA社の社債を現金で取得した。よって，次の資料により，(1)取得日，(2)利払日（×1年9月30日）および(3)決算日（×2年3月31日）の仕訳を示すとともに，解答欄に示した勘定の記入を完成しなさい。なお，会計期間は1年，決算日は3月31日である。

〈指定勘定科目〉

現　金　　　　当座預金　　　　満期保有目的債券　　　　有価証券利息　　　　有価証券評価損益

（資　料）

(1) 取得価額：970,000円　　　　(2) 額面金額：1,000,000円

(3) 満期日：×4年3月31日　　　(4) クーポン利子率（券面利子率）：年1％

(5) 利払：毎年9月末日と3月末日の年2回

(6) 取得価額と額面金額の差額は，すべて金利調整差額と認められるため，償却原価法（定額法）を適用する。

▼ 解答欄

	借　方　科　目	金　　額	貸　方　科　目	金　　額
(1)				
(2)				
(3)				

満期保有目的債券

年	月	日	摘　　要	借　　方	年	月	日	摘　　要	貸　　方
×1	4	1	現　　　金		×2	3	31	次　期　繰　越	
×2	3	31							
×2	4	1	前　期　繰　越						

有 価 証 券 利 息

年	月	日	摘　　要	借　　方	年	月	日	摘　　要	貸　　方
×2	3	31	損　　　益		×1	9	30	現　　　金	
					×2	3	31	現　　　金	
						3	31		

解答〈30〉ページ

44

問題5-10　★★★

　当社は，×1年7月1日に満期保有の目的でT社の社債を現金で取得した。よって，次の資料により，解答欄に示した**×2年度（×2年4月1日から×3年3月31日）**の勘定の記入を完成しなさい。

〈指定勘定科目〉

　　現　　　　　金　　　満期保有目的債券　　　未収有価証券利息　　　有価証券利息

（資　料）

(1)　取得価額：1,955,000円　　　(2)　額面金額：2,000,000円

(3)　満期日：×4年6月30日　　　(4)　クーポン利子率（券面利子率）：年1％

(5)　利払：毎年12月末日と6月末日の年2回

(6)　取得価額と額面金額の差額は金利調整差額と認められるため，償却原価法（定額法）を適用する。

▼ 解答欄

満期保有目的債券

年	月	日	摘　　　要	借　　　方	年	月	日	摘　　　要	貸　　　方
×2	4	1	前 期 繰 越		×3	3	31	次 期 繰 越	
×3	3	31							
×3	4	1	前 期 繰 越						

有 価 証 券 利 息

年	月	日	摘　　　要	借　　　方	年	月	日	摘　　　要	貸　　　方
×2	4	1			×2	6	30	現　　　　　金	
×3	3	31	損　　　　　益			12	31	現　　　　　金	
					×3	3	31		
						3	31	満期保有目的債券	

解答〈31〉ページ

問題5-11　★★★

　当社は，×1年7月1日に長期保有の目的でX社の株式を現金で取得した。よって，次の資料により，(1)取得日，(2)決算日（×2年3月31日）(3)翌期首の再振替仕訳の仕訳を示すとともに解答欄に示した勘定の記入を完成しなさい。なお，会計期間は1年，決算日は3月31日であり，税効果会計は考慮しなくてよい。

〈指定勘定科目〉

　　　現　　　　　金　　　その他有価証券　　　その他有価証券評価差額金　　　有価証券評価損益

(資　料)

(1)　取得価額：1,500,000円

(2)　期末時価：1,580,000円

(3)　その他有価証券の時価評価は全部純資産直入法による。

▼ 解答欄

	借　方　科　目	金　　額	貸　方　科　目	金　　額
(1)				
(2)				
(3)				

その他有価証券

年	月	日	摘　　要	借　　方	年	月	日	摘　　要	貸　　方
×1	7	1	現　　　金		×2	3	31	次　期　繰　越	
×2	3	31							
×2	4	1	前　期　繰　越		×2	4	1		

その他有価証券評価差額金

年	月	日	摘　　要	借　　方	年	月	日	摘　　要	貸　　方
×2	3	31			×2	3	31		
	4	1				4	1		

解答〈32〉ページ

問題5-12 ★★★

次の資料により，損益計算書（一部）および貸借対照表（一部）を作成しなさい。
なお，会計期間は1年，当期は×1年4月1日から×2年3月31日までである。

（資　料）決算整理事項

当社の所有する有価証券の内訳は次のとおりである。なお，貸借対照表の表示科目について，売買目的有価証券は「有価証券」，子会社株式は「関係会社株式」，その他有価証券，満期保有目的債券は「投資有価証券」を用いること。

銘　柄	分　類	時　価	取得原価	時　価	備　考
A 社 株 式	売買目的有価証券	有	100,000円	104,000円	
B 社 株 式	売買目的有価証券	有	66,000円	60,000円	
C 社 株 式	その他有価証券	有	96,000円	104,000円	(1)
D 社 株 式	その他有価証券	有	98,600円	93,500円	(1)
E 社 株 式	子 会 社 株 式	有	108,000円	109,800円	
F 社 社 債	満期保有目的債券	無	98,000円	――	(2)

⑴ 全部純資産直入法を適用している。税効果会計は考慮しなくてよい。

⑵ F社社債は，×2年1月1日に額面総額100,000円を額面100円につき98円で購入したものである。なお，クーポン利子率は年8％，利払日は6月と12月の各末日，償還日は×6年12月31日である。取得原価と額面金額の差額はすべて金利調整差額と認められるため，償却原価法（定額法）を適用する。

▼ 解答欄

損　益　計　算　書

自×1年4月1日　至×2年3月31日　　　（単位：円）

Ⅳ　営　業　外　収　益

　1　有 価 証 券 利 息　　　　　　　（　　　　　）

Ⅴ　営　業　外　費　用

　1　有 価 証 券 評 価 損　　　　　　（　　　　　）

貸　借　対　照　表

×2年3月31日現在　　　（単位：円）

資　産　の　部		負　債　の　部	
Ⅰ　流　動　資　産		⋮	
有 価 証 券	（　　　）	純 資 産 の 部	
未 収 収 益	（　　　）	⋮	
Ⅱ　固　定　資　産		Ⅱ　評 価・換 算 差 額 等	
3　投資その他の資産		その他有価証券評価差額金	（　　　）
投 資 有 価 証 券	（　　　）		
関 係 会 社 株 式	（　　　）		

問題5-13 ★★☆

以下の語群より，適切な語句を選んで，有価証券の期末評価に関する文章を完成させなさい。なお，同じ語句を複数回使用してもかまわない。また，(4)について税効果会計は考慮しなくてよい。

(1) 売買目的有価証券は，（ ① ）をもって貸借対照表価額とする。その評価差額は（ ② ）として，損益計算書の（ ③ ）の区分に表示する。また，評価替えの処理方法は（ ④ ）または（ ⑤ ）による。

(2) 満期保有目的債券は，（ ⑥ ）をもって貸借対照表価額とする。ただし，債券を債券金額より低いまたは高い価額で取得した場合において，その差額が（ ⑦ ）と認められる場合には，（ ⑧ ）を適用して算定した価額をもって貸借対照表価額とする。また，（ ⑧ ）の適用にともなう（ ⑦ ）の配分額は（ ⑨ ）として損益計算書の（ ⑩ ）の区分に表示する。

(3) 子会社株式および関連会社株式は，原則として，（ ⑪ ）をもって貸借対照表価額とする。

(4) その他有価証券は，原則として，（ ⑫ ）をもって貸借対照表価額とする。その評価差額は，全部純資産直入法により，その他有価証券評価差額金として，個別会計上，貸借対照表の（ ⑬ ）の部，（ ⑭ ）の区分に表示する。また，評価替えの処理方法は（ ⑮ ）による。

（語　群）

取 得 原 価	時　　　価	相 場 の 変 動	金 利 調 整 差 額
株 主 資 本	評価・換算差額等	販売費及び一般管理費	営 業 外 損 益
資　　　産	負　　　債	純 資 産	償 却 原 価 法
切 放 方 式	洗 替 方 式	有価証券評価損益	有 価 証 券 利 息

▼ 解答欄

①	②	③	④
⑤	⑥	⑦	⑧
⑨	⑩	⑪	⑫
⑬	⑭	⑮	

解答〈34〉ページ

06 有形固定資産（Ⅰ）

理解度チェック

問題6-1 ★★★

次の(1)〜(4)の取引について仕訳を示すとともに，**×3年度（×3年4月1日から×4年3月31日）**に
おける減価償却費および減価償却累計額勘定の記入を完成しなさい。ただし，減価償却は定率法（償却
率：年20%）によって間接法により記帳すること。

〈指定勘定科目〉

　　　当　座　預　金　　　　備　　　　品　　　　減価償却累計額　　　　減価償却費
(1)　×1年4月1日　　　備品1,000,000円を購入し，代金は小切手を振り出して支払った。
(2)　×2年3月31日　　　決算となったので，減価償却を行う。
(3)　×3年3月31日　　　決算となったので，減価償却を行う。
(4)　×4年3月31日　　　決算となったので，減価償却を行う。

▼ 解答欄

	借　方　科　目	金　　額	貸　方　科　目	金　　額
(1)				
(2)				
(3)				
(4)				

減 価 償 却 費

年	月	日	摘　　要	借　　方	年	月	日	摘　　要	貸　　方
×4	3	31	減価償却累計額		×4	3	31	損　　　益	

減 価 償 却 累 計 額

年	月	日	摘　　要	借　　方	年	月	日	摘　　要	貸　　方
×4	3	31	次　期　繰　越		×3	4	1	前　期　繰　越	
					×4	3	31	減　価　償　却　費	
					×4	4	1	前　期　繰　越	

解答〈35〉ページ

問題6-2 ★★★

次の決算整理事項にもとづいて，精算表に記入しなさい。なお，会計期間は1年である。

〔決算整理事項〕

建　　物：償却方法　定額法；耐用年数　30年　残存価額　取得原価の10%
備　　品：償却方法　定率法；耐用年数5年　残存価額ゼロ　200%定率法を適用する。
車　　両：償却方法　比例法；見積総走行距離　10万km
　　　　　　　　　　　　　　当期走行距離　　2万km
　　　　　　　　　　　　　　残存価額　取得原価の10%

（注）建物1,500,000円のうち500,000円は当期に購入したものであり，耐用年数：25年，残存価額をゼロとして減価償却する。また，決算日までに6か月が過ぎている。

▼ 解答欄

精　算　表

勘 定 科 目	残高試算表		修 正 記 入		損益計算書		貸借対照表	
	借　方	貸　方	借　方	貸　方	借　方	貸　方	借　方	貸　方
建　　　　物	1,500,000							
備　　　　品	300,000							
車　　　　両	2,000,000							
建物減価償却累計額		30,000						
備品減価償却累計額		75,000						
車両減価償却累計額		720,000						
減 価 償 却 費								

解答〈36〉ページ

問題6-3　★★☆

次の資料にもとづき，各備品にかかる**当期（×5年4月1日～×6年3月31日）**の減価償却費および当期末における帳簿価額をそれぞれ求めなさい。なお，減価償却費の計算において計算上生ずる円未満の端数は切り捨てる。また，過年度の償却は適正に行われている。

（資　料）

期末に所有する備品は以下のとおりであり，定率法により減価償却している。

（注1）　備品Bおよび備品Cには耐用年数を5年とする200%定率法を適用する。

（注2）　耐用年数を5年とする保証率は0.10800，改定償却率は0.500である。

	取得日	取得原価	残存価額	償却率	期首減価償却累計額
備品A	×1年4月1日	1,200,000円	取得原価の10%	20%	708,480円
備品B	×2年4月1日	800,000円	ゼロ	各自計算	627,200円
備品C	×4年4月1日	1,500,000円	ゼロ	各自計算	600,000円

▼解答欄

	当期の減価償却費	期末の帳簿価額
備品A	円	円
備品B	円	円
備品C	円	円

解答〈36〉ページ

問題6-4 ★★★

次の取引について仕訳しなさい。

〈指定勘定科目〉

現　　　　　金	当　座　預　金	建　　　　物	車　　　　両
建物減価償却累計額	車両減価償却累計額	固定資産売却益	減 価 償 却 費
固定資産売却損			

(1)　新潟商事株式会社（年1回，9月末日決算）は，×1年10月2日に取得した建物（取得原価5,000,000円）を本日（×9年1月31日）売却し，手取金3,000,000円は先方振出の小切手で受け取り，ただちに当座預金とした。なお，この建物は耐用年数30年，残存価額は取得原価の10％，償却方法は定額法で，間接法により減価償却を行ってきた。また，減価償却費の計算は月割りで行うこと。

(2)　函館商工株式会社は，所有する車両（取得原価800,000円）を×5年9月末日に500,000円で売却し，売却代金を先方振出の小切手で受け取った。この車両は×3年4月1日に購入しており，定率法，償却率20％で減価償却を行ってきた。なお，同社の決算日は3月31日であり，減価償却費の処理は間接法を採用している。また，減価償却費の計算は月割りで行うこと。

▼ 解答欄

	借　方　科　目	金　　額	貸　方　科　目	金　　額
(1)				
(2)				

解答〈37〉ページ

問題6-5 ★★★

前期末（×8年3月31日）の固定資産管理台帳の内容（取得原価の部分まで）は，下記の(1)に示したとおりである。当期（×8年4月1日から×9年3月31日まで）の固定資産関係の取引は，(2)に記載されており，減価償却の方法は(3)に記載されている。これらの資料にもとづいて，×9年3月31日現在の固定資産管理台帳（一部）の記入を完成させなさい。

（資　料）

(1)

固定資産管理台帳

×8年3月31日

取得年月日	用　　途	期末数量	耐用年数	取得原価
建物				
×0.4.1	事務所	1	25年	7,500,000
備品				
×4.4.1	備品A：事務デスク	10	8年	1,800,000
×7.4.1	備品B：パソコン	5	4年	1,100,000

(2)　当期の取引

① ×8年5月1日に備品C（応接家具セット：耐用年数10年）1台を￥780,000（月末払い）で購入した。

② ×8年9月30日に備品Bのうち2台を￥200,000（月末払い）で売却した。

③ ×9年2月1日に建物の改修を行い，工事の代金￥1,500,000（月末払い）のうち￥900,000は資本的支出であったため，これを建物勘定に計上し，耐用年数15年で減価償却を行うことにした。

(3)　減価償却の方法

建物：定額法（残存価額ゼロ）期中取得分は年間の償却費を月割で計算し，間接法で記帳する。

備品：定額法（残存価額ゼロ）期中取得分は年間の償却費を月割で計算し，間接法で記帳する。
期中売却分は年間の償却費を月割で計算し，売却時に計上する。

▼ 解答欄

固定資産管理台帳

×9年3月31日

取得年月日	用　途	期末数量	耐用年数	期首(期中取得)取得原価	期首減価償却累計額	差引：期首(期中取得)帳簿価額	当期減価償却費
建物							
×0.4.1	事務所	1	25年	7,500,000			
×9.2.1	資本的支出	──	15年	900,000			
備品							
×4.4.1	備品A	10	8年	1,800,000			
×7.4.1	備品B	3	4年	660,000			
×8.5.1	備品C	1	10年	780,000			

解答〈37〉ページ

07 有形固定資産（Ⅱ）

問題7-1　★★★

　以下の一連の取引について仕訳しなさい。なお，割賦購入に関する利息相当額は固定資産の取得時に「前払利息」として計上し，定額法により配分する。

〈指定勘定科目〉

当 座 預 金	前 払 利 息	建 　 　 物	減価償却累計額
支 払 手 形	営業外支払手形	減 価 償 却 費	支 払 利 息

(1)　期首に建物12,000,000円を購入し，その付随費用720,000円を含む代金の支払いとして，毎月末に支払期日が順次到来する額面550,000円の約束手形24枚を振り出して交付した。

(2)　上記，1枚目の約束手形550,000円の支払期日が到来し，当座預金から引き落とされた。なお，経過期間に対応する利息を配分する。

(3)　決算となる。上記建物について，残存価額ゼロ，耐用年数20年の定額法により減価償却を行い，間接法により記帳する。

▼ 解答欄

	借 方 科 目	金 　 額	貸 方 科 目	金 　 額
(1)				
(2)				
(3)				

解答〈40〉ページ

問題7-2 ★☆☆

以下の一連の取引について仕訳しなさい。なお，割賦購入に関する利息相当額は固定資産の取得時に「支払利息」として計上し，定額法により配分する。

〈指定勘定科目〉

| 当 座 預 金 | 前 払 利 息 | 建 物 | 減価償却累計額 |
| 支 払 手 形 | 営業外支払手形 | 減 価 償 却 費 | 支 払 利 息 |

(1) 期首に建物12,000,000円を購入し，その付随費用720,000円を含む代金の支払いとして，毎月末に支払期日が順次到来する額面550,000円の約束手形24枚を振り出して交付した。

(2) 上記，1枚目の約束手形550,000円の支払期日が到来し，当座預金から引き落とされた。

(3) 決算となる。上記建物について，残存価額ゼロ，耐用年数20年の定額法により減価償却を行い，間接法により記帳する。また，利息相当額について必要な決算整理を行う。

▼ 解答欄

	借 方 科 目	金 額	貸 方 科 目	金 額
(1)				
(2)				
(3)				

解答〈40〉ページ

問題7-3 ★★★

次の一連の取引について仕訳しなさい。

〈指定勘定科目〉

当 座 預 金　　前 払 金　　建　　　物　　建 設 仮 勘 定

(1) 当社は倉庫を新築することになり，大宮建設株式会社と工事請負契約を結び，工事代金の一部5,000,000円を第1回分として小切手を振り出して支払った。なお，工事請負価額は30,000,000円である。

(2) 上記倉庫が完成し引き渡しを受け，すでに支払済みの第1回分と第2回分の代金合計額10,000,000円を差し引き，残額を小切手を振り出して支払った。

▼ 解答欄

	借　方　科　目	金　　額	貸　方　科　目	金　　額
(1)				
(2)				

解答〈41〉ページ

問題7-4 ★★☆

次の取引について仕訳しなさい。

〈指定勘定科目〉

当 座 預 金　　建　　　物　　改 良 費　　修 繕 費

〔取　引〕

建物について定期修繕と改修を行い，代金3,000,000円を小切手を振り出して支払った。なお，そのうちの2,500,000円は改良（資本的支出）とみなされた。

▼ 解答欄

借　方　科　目	金　　額	貸　方　科　目	金　　額

解答〈41〉ページ

問題7-5 ★★★

次の取引について仕訳しなさい。

〈指定勘定科目〉

| 現　　　　金 | 当　座　預　金 | 貯　蔵　品 | 減 価 償 却 費 |
| 備　　　　品 | 減価償却累計額 | 固定資産除却損 | 固定資産廃棄損 |

(1) 横浜商店（年1回3月末日決算）は，×3年4月1日に取得した備品（取得原価800,000円）を×7年4月1日に除却し，除却費用30,000円を現金で支払った。なお，除却した備品の処分価値は150,000円と見積られた。この備品は残存価額を取得原価の10％，耐用年数5年，定額法で償却し，間接法で記帳している。

(2) 池袋商店（年1回3月末日決算）は，×5年10月1日に取得した備品（取得原価1,000,000円）を×7年3月31日に廃棄し，廃棄費用50,000円を小切手を振り出して支払った。この備品は200％定率法（耐用年数10年）で償却し，間接法で記帳している。

▼ 解答欄

	借　方　科　目	金　　額	貸　方　科　目	金　　額
(1)				
(2)				

解答〈41〉ページ

問題7-6 ★★★

次の取引について仕訳しなさい。

〈指定勘定科目〉

| 現　　　　金 | 当　座　預　金 | 車　　　　両 | 車両減価償却累計額 |
| 未　払　金 | 減 価 償 却 費 | 固定資産売却益 | 固定資産売却損 |

(1) ×5年10月1日に，営業用自動車（取得原価2,000,000円，残存価額を取得原価の10％，耐用年数4年，償却方法：定額法，記帳方法：間接法，取得日：×2年10月1日）を500,000円で下取りさせて頭金に充当し，新しい営業用自動車（購入価額3,000,000円）を購入した。購入価額と下取価額との差額は毎月末に250,000円ずつ分割で支払うことにした。なお，当社の決算日は9月30日である。

(2) ×5年3月31日に，秋葉原商事に旧車両を売却し，代わりに同商事から新車両を購入した。新車両の購入代金は3,000,000円であり，旧車両の売却代金700,000円を差し引いた残額は小切手を振り出して支払った。旧車両（取得原価2,000,000円）は×2年4月1日に取得したものであり，定率法（償却率30％）により減価償却し，間接法で記帳している。なお，当社の決算日は3月31日である。

	借 方 科 目	金 額	貸 方 科 目	金 額
(1)				
(2)				

解答〈42〉ページ

理解度チェック ☐☐☐

問題7-7　★★★

次の取引について仕訳しなさい。

〈指定勘定科目〉

　　未 収 入 金　　建　　　物　　未 決 算　　保 険 差 益
　　火 災 損 失

〔**取　引**〕

　　大宮製作所（株）は，前月，工場火災により，帳簿価額3,900,000円の建物を焼失した。これらの資産に対して，火災保険契約5,000,000円を結んでいた保険会社に保険金の支払いを請求していたところ，本日，査定の結果，3,600,000円の保険金を支払う旨の通知があった。

▼ 解答欄

借 方 科 目	金 額	貸 方 科 目	金 額

解答〈42〉ページ

問題7-8　★★★

以下の取引について(1)仕訳を示し，(2)解答欄に示した勘定口座の記入を完成させなさい。

〈指定勘定科目〉

| 普　通　預　金 | 建　　　　　物 | 減価償却累計額 | 未　払　金 |
| 国庫補助金受贈益 | 減　価　償　却　費 | 固定資産圧縮損 | 火　災　損　失 |

×1年4月1日　建物を取得するにあたり，国より補助金15,000,000円を受け取り，普通預金に入金した。

×1年4月8日　上記補助金と自己資金により，建物40,000,000円を取得し，代金は月末に支払うことにした。なお，この建物については補助金に相当する額の圧縮記帳（直接減額方式）を行った。

×2年3月31日　決算となる。当期に取得した建物について定額法（残存価額ゼロ，耐用年数20年）により減価償却を行う。記帳は間接法による。

▼ 解答欄

(1)　仕　訳

	借　方　科　目	金　　額	貸　方　科　目	金　　額
4／1				
4／8				
3／31				

(2)　勘定口座の記入

建　　　　　物

年	月	日	摘　　要	借　方	年	月	日	摘　　要	貸　方
×1	4	8	未　払　金		×1	4	8	固定資産圧縮損	
					×2	3	31	次　期　繰　越	

減　価　償　却　累　計　額

年	月	日	摘　　要	借　方	年	月	日	摘　　要	貸　方
×2	3	31	次　期　繰　越		×2	3	31	減　価　償　却　費	

解答〈43〉ページ

問題7-9 ★★☆

　横浜商事株式会社の第23期（自×3年4月1日至×4年3月31日）の決算整理前の勘定残高は，解答欄の精算表の試算表欄のとおりである。下記の期末修正事項にもとづいて精算表を完成しなさい。

〔期末修正事項〕

1　決算日現在の当座預金勘定残高と銀行の残高証明書残高との不一致の原因を調査したところ，次の事実が判明した。

　(イ)　仕入先へ買掛金支払いのため振り出した小切手12,000円が銀行に未呈示であった。

　(ロ)　得意先より売掛金15,000円が当座預金口座に振り込まれていたが，記帳もれになっていた。

2　仮受金15,000円は，建物を取得するため，国より受け取った補助金の受取額であることが判明した。

3　売上債権の期末残高に対して実績法により2％の貸倒れを見積る（差額補充法）。

4　有価証券の内訳は次のとおりである。なお，その他有価証券の時価評価は全部純資産直入法による。

	所有目的	帳簿価額	時　　価
X社株式	売買目的	13,000円	11,800円
Y社株式	そ の 他	12,000円	13,600円

5　商品の期末棚卸高は次のとおりである。

　(イ)　帳簿棚卸数量　　　　　25個　　　　　実地棚卸数量　　　　　24個

　(ロ)　原　　　　価　　＠1,200円　　　　正味売却価額　　＠1,000円

　　　なお，棚卸減耗損および商品評価損は売上原価に算入しない。

　　　売上原価の計算は「仕入」の行で行う。

6　固定資産の減価償却を次の条件で行う。

　　　建　　物：定額法　耐用年数30年　残存価額　取得原価の10％

　　　備　　品：200％定率法　耐用年数8年

　　なお，建物のうち45,000円は，当期の12月5日に取得したものである。この建物の取得について，国より補助金15,000円を受け取っており，補助金相当額について，圧縮記帳（直接減額方式）を行う。また，減価償却は耐用年数を25年，残存価額をゼロとして，当期分を月割計算により計上する。

7　Y社株式につき，配当金領収証500円を受領していたが，その処理がなされていなかった。

8　保険料のうち2,400円は，新築の建物の引き渡しを受けると同時に向こう1年分の火災保険料を支払ったものである。

9　借入金のうち20,000円は×3年10月1日に利率年8％，期間1年の約束で借り入れたものである。なお，利息は返済時に元金とともに支払うことになっている。利息の計算は月割りによること。

精 算 表

勘定科目	残高試算表 借方	残高試算表 貸方	修正記入 借方	修正記入 貸方	損益計算書 借方	損益計算書 貸方	貸借対照表 借方	貸借対照表 貸方
現 金 預 金	71,500							
受 取 手 形	45,000							
売 掛 金	65,000							
売買目的有価証券	13,000							
その他有価証券	12,000							
繰 越 商 品	22,000							
建 物	95,000							
備 品	20,000							
土 地	1,200							
買 掛 金		36,800						
借 入 金		50,000						
仮 受 金		15,000						
貸 倒 引 当 金		800						
建物減価償却累計額		22,500						
備品減価償却累計額		8,000						
資 本 金		100,000						
利 益 準 備 金		15,200						
別 途 積 立 金		40,000						
繰越利益剰余金		4,900						
売 上		370,800						
受 取 配 当 金		1,000						
仕 入	215,500							
給 料	97,300							
保 険 料	3,600							
支 払 利 息	3,900							
	665,000	665,000						
国庫補助金受贈益								
貸倒引当金繰入								
有価証券評価損益								
その他有価証券評価差額金								
棚 卸 減 耗 損								
商 品 評 価 損								
固定資産圧縮損								
減 価 償 却 費								
（　　　）保険料								
（　　　　）利息								
当期純（　　　）								

問題7-10 ★★☆

次の備品に関係する取引の資料にもとづいて，下記の設問に答えなさい。なお，減価償却は定額法によって行い，残存価額はすべての備品について取得原価の10％と見積られた。年度途中の取得・売却等による減価償却費の配分は，月割計算による。また，会計期間は，毎年3月31日に終了する1年である。記帳は間接法によっている。

（資　料）

×4年4月1日　備品A（取得原価400,000円，耐用年数5年），備品B（取得原価600,000円，耐用年数4年）を現金で購入した。

×5年12月1日　備品C（取得原価1,000,000円，耐用年数10年）を現金で購入した。

×6年1月31日　備品Bを下取価額450,000円で下取りに出し，新しい備品D（取得原価800,000円，耐用年数6年）を購入した。新備品の購入価額と旧備品の下取価額との差額は現金で支払った。なお，新備品Dは翌日から事業の用に供している。

×6年12月31日　備品Aは不要となったため除却した。なお，除却した備品の処分価額は200,000円と見積られた。

〔設問1〕各年度における減価償却費の金額および各年度末における減価償却累計額を計算しなさい。

〔設問2〕以下の指定勘定科目を用いて，×6年1月31日における買換えの仕訳をしなさい。

〔設問3〕以下の指定勘定科目を用いて，×6年12月31日における除却の仕訳をしなさい。

〔設問4〕以下の指定勘定科目を用いて，**×5年度**の備品勘定の記入をしなさい。

〔設問5〕以下の指定勘定科目を用いて，**×6年度**の減価償却累計額勘定の記入をしなさい。

〈指定勘定科目〉

現　　　　　金	備　　　　　品	減価償却累計額	貯　蔵　品
固定資産売却益	減 価 償 却 費	固定資産売却損	固定資産除却損

▼ 解答欄

〔設問1〕

各年度の 減価償却費	×4年度 （×4年4月1日〜×5年3月末）	×5年度 （×5年4月1日〜×6年3月末）	×6年度 （×6年4月1日〜×7年3月末）
備　品　A	円	円	円
備　品　B	円	円	── 円
備　品　C	── 円	円	円
備　品　D	── 円	円	円
合　　　計	円	円	円

各年度末における 減価償却累計額	×4年度末	×5年度末	×6年度末
備 品　A	円	円	―― 円
備 品　B	円	―― 円	―― 円
備 品　C	―― 円	円	円
備 品　D	―― 円	円	円
合　　　計	円	円	円

〔設問２〕

借 方 科 目	金 額	貸 方 科 目	金 額

〔設問３〕

借 方 科 目	金 額	貸 方 科 目	金 額

〔設問４〕

備　　　品

年	月	日	摘　　要	借　　方	年	月	日	摘　　要	貸　　方
×5	4	1	前 期 繰 越		×6	1	31	諸　　　口	
	12	1	現　　　金			3	31	次 期 繰 越	
×6	1	31	諸　　　口						
×6	4	1	前 期 繰 越						

〔設問５〕

減 価 償 却 累 計 額

年	月	日	摘　要	借　　方	年	月	日	摘　　要	貸　　方
×6	12	31	備　　　品		×6	4	1	前 期 繰 越	
×7	3	31			×7	3	31		
					×7	4	1		

解答〈46〉ページ

08 リース取引

問題8-1　★★★

次の一連の取引について仕訳しなさい。

〈指定勘定科目〉

当座預金　　　リース資産　　　減価償却累計額　　　リース債務
支払リース料　　　減価償却費　　　支払利息

(1)　4月1日，下記の条件によりリース会社と備品のリース契約を締結した。このリース取引はファイナンス・リース取引と判定され，利子抜き法により処理する。

リース期間：5年間
支払リース料（年額）：150,000円（毎年3月末日払い）
リース資産の取得原価相当額：700,000円

(2)　3月31日，1回目のリース料を契約どおりに当座預金より支払った。なお，リース料に含まれる利息は定額法の計算により費用として配分する。

(3)　3月31日，決算にあたり，備品（リース資産）の減価償却を行う。償却期間は5年，残存価額はゼロとする。

▼ 解答欄

	借　方　科　目	金　　額	貸　方　科　目	金　　額
(1)				
(2)				
(3)				

解答〈49〉ページ

問題8-2 ★★★

次の一連の取引について仕訳しなさい。

〈指定勘定科目〉

当 座 預 金　　　リ ー ス 資 産　　　減価償却累計額　　　リ ー ス 債 務
支 払 リ ー ス 料　　　減 価 償 却 費　　　支 払 利 息

(1) 4月1日，下記の条件によりリース会社と備品のリース契約を締結した。このリース取引はファイナンス・リース取引と判定され，利子込み法により処理する。

     リース期間：5年間

     リース料総額：750,000円（毎年150,000円を3月末日に支払う）

     リース資産の取得原価相当額：700,000円

(2) 3月31日，1回目のリース料を契約どおりに当座預金より支払った。

(3) 3月31日，決算にあたり，備品（リース資産）の減価償却を行う。償却期間は5年，残存価額はゼロとして，間接法により記帳する。

Theme 08 リース取引

▼ 解答欄

	借 方 科 目	金 額	貸 方 科 目	金 額
(1)				
(2)				
(3)				

解答〈49〉ページ

問題8-3 ★★☆

次の一連の取引について仕訳しなさい。なお，仕訳が不要な場合は「仕訳なし」と借方科目欄に解答すること。

〈指定勘定科目〉

　　普 通 預 金　　　　リ ー ス 資 産　　　　リ ー ス 債 務　　　　未 払 リ ー ス 料
　　未 払 利 息　　　　支 払 リ ー ス 料　　　減 価 償 却 費　　　　支 払 利 息

(1) ×1年12月1日に下記の条件によってリース会社と備品のリース契約を締結した。なお，このリース取引はオペレーティング・リース取引と判定された。

　　　　リース期間3年間

　　　　支払いリース料（年額）78,000円（毎年11月末日，後払い）

(2) ×2年3月31日，決算にあたり，当期の経過期間に対応する支払リース料を未払い計上する。

(3) ×2年4月1日，再振替仕訳を行う。

(4) ×2年11月30日，1回目のリース料を契約どおりに普通預金から支払った。

▼ 解答欄

	借　方　科　目	金　　額	貸　方　科　目	金　　額
(1)				
(2)				
(3)				
(4)				

解答〈49〉ページ

問題8-4　★★★

秋葉原商事（決算日：3月末）は，×1年4月1日に下記の条件によって東京リース株式会社と備品のリース契約を締結した。このリース取引はファイナンス・リース取引と判定され，利子抜き法により処理する。

よって，解答欄に示した**×3年度（×3年4月1日から×4年3月31日）**における勘定口座の記入を完成させなさい。

（条　件）

1．リース契約の条件

　　リース期間：5年間

　　リース料年額：180,000円（毎年3月末日払い）

　　リース資産の取得原価相当額：750,000円

2．減価償却

　　リース資産は，定額法，残存価額をゼロ，リース期間をもって減価償却し，直接法により記帳する。

▼ 解答欄

リ ー ス 資 産

年	月	日	摘　　要	借　　方	年	月	日	摘　　要	貸　　方
×3	4	1	前 期 繰 越		×4	3	31	減 価 償 却 費	
						3	31	次 期 繰 越	

リ ー ス 債 務

年	月	日	摘　　要	借　　方	年	月	日	摘　　要	貸　　方
×4	3	31	当 座 預 金		×3	4	1	前 期 繰 越	
	3	31	次 期 繰 越						

支 払 利 息

年	月	日	摘　　要	借　　方	年	月	日	摘　　要	貸　　方
×4	3	31	当 座 預 金		×4	3	31	損　　　益	

解答〈50〉ページ

問題8-5 ★★☆

次の資料にもとづいて，精算表を完成しなさい。なお，当社の決算日は3月31日である。

(資　料)

1．車両はすべて当期首にリース契約により取得したものであり，ファイナンス・リース取引と判定され，利子抜き法により処理する。リース期間は4年，リース料は毎期250,000円を期末に支払う約定である。なお，当期末に1回目のリース料250,000円が普通預金口座より引き落とされたが，未処理である。
2．固定資産について減価償却を行う。
   建　物：定額法（耐用年数30年　残存価額ゼロ）
   備　品：200％定率法（耐用年数5年）
   車　両：定額法，残存価額をゼロとして，リース期間により償却する。

▼ 解答欄

精　算　表

勘定科目	残高試算表		修正記入		損益計算書		貸借対照表	
	借　方	貸　方	借　方	貸　方	借　方	貸　方	借　方	貸　方
普 通 預 金	1,230,000							
建　　　　物	5,400,000							
建物減価償却累計額		2,160,000						
備　　　　品	1,500,000							
備品減価償却累計額		960,000						
車　　　　両	900,000							
車両減価償却累計額								
リ ー ス 債 務		900,000						
減 価 償 却 費								
支 払 利 息								

解答〈51〉ページ

問題8-6　★★★

つくば商事（決算日：3月末）がリース契約により取得した備品は，下記のとおりである。

名称	契約日	取得原価相当額	リース期間	年間リース料	リース料支払日
備品A	×1年4月1日	2,800,000円	5年	600,000円	毎年3月末日
備品B	×1年7月1日	1,650,000円	3年	350,000円	毎年6月末日

このうち，備品Aはファイナンス・リース取引と判定され，定額法，残存価額をゼロ，耐用年数をリース期間として減価償却を行う。また，備品Bはオペレーティング・リース取引と判定された。

よって，ファイナンス・リース取引の会計処理を(1)「利子込み法」で行った場合と(2)「利子抜き法」で行った場合とに区別して，それぞれ解答欄に示した**×1年度（×1年4月1日から×2年3月31日）**における財務諸表上の金額を求めなさい。

▼ 解答欄

		(1)利子込み法	(2)利子抜き法
貸借対照表	リース資産（取得原価）	円	円
	リース債務	円	円
損益計算書	減価償却費	円	円
	支払利息	――	円
	支払リース料	円	円

解答〈52〉ページ

問題8-7 ★★☆

以下の語群より，適切な語句を選んで，リース取引に関する文章を完成させなさい。なお，同じ語句を複数回使用してもかまわない。

(1) リース取引には，（ ① ）取引と（ ② ）取引がある。（ ① ）取引は（ ③ ）取引に準じて「利子込み法」または「利子抜き法」により会計処理を行うが，（ ② ）取引は（ ④ ）取引に準じて会計処理を行う。

(2) （ ① ）取引を「利子抜き法」で会計処理した場合，リース物件の（ ⑤ ）額をもって（ ⑥ ）および（ ⑦ ）を計上し，毎期末におけるそれらの帳簿価額を（ ⑧ ）に表示する。また，リース料の支払時において，リース料総額に含まれる（ ⑨ ）額を定額法等により配分して（ ⑩ ）を計上し，これを損益計算書に表示する。

(3) （ ② ）取引では（ ⑥ ）および（ ⑦ ）を計上することはなく，毎期のリース料の支払額を（ ⑪ ）として計上し，（ ⑫ ）に表示する。

（語　群）

貸 借 対 照 表	損 益 計 算 書	リ ー ス 資 産	リ ー ス 債 務
支 払 利 息	支 払 リ ー ス 料	オペレーティング・リース	ファイナンス・リース
売 　 　 買	賃 　 貸 　 借	取 得 原 価 相 当	利 息 相 当

▼ 解答欄

①	②	③	④

⑤	⑥	⑦	⑧

⑨	⑩	⑪	⑫

解答〈53〉ページ

問題9-1 ★★★

次の一連の取引について仕訳しなさい。

〈指定勘定科目〉

当 座 預 金　　　ソフトウェア　　　減価償却累計額　　　ソフトウェア償却
固定資産除却損

(1) 期首に自社利用の目的でソフトウェア600,000円を購入し，代金は小切手を振り出して支払った。

(2) 決算となり，上記，ソフトウェアについて償却する。償却期間は5年，定額法による。

(3) 上記，ソフトウェアを除却した。なお，期首の帳簿価額は120,000円であり，除却にあたり，当期3か月分の償却を行うこと。

▼ 解答欄

	借 方 科 目	金 額	貸 方 科 目	金 額
(1)				
(2)				
(3)				

解答〈54〉ページ

問題9-2 ★★★

次の資料にもとづいて精算表を完成させなさい。なお，会計期間は３月末を決算日とする１年である。

（資　料）

1　のれんは，当期の12月１日に甲社を買収した際に計上したものである。20年間にわたり定額法により月割償却する。

2　商標権は前期首に取得したものである。10年間にわたり定額法により償却している。

▼ 解答欄

精　算　表

勘 定 科 目	残高試算表		修 正 記 入		損益計算書		貸借対照表	
	借　方	貸　方	借　方	貸　方	借　方	貸　方	借　方	貸　方
の　　れ　　ん	360,000							
商　　標　　権	270,000							
の れ ん 償 却								
商 標 権 償 却								

解答〈54〉ページ

問題9-3 ★★★

次の取引について仕訳しなさい。

〈指定勘定科目〉

　　当 座 預 金　　機 械 装 置　　設 計 費　　研 究 開 発 費

(1)　新製品Ｚの試作にあたり，その設計費用2,500,000円を小切手を振り出して支払った。

(2)　上記，新製品Ｚの開発のための機械装置5,300,000円を購入し，小切手を振り出して支払った。

　　なお，この機械装置は他目的の転用はできない仕様となっている。

▼ 解答欄

	借 方 科 目	金　　額	貸 方 科 目	金　　額
(1)				
(2)				

解答〈54〉ページ

問題10-1 ★☆☆

次の一連の取引について仕訳しなさい。

〈指定勘定科目〉

現　　　　金　　　受　取　手　形　　　売　　掛　　金　　　貸　倒　引　当　金
売　　　　上　　　貸倒引当金繰入

(1)　商品70,000円を神戸商店へ販売し，代金は掛けとした。

(2)　横浜商店へ商品80,000円を販売し，代金は同店振出の約束手形で受け取った。

(3)　神戸商店より売掛金50,000円を現金で回収した。

(4)　本日，決算となり，売上債権の期末残高に対して，実績法により2％の貸倒れを見積る。

▼ 解答欄

	借　方　科　目	金　　額	貸　方　科　目	金　　額
(1)				
(2)				
(3)				
(4)				

解答〈55〉ページ

問題10-2 ★★★

次の決算整理前残高試算表にもとづき，(1)および(2)の仕訳を答えなさい。

〈指定勘定科目〉

貸 倒 引 当 金　　　　貸倒引当金戻入　　　　貸倒引当金繰入

決算整理前残高試算表

受 取 手 形	125,000	貸 倒 引 当 金	5,500
売 掛 金	175,000		
貸 付 金	500,000		

(1)　受取手形，売掛金の期末残高に対して２％の貸倒れを見積る。**差額補充法**により貸倒引当金を設定する。なお，貸倒引当金の残高はすべて受取手形および売掛金に対するものである。

(2)　売上債権の期末残高に対して２％の貸倒れを見積る。**洗替法**により貸倒引当金を設定する。なお，貸倒引当金の残高はすべて受取手形および売掛金に対するものである。

▼ 解答欄

	借 方 科 目	金 額	貸 方 科 目	金 額
(1)				
(2)				

解答〈55〉ページ

問題10-3 ★★☆

次の資料にもとづいて，精算表を完成しなさい。

（資　料）

1　決算にあたり，調査の結果，次のことが判明した。

(1)　受取手形30,000円は，期日に決済されていたが未処理であった。

(2)　売掛金のうち20,000円（前期販売分）は，回収不能であることが判明した。

2　決算整理事項の一部

　　売上債権の期末残高に対して，２％の貸倒れを見積る。ただし，貸倒引当金の設定は，差額補充法による。

精　算　表

勘 定 科 目	残高試算表		修 正 記 入		損益計算書		貸借対照表	
	借　方	貸　方	借　方	貸　方	借　方	貸　方	借　方	貸　方
現　金　預　金	570,000							
受　取　手　形	780,000							
売　　掛　　金	820,000							
貸 倒 引 当 金		28,000						
貸倒引当金（　）								

解答〈55〉ページ

問題10-4　★★★

次の資料にもとづいて，精算表を完成しなさい。

（資　料）

売上債権に対して，以下の条件により貸倒見積額を算定し，差額補充法により貸倒引当金を設定する。

(1)　A社に対する売掛金100,000円：債権金額の50％を見積る。

(2)　B社振出の約束手形200,000円：手形額面金額の30％を見積る。

(3)　その他の債権：貸倒実績率により２％を見積る。

精　算　表

勘 定 科 目	残高試算表		修 正 記 入		損益計算書		貸借対照表	
	借　方	貸　方	借　方	貸　方	借　方	貸　方	借　方	貸　方
受　取　手　形	450,000							
売　　掛　　金	450,000							
貸 倒 引 当 金		12,000						
貸倒引当金繰入								

解答〈56〉ページ

問題10-5 ★★★

次の資料にもとづいて，①損益計算書の販売費及び一般管理費に計上する貸倒引当金繰入と②営業外費用に計上する貸倒引当金繰入および③貸借対照表に計上する貸倒引当金の金額をそれぞれ求めなさい。なお，貸倒引当金の設定は差額補充法による。

（資　料）

1　決算整理前残高試算表

決算整理前残高試算表

受　取　手　形	560,000	貸倒引当金　　　　　　8,400
売　　掛　　金	840,000	
貸　　付　　金	300,000	

2　決算整理事項等

(1)　かねて銀行に取り立てを依頼していた得意先Ｘ社振出し，当社名宛ての約束手形80,000円が期日に決済され，当座預金に入金されていたが未処理であった。

(2)　売上債権（Ｙ社に対する売掛金を除く）および貸付金に対して，実績率法により期末残高の2％について貸倒引当金を設定する。売掛金のうち50,000円はＹ社に対するものであり，個別に期末残高の30％を貸倒引当金として設定する。なお，試算表の貸倒引当金のうち5,400円は営業債権に対するものであり，3,000円は貸付金に対するものである。

▼ 解答欄

損益計算書	科　　　目	金　　　額
販売費及び一般管理費	①貸倒引当金繰入	円
営業外費用	②貸倒引当金繰入	円
貸借対照表	③貸倒引当金	円

解答〈56〉ページ

問題10-6 ★★★

次の取引について仕訳しなさい。

〈指定勘定科目〉

現　　　金　　　売　掛　金　　　貸倒引当金　　　貸　倒　損　失

（取　引）

得意先Ｋ社が倒産したため，売掛金14,000,000円が貸倒れとなった。貸倒金額のうち8,000,000円は当期中に売り上げた商品代金であり，その他は前期末までに売り上げた分である。なお，貸倒引当金の残高は12,000,000円である。

▼ 解答欄

借　方　科　目	金　　額	貸　方　科　目	金　　額

解答〈57〉ページ

理解度チェック
□□□

問題10-7　★★★

次の取引について仕訳しなさい。

〈指定勘定科目〉

　現　　　　　金　　　当　座　預　金　　　建　　　　　物　　　未　払　金
　修　繕　引　当　金　　　　修　　繕　　費　　　　修繕引当金繰入

(1)　決算にあたり，定期的に行う建物の修繕のために，修繕引当金を700,000円計上する。なお，修繕引当金の残高はない。

(2)　建物の修繕を行い，修繕代金1,500,000円は月末に支払うこととした。なお，この修繕のために修繕引当金1,000,000円が設定されていた。

(3)　建物について定期修繕と改装を行い，代金5,000,000円を小切手で支払った。なお，このうち3,000,000円は改良とみなされた。また，この修繕のために修繕引当金1,800,000円が設定されていた。

▼ 解答欄

	借　方　科　目	金　　額	貸　方　科　目	金　　額
(1)				
(2)				
(3)				

解答〈57〉ページ

問題10-8 ★★★

次の一連の取引について仕訳しなさい。

〈指定勘定科目〉

現　　　　　金　　　当　座　預　金　　　　商品保証引当金　　　　商品保証引当金繰入
商　品　保　証　費

(1) 当社はすべての商品について保証書を付して販売している。決算に際して，過去の実績により翌期に売上高の1％について商品保証費用が見積られた。よって，商品保証引当金を設定する。なお，当期の売上高は5,000,000円であり，商品保証引当金の残高はない。

(2) 前期に販売した商品について不具合が生じたため補修（保証修理）を行い，その補修費用15,000円を現金で支払った。

(3) 当期に販売した商品について不具合が生じたため補修（保証修理）を行い，その補修費用30,000円を現金で支払った。

▼ 解答欄

	借　方　科　目	金　　額	貸　方　科　目	金　　額
(1)				
(2)				
(3)				

解答〈57〉ページ

問題10-9 ★★★

次の一連の取引について仕訳しなさい。

〈指定勘定科目〉

当　座　預　金　　　　退職給付引当金　　　　退職給付費用

(1) 決算に際し，退職給付引当金の当期繰入額370,000円を計上する。

(2) 従業員甲が退職したので，退職金2,800,000円を小切手で振り出して支払った。なお，退職給付引当金は15,000,000円ある。

(3) 厚生年金基金へ掛け金1,000,000円を小切手を振り出して支払った。これにともない，同額の退職給付引当金を取り崩す。

	借 方 科 目	金 額	貸 方 科 目	金 額
(1)				
(2)				
(3)				

解答〈58〉ページ

理解度チェック

問題10-10 ★★★

次の一連の取引について仕訳しなさい。なお，当社は年2回，6月末と12月末にそれぞれ半年分の賞与を従業員に支給している。支給対象期間は，6月賞与が12月から5月，12月賞与が6月から11月である。

〈指定勘定科目〉

現 金 賞 与 引 当 金 賞 与 賞与引当金繰入

1 決算（3月末）において，次期の6月に支給する従業員賞与の見積額5,400,000円のうち，当期の負担に属する4か月分の金額について月割計算により賞与引当金を設定する。

2 6月末，従業員賞与5,450,000円を現金で支給した。

3 12月末，従業員賞与5,800,000円を現金で支給した。

▼ 解答欄

	借 方 科 目	金 額	貸 方 科 目	金 額
1				
2				
3				

解答〈58〉ページ

問題10-11 ★★☆

水道橋商事株式会社の第20期の決算整理前の勘定残高は，解答欄の精算表の試算表欄のとおりである。次の資料〔Ⅰ〕および〔Ⅱ〕にもとづいて，精算表を完成しなさい。ただし，決算は年1回である。

資料〔Ⅰ〕 決算にあたって，調査の結果，次のことを発見した。

1　現金出納帳と実際有高を照合したところ，実際有高が1,000円不足していたので調査したが，その原因は不明であった。

2　当座預金について銀行勘定調整表を作成したところ，次の事実が判明した。

(1)　銀行より当社への通知未達分

中京銀行からの借入金利息引落し分　　6,500円

取り立て依頼していた手形の入金分　　17,000円

(2)　仕入先福島商店に対する買掛金支払いのため振り出した小切手16,000円を，15,000円と記帳していた。

資料〔Ⅱ〕 期末修正事項は，次のとおりである。

1　期末商品棚卸高

帳簿棚卸数量　　1,400個　　　実地棚卸数量　　　1,300個

1個あたり単価　　原価　120円　　　正味売却価額　115円

なお，商品売買の記帳は売上原価対立法を用いている。棚卸減耗損と商品評価損は売上原価に算入しない。

2　売上債権に対して，以下のように貸倒見積額を算定し，差額補充法により貸倒引当金を設定する。

A社振出の約束手形53,000円：手形額面金額の50%を見積る。

B社に対する売掛金75,000円：債権金額の20%を見積る。

その他の売上債権：貸倒実績率により2%を見積る。

3　固定資産の減価償却は次のとおり行う。

建　　物：定額法，耐用年数　30年，残存価額　取得価額の10%

備　　品：定率法，償却率　年25%

4　修繕引当金6,000円を差額補充法により設定する。

5　売上高の1%につき商品保証費を見積り，洗替法により商品保証引当金を設定する。

6　退職給付費用を25,000円計上する。

7　保険料の前払分が7,000円ある。

精　算　表

勘定科目	残高試算表		修正記入		損益計算書		貸借対照表	
	借　方	貸　方	借　方	貸　方	借　方	貸　方	借　方	貸　方
現　　　　金	137,000							
当 座 預 金	760,000							
受 取 手 形	260,000							
売 　掛　 金	385,000							
貸 倒 引 当 金		16,000						
商　　　　品	168,000							
建　　　　物	600,000							
建物減価償却累計額		180,000						
備　　　　品	80,000							
備品減価償却累計額		20,000						
買 　掛　 金		434,000						
借 　入　 金		250,000						
修 繕 引 当 金		2,100						
商品保証引当金		7,900						
退職給付引当金		75,000						
資 　本　 金		1,000,000						
利 益 準 備 金		57,000						
繰越利益剰余金		30,000						
売　　　　上		1,990,000						
受 取 手 数 料		42,500						
売 上 原 価	1,361,000							
給　　　　料	320,000							
保 　険　 料	18,000							
支 払 利 息	12,000							
手 形 売 却 損	3,500							
	4,104,500	4,104,500						
雑 　（　　　）								
棚 卸 減 耗 損								
商 品 評 価 損								
貸倒引当金繰入								
減 価 償 却 費								
修繕引当金繰入								
商品保証引当金戻入								
商品保証引当金繰入								
退 職 給 付 費 用								
（　　　）保険料								
当期純（　　　）								

11 外貨換算会計

問題11-1 ★★★

次の取引について仕訳しなさい。なお，商品売買取引は三分法で記帳する。

〈指定勘定科目〉

当 座 預 金　　売 掛 金　　買 掛 金　　売　　　　上
仕　　　　入　　為 替 差 損 益

(1) 仕入取引

① 米国の仕入先より商品1,000ドルを掛けで購入した。当日の為替相場は1ドルあたり105円であった。

② 上記，買掛金1,000ドルを支払うため，取引銀行でドルに両替し，当座預金口座より仕入先に送金した。当日の為替相場は1ドルあたり100円であった。

(2) 売上取引

① 米国の得意先に対し商品1,000ドルを掛けで販売した。当日の為替相場は1ドルあたり105円であった。

② 上記，売掛金1,000ドルの送金があり，取引銀行で円に両替し，当座預金口座に入金した。当日の為替相場は1ドルあたり100円であった。

▼ 解答欄

(1)

	借 方 科 目	金 額	貸 方 科 目	金 額
①				
②				

(2)

	借 方 科 目	金 額	貸 方 科 目	金 額
①				
②				

解答〈61〉ページ

問題11-2 ★★★

次の一連の取引について仕訳しなさい。なお、商品売買取引は三分法で記帳する。

〈指定勘定科目〉

当 座 預 金	前 払 金	買 掛 金	前 受 金
仕　　　　　入	為 替 差 損 益		

(1) アメリカのZ社より商品1,500ドルを購入する契約を締結し、その手付金として500ドルを当座預金で支払った。当日の為替相場は1ドルあたり110円であった。

(2) Z社より商品1,500ドルの引き渡しを受け、手付金500ドルを控除した残額を買掛金とした。当日の為替相場は1ドルあたり105円であった。

(3) 買掛金1,000ドルを当座預金より支払った。当日の為替相場は1ドルあたり100円であった。

▼ 解答欄

	借 方 科 目	金 額	貸 方 科 目	金 額
(1)				
(2)				
(3)				

解答〈61〉ページ

Theme 11 外貨換算会計

問題11-3 ★★★

次の一連の取引について仕訳しなさい。なお，商品売買取引は三分法で記帳する。

〈指定勘定科目〉

当 座 預 金　　売 掛 金　　売　　　　上　　為 替 差 損 益

(1) アメリカのY社に商品2,000ドルを掛けで販売した。当日の為替相場は1ドルあたり100円であった。

(2) 本日決算日である。当日の為替相場は1ドルあたり105円であった。

(3) 売掛金2,000ドルが送金され，取引銀行で両替の上，当座預金口座に入金した。当日の為替相場は1ドルあたり110円であった。

▼ 解答欄

	借 方 科 目	金 額	貸 方 科 目	金 額
(1)				
(2)				
(3)				

解答〈62〉ページ

問題11-4 ★★★

以下の取引について(1)仕訳を示し，(2)解答欄に示した勘定口座の記入を完成させなさい。なお，商品売買取引はすべて掛けで行っており，売上原価対立法により記帳している。また，商品の払出単価は移動平均法により算出している。

〈指定勘定科目〉

現　　　　金　　当 座 預 金　　売 掛 金　　商　　　　品
買 掛 金　　売　　　　上　　売 上 原 価　　棚 卸 減 耗 損
商 品 評 価 損　　為 替 差 損 益

(取　引)

×2年3月1日　商品Aの前月繰越額　数量800個　単価@1,200円

×2年3月8日　商品A1,200個を@10ドルで輸入した。当日の為替相場は1ドルあたり105円であった。

×2年3月10日　国内の得意先に商品A1,500個を@2,000円で販売した。

×2年3月25日　3月8日に計上した買掛金のうち10,000ドルについて小切手を振り出して支払った。
当日の為替相場は1ドルあたり103円であった。

×2年3月31日　決算となる。実地棚卸を行ったところ，商品Aの実地棚卸数量は480個であった。
決算日の為替相場は1ドルあたり102円であった。

(1)

	借 方 科 目	金 額	貸 方 科 目	金 額
3 / 8				
3 /10				
3 /25				
3 /31				

(2)

商　　　　品

年	月	日	摘　　要	借　　方	年	月	日	摘　　要	貸　　方
×2	3	1	前 月 繰 越	960,000	×2	3			
	3					3			
						3			

為 替 差 損 益

年	月	日	摘　　要	借　　方	年	月	日	摘　　要	貸　　方
×2	3				×2	3			
						3			

解答〈62〉ページ

問題11-5 ★★★

以下の一連の取引について仕訳を示しなさい。

〈指定勘定科目〉

現　　　　　金　　前　払　金　　備　　　　　品　　減価償却累計額
未　払　金　　減価償却費　　為替差損益

(取引)

×2年3月6日　備品50,000ドルを輸入し，代金は引取費用120,000円とともに来月末に支払うことにした。当日の為替相場は1ドル102円であった。

×2年3月14日　商品30,000ドルを輸入するにあたり，手付金として3,000ドルを両替のうえ現金で支払った。当日の為替相場は1ドル103円であった。

×2年3月31日　外貨建ての資産・負債について換算替えを行う。決算日の為替相場は1ドル105円であった。
また，上記，備品について月割計算により減価償却（定額法，耐用年数：5年，残存価額：ゼロ，記帳方法：間接法）を行う。

▼ 解答欄

	借　方　科　目	金　　額	貸　方　科　目	金　　額
3／6				
3／14				
3／31				

解答〈64〉ページ

問題11-6 ★★★

次の資料にもとづいて，精算表を完成しなさい。なお，決算日の為替相場は1ドルあたり112円であった。

（資　料）

1．売掛金のうちには米国のA社に対するもの1,000ドルが含まれており，取引時の為替相場1ドルあたり105円で換算している。

2．前受金は，すべて米国のB社より受け取った商品の販売に係る手付金300ドルであり，取引時の為替相場1ドルあたり110円で換算している。

3．買掛金のうちには米国のX社に対するもの500ドルが含まれており，取引時の為替相場1ドルあたり106円で換算している。

4．売掛金の期末残高について，実績率法により2％を貸倒れとして見積り，貸倒引当金を差額補充法により設定する。

▼ 解答欄

精　算　表

勘 定 科 目	残高試算表		修 正 記 入		損益計算書		貸借対照表	
	借　方	貸　方	借　方	貸　方	借　方	貸　方	借　方	貸　方
売　　掛　　金	243,000							
貸 倒 引 当 金		3,500						
買　　掛　　金		178,000						
前　　受　　金		33,000						
為 替 差 損 益	4,500							
貸倒引当金繰入								

解答〈64〉ページ

問題11-7 ★★★

次の取引について仕訳しなさい。なお，商品売買取引は三分法で記帳する。

〈指定勘定科目〉

現　　　　　金　　　当　座　預　金　　　売　　掛　　金　　　買　　掛　　金
売　　　　　上　　　仕　　　　　入　　　為　替　差　損　益

(1)　仕入取引

　①　米国のX社より商品800ドルを仕入れ，代金を掛けとした。同時に取引銀行との間で1ドルあたり108円の為替予約（ドルの買い予約）を行った。なお，当日の直物為替相場は1ドルあたり105円であったが，外貨建て取引の換算には先物為替相場（予約レート）を付すことにした。

　②　上記，買掛金800ドルにつき取引銀行で両替の上，当座預金から支払った。当日の直物為替相場は1ドルあたり113円であった。

(2)　売上取引

　①　米国のC社に商品1,200ドルを販売し，代金を掛けとした。同時に取引銀行との間で1ドルあたり106円の為替予約（ドルの売り予約）を行った。なお，当日の直物為替相場は1ドルあたり104円であったが，外貨建て取引の換算には先物為替相場（予約レート）を付すことにした。

　②　上記，売掛金1,200ドルが送金され，取引銀行で両替の上，当座預金に入金した。当日の直物為替相場は1ドルあたり110円であった。

▼解答欄

(1)

	借　方　科　目	金　　額	貸　方　科　目	金　　額
①				
②				

(2)

	借　方　科　目	金　　額	貸　方　科　目	金　　額
①				
②				

解答〈65〉ページ

問題11-8 ★★★

次の一連の取引について仕訳しなさい。なお,商品売買取引は三分法で記帳する。また仕訳が不要な場合は「仕訳なし」と借方科目欄に解答すること。

〈指定勘定科目〉

当座預金　売掛金　売上　為替差損益

(1) 米国のZ社に商品5,000ドルを販売し,代金を掛けとした。直物為替相場は1ドルあたり100円であった。

(2) 上記,売掛金5,000ドルにつき取引銀行との間で1ドルあたり98円の為替予約（ドルの売り予約）を行った。なお,当日の直物為替相場は1ドルあたり102円であるが,為替差損益の期間配分は考慮しなくてよい。

(3) 決算となる。当日の直物為替相場は1ドルあたり99円であった。

(4) Z社に対する売掛金5,000ドルが送金された。取引銀行で両替の上,当座預金口座に入金した。当日の直物為替相場は1ドルあたり96円であった。

▼ 解答欄

	借　方　科　目	金　　額	貸　方　科　目	金　　額
(1)				
(2)				
(3)				
(4)				

解答〈65〉ページ

12 税　金

問題12-1 ★★☆

次の一連の取引について仕訳しなさい。

〈指定勘定科目〉

　　当 座 預 金　　仮 払 法 人 税 等　　未 払 法 人 税 等　　法 人 税 等

(1) 法人税等の中間申告を行い，2,700,000円を小切手を振り出して支払った。なお，中間納付額は仮払法人税等勘定で処理した。

(2) 決算に際し，税引前当期純利益15,500,000円に対する40％相当額を法人税等として計上する。

(3) 確定申告を行い，確定税額から中間納付額を控除した残額を小切手を振り出して納付した。

▼ 解答欄

	借 方 科 目	金 額	貸 方 科 目	金 額
(1)				
(2)				
(3)				

解答⟨66⟩ページ

問題12-2 ★★★

次の取引について仕訳しなさい。

〈指定勘定科目〉

　　当 座 預 金　　仮 払 法 人 税 等　　未 払 法 人 税 等　　法 人 税 等

(取 引)

決算に際し，法人税5,000,000円と住民税840,000円，事業税250,000円を計上するとともに，その金額から中間納付額2,700,000円（法人税2,225,000円，住民税375,000円，事業税100,000円）を控除した差額を未払分として計上した。

借　方　科　目	金　　額	貸　方　科　目	金　　額

解答〈66〉ページ

理解度チェック

問題12-3　★★★

次の一連の取引について仕訳を示しなさい。なお，消費税の税率は10％，処理は税抜方式による。

〈指定勘定科目〉

現　　　　金　　仮 払 消 費 税　　器 具 備 品　　仮 受 消 費 税
未 払 消 費 税　　売　　　　上　　仕　　　　入　　販　　売　　費

(1) 商品を税込価格49,500円で売上げ，代金は現金で受け取った。

(2) 商品を税込価格17,600円で仕入れ，代金は現金で支払った。

(3) 販売費9,130円（税込み）を現金で支払った。

(4) 器具備品を14,850円（税込み）で購入し，代金は現金で支払った。

(5) 本日決算につき，確定申告において納付する消費税額を未払計上する。

▼ 解答欄

	借　方　科　目	金　　額	貸　方　科　目	金　　額
(1)				
(2)				
(3)				
(4)				
(5)				

解答〈66〉ページ

Theme
12
税

金

問題13-1 ★★☆

以下の語群より，適切な語句を選んで，課税所得の算定に関する文章を完成させなさい。なお，同じ語句を複数回使用してもかまわない。

(1) 法人税等の計算に関する「課税所得」とは，税法上の（　①　）から（　②　）を控除した金額をいう。ただし，その算定は，会計上の（　③　）に対して差異部分を「加算調整」または「減算調整」することにより行う。

(2) 課税所得の算定において，加算調整するものとして（　④　）算入と（　⑤　）不算入がある。

　（　④　）算入とは，会計上（　⑥　）として計上していないものを税法上（　⑦　）として認めるものをいう。

　（　⑤　）不算入とは，会計上（　⑧　）として計上したものを税法上（　⑨　）として認めないものをいう。

　また，課税所得の算定において，減算調整するものとして（　⑩　）算入と（　⑪　）不算入がある。

　（　⑩　）算入とは，会計上（　⑫　）として計上していないものを税法上（　⑬　）として認めるものをいう。

　（　⑪　）不算入とは，会計上（　⑭　）として計上したものを税法上（　⑮　）として認めないものをいう。

(語　群)

課　税　所　得　　　　税引前当期純利益　　　　費　　　用　　　収　　　益
損　　　　　金　　　　益　　　　　金

▼ 解答欄

①	②	③	④
⑤	⑥	⑦	⑧
⑨	⑩	⑪	⑫
⑬	⑭	⑮	

解答〈67〉ページ

問題13-2 ★★☆

次の取引について仕訳しなさい。なお，当期の法人税等の税率は40％とする。

〈指定勘定科目〉 仮 払 法 人 税 等 　　　 未 払 法 人 税 等 　　 法人税, 住民税及び事業税

(1) 第1期の決算において，税引前当期純利益を800,000円計上した。ただし，減価償却費の損金不算入額が250,000円，貸倒引当金の損金不算入額が50,000円あった。よって，法人税等を計上する。

(2) 第2期の決算において，税引前当期純利益を1,250,000円計上した。ただし，減価償却費の損金不算入額が250,000円，前期末の貸倒引当金に係る損金算入額が50,000円，当期末の貸倒引当金に係る損金不算入額が85,000円あった。よって，法人税等を計上する。なお，中間納付額が300,000円ある。

▼ 解答欄

	借 方 科 目	金 額	貸 方 科 目	金 額
(1)				
(2)				

解答〈67〉ページ

問題13-3 ★★★

みなと商事第17期末における次の資料にもとづいて，法人税等の計上に関する仕訳を示しなさい。

〈指定勘定科目〉 仮 払 法 人 税 等 　　　 未 払 法 人 税 等 　　　 法 人 税 等

(資 料)

1．損益計算書において計上された税引前当期純利益は560,000円であり，以下の差異を加減した課税所得に対し40％の法人税等を計上する。

2．会計上と税務上の差異

(1) 前期末に設定した貸倒引当金に係る損金算入額：54,000円

(2) 当期末に設定した貸倒引当金に係る損金不算入額：66,000円

(3) 当期に計上した減価償却費に係る損金不算入額：125,000円

(4) 当期に受け取った受取配当金の益金不算入額：17,000円

3．当期における法人税等の中間納付額：145,000円

▼ 解答欄

借 方 科 目	金 額	貸 方 科 目	金 額

解答〈68〉ページ

問題13-4 ★★☆

以下の語群より，適切な語句を選んで，税効果会計に関する文章を完成させなさい。

(1) 税効果会計の対象となる差異は，企業会計上の「収益・費用」と法人税法上の「益金・損金」が，その（ ① ）の相違によって発生したと考えられる差異であり，時間の経過にともない，その差異が将来において解消することが予定される差異である。これを（ ② ）といい，税効果会計を適用する。

それに対して，企業会計上の「収益・費用」と法人税法上の「益金・損金」との（ ③ ）の相違により，企業会計と法人税法で根本的にその取り扱いを異にするため，将来において解消が予定されない差異がある。これを（ ④ ）といい，税効果会計の適用はない。

(2) 将来の課税所得の計算において減算調整される差異を（ ⑤ ）という。（ ⑤ ）が発生した場合，（ ⑥ ）を計上し，法人税等の前払処理を行う。

それに対して，将来の課税所得の計算において加算調整される差異を（ ⑦ ）という。（ ⑦ ）が発生した場合，（ ⑧ ）を計上し，法人税等の未払処理を行う。

（語　群）

| 将来減算一時差異 | 将来加算一時差異 | 繰延税金資産 | 繰延税金負債 |
| 一　時　差　異 | 永　久　差　異 | 認　識　時　点 | 範　　　囲 |

▼ 解答欄

①	②	③	④

⑤	⑥	⑦	⑧

解答〈68〉ページ

問題13-5 ★★★

以下の取引について，仕訳しなさい。

〈指定勘定科目〉

売　掛　金	貸倒引当金	備　　品	減価償却累計額
繰延税金資産	繰延税金負債	貸倒引当金繰入	減価償却費
法人税等調整額			

(1) 第1期の決算にあたり売上債権の期末残高1,800,000円に対して2％の貸倒引当金を設定した。

(2) 上記(1)で計上した貸倒引当金の全額について，税法上，損金への算入が認められなかった。そこで税率を30％として税効果会計を適用する。

(3) 決算にあたり，当期首に取得した備品1,200,000円について200％定率法（耐用年数：5年）により減価償却を行い，間接法により記帳する。

(4) 上記(3)の備品について，税法上の耐用年数が8年であったため，税率を30％として税効果会計を適用する。

	借 方 科 目	金 額	貸 方 科 目	金 額
(1)				
(2)				
(3)				
(4)				

解答〈68〉ページ

理解度チェック

問題13-6 ★★☆

次の一連の取引について仕訳しなさい。

〈指定勘定科目〉

　　　繰 延 税 金 資 産　　　繰 延 税 金 負 債　　　法 人 税 等　　　法人税等調整額

(1) 第1期の決算において，減価償却費の損金不算入額が250,000円，貸倒引当金の損金不算入額が50,000円あった。法人税等の税率を40%として，税効果会計を適用する。

(2) 第2期の決算において，当期の減価償却費に係る損金不算入額が250,000円，前期末の貸倒引当金に係る損金算入額が50,000円，当期末の貸倒引当金に係る損金不算入額が85,000円あった。法人税等の税率を40%として，税効果会計を適用する。

▼ 解答欄

	借 方 科 目	金 額	貸 方 科 目	金 額
(1)				
(2)				

解答〈69〉ページ

問題13-7 ★★★

次の一連の取引について仕訳しなさい。

〈指定勘定科目〉

その他有価証券　　　繰延税金資産　　　繰延税金負債　　　その他有価証券評価差額金
法人税等調整額

(1) 第1期の決算において，その他有価証券の帳簿価額は250,000円，その時価は280,000円であった。税効果会計を適用したうえ，全部純資産直入法による時価評価を行う。なお，法人税等の税率は40％とする。

(2) 第2期の期首において，上記の評価替えについて再振替仕訳を行った。

(3) 第2期の決算において，その他有価証券の帳簿価額は250,000円，その時価は240,000円であった。税効果会計を適用したうえ，全部純資産直入法による時価評価を行う。なお，法人税等の税率は40％とする。

▼ 解答欄

	借　方　科　目	金　　額	貸　方　科　目	金　　額
(1)				
(2)				
(3)				

解答〈70〉ページ

問題13-8 ★★★

次の資料にもとづいて，以下(1)から(3)の方式による税効果会計の仕訳を示しなさい。なお，法人税等の法定実効税率は30％である。

〈指定勘定科目〉

　　繰延税金資産　　　　　繰延税金負債　　　　　法人税等調整額

[資　料]

税効果会計における将来減算一時差異の推移

内　　容	期　　首	解　　消	発　　生	期　　末
引当金の設定	150,000円	23,000円	56,000円	183,000円
減価償却	332,000円	—	98,000円	430,000円
合　　計	482,000円	23,000円	154,000円	613,000円

(1)　「解消」について繰延税金資産を取り崩し，「発生」について繰延税金資産を計上する（解消発生方式）。

(2)　「期首」の繰延税金資産を全額取り崩し，「期末」の繰延税金資産を計上する（洗替方式）。

(3)　「解消（または期首）」と「発生（または期末）」の差額について繰延税金資産を計上する（差額補充方式）。

▼ 解答欄

	借　方　科　目	金　　額	貸　方　科　目	金　　額
(1)				
(2)				
(3)				

解答〈70〉ページ

14 株式の発行

問題14-1 ★★★

次の取引について仕訳しなさい。

〈指定勘定科目〉

　　普 通 預 金　　資 本 金　　資 本 準 備 金　　その他資本剰余金

(1)　会社の設立にあたり株式2,000株を1株の払込金額80,000円で発行し，全株式の払い込みを受け，払込金は普通預金とした。

(2)　会社が発行する株式の総数20,000株のうち，会社設立に際してその4分の1の5,000株を1株の払込金額70,000円で発行し，全株式の払い込みを受け，払込金は普通預金とした。なお，払込金額のうち「会社法」で認められる最低額を資本金に組み入れることとした。

(3)　会社設立に際し，発行可能株式総数4,000株のうち1,000株を1株の払込金額120,000円で発行し，払込金を普通預金とした。なお，払込金額の50％を資本金に組み入れることとした。

▼ 解答欄

	借 方 科 目	金 額	貸 方 科 目	金 額
(1)				
(2)				
(3)				

解答〈71〉ページ

問題14-2 ★★☆

次の取引について仕訳しなさい。

〈指定勘定科目〉

　　当 座 預 金　　資 本 金　　資 本 準 備 金　　その他資本剰余金

(1)　新株式3,000株を1株の払込金額80,000円で新たに発行し，払込金を当座預金とした。

(2)　新株式5,000株を1株の払込金額90,000円で発行し，払込金は当座預金とした。なお，払込金額のうち「会社法」で認められる最低額を資本金に組み入れることとした。

(3)　新富士電気株式会社は，取締役会の決議により，未発行株式のうち3,000株を1株の払込金額70,000円で発行し，全株式について払い込みを受け，払込金を当座預金に預け入れた。なお，払込金額の5分の4を資本金に組み入れることとした。

	借 方 科 目	金 額	貸 方 科 目	金 額
(1)				
(2)				
(3)				

解答〈71〉ページ

理解度チェック

問題14-3 ★★★

次の一連の取引について仕訳しなさい。

〈指定勘定科目〉

当 座 預 金 別 段 預 金 株式申込証拠金 資 本 金
資 本 準 備 金 その他資本剰余金

(1) 静岡商事株式会社は，取締役会の決議により，未発行株式のうち4,000株を1株の払込金額90,000円で募集し，申込期日までに全株式数が申し込まれ，払込金の全額を申込証拠金として受け入れ，別段預金とした。

(2) 同社は，上記の申込証拠金をもって払込金に充当し，払込期日に資本金に振り替え，同時に別段預金を当座預金に預け替えた。なお，払込金額のうち「会社法」で認められる最低額を資本金に組み入れることとした。

▼ 解答欄

	借 方 科 目	金 額	貸 方 科 目	金 額
(1)				
(2)				

解答〈72〉ページ

問題14-4 ★★★

次の取引について仕訳しなさい。

〈指定勘定科目〉

| 現　　　　金 | 当 座 預 金 | 普 通 預 金 | 資　　本　　金 |
| 資 本 準 備 金 | 創　立　費 | 株 式 交 付 費 | |

(1) 会社が発行する株式の総数60,000株のうち，会社設立に際してその4分の1の15,000株を発行することとし，払込金額は1株70,000円とし，全株式の払い込みを受け，払込金は当座預金とした。なお，払込金額の80％を資本金に組み入れることとした。また，株式の発行その他会社設立のための費用4,000,000円を現金で支払った。

(2) 関東株式会社は，取締役会の決議により，未発行株式のうち株式1,000株を1株の払込金額80,000円で発行し，全株式について払い込みを受け，払込金を普通預金に預け入れた。なお，払込金額の60％を資本金に組み入れることとした。また，新株式の発行費用1,300,000円を現金で支払った。

▼ 解答欄

	借 方 科 目	金　　額	貸 方 科 目	金　　額
(1)				
(2)				

解答〈72〉ページ

15 剰余金の配当と処分

問題15-1 ★★★

次の一連の取引について仕訳し，与えられた勘定に転記するとともに締め切りなさい。なお，勘定へ記入する際は，日付，相手科目，金額を記入すること。

〈指定勘定科目〉

| 当 座 預 金 | 未 払 配 当 金 | 資 本 準 備 金 | 利 益 準 備 金 |
| 別 途 積 立 金 | 繰越利益剰余金 | 損 益 | |

(1) ×5年3月31日　　第1期決算において，当期純利益200,000円を計上した。

(2) ×5年6月24日　　定時株主総会において，繰越利益剰余金200,000円を次のとおり配当および処分することが確定した。

　　　　　　　　　利益準備金：10,000円　　株主配当金：100,000円　　別途積立金：30,000円

(3) ×5年6月25日　　株主配当金を小切手を振り出して支払った。

(4) ×6年3月31日　　第2期決算において，当期純利益250,000円を計上した。

▼ 解答欄

	借 方 科 目	金 額	貸 方 科 目	金 額
(1)				
(2)				
(3)				
(4)				

繰越利益剰余金

解答〈73〉ページ

問題15-2 ★★★

次の取引について仕訳しなさい。

〈指定勘定科目〉

| 当 座 預 金 | 未 払 配 当 金 | 資 本 準 備 金 | 利 益 準 備 金 |
| 別 途 積 立 金 | 繰越利益剰余金 | 損 益 | |

(1) ×5年9月25日の定時株主総会において，繰越利益剰余金20,000,000円を次のとおり配当および処分することが確定した。

　　　利益準備金：「会社法」の定める金額

　　　株主配当金：10,000,000円

　　　別途積立金：5,000,000円

　　なお，×5年6月30日（決算日）現在の資本金，資本準備金および利益準備金の勘定残高はそれぞれ80,000,000円，10,000,000円，5,000,000円であった。

(2) ×5年9月26日の定時株主総会において，繰越利益剰余金15,000,000円を次のとおり配当および処分することが確定した。

　　　利益準備金：「会社法」の定める金額

　　　株主配当金：9,000,000円

　　　別途積立金：4,000,000円

　　なお，×5年6月30日（決算日）現在の資本金，資本準備金および利益準備金の勘定残高はそれぞれ100,000,000円，15,000,000円，9,500,000円であった。

▼ 解答欄

	借 方 科 目	金 額	貸 方 科 目	金 額
(1)				
(2)				

解答〈73〉ページ

問題15-3 ★★☆

次の取引について仕訳しなさい。

〈指定勘定科目〉

| 当 座 預 金 | 未 払 配 当 金 | 資 本 準 備 金 | 利 益 準 備 金 |
| 別 途 積 立 金 | 繰越利益剰余金 | 損   益 | |

(取 引)

梅田商事株式会社は，×5年6月20日の定時株主総会において繰越利益剰余金3,500,000円を次のとおり配当および処分することが承認された。

　　利益準備金：会社法の定める金額　　別途積立金：600,000円

　　株主配当金：1株につき　98円

　なお，×5年3月31日（決算日）現在の資本金，資本準備金，利益準備金の各勘定残高はそれぞれ15,000,000円，2,000,000円，1,000,000円であり，発行株式数は25,000株であった。

▼ 解答欄

借 方 科 目	金 額	貸 方 科 目	金 額

解答〈74〉ページ

問題15-4 ★★★

秋葉原商事株式会社の第18期（×7年4月1日より×8年3月31日）における次の〔資料〕にもとづき解答欄の株主資本等変動計算書を完成しなさい。なお，純資産のマイナスとなる場合には，金額の前に△印を付すこと。また，金額は千円単位で解答すること。

（資　料）

1．第17期末における純資産の残高は次のとおりである。

　　　資　本　金　30,000,000円　　　資本準備金　5,000,000円　　　その他資本剰余金　1,500,000円

　　　利益準備金　　900,000円　　　別途積立金　1,200,000円　　　繰越利益剰余金　2,350,000円

　　　その他有価証券評価差額金　各自推定（下記4.参照）

2．×7年6月28日に開催された第17期株主総会で，次の議案が可決承認された。

　⑴　その他資本剰余金の準備金組入れ

　　　利益配当に先立ち，その他資本剰余金の全額を資本準備金に組み入れる。

　⑵　剰余金の配当および処分

　　　繰越利益剰余金を財源として次のとおり配当および処分を行う。

　　　　配　当　金　1,500,000円　　　別途積立金　550,000円　　　利益準備金　会社法の定める必要額

3．×7年10月1日に増資を行い，新たに株式600株（時価@20,000円）を発行し，払込金を当座預金とした。なお，資本金組入額は10,000,000円とし，残額は資本準備金とした。

4．その他有価証券は，前期に長期利殖の目的で取得した株式であり，その時価等は次のとおりである。なお，税効果会計は考慮しなくてよい。

	取得原価	前期末時価	当期末時価
A社株式	500,000円	580,000円	560,000円
B社株式	350,000円	330,000円	300,000円

5．決算の結果，当期純利益850,000円を計上した。

株 主 資 本 等 変 動 計 算 書　　　（単位：千円）

	資 本 金	株 主 資 本			
		資 本 剰 余 金		利 益 剰 余 金	
		資本準備金	その他資本剰余金	利益準備金	別途積立金
当期首残高	30,000	（　　　　）	（　　　　）	（　　　　）	（　　　　）
当期変動額					
新 株 の 発 行	（　　　　）	（　　　　）			
剰余金の準備金組入		（　　　　）	（　　　　）		
剰 余 金 の 配 当				（　　　　）	（　　　　）
当 期 純 利 益					
株主資本以外の項目の当期変動額（純額）					
当期変動額合計	（　　　　）	（　　　　）	（　　　　）	（　　　　）	（　　　　）
当期末残高	（　　　　）	（　　　　）	（　　　　）	（　　　　）	（　　　　）

下段に続く

上段から続く

株 主 資 本 等 変 動 計 算 書　　　（単位：千円）

	株 主 資 本		評価・換算差額等		純資産合　　計
	利益剰余金	株主資本合　　計	その他有価証券評価差額金	評価・換算差額等合　　　計	
	繰越利益剰余金				
当期首残高	（　　　）	（　　　　）	（　　　）	（　　　）	（　　　）
当期変動額					
新 株 の 発 行		（　　　　）			（　　　）
剰余金の準備金組入		（　　　　）			（　　　）
剰 余 金 の 配 当		（　　　　）			（　　　）
当 期 純 利 益	（　　　）	（　　　　）			（　　　）
株主資本以外の項目の当期変動額（純額）			（　　　）	（　　　）	（　　　）
当期変動額合計	（　　　）	（　　　　）	（　　　）	（　　　）	（　　　）
当期末残高	（　　　）	（　　　　）	（　　　）	（　　　）	（　　　）

解答〈74〉ページ

16 決算手続

問題16-1 ★★★

東京商事株式会社の第24期（自×4年4月1日　至×5年3月31日）の決算整理前残高試算表および期末修正事項にもとづいて，決算整理後残高試算表を完成させなさい。

決算整理前残高試算表
×5年3月31日

借　　方	勘 定 科 目	貸　　方
98,800	現 金 預 金	
68,500	受 取 手 形	
91,500	売 掛 金	
63,500	売買目的有価証券	
30,000	繰 越 商 品	
80,000	建 物	
50,000	備 品	
6,000	ソフトウェア	
10,000	子 会 社 株 式	
	買 掛 金	37,000
	貸 倒 引 当 金	1,500
	建物減価償却累計額	48,000
	備品減価償却累計額	11,000
	資 本 金	200,000
	利 益 準 備 金	25,000
	別 途 積 立 金	11,500
	繰越利益剰余金	9,950
	売 上	600,000
	受 取 利 息	6,050
350,000	仕 入	
90,000	給 料	
7,500	保 険 料	
4,200	有価証券売却損	
950,000		950,000

〔期末修正事項〕

1　受取手形および売掛金の期末残高に対して，実績法により2％の貸倒れを見積る（差額補充法による）。

2　商品の期末棚卸高は次のとおりである。商品売買の記帳は三分法で行っており，仕入勘定で売上原価を算定する。
　(1)　帳簿棚卸数量　　200個　実地棚卸数量　　195個
　(2)　原　　　　価　@180円　正味売却価額　@170円
　　なお，商品評価損は売上原価に算入し，棚卸減耗損は売上原価に算入しない。

3　有価証券の内訳は次のとおりである。なお，埼玉重工㈱は当社の子会社である。

銘　　　　柄	所有目的	帳簿価額	時　　価
千葉商事株式	売買目的	63,500円	62,100円
埼玉重工株式	支配目的	10,000円	9,900円

4　固定資産の減価償却
　　　建　　物：償却方法　定額法，耐用年数　30年，
　　　　　　　　　残存価額　取得原価の10％
　　　備　　品：償却方法　定率法，償却率　年20％
　　なお，備品のうち20,000円は，×4年10月1日に取得したものであり，当期分は月割計算で計上する。

5　ソフトウェアは自社利用の目的で×2年4月1日に取得したものであり，定額法（償却期間：5年）により償却している。

6　保険料のうち6,000円は，×4年7月1日に向こう1年分の火災保険料として支払ったものである。

7　法人税，住民税及び事業税58,280円を計上する。

決算整理後残高試算表
×5年3月31日

借　方	勘 定 科 目	貸　方
	現　金　預　金	
	受　取　手　形	
	売　　掛　　金	
	売買目的有価証券	
	繰　越　商　品	
	前　払　保　険　料	
	建　　　　　物	
	備　　　　　品	
	ソ フ ト ウ ェ ア	
	子　会　社　株　式	
	買　　掛　　金	
	未　払　法　人　税　等	
	貸　倒　引　当　金	
	建物減価償却累計額	
	備品減価償却累計額	
	資　　本　　金	
	利　益　準　備　金	
	別　途　積　立　金	
	繰　越　利　益　剰　余　金	
	売　　　　　上	
	受　取　利　息	
	仕　　　　　入	
	給　　　　　料	
	保　　険　　料	
	貸　倒　引　当　金　繰　入	
	棚　卸　減　耗　損	
	減　価　償　却　費	
	ソ フ ト ウ ェ ア 償 却	
	有　価　証　券　売　却　損	
	有　価　証　券　評　価　損　益	
	法人税, 住民税及び事業税	

解答〈76〉ページ

Theme
16
決算手続

問題16-2 ★★☆

次の決算整理前残高試算表と決算整理事項にもとづいて，決算整理後残高試算表を完成しなさい。なお，会計期間は×7年10月1日から×8年9月30日までの1年である。

Ⅰ 決算整理前残高試算表

残 高 試 算 表
×8年9月30日 （単位：円）

借 方	勘 定 科 目	貸 方
398,650	現　　　　　金	
809,000	当 座 預 金	
1,170,000	受 取 手 形	
2,040,000	売 掛　金	
250,000	繰 越 商 品	
4,000,000	建　　　　　物	
2,000,000	備　　　　　品	
733,750	の れ ん	
200,000	ソ フ ト ウ ェ ア	
1,568,000	満期保有目的債券	
59,600	繰 延 税 金 資 産	
	支 払 手 形	470,200
	買 掛　金	690,000
	貸 倒 引 当 金	14,800
	建物減価償却累計額	720,000
	備品減価償却累計額	875,000
	資 本　金	8,000,000
	利 益 準 備 金	850,000
	別 途 積 立 金	150,000
	繰 越 利 益 剰 余 金	500,000
	売　　　　　上	6,682,000
	有 価 証 券 利 息	48,000
3,600,000	仕　　　　　入	
1,000,000	給　　　　　料	
730,000	通 信 費	
441,000	保 険　料	
19,000,000		19,000,000

Ⅱ 決算整理事項

(1) 当社の当座預金の帳簿残高は809,000円，銀行残高証明書の残高は938,000円であり，不一致の原因を調査したところ次の事実が判明した。

　(イ) 得意先より売掛金20,000円が振り込まれたが当方で未記帳になっていた。

　(ロ) 仕入代金支払いのために振り出した小切手100,000円が銀行に未呈示であった。

　(ハ) 通信費の支払いとして振り出した小切手9,000円が未渡しであった（振出時に記帳済）。

(2) 受取手形と売掛金の期末残高の合計額に対し，実績法により2％の貸倒引当金を設定する（差額補充法による）。

(3) 商品の期末残高は次のとおりである。なお，商品売買は三分法で記帳している。

　(イ) 帳簿棚卸高　　500個　　　　実地棚卸高　450個

　(ロ) 原価@600円　　正味売却価額@580円

　　棚卸減耗損と商品評価損は売上原価に算入しない。

(4) 満期保有目的債券は，×6年10月1日に，額面1,600,000円の福岡商事株式会社の社債（満期：×9年9月30日）を100円につき97円で取得したものである。満期保有目的債券の評価は償却原価法（定額法）による。

(5) 建物については，定額法（耐用年数50年）により，また，備品については，定率法（償却率年25％）により減価償却を行う。なお，残存価額はともに取得原価の10％である。

(6) のれんは当期首に生じたものであり，定額法により5年間で償却する。また，ソフトウェアは，×6年10月に自社利用の目的で取得したものであり，定額法により5年間で償却する。

(7) 保険料は3年前より毎年7月1日に向こう1年分を前払いしている。なお，毎月の保険料はこの3年間一定である。

(8) 法人税，住民税及び事業税230,400円を計上する。

(9) 当期において，税効果会計上の将来減算一時差異が54,000円増加したため，繰延税金資産を追加計上する。なお，法人税等の税率は40％である。

決算整理後残高試算表
×8年9月30日 　　　　　　　（単位：円）

借　方　科　目	金　　額	貸　方　科　目	金　　額
現　　　　　金	398,650	支　払　手　形	470,200
当　座　預　金	（　　　　　）	買　　掛　　金	690,000
受　取　手　形	1,170,000	未　　払　　金	（　　　　　）
売　　掛　　金	（　　　　　）	未 払 法 人 税 等	（　　　　　）
繰　越　商　品	（　　　　　）	貸　倒　引　当　金	（　　　　　）
前　払　保　険　料	（　　　　　）	建物減価償却累計額	（　　　　　）
建　　　　　物	4,000,000	備品減価償却累計額	（　　　　　）
備　　　　　品	2,000,000	資　　本　　金	8,000,000
の　　れ　　ん	（　　　　　）	利　益　準　備　金	850,000
ソ フ ト ウ ェ ア	（　　　　　）	別　途　積　立　金	150,000
満 期 保 有 目 的 債 券	（　　　　　）	繰 越 利 益 剰 余 金	（　　　　　）
繰 延 税 金 資 産	（　　　　　）	売　　　　　上	6,682,000
仕　　　　　入	（　　　　　）	有 価 証 券 利 息	（　　　　　）
給　　　　　料	1,000,000	法 人 税 等 調 整 額	（　　　　　）
通　　信　　費	730,000		
保　　険　　料	（　　　　　）		
貸 倒 引 当 金 繰 入	（　　　　　）		
減　価　償　却　費	（　　　　　）		
棚　卸　減　耗　損	（　　　　　）		
の　れ　ん　償　却	（　　　　　）		
ソフトウェア償却	（　　　　　）		
商　品　評　価　損	（　　　　　）		
法人税, 住民税及び事業税	（　　　　　）		
	（　　　　　）		（　　　　　）

解答〈79〉ページ

問題16-3　★★★

東京商事株式会社の第24期（自×4年4月1日　至×5年3月31日）の決算整理前の残高試算表および期末修正事項にもとづいて，⑴損益勘定と繰越試算表，および⑵損益計算書と貸借対照表を完成させなさい。

決算整理前残高試算表
×5年3月31日

借　　方	勘　定　科　目	貸　　方
98,800	現　金　預　金	
68,500	受　取　手　形	
91,500	売　　掛　　金	
63,500	売買目的有価証券	
30,000	繰　越　商　品	
80,000	建　　　　　物	
50,000	備　　　　　品	
6,000	ソフトウェア	
10,000	子　会　社　株　式	
	買　　掛　　金	37,000
	貸　倒　引　当　金	1,500
	建物減価償却累計額	48,000
	備品減価償却累計額	11,000
	資　　本　　金	200,000
	利　益　準　備　金	25,000
	別　途　積　立　金	11,500
	繰越利益剰余金	9,950
	売　　　　　上	600,000
	受　取　利　息	6,050
350,000	仕　　　　　入	
90,000	給　　　　　料	
7,500	保　　険　　料	
4,200	有価証券売却損	
950,000		950,000

〔期末修正事項〕

1　受取手形および売掛金の期末残高に対して，実績法により2%の貸倒れを見積る（差額補充法による）。

2　商品の期末棚卸高は次のとおりである。商品売買の記帳は三分法で行っており，仕入勘定で売上原価を算定する。
　⑴　帳簿棚卸数量　　200個　実地棚卸数量　　195個
　⑵　原　　　価　@180円　正味売却価額　@170円
　なお，商品評価損は売上原価に算入し，棚卸減耗損は，売上原価に算入しない。

3　有価証券の内訳は次のとおりである。なお，埼玉重工㈱は当社の子会社である。

銘　　　柄	所有目的	帳簿価額	時　　価
千葉商事株式	売買目的	63,500円	62,100円
埼玉重工株式	支配目的	10,000円	9,900円

4　固定資産の減価償却
　　建　物：償却方法　定額法，耐用年数　30年，
　　　　　　　　残存価額　取得原価の10%
　　備　品：償却方法　定率法，償却率　年20%
　なお，備品のうち20,000円は，×4年10月1日に取得したものであり，当期分は月割計算で計上する。

5　ソフトウェアは×2年4月1日に自社利用の目的で取得したものであり，定額法（償却期間：5年）により償却している。

6　保険料のうち6,000円は，×4年7月1日に向こう1年分の火災保険料として支払ったものである。

7　法人税，住民税及び事業税58,280円を計上する。

(1) 損益勘定・繰越試算表

損　益

3/31	仕　　　　入	（　　　　）	3/31	売　　　　上	（　　　　　）
〃	給　　　料	（　　　　）	〃	受 取 利 息	（　　　　　）
〃	保　険　料	（　　　　）			
〃	貸倒引当金繰入	（　　　　）			
〃	減 価 償 却 費	（　　　　）			
〃	ソフトウェア償却	（　　　　）			
〃	棚 卸 減 耗 損	（　　　　）			
〃	有 価 証 券 売 却 損	（　　　　）			
〃	有 価 証 券 評 価 損 益	（　　　　）			
〃	法人税, 住民税及び事業税	（　　　　）			
〃	繰 越 利 益 剰 余 金	（　　　　）			
		（　　　　）			（　　　　　）

繰 越 試 算 表
×5年3月31日

借　　方	勘 定 科 目	貸　　方
	現　金　預　金	
	受　取　手　形	
	売　　掛　　金	
	貸 倒 引 当 金	
	売 買 目 的 有 価 証 券	
	繰　越　商　品	
	前　払　費　用	
	建　　　　物	
	建物減価償却累計額	
	備　　　　品	
	備品減価償却累計額	
	ソ フ ト ウ ェ ア	
	子 会 社 株 式	
	買　　掛　　金	
	未 払 法 人 税 等	
	資　　本　　金	
	利 益 準 備 金	
	別 途 積 立 金	
	繰 越 利 益 剰 余 金	

111

(2) 損益計算書・貸借対照表

損 益 計 算 書

自×4年4月1日　至×5年3月31日　　　（単位：円）

Ⅰ　売　　　上　　　高　　　　　　　　　　（　　　　　　　）

Ⅱ　売　上　原　価

　1　期 首 商 品 棚 卸 高　（　　　　　　　）

　2　当 期 商 品 仕 入 高　（　　　　　　　）

　　　　合　　　　　計　　（　　　　　　　）

　3　期 末 商 品 棚 卸 高　（　　　　　　　）

　　　　差　　　　引　　　（　　　　　　　）

　4　商 品 評 価 損　　　　（　　　　　　　）　（　　　　　　　　　　）

　　　（　　　　　　　　）　　　　　　　　　（　　　　　　　　　　）

Ⅲ　販売費及び一般管理費

　1　給　　　　　　　料　　（　　　　　　　）

　2　保　　険　　　料　　　（　　　　　　　）

　3　貸 倒 引 当 金 繰 入　（　　　　　　　）

　4　減　価　償　却　費　　（　　　　　　　）

　5　ソフトウェア償却　　　（　　　　　　　）

　6　棚 卸 減 耗 損　　　　（　　　　　　　）　（　　　　　　　　　　）

　　　（　　　　　　　　）　　　　　　　　　（　　　　　　　　　　）

Ⅳ　営 業 外 収 益

　1　受　取　利　息　　　　（　　　　　　　）　（　　　　　　　　　　）

Ⅴ　営 業 外 費 用

　1　有 価 証 券 売 却 損　（　　　　　　　）

　2　有 価 証 券 評 価 損　（　　　　　　　）　（　　　　　　　　　　）

　　　　税 引 前 当 期 純 利 益　　　　　　　（　　　　　　　　　　）

　　　　法人税, 住民税及び事業税　　　　　　（　　　　　　　　　　）

　　　　当　期　純　利　益　　　　　　　　　（　　　　　　　　　　）

112

貸 借 対 照 表
×5年3月31日

(単位：円)

資 産 の 部				負 債 の 部			
Ⅰ 流 動 資 産				Ⅰ 流 動 負 債			
1 現 金 預 金		(	)	1 買 掛 金		(	)
2 受 取 手 形	(	)		2 未 払 法 人 税 等		(	)
3 売 掛 金	(	)		流 動 負 債 合 計		(	)
計	(	)		負 債 合 計		(	)
貸 倒 引 当 金	(	) (	)	純 資 産 の 部			
4 有 価 証 券		(	)	Ⅰ 資 本 金		(	)
5 商 品		(	)	Ⅱ 利 益 剰 余 金			
6 前 払 費 用		(	)	1 利 益 準 備 金	(	)	
流 動 資 産 合 計		(	)	2 別 途 積 立 金	(	)	
Ⅱ 固 定 資 産				3 繰 越 利 益 剰 余 金	(	) (	)
1 建 物	(	)		純 資 産 合 計		(	)
減価償却累計額	(	) (	)				
2 備 品	(	)					
減価償却累計額	(	) (	)				
3 ソ フ ト ウ ェ ア		(	)				
4 関 係 会 社 株 式		(	)				
固 定 資 産 合 計		(	)				
資 産 合 計		(	)	負債及び純資産合計		(	)

解答〈82〉ページ

問題16-4 ★★★

次の(A)決算整理前残高試算表と(B)資料（Ⅰ）および（Ⅱ）にもとづいて，損益計算書を作成しなさい。なお，当期は×5年3月31日を決算日とする1年である。

(A) 決算整理前残高試算表

残高試算表
×5年3月31日 （単位：円）

借　　方	勘定科目	貸　　方
499,000	現 金 預 金	
393,000	受 取 手 形	
351,000	売 掛 金	
610,000	繰 越 商 品	
30,000	仮払法人税等	
90,000	仮 払 金	
420,000	リ ー ス 資 産	
625,000	建 設 仮 勘 定	
	支 払 手 形	200,000
	買 掛 金	249,000
	リ ー ス 債 務	420,000
	長 期 借 入 金	500,000
	貸 倒 引 当 金	9,400
	資 本 金	1,000,000
	資 本 準 備 金	150,000
	利 益 準 備 金	44,000
	別 途 積 立 金	30,000
	繰越利益剰余金	58,400
	売 上	5,895,000
	受 取 手 数 料	57,700
4,855,000	仕 入	
480,000	給 料	
129,000	支 払 家 賃	
125,000	通 信 交 通 費	
6,500	支 払 利 息	
8,613,500		8,613,500

(B) 資　料

（Ⅰ）決算にあたって調査した結果，次のことが判明した。

1 現金の実際有高は238,000円であり，帳簿残高より11,000円不足していた。なお，その原因は不明である。

2 当座預金勘定残高と銀行残高証明書残高353,000円との差異の原因は，次のとおりであった。

　なお，(1)と(2)は，振出時に仕訳済みである。

⑴ 通信費支払いのために振り出した小切手35,000円が，銀行に支払呈示されていなかった。

⑵ 仕入先浦和商店に買掛金支払いのために振り出した小切手48,000円が，金庫に保管されたままであった。

⑶ 町田銀行に取立依頼していた手形20,000円が入金されていたが，連絡が未達であった。

3 仮払金の内容は，リース料の支払額90,000円（下記Ⅱの4参照）であった。

（Ⅱ）決算整理事項は次のとおりである。

1 期末商品棚卸高

　　帳簿棚卸数量　1,500個　原　　　　価　@380円

　　実地棚卸数量　1,460個　正味売却価額　@350円

　なお，商品売買は三分法で記帳している。商品評価損は売上原価に算入し，棚卸減耗損は売上原価に算入しない。

2 売掛金および買掛金には外貨建てのものが含まれている。決算日における為替相場は100円/ドルであり，換算替えを行う。

　　売掛金　800ドル　取引時の為替相場　105円/ドル

　　買掛金　500ドル　取引時の為替相場　106円/ドル

3 受取手形および売掛金の期末残高に対して，実績法により，2％の貸倒引当金を差額補充法により設定する。

4 リース資産（備品）は当期首に取得したものであり，ファイナンス・リース取引と判定された。なお，取得原価相当額は420,000円，リース期間は5年，リース料は毎年3月末に90,000円を1年分として支払う約定である。決算にあたり，以下の条件で減価償却を行う。

　　償却方法：定額法

　　残存価額：ゼロ（リース期間で償却する）

5 支払家賃129,000円は1年分計上しており，4か月分が未経過である。また，通信交通費について8,000円の前払いがある。

6 法人税，住民税及び事業税45,200円を計上する。

損 益 計 算 書
自×4年4月1日　至×5年3月31日　　　（単位：円）

Ⅰ　売　　　上　　　高　　　　　　　　　　（　　　　　）

Ⅱ　売　　上　　原　　価

　1　期 首 商 品 棚 卸 高　（　　　　　）

　2　当 期 商 品 仕 入 高　（　　　　　）

　　　　合　　　　　計　　（　　　　　）

　3　期 末 商 品 棚 卸 高　（　　　　　）

　　　　差　　　　　引　　（　　　　　）

　4　商 品 評 価 損　　　（　　　　　）　（　　　　　）

　　　　売 上 総 利 益　　　　　　　　　　（　　　　　）

Ⅲ　販売費及び一般管理費

　1　給　　　　　　　料　（　　　　　）

　2　支　払　家　賃　　　（　　　　　）

　3　通　信　交　通　費　（　　　　　）

　4　貸 倒 引 当 金 繰 入　（　　　　　）

　5　（　　　　　　　　）　（　　　　　）

　6　棚　卸　減　耗　損　（　　　　　）　（　　　　　）

　　　　営　業　利　益　　　　　　　　　　（　　　　　）

Ⅳ　営　業　外　収　益

　1　（　　　　　　　　）　（　　　　　）　（　　　　　）

Ⅴ　営　業　外　費　用

　1　支　払　利　息　　　（　　　　　）

　2　（　　　　　　　　）　（　　　　　）

　3　雑　　　　　　損　　（　　　　　）　（　　　　　）

　　　税 引 前 当 期 純 利 益　　　　　　　（　　　　　）

　　　法人税, 住民税及び事業税　　　　　　　（　　　　　）

　　　　当　期　純　利　益　　　　　　　　（　　　　　）

解答〈85〉ページ

問題16-5 ★★★

次の [資料Ⅰ] 決算整理前残高試算表および [資料Ⅱ] 決算整理事項等にもとづいて, 解答欄の貸借対照表を完成させなさい。なお, 会計期間は×5年4月1日から×6年3月31日までの1年である。

[資料Ⅰ] 決算整理前残高試算表

残 高 試 算 表

×6年3月31日 (単位:円)

借 方	勘 定 科 目	貸 方
2,733,500	現 金 預 金	
405,000	受 取 手 形	
654,000	売 掛 金	
270,000	繰 越 商 品	
360,000	売買目的有価証券	
100,000	仮 払 法 人 税 等	
3,700,000	建 物	
1,600,000	備 品	
38,000	繰 延 税 金 資 産	
	支 払 手 形	293,000
	買 掛 金	460,000
	貸 倒 引 当 金	20,000
	長 期 借 入 金	818,980
	建物減価償却累計額	535,500
	備品減価償却累計額	424,000
	資 本 金	5,600,000
	利 益 準 備 金	650,000
	別 途 積 立 金	230,000
	繰 越 利 益 剰 余 金	288,000
	売 上	4,000,000
	受 取 家 賃	60,000
2,270,000	仕 入	
690,000	給 料	
150,000	保 険 料	
30,000	租 税 公 課	
357,500	減 価 償 却 費	
16,500	支 払 手 数 料	
4,980	支 払 利 息	
13,379,480		13,379,480

[資料Ⅱ] 決算整理事項等

1. 当座預金について次の事実が判明した。
   (1) ×6年6月30日満期の約束手形¥250,000を取引銀行で割り引き, 割引料¥1,250を差し引いた金額が当座預金に入金されていたが, 当社では未記帳であった。
   (2) 買掛金¥91,000を支払うため, 仕入先に小切手を振り出し交付していたが, この小切手が取り立てられていなかった。

2. 割引手形を除く売上債権の期末残高に対して, 3%の貸倒引当金を差額補充法によって計上する。

3. 期末商品棚卸高の内訳は次のとおりである。商品売買は三分法で記帳している。

   帳簿棚卸数量 300個 原 価 @¥740
   実地棚卸数量 290個 時 価 @¥720

   なお, 商品評価損は売上原価に算入するが, 棚卸減耗損は売上原価に算入しない。

4. 収入印紙の期末未消費高¥3,000を貯蔵品に振り替える。

5. 売買目的有価証券を時価¥369,000に評価替えする。

6. 固定資産の減価償却を次のとおり行う。

   建 物 定額法 耐用年数 30年
   　　　　　　　　　　残存価額 取得原価の10%
   備 品 定率法 償却率 年20%

   (1) 減価償却費は, 固定資産の期首の残高を基礎として, 建物¥8,500, 備品¥24,000を, 4月から2月までの月間に毎月見積計上してきており, これらの金額は決算整理前残高試算表の減価償却費と減価償却累計額に含まれている。
   (2) 建物のうち¥300,000は, ×5年10月1日に取得したものであるが, 月次で減価償却は行っていないため, 期末に一括して減価償却費を計上(残存価額ゼロ, 耐用年数30年で月割償却)する。

7. 保険料のうち¥133,200は×5年6月1日に向こう3年分を支払ったものである。

8. 当期の課税所得555,000円に対して40%相当額を法人税, 住民税及び事業税として計上する。

9. 税効果会計上の将来減算一時差異は次のとおりである。

   期首 ¥95,000 期末 ¥105,000

貸 借 対 照 表

×6年3月31日 　　　　　　　　　　　（単位：円）

資　産　の　部			負　債　の　部		
I 流　動　資　産			I 流　動　負　債		
1　現　金　預　金		（　　　）	1　支　払　手　形		293,000
2　受　取　手　形	（　　　）		2　買　掛　金		460,000
3　売　掛　金	（　　　）		3　未払法人税等		（　　　）
計	（　　　）		流　動　負　債　合　計		（　　　）
貸倒引当金	（　　　）	（　　　）	II 固　定　負　債		
4　有　価　証　券		（　　　）	1　長　期　借　入　金		（　　　）
5　商　　　品		（　　　）	固　定　負　債　合　計		（　　　）
6　貯　蔵　品		（　　　）	負　債　合　計		1,693,980
7　前　払　費　用		（　　　）	純　資　産　の　部		
流動資産合計		4,392,180	I 資　本　金		5,600,000
II 固　定　資　産			II 利　益　剰　余　金		
1　建　　　物	（　　　）		1　利　益　準　備　金	650,000	
減価償却累計額	（　　　）	（　　　）	2　別　途　積　立　金	230,000	
2　備　　　品	（　　　）		3　繰越利益剰余金	（　　　）	（　　　）
減価償却累計額	（　　　）	（　　　）	純　資　産　合　計		（　　　）
3　長　期　前　払　費　用		（　　　）			
4　繰　延　税　金　資　産		（　　　）			
固　定　資　産　合　計		4,396,800			
資　産　合　計		（　　　）	負債及び純資産合計		（　　　）

解答〈89〉ページ

問題16-6 ★★★

次の(A)決算整理前の残高試算表と(B)決算整理事項等にもとづいて, 貸借対照表を完成しなさい。ただし, 会計期間は×9年1月1日から×9年12月31日までの1年である。

(A) 残高試算表

残 高 試 算 表

×9年12月31日 (単位：円)

借　　方	勘 定 科 目	貸　　方
54,000	現 金 預 金	
72,800	受 取 手 形	
117,600	売 掛 金	
60,000	有 価 証 券	
60,000	商　　　品	
35,000	短 期 貸 付 金	
100,000	建　　　物	
48,000	備　　　品	
50,000	建 設 仮 勘 定	
11,400	の れ ん	
	支 払 手 形	63,000
	買 掛 金	88,300
	長 期 借 入 金	20,000
	貸 倒 引 当 金	1,600
	退 職 給 付 引 当 金	37,000
	建物減価償却累計額	43,200
	備品減価償却累計額	12,000
	資 本 金	150,000
	資 本 準 備 金	55,000
	利 益 準 備 金	16,800
	別 途 積 立 金	11,600
	繰越利益剰余金	16,000
	売　　　上	658,000
	受取利息配当金	17,780
503,000	売 上 原 価	
63,280	給　　　料	
9,600	保 険 料	
3,600	支 払 利 息	
1,000	手 形 売 却 損	
1,000	固定資産売却損	
1,190,280		1,190,280

(B) 決算整理事項等

1　決算日現在の当座預金残高について銀行の残高証明書残高と照合したところ, 次の事実が判明した。
　ア．仕入代金支払いのために振り出し, 交付した小切手9,400円が銀行に未呈示であった。
　イ．得意先より売掛金10,400円が振り込まれていたが当方で未記帳になっていた。

2　以下の条件にもとづき, 貸倒見積額を算定し, 差額補充法により貸倒引当金を設定する。
　売上債権（Y社に対する売掛金を除く）および貸付金に対して, 実績率法により期末残高の2％について貸倒れを見積る。なお, 売掛金のうち15,000円はY社に対するものであり, 個別に期末残高の20％を貸倒引当金として設定する。また, 試算表の貸倒引当金のうち1,000円は売上債権に対するものであり, 600円は貸付金に対するものである。

3　期末商品棚卸高の内訳は次のとおりである。商品売買の記帳は売上原価対立法を採用している。
　　帳簿棚卸数量　150個　　実地棚卸数量　　125個
　　原　　　価　@400円　　正味売却価額　@360円
　なお, 商品評価損は売上原価の内訳科目とし, 棚卸減耗損は営業外費用とする。

4　有価証券の内訳は以下のとおりである。

銘柄	所有目的	所有割合	帳簿価額	期末時価	注
X社株式	短期売買	0.1%	9,800	7,000	―
Y社株式	長期利殖	5％	15,200	14,700	(注1)
Z社株式	会社支配	65%	35,000	38,500	(注2)

　(注1)　評価差額は全部純資産直入法による。なお, 税効果会計は考慮しなくてよい。
　(注2)　Z社は当社の子会社である。

5　固定資産の減価償却を次のとおり行う。
　　建物：償却方法　定額法；耐用年数　25年
　　　　　残存価額　取得原価の10％
　　備品：償却方法　定率法；償却率　25％
　なお, 建設仮勘定は営業所の新築のためのもので, ×9年9月1日に完成し, 引き渡しを受けたが未処理のままであった。新築建物の減価償却の条件は他の建物と同一とし, 当期分は月割計算で計上する。

6　のれんは×8年1月1日の合併の際に生じたもので, 20年間で定額法による償却を行っている。

7　退職給付引当金に当期分1,800円を繰り入れる。

8　保険料のうち3,600円は, 新築建物の引渡時に向こう1年分の火災保険料を支払ったものである。

9　法人税, 住民税及び事業税22,900円を計上する。

貸 借 対 照 表
×9年12月31日　　　　　　　　　　　（単位：円）

資　産　の　部				負　債　の　部		
I　流　動　資　産				I　流　動　負　債		
1　現　金　預　金	（　　　）			1　支　払　手　形	63,000	
2　受　取　手　形	（　　　）			2　買　　掛　　金	88,300	
3　売　　掛　　金	（　　　）			3　未払法人税等	（　　　）	
計	（　　　）			流動負債合計	（　　　）	
（　　　　　　　）	（　　　）	（　　　）		II　固　定　負　債		
4　有　価　証　券	（　　　）			1　長　期　借　入　金	（　　　）	
5　商　　　　品	（　　　）			2　退職給付引当金	（　　　）	
6　短　期　貸　付　金	（　　　）			固定負債合計	（　　　）	
貸　倒　引　当　金	（　　　）	（　　　）		負　債　合　計	（　　　）	
7　前　払　費　用	（　　　）			純　資　産　の　部		
流　動　資　産　合　計	（　　　）			I　株　主　資　本		
II　固　定　資　産				1　資　　本　　金	150,000	
1　建　　　　物	（　　　）			2　資　本　剰　余　金		
（　　　　　　　）	（　　　）	（　　　）		資　本　準　備　金	（　　　）	（　　　）
2　備　　　　品	（　　　）			3　利　益　剰　余　金		
（　　　　　　　）	（　　　）	（　　　）		利　益　準　備　金	（　　　）	
3　の　れ　ん	（　　　）			別　途　積　立　金	11,600	
4　投　資　有　価　証　券	（　　　）			繰越利益剰余金	（　　　）	（　　　）
5　関　係　会　社　株　式	（　　　）			II　評価・換算差額等		
固　定　資　産　合　計	（　　　）			1　その他有価証券評価差額金	（　　　）	
				純　資　産　合　計	（　　　）	
資　産　合　計	（　　　）			負債及び純資産合計	（　　　）	

解答〈93〉ページ

119

問題16-7 ★★☆

次の〔**資料Ⅰ**〕決算整理前残高試算表および〔**資料Ⅱ**〕決算整理事項等にもとづいて，解答欄の損益計算書と貸借対照表を完成しなさい。なお，会計期間は×5年4月1日から×6年3月31日までの1年であり，法人税等の税率を40％として，税効果会計を適用する。

〔**資料Ⅰ**〕決算整理前残高試算表

残 高 試 算 表

×6年3月31日　　（単位：円）

借　　方	勘 定 科 目	貸　　方
1,730,700	現 金 預 金	
405,000	受 取 手 形	
695,000	売 掛 金	
270,000	繰 越 商 品	
60,000	前 払 費 用	
130,000	仮 払 法 人 税 等	
3,400,000	建 物	
1,800,000	備 品	
108,800	繰 延 税 金 資 産	
	支 払 手 形	347,000
	買 掛 金	455,000
	借 入 金	500,000
	未 払 費 用	105,000
	貸 倒 引 当 金	15,000
	建物減価償却累計額	501,500
	備品減価償却累計額	624,000
	資 本 金	4,500,000
	利 益 準 備 金	650,000
	別 途 積 立 金	270,000
	繰越利益剰余金	259,500
	売 上	4,500,000
	償却債権取立益	35,000
2,300,000	仕 入	
680,000	給 料	
150,000	広 告 宣 伝 費	
80,000	通 信 費	
30,000	保 険 料	
357,500	減 価 償 却 費	
560,000	修 繕 費	
5,000	支 払 利 息	
12,762,000		12,762,000

〔**資料Ⅱ**〕決算整理事項等

1　売上債権の期末残高に対して，2％の貸倒引当金を差額補充法によって計上する。

2　期末手許商品棚卸高の内訳は次のとおりである。なお，商品売買は三分法で記帳している。

　　帳簿棚卸数量　300個　　　原　価　@740円
　　実地棚卸数量　290個　　　時　価　@720円

　　商品評価損は売上原価の内訳科目に，棚卸減耗損は販売費及び一般管理費に計上する。

3　未払費用の残高は前期末の決算整理により計上されたものであり，期首の再振替仕訳は行われておらず，その内訳は従業員の給料75,000円および通信費30,000円であった。また，当期末の未払額は，給料82,500円および通信費31,500円であった。

4　前払費用の残高は，×5年11月1日に1年分の損害保険料90,000円を前払いしたものであり，×6年2月まで毎月7,500円が費用に計上されており，決算月も同様の処理を行う。

5　売上高の3％を商品保証引当金に計上する。

6　固定資産の減価償却を次のとおり行う。

　　建　物　　定額法　耐用年数　30年
　　　　　　　　　　　　　残存価額　取得原価の10％
　　備　品　　定率法　償却率　年20％

①　減価償却費については，固定資産の期首の残高を基礎として，建物は8,500円，備品は24,000円を4月から2月までの11か月間に毎月見積計上してきており，決算月も同様の処理を行う。

②　×5年10月1日に完了した建物の改修の際の修繕費の中に，資本的支出として処理すべきものが400,000円含まれていることが判明したので，必要な修正を行うとともに，減価償却（定額法，耐用年数25年，残存価額ゼロ，月割計算）を行う。

7　借入金は×5年7月1日に借入期間1年で借り入れたもので，利率年2％，利払日は6月末と12月末であり，利息の未払分を月割計算で計上する。

8　課税所得575,500円に対し，40％相当額を法人税，住民税及び事業税等として計上する。

9　税効果会計上の一時差異は以下のとおりである。
　　期首　¥272,000　　期末　¥337,700

損 益 計 算 書

自×5年4月1日　至×6年3月31日　　　（単位：円）

Ⅰ　売　　　上　　　高　　　　　　　　　　　（　　　　　）

Ⅱ　売　上　原　価

　　1　期 首 商 品 棚 卸 高　　（　　　　　）

　　2　当 期 商 品 仕 入 高　　（　　　　　）

　　　　　合　　　　　計　　　（　　　　　）

　　3　期 末 商 品 棚 卸 高　　（　　　　　）

　　　　　差　　　　　引　　　（　　　　　）

　　4　商 品 評 価 損　　　　　（　　　　　）　（　　　　　　）

　　　　　売　上　総　利　益　　　　　　　　　（　　　　　　）

Ⅲ　販売費及び一般管理費

　　1　給　　　　　　　料　　　（　　　　　）

　　2　広　告　宣　伝　費　　　（　　　　　）

　　3　通　　　信　　　費　　　（　　　　　）

　　4　保　　　険　　　料　　　（　　　　　）

　　5　修　　　繕　　　費　　　（　　　　　）

　　6　棚　卸　減　耗　損　　　（　　　　　）

　　7　減　価　償　却　費　　　（　　　　　）

　　8　貸 倒 引 当 金 繰 入　　（　　　　　）

　　9　商品保証引当金繰入　　　（　　　　　）　（　　　　　　）

　　　　　営　業　利　益　　　　　　　　　　　（　　　　　　）

Ⅳ　営　業　外　収　益

　　1　償 却 債 権 取 立 益　　（　　　　　）　（　　　　　　）

Ⅴ　営　業　外　費　用

　　1　支　払　利　息　　　　　（　　　　　）　（　　　　　　）

　　　　　税 引 前 当 期 純 利 益　　　　　　（　　　　　　）

　　　　　法人税, 住民税及び事業税　（　　　　　）

　　　　　法 人 税 等 調 整 額　（△　　　　）　（　　　　　　）

　　　　　当　期　純（　　　）　　　　　　　　（　　　　　　）

貸 借 対 照 表
×6年3月31日　　　　　　　　　　　（単位：円）

資　産　の　部		負　債　の　部	
Ⅰ　流　動　資　産		Ⅰ　流　動　負　債	
1　現　金　預　金	（　　　）	1　支　払　手　形	（　　　）
2　受　取　手　形（　　　）		2　買　　掛　　金	（　　　）
3　売　　掛　　金（　　　）		3　短　期　借　入　金	（　　　）
計　　　　（　　　）		4　商品保証引当金	（　　　）
貸倒引当金（　　　）（　　　）		5　未　払　費　用	（　　　）
4　商　　　　品	（　　　）	6　未払法人税等	（　　　）
5　前　払　費　用	（　　　）	流　動　負　債　合　計	（　　　）
流　動　資　産　合　計	（　　　）	負　　債　　合　　計	（　　　）
Ⅱ　固　定　資　産		純　資　産　の　部	
1　建　　　　物（　　　）		Ⅰ　資　　本　　金	（　　　）
減価償却累計額（　　　）（　　　）		Ⅱ　利　益　剰　余　金	
2　備　　　　品（　　　）		1　利　益　準　備　金（　　　）	
減価償却累計額（　　　）（　　　）		2　別　途　積　立　金（　　　）	
3　繰　延　税　金　資　産	（　　　）	3　繰越利益剰余金（　　　）（　　　）	
固　定　資　産　合　計	（　　　）	純　資　産　合　計	（　　　）
資　産　合　計	（　　　）	負債及び純資産合計	（　　　）

解答〈97〉ページ

MEMO

問題16-8　★☆☆

東京商事株式会社の24期（自×4年4月1日　至×5年3月31日）の決算整理前の勘定残高は、解答欄の精算表における試算表欄のとおりである。よって、下記の期末修正事項にもとづいて精算表を完成しなさい。

（期末修正事項）

1　受取手形および売掛金の期末残高に対して、実績法により2％の貸倒れを見積る（差額補充法による）。

2　商品の期末棚卸高は次のとおりである。

⑴　帳簿棚卸数量　　200個　　　　　実地棚卸数量　　195個
⑵　原　　　　価　@180円　　　　　正味売却価額　@170円

　なお、商品評価損は売上原価に算入し、棚卸減耗損は売上原価に算入しない。また、売上原価の計算は、「仕入」の行で行う。

3　有価証券の内訳は次のとおりである。なお、埼玉重工㈱は当社の子会社である。

銘　　　柄	所有目的	帳簿価額	時　　価
千葉商事株式	売買目的	63,500円	62,100円
埼玉重工株式	支配目的	10,000円	9,900円

4　固定資産の減価償却

建　物：償却方法　定額法、耐用年数　30年、残存価額　取得原価の10％
備　品：償却方法　定率法、償却率　年20％

　なお、備品のうち20,000円は、×4年10月1日に取得したものであり、当期分は月割計算で計上する。

5　ソフトウェアは自社利用の目的で×2年4月1日に取得したものであり、定額法（償却期間：5年）により償却している。

6　保険料のうち6,000円は、×4年7月1日に向こう1年分の火災保険料として支払ったものである。

7　法人税、住民税及び事業税58,280円を計上する。

精　算　表

勘定科目	残高試算表 借方	残高試算表 貸方	修正記入 借方	修正記入 貸方	損益計算書 借方	損益計算書 貸方	貸借対照表 借方	貸借対照表 貸方
現 金 預 金	98,800							
受 取 手 形	68,500							
売 掛 金	91,500							
売買目的有価証券	63,500							
繰 越 商 品	30,000							
建 物	80,000							
備 品	50,000							
ソフトウェア	6,000							
子 会 社 株 式	10,000							
買 掛 金		37,000						
貸 倒 引 当 金		1,500						
建物減価償却累計額		48,000						
備品減価償却累計額		11,000						
資 本 金		200,000						
利 益 準 備 金		25,000						
別 途 積 立 金		11,500						
繰越利益剰余金		9,950						
売 上		600,000						
受 取 利 息		6,050						
仕 入	350,000							
給 料	90,000							
保 険 料	7,500							
有価証券売却損	4,200							
	950,000	950,000						
貸倒引当金繰入								
棚 卸 減 耗 損								
商 品 評 価 損								
有価証券評価損益								
減 価 償 却 費								
（　　　）償却								
（　　　）保険料								
法人税, 住民税及び事業税								
未 払 法 人 税 等								
当 期 純（　　　）								

解答〈100〉ページ

問題16-9 ★★☆

愛知商店の第3期決算における決算整理前の残高試算表は，解答欄の精算表における試算表欄のとおりである。下記の資料にもとづいて精算表を作成しなさい。

資料（Ⅰ） 決算にあたって，次のことが判明した。

1 現金手許有高が帳簿残高より2,400円不足していた。そのうち2,000円は通信費の記帳漏れであることが判明したが，残額は不明であった。

2 受取手数料19,800円のうち1,500円は配当金の受取分であり，受取手数料勘定に誤って記入されていた。

資料（Ⅱ） 決算整理事項は，次のとおりである。

1 売上債権（埼玉商店に対する売掛金を除く）に対して，貸倒実績率により2％の貸倒れを見積り，差額補充法により貸倒引当金を設定する。なお，埼玉商店に対する売掛金13,000円に対しては，個別に50％の貸倒れを見積る。

2 商品の期末棚卸は次のとおりである。ただし，棚卸減耗損と商品評価損は売上原価に算入しない。なお，売上原価の計算は「仕入」の行で行う。

　　　帳簿棚卸数量　　500個　　　　実地棚卸数量　　460個

　　　1個あたり単価　　原価　@110円　　正味売却価額　@125円（注）

　　　（注）なお，実地棚卸数量460個のうち15個について品質低下が発生しており，その正味売却価額は@50円である。

3 その他有価証券は静岡物産株式会社の株式1,000株（1株の取得原価@76円）であるが，期末現在の時価は1株あたり65円となっている。なお，時価評価は全部純資産直入法を適用し，税効果会計は考慮しなくてよい。

4 固定資産の減価償却を次のとおり行う。

　　　建物：定額法；耐用年数　30年；残存価額　取得原価の10％

　　　備品：定率法；償却率　年20％

5 郵便切手の期末未消費高7,200円を貯蔵品に振り替える。

6 ソフトウェアは自社利用の目的で第1期の期首に取得したものであり，5年間にわたり定額法により償却を行っている。

7 修繕引当金の当期繰入額3,000円を計上する。

8 受取利息の前受分2,300円，受取手数料の未収分700円，保険料の前払分3,600円，支払利息の未払分2,200円がそれぞれある。

精　算　表

勘定科目	残高試算表 借方	残高試算表 貸方	修正記入 借方	修正記入 貸方	損益計算書 借方	損益計算書 貸方	貸借対照表 借方	貸借対照表 貸方
現　金　預　金	32,400							
受　取　手　形	73,000							
売　　掛　　金	82,000							
繰　越　商　品	52,400							
建　　　　物	100,000							
備　　　品	50,000							
ソフトウェア	7,200							
その他有価証券	76,000							
支　払　手　形		49,400						
買　　掛　　金		69,600						
借　　入　　金		45,000						
貸　倒　引　当　金		2,400						
修　繕　引　当　金		8,000						
建物減価償却累計額		36,000						
備品減価償却累計額		18,000						
資　　本　　金		130,000						
利　益　準　備　金		24,000						
繰越利益剰余金		16,000						
売　　　　上		375,000						
受　取　手　数　料		19,800						
受取利息配当金		6,800						
仕　　　　入	194,000							
給　　　料	68,000							
保　　険　　料	31,200							
通　　信　　費	23,000							
支　払　利　息	10,800							
	800,000	800,000						
雑　（　　　）								
貸倒引当金繰入								
棚　卸　減　耗　損								
商　品　評　価　損								
その他有価証券（　）								
減　価　償　却　費								
（　　　　　　）								
ソフトウェア償却								
修繕引当金繰入								
前　受　利　息								
未　収　手　数　料								
前　払　保　険　料								
未　払　利　息								
当期純（　　　）								

解答〈102〉ページ

問題16-10 ★★☆

次の資料にもとづいて解答欄に示した精算表を完成させなさい。なお，会計期間は×7年４月１日から×8年３月31日までの１年である。

（資　料） 決算整理事項およびその他の修正事項

1　前期に品質保証付きで販売した商品について顧客から修理の申し出があったため，修理業者に依頼し代金25,000円を現金で支払っていたが未記帳であった。

2　売掛金のうち，165,000円はアメリカのＺ社に対するものであり，販売時に１ドルあたり110円の為替相場で換算している。なお，決算時の為替相場は１ドルあたり106円である。

3　売上債権の期末残高に対し３％の貸倒引当金を見積る。差額補充法により処理すること。

4　期末商品棚卸高は次のとおりである。なお，商品売買の記帳は売上原価対立法を採用している。また，商品評価損は売上原価に算入し，棚卸減耗損は売上原価に算入しない。

品　　名	帳簿棚卸数量	実地棚卸数量	原　　価	正味売却価額
Ａ 商 品	1,100個	1,050個	@125円	@180円
Ｂ 商 品	1,080個	1,020個	@102円	@100円

5　当期に品質保証付きで販売した商品の保証費用を売上高の３％と見積り，差額補充法により商品保証引当金を設定する。

6　満期保有目的債券は前期首に発行と同時に購入したもので，額面金額500,000円，償還期限５年，利率年１％，利払日は９月末，３月末の年２回の条件で割引発行されたものである。満期保有目的債券の評価は，償却原価法（定額法）による。

7　車両はすべて当期首にリース契約により取得したものである。このリース取引はファイナンス・リース取引と判定され，その取得原価相当額は200,000円，リース期間は５年，リース料は毎年３月末に１年分として45,000円を支払う約定となっている。なお，期末に１年目のリース料を当座預金で支払ったが未処理である。

8　固定資産の減価償却を次のとおり行う。

建物：定額法，耐用年数　40年，残存価額　取得原価の10％

備品：定率法，償却率　年25％

車両：定額法，残存価額をゼロとしてリース期間により償却する。

9　営業費の未払分が100,000円ある。

精　算　表

勘定科目	残高試算表 借方	残高試算表 貸方	修正記入 借方	修正記入 貸方	損益計算書 借方	損益計算書 貸方	貸借対照表 借方	貸借対照表 貸方
現　　　　金	687,600							
当 座 預 金	868,750							
受 取 手 形	1,480,000							
売　掛　金	326,000							
商　　　品	247,660							
建　　　物	2,700,000							
備　　　品	360,000							
車　　　両	200,000							
満期保有目的債券	480,000							
支 払 手 形		1,272,800						
買　掛　金		852,000						
リ ー ス 債 務		200,000						
貸 倒 引 当 金		38,000						
商品保証引当金		51,000						
建物減価償却累計額		276,000						
備品減価償却累計額		90,000						
資　　本　　金		4,000,000						
繰越利益剰余金		52,000						
売　　　　上		1,500,000						
受 取 手 数 料		42,500						
有 価 証 券 利 息		5,000						
売 上 原 価	925,690							
営　業　費	103,600							
	8,379,300	8,379,300						
為 替 差 損 益								
貸倒引当金繰入								
棚 卸 減 耗 損								
商 品 評 価 損								
商品保証引当金繰入								
支 払 利 息								
減 価 償 却 費								
車両減価償却累計額								
未 払 営 業 費								
当 期 純 利 益								

解答〈104〉ページ

129

問題17-1 ★★★

次の取引について仕訳しなさい。

〈指定勘定科目〉

現 金 当 座 預 金 売 掛 金 仕 掛 品
買 掛 金 前 受 金 役 務 収 益 役 務 原 価

1. イベントの企画を行う東京企画は、美術展の開催を企画した。そのチケット10,000枚を@2,500円で売り出したところ、チケット4,000枚について申込みがあり、その代金が当座預金に入金された。

2. 上記、東京企画は、美術展のために必要な会場の決定、およびその準備をZ社に委託し、その費用として8,500,000円を小切手を振り出して支払った。

3. 予定していた美術展を開催した。なお、当日券として、チケット5,000枚を現金で販売した。なお、美術品の賃借料等の費用9,500,000円は月末に支払う予定である。

▼ 解答欄

	借 方 科 目	金 額	貸 方 科 目	金 額
1				
2				
3				

解答〈106〉ページ

問題17-2 ★★★

次の取引を仕訳しなさい。

〈指定勘定科目〉

現　　　金　　売　掛　金　　売　　　　　上　　発　　送　　費

(1)　商品Xを顧客に45,000円で販売し，代金を掛けとした。なお，商品Xはただちに運送業者へ引き渡し，発送費用3,000円（当社負担）を現金で支払った。

(2)　商品Xを顧客に販売し，商品代金45,000円に発送費用3,000円を加えた合計額をもって，売上に計上した。なお，代金48,000円は月末に受け取る予定である。また，商品Xはただちに運送業者へ引き渡し，発送費用3,000円を現金で支払った。

(3)　商品Xを送料込みの販売価額48,000円で顧客に販売し，代金を掛けとした。なお，商品Xはただちに運送業者へ引き渡し，発送費用3,000円を現金で支払った。

▼ 解答欄

	借　方　科　目	金　　額	貸　方　科　目	金　　額
(1)				
(2)				
(3)				

解答〈106〉ページ

Theme
17
収益の認識基準

131

問題17-3 ★★★

次の一連の取引について仕訳しなさい。なお，仕訳が不要な場合は「仕訳なし」と借方科目欄に解答すること。また，商品売買の記帳は三分法による。

〈指定勘定科目〉

当 座 預 金	契 約 資 産	売 掛 金	契 約 負 債
買 掛 金	売 上	仕 入	

5月1日　当社はA社（顧客）との間で商品Xおよび商品Yを以下の条件で売り渡す契約を締結した。

　　〔条　件〕

　　　1．当社は，5月10日に商品Xを引き渡し，5月20日に商品Yを引き渡す。

　　　2．A社は，商品Xおよび商品Yのセット販売代金として，当月末に48,000円を支払う。

　　　　なお，商品Xの独立販売価格は@30,000円，商品Yの独立販売価格は@20,000円である。また，商品Xと商品Yの引き渡しは独立した履行義務であり，それぞれA社に引き渡された時点で履行義務は充足される。

5月10日　A社に対し，商品Xを引き渡した。よって，取引価格を独立販売価格の割合をもって配分し，売上を計上する。

5月20日　A社に対し，商品Yを引き渡した。よって，取引価格を独立販売価格の割合をもって配分した残額で売上を計上する。

5月31日　A社より商品の販売代金48,000円が当座預金に入金された。

▼ 解答欄

	借 方 科 目	金 額	貸 方 科 目	金 額
5／1				
5／10				
5／20				
5／31				

解答〈106〉ページ

問題17-4 ★★★

次の一連の取引について仕訳しなさい。なお，仕訳が不要な場合は「仕訳なし」と借方科目欄に解答すること。また，商品売買の記帳は三分法による。

〈指定勘定科目〉

当 座 預 金　　　契 約 資 産　　　売 掛 金　　　契 約 負 債
買 掛 金　　　売　　 上　　　仕　　 入

5月1日　当社はA社（顧客）との間で商品Xおよび商品Yを以下の条件で売り渡す契約を締結した。
　　　　［条　件］
　　　　1．当社は，5月10日に商品Xを引き渡し，5月20日に商品Yを引き渡す。
　　　　2．A社は，商品Xおよび商品Yのセット販売代金として，当月末に48,000円を支払う。
　　　　　なお，商品Xの独立販売価格は@30,000円，商品Yの独立販売価格は@20,000円であるが，対価48,000円の支払いは，商品Xと商品Yの両方をA社に移転することが条件となっている。また，商品Xと商品Yの引き渡しは独立した履行義務であり，それぞれA社に引き渡された時点でそれぞれの履行義務は充足される。
5月10日　A社に対し，商品Xを引き渡した。よって，取引価格を独立販売価格の割合をもって配分し，売上を計上する。
5月20日　A社に対し，商品Yを引き渡した。よって，取引価格を独立販売価格の割合をもって配分した残額で売上を計上する。
5月31日　A社より商品の販売代金48,000円が当座預金に入金された。

▼ 解答欄

	借 方 科 目	金 額	貸 方 科 目	金 額
5／1				
5／10				
5／20				
5／31				

解答〈107〉ページ

問題17-5　★★★

当社はT社（顧客）に対して商品Xを販売している。以下の〔条件〕および〈指定勘定科目〉にもとづき，T社との取引に関する下記の**問**に答えなさい。なお，商品売買取引の記帳は三分法による。

〔条　件〕
1. 商品X1個あたりの販売価格：800円
2. 1か月あたりの販売個数が1,000個に達した場合，月末において，1個あたり50円の金額を割戻し売掛金と相殺する。

〈指定勘定科目〉
　　　売　掛　金　　　契　約　負　債　　　返　金　負　債　　　売　　　　　上

問1　4月において1か月あたりの販売個数が1,000個に達すると予想され，かつ，4月の実績販売個数が1,200個だった場合において，①4月中における売上の計上，および②月末において必要となる仕訳を示しなさい。

問2　5月において1か月あたりの販売個数が1,000個に達すると予想され，かつ，5月の実績販売個数が900個だった場合において，①5月中における売上の計上，および②月末において必要となる仕訳を示しなさい。

問3　6月において1か月あたりの販売個数は1,000個に達すると予想されなかったが，6月において，まず700個を販売し，その後追加で300個を販売した場合において，①700個の販売時，②300個の販売時および③月末において必要となる仕訳を示しなさい。

▼ 解答欄

問1

	借　方　科　目	金　　額	貸　方　科　目	金　　額
①				
②				

問2

	借　方　科　目	金　　額	貸　方　科　目	金　　額
①				
②				

問3

	借　方　科　目	金　　額	貸　方　科　目	金　　額
①				
②				
③				

解答〈107〉ページ

問題17-6 ★★☆

次の〔**資料１**〕および〔**資料２**〕にもとづいて，解答欄に示した⑴損益計算書（営業利益まで）および⑵貸借対照表（一部）を完成しなさい。なお，会計期間は×1年４月１日から×2年３月31日までの１年間である。

〔**資料１**〕決算整理前残高試算表（一部）

残 高 試 算 表

×2年３月31日　　　　　　　　　（単位：円）

借　　方	勘　定　科　目	貸　　方
7,350,000	現　　金　　預　　金	
5,580,000	売　　　掛　　　金	
2,600,000	商　　　　　　　品	
550,000	仕　　　掛　　　品	
	契　　約　　負　　債	3,960,000
	返　　金　　負　　債	526,000
	商　　品　　売　　上　　高	88,750,000
	役　　務　　収　　益	7,560,000
56,800,000	商　　品　　売　　上　　原　　価	
3,280,000	役　　務　　原　　価	
26,704,000	販売費及び一般管理費	

〔**資料２**〕決算整理事項等

１．当社は商品Ｙおよびその保守サービスの販売を行っている。商品Ｙの独立販売価格は@500,000円/台であり，その収益は出荷基準により「商品売上高」に計上している。また，保守サービスの独立販売価格は@60,000円/年であり，その収益は履行義務を充足した１か月分の金額を毎月末に「役務収益」として計上している。

２．川崎商店との間で商品Ｙ１台（原価325,000円）の販売と１年間にわたる保守サービスの提供に関する契約を締結していたが，本日，商品Ｙを同社に納品し，代金として532,000円を現金で受領した。なお，取引価格は独立販売価格をもって配分し，売上および契約負債を計上する。

３．横浜商事に対する商品Ｙの販売台数が割り戻しの条件を満たしたため，割り戻しを実施し，売掛金と相殺する。同社に対しては１か月あたり５台以上の販売について，販売代金の10％を割り戻す特約がある。当月において１か月あたりの販売台数は５台を超えると予想されており，かつ，当月の実績販売台数は７台であった。なお，同社に対する商品Ｙの販売価格は@500,000円/台であり，また，同社との契約において，保守サービスの提供は付加されていない。

４．商品の期末棚卸高は次のとおりである。なお，上記２．の販売分は帳簿数量には含まれているが，実地数量には含まれていない。また，商品評価損は商品売上原価に算入する。

　　帳簿棚卸高：数量８台，帳簿価額（原価）@325,000円

　　実地棚卸高：良品５台，正味売却価額（時価）@495,000円

　　　　　　　　品質低下品２台，正味売却価額（時価）@250,000円

５．当月において履行義務を充足した保守サービス820,000円について契約負債から役務収益に振り替える。また，その諸費用に関して346,000円を仕掛品から役務原価に振り替える。

(1) 損益計算書

損 益 計 算 書
自×1年4月1日 至×2年3月31日 （単位：円）

Ⅰ 売　　上　　高			
1 商 品 売 上 高	（　　　　　）		
2 役 務 収 益	（　　　　　）	（　　　　　）	
Ⅱ 売　上　原　価			
1 商 品 売 上 原 価	（　　　　　）		
2 役 務 原 価	（　　　　　）	（　　　　　）	
売 上 総 利 益		（　　　　　）	
Ⅲ 販売費及び一般管理費		（　　　　　）	
営 業 利 益		（　　　　　）	

(2) 貸借対照表

貸 借 対 照 表
×2年3月31日 （単位：円）

Ⅰ 流　動　資　産	
1 現 金 預 金	（　　　　　）
2 売 掛 金	（　　　　　）
3 商　　　　品	（　　　　　）
4 仕 掛 品	（　　　　　）
⋮	
Ⅰ 流　動　負　債	
1 契 約 負 債	（　　　　　）
2 返 金 負 債	（　　　　　）

解答〈108〉ページ

問題17-7 ★★☆

つくば（株）は資格試験対策の受験予備校である。同社の次の〔**資料Ⅰ**〕決算整理前残高試算表，〔**資料Ⅱ**〕役務収益・役務原価の計上基準，および〔**資料Ⅲ**〕決算整理事項等にもとづいて，答案用紙の損益計算書を完成しなさい。なお，会計期間は×7年4月1日から×8年3月31日までの1年である。

〔**資料Ⅰ**〕決算整理前残高試算表

残　高　試　算　表
×8年3月31日　　　　　　　　　（単位：円）

借　　方	勘　定　科　目	貸　　方
523,000	現　　　　　金	
1,329,000	当　座　預　金	
358,000	仕　掛　品	
60,000	仮　払　法　人　税　等	
550,000	貸　付　金	
492,000	満期保有目的債券	
3,600,000	建　　　　　物	
	建物減価償却累計額	576,000
1,800,000	備　　　　　品	
	備品減価償却累計額	432,000
	契　約　負　債	1,095,000
	未　払　金	140,000
	借　入　金	820,000
	資　本　金	4,000,000
	資　本　準　備　金	500,000
	利　益　準　備　金	390,000
	繰越利益剰余金	209,000
	役　務　収　益	8,793,000
	受　取　利　息	16,000
	有　価　証　券　利　息	10,000
2,680,000	役務原価（人件費）	
1,112,000	役務原価（その他）	
1,348,500	給　　　　　料	
522,000	賞　　　　　与	
1,700,000	支　払　家　賃	
143,000	水　道　光　熱　費	
269,000	旅　費　交　通　費	
336,000	広　告　宣　伝　費	
118,000	通　信　費	
14,000	支　払　利　息	
26,500	固　定　資　産　売　却　損	
16,981,000		16,981,000

〔資料Ⅱ〕役務収益・役務原価の計上基準

1．役務収益の計上

　　顧客より講座の申込みを受けたときに受講料の全額を受け取り，契約負債として計上している。また，毎月末に終了分の講座に対応する金額を契約負債から役務収益に振り替えている。

2．役務原価の計上

　　役務原価の内容は，①講座を担当する講師の給与（人件費）と②講座で使用する教材費（その他）である。①の講師給与（人件費）は，月ごとに勤務報告書の提出を受けており，その勤務報告書に記載された請求金額にもとづき，未払金を相手科目として計上している。なお，給与計算は毎月末に締めて，翌月の5日に支給している。また，②の教材費（その他）は，制作のための支出額を仕掛品に計上し，講座で使用を開始したときに必要な金額を取り崩し，役務原価に計上している。

〔資料Ⅲ〕決算整理事項等

1．決算日において金庫の中を実査したところ，次のものが入っていた。

　　紙幣・硬貨　245,200円　　他店振出小切手　223,000円　　郵便為替証書　58,000円
　　日本国債（額面）　500,000円

2．当月に終了した講座に関する役務収益915,000円を計上する。

3．当月に受領した勤務報告書について，337,000円を役務原価（人件費）に計上する。また，当月に開講した講座の教材費216,000円を役務原価（その他）に計上する。

4．貸付金はすべて当期に貸し付けたものであり，期末残高に対して2％の貸倒引当金を計上する。

5．満期保有目的債券（額面500,000円，年利2％，利払日は3月末と9月末，償還期間は5年）は前期の期首に発行と同時に取得した国債であり，取得原価と額面金額との差額は金利調整差額と認められるため，償却原価法（定額法）を適用する。

6．固定資産の減価償却を次のとおり行う。

　　建物　　定額法　　耐用年数　30年　　残存価額　ゼロ
　　備品　　200％定率法　　耐用年数　5年　　残存価額　ゼロ　　償却率　各自算定

7．次年度の6月に支給を予定している従業員賞与について，当期の負担分を232,000円と見積り，引当金を計上する。

8．支払家賃は，毎期同額を8月1日に向こう1年分として支払っている。

9．広告宣伝費は，毎期同額を11月末日に過去1年分として支払っている。

10．水道光熱費について14,000円を未払費用として計上する。

11．法人税，住民税及び事業税100,000円を計上する。

損 益 計 算 書

自×7年 4 月 1 日　至×8年 3 月31日　　　（単位：円）

Ⅰ 役　務　収　益　　　　　　　　　　　（　　　　　　）

Ⅱ 役　務　原　価

　 1 人　　件　　費　（　　　　　　）

　 2 そ　　の　　他　（　　　　　　）　（　　　　　　）

　　　 売 上 総 利 益　　　　　　　　　（　　　　　　）

Ⅲ 販売費及び一般管理費

　 1 給　　　　　料　（　　　　　　）

　 2 賞　　　　　与　（　　　　　　）

　 3 支　払　家　賃　（　　　　　　）

　 4 水　道　光　熱　費　（　　　　　　）

　 5 旅　費　交　通　費　（　　　　　　）

　 6 広　告　宣　伝　費　（　　　　　　）

　 7 通　　信　　費　（　　　　　　）

　 8 （　　　　　　）　（　　　　　　）

　 9 減　価　償　却　費　（　　　　　　）　（　　　　　　）

　　　 営　業　利　益　　　　　　　　　（　　　　　　）

Ⅳ 営　業　外　収　益

　 1 受　取　利　息　（　　　　　　）

　 2 有　価　証　券　利　息　（　　　　　　）

　 3 （　　　　　　）　（　　　　　　）　（　　　　　　）

Ⅴ 営　業　外　費　用

　 1 支　払　利　息　（　　　　　　）

　 2 （　　　　　　）　（　　　　　　）　（　　　　　　）

　　　 経　常　利　益　　　　　　　　　（　　　　　　）

Ⅵ 特　別　損　失

　 1 （　　　　　　）　（　　　　　　）　（　　　　　　）

　　　 税 引 前 当 期 純 利 益　　　　　（　　　　　　）

　　　 法人税, 住民税及び事業税　　　　　（　　　　　　）

　　　 当　期　純　（　　　）　　　　　（　　　　　　）

解答〈110〉ページ

MEMO

18 本支店会計

問題18-1 ★★☆

次の取引について本支店両者の側から仕訳し，与えられた勘定に記入しなさい。なお，勘定記入する際には取引番号と金額のみを示しなさい。

〈指定勘定科目〉

| 現 金 | 当 座 預 金 | 売 掛 金 | 買 掛 金 |
| 営 業 費 | 本 店 | 支 店 | |

(1) 本店は支店へ現金100,000円を送付し，支店はこれを受け取った。

(2) 本店は支店の得意先A商店より売掛金150,000円を現金で回収し，支店はこの報告を受けた。

(3) 支店は本店の仕入先B商店へ買掛金60,000円を現金で立替払いし，本店はこの報告を受けた。

(4) 支店は本店の営業費30,000円をC商店に小切手を振り出して支払い，本店はこの連絡を受けた。

▼ 解答欄

		借 方 科 目	金 額	貸 方 科 目	金 額
(1)	本店				
	支店				
(2)	本店				
	支店				
(3)	本店				
	支店				
(4)	本店				
	支店				

支 店	本 店

解答〈113〉ページ

問題18-2 ★★★

大阪商事㈱は大阪に本店を置き，京都と神戸にそれぞれ支店を有している。以下に示した取引について各問に答えなさい。

(1) 京都支店は現金500,000円を神戸支店に送金した。

(2) 京都支店は仕入価格350,000円の商品を神戸支店に向けて発送した。

(3) 京都支店は売掛金の回収として，当社神戸支店振出の約束手形280,000円を受け取り，ただちにその約束手形を神戸支店に送付した。

問1 大阪商事が支店間取引の記帳について支店分散計算制度を採用しているものとして，上記取引に関する京都支店の仕訳を示しなさい。

〈指定勘定科目〉

現	金	受 取 手 形	売 掛 金	支 払 手 形
仕	入	本 店	京 都 支 店	神 戸 支 店

問2 大阪商事が支店間取引の記帳について本店集中計算制度を採用しているものとして，上記取引に関する京都支店の仕訳を示しなさい。

〈指定勘定科目〉

現	金	受 取 手 形	売 掛 金	支 払 手 形
仕	入	本 店		

▼ 解答欄

問1

	借 方 科 目	金 額	貸 方 科 目	金 額
(1)				
(2)				
(3)				

問2

	借 方 科 目	金 額	貸 方 科 目	金 額
(1)				
(2)				
(3)				

解答〈113〉ページ

問題18-3 ★★★

次の(A)決算整理前残高試算表，(B)期末修正事項にもとづいて，(1)決算整理後残高試算表を作成し，(2)本店，支店の損益勘定の記入を完成させなさい。

(A)   残 高 試 算 表   (単位：円)

借　　方	本　店	支　店	貸　　方	本　店	支　店
現 金 預 金	356,000	214,300	支 払 手 形	218,000	165,000
受 取 手 形	175,000	205,000	買 掛 金	294,000	202,000
売 掛 金	335,000	320,000	貸 倒 引 当 金	8,000	4,500
繰 越 商 品	154,500	100,000	減価償却累計額	108,000	54,000
備 品	300,000	150,000	本 店	――	640,000
支 店	640,000	――	資 本 金	800,000	――
仕 入	1,918,000	1,215,000	繰越利益剰余金	425,000	――
営 業 費	534,000	380,000	売 上	2,565,000	1,520,000
支 払 利 息	5,500	1,200			
	4,418,000	2,585,500		4,418,000	2,585,500

(B)　**期末修正事項**

1　期末商品棚卸高
　　本　店：153,000円
　　支　店：182,000円

2　売上債権の期末残高に対し，本支店ともに実績法により4％の貸倒引当金を見積る（差額補充法）。

3　備品に対し，本支店ともに定率法（償却率20％）で減価償却をする。

4　営業費の前払分を計上する。　　　本　店：136,500円　　支　店：93,200円

(1) 決算整理後残高試算表

残 高 試 算 表　　　　　　　　　　　　　（単位：円）

借　　方	本　　店	支　　店	貸　　方	本　　店	支　　店
現 金 預 金			支 払 手 形		
受 取 手 形			買 　掛　 金		
売 　掛　 金			貸 倒 引 当 金		
繰 越 商 品			減価償却累計額		
前 払 営 業 費			本　　　　店	——	
備　　　品			資 　本　 金		——
支　　　店		——	繰越利益剰余金		——
仕 　　　入			売　　　　上		
営 　業　 費					
貸倒引当金繰入					
減 価 償 却 費					
支 払 利 息					

(2) 損益勘定

〈本　　店〉　　　　　　　　　　損　　　　　　　益

仕　　　　　　入	（　　　　　）	売　　　　　　上	（　　　　　）
営 　業　 費	（　　　　　）	支　　　　店	（　　　　　）
貸 倒 引 当 金 繰 入	（　　　　　）		
減 価 償 却 費	（　　　　　）		
支 払 利 息	（　　　　　）		
（　　　　　）	（　　　　　）		
	（　　　　　）		（　　　　　）

〈支　　店〉　　　　　　　　　　損　　　　　　　益

仕　　　　　　入	（　　　　　）	売　　　　　　上	（　　　　　）
営 　業　 費	（　　　　　）		
貸 倒 引 当 金 繰 入	（　　　　　）		
減 価 償 却 費	（　　　　　）		
支 払 利 息	（　　　　　）		
（　　　　　）	（　　　　　）		
	（　　　　　）		（　　　　　）

解答〈114〉ページ

問題18-4 ★★★

次の(A)決算整理前残高試算表，(B)決算整理事項によって，本支店合併損益計算書と本支店合併貸借対照表を作成しなさい。

(A) 決算整理前残高試算表

残 高 試 算 表 　　　　　　　　　　　　（単位：円）

借　　方	本　　店	支　　店	貸　　方	本　　店	支　　店
現 金 預 金	171,200	49,000	支 払 手 形	128,000	32,000
受 取 手 形	25,000	35,000	買 　 掛 　 金	144,800	37,000
売 　 掛 　 金	80,000	40,000	長 期 借 入 金	90,000	50,000
繰 越 商 品	105,000	45,400	本 　 　 　 店	――	151,600
建 　 　 　 物	200,000	100,000	貸 倒 引 当 金	550	650
備 　 　 　 品	50,000	30,000	建物減価償却累計額	38,850	46,550
支 　 　 　 店	151,600	――	備品減価償却累計額	20,000	15,000
仕 　 　 　 入	471,400	184,000	資 　 本 　 金	240,000	――
営 　 業 　 費	124,000	62,400	利 益 準 備 金	24,000	――
支 払 利 息	6,400	1,400	別 途 積 立 金	30,000	――
有価証券売却損	2,400	――	繰越利益剰余金	6,800	――
			売 　 　 　 上	664,000	213,200
			有 価 証 券 利 息	――	1,200
	1,387,000	547,200		1,387,000	547,200

(B) 決算整理事項

1 期末商品棚卸高

本店：105,000円　　　支店：59,200円

2 受取手形と売掛金の期末残高合計額に対して，実績法により３％の貸倒引当金を見積る（差額補充法）。

3 固定資産の減価償却

本店・支店ともに，建物に対しては，定額法（耐用年数30年，残存価額は取得原価の10％），備品に対しては，定率法（償却率15％）で償却する。

4 支払利息の未払分：本店　5,000円 支店　4,800円

5 営業費の前払分　：本店　6,400円 支店　5,600円

損 益 計 算 書

（単位：円）

I　売　　上　　高　　　　　　　　　　　　（　　　　　　）

II　売　上　原　価

　　1　期首商品棚卸高　　（　　　　　　）

　　2　当期商品仕入高　　（　　　　　　）

　　　　合　　　　計　　　（　　　　　　）

　　3　期末商品棚卸高　　（　　　　　　）　（　　　　　　　）

　　　　売上総利益　　　　　　　　　　　　（　　　　　　　）

III　販売費及び一般管理費

　　1　営　　業　　費　　（　　　　　　）

　　2　貸倒引当金繰入　　（　　　　　　）

　　3　減価償却費　　　　（　　　　　　）　（　　　　　　　）

　　　　営　業　利　益　　　　　　　　　　（　　　　　　　）

IV　営　業　外　収　益

　　1　有価証券利息　　　（　　　　　　）　（　　　　　　　）

V　営　業　外　費　用

　　1　支　払　利　息　　（　　　　　　）

　　2　有価証券売却損　　（　　　　　　）　（　　　　　　　）

　　　　当　期　純　利　益　　　　　　　　（　　　　　　　）

147

貸 借 対 照 表　　　　　　　　　　　（単位：円）

資　産　の　部			負　債　の　部		
Ⅰ　流　動　資　産			Ⅰ　流　動　負　債		
1　現　金　預　金		（　　　　）	1　支　払　手　形		（　　　　）
2　受　取　手　形	（　　　　）		2　買　　掛　　金		（　　　　）
貸倒引当金	（　　　　）	（　　　　）	3　未　払　費　用		（　　　　）
3　売　　掛　　金	（　　　　）		流動負債合計		（　　　　）
貸倒引当金	（　　　　）	（　　　　）	Ⅱ　固　定　負　債		
4　商　　　　品		（　　　　）	1　長　期　借　入　金		（　　　　）
5　前　払　費　用		（　　　　）	固定負債合計		（　　　　）
流動資産合計		（　　　　）	負　債　合　計		（　　　　）
Ⅱ　固　定　資　産			純　資　産　の　部		
1　建　　　　物	（　　　　）		Ⅰ　資　　本　　金		（　　　　）
（　　　　　　）	（　　　　）	（　　　　）	Ⅱ　利　益　剰　余　金		
2　備　　　　品	（　　　　）		1　利　益　準　備　金	（　　　　）	
（　　　　　　）	（　　　　）	（　　　　）	2　別　途　積　立　金	（　　　　）	
固定資産合計		（　　　　）	3　繰越利益剰余金	（　　　　）	（　　　　）
資　産　合　計		（　　　　）	純　資　産　合　計		（　　　　）
			負債及び純資産合計		（　　　　）

解答〈117〉ページ

理解度チェック

問題19-1 ★★★

次の取引について仕訳しなさい。

〈指定勘定科目〉

　　諸　資　産　　　　の　れ　ん　　　　諸　負　債　　　資　本　金
　　資 本 準 備 金　　　　負ののれん発生益

(1)　A株式会社は，B株式会社を吸収合併し，B社株式と引換えにA社株式を発行し，交付した。合併直前のB社の諸資産は4,000,000円（時価），諸負債は2,000,000円（時価），交付したA社株式の時価は2,200,000円である。なお，増加する資本の全額2,200,000円を資本金とする。

(2)　X株式会社は，Y株式会社を吸収合併し，Y社株式と引換えにX社株式を発行し，交付した。合併直前のY社の諸資産は4,000,000円（時価），諸負債は2,000,000円（時価），交付したX社株式の時価は2,200,000円である。なお，増加する資本のうち1,100,000円を資本金，残額1,100,000円を資本準備金とする。

▼ 解答欄

	借　方　科　目	金　　額	貸　方　科　目	金　　額
(1)				
(2)				

解答〈119〉ページ

問題19-2 ★★☆

次の取引について仕訳しなさい。

〈指定勘定科目〉

現　　　　金　　諸　資　産　　の　れ　ん　　諸　負　債
資　本　金　　負ののれん発生益

(取　引)

甲社は乙社を買収し，現金1,800,000円を支払った。なお，乙社から取得した諸資産は2,800,000円（時価），諸負債は1,300,000円（時価）である。

▼ 解答欄

借　方　科　目	金　　額	貸　方　科　目	金　　額

解答〈119〉ページ

20 連結会計Ⅰ（資本連結Ⅰ）

問題20-1 ★★☆

　以下の語群より，適切な語句を選んで，連結財務諸表に関する文章を完成させなさい。なお，同じ語句を複数回使用してもかまわない。

⑴　他の企業の株主総会など意思決定機関を支配している会社を（　①　）といい，支配されている当該会社を（　②　）という。このような支配従属関係が認められる企業集団の財政状態および経営成績などを報告するための財務諸表を（　③　）という。

⑵　（　③　）の作成において，（　①　）の（　④　）と（　②　）の（　⑤　）は相殺消去しなければならない。

（語　群）

個別財務諸表	連結財務諸表	親　会　社	子　会　社
投　　　　資	資　　　産	負　　　債	資　　　本

▼解答欄

①	②	③	④

⑤

解答〈120〉ページ

問題20-2 ★★☆

以下の語群より，適切な語句を選んで，投資と資本の相殺消去に関する文章を完成させなさい。なお，同じ語句を複数回使用してもかまわない。

(1) 投資と資本の相殺消去における投資消去差額は（ ① ）として処理する。なお，その差額が借方差額として発生した場合，これを（ ① ）として処理し，連結貸借対照表の（ ② ）に計上したうえ，（ ③ ）年以内の期間をもって毎期償却する。対して，貸方差額として発生した場合には，これを（ ④ ）として処理し，連結損益計算書に計上する。

(2) 部分所有の連結において，親会社の投資と相殺消去できないS社の資本は（ ⑤ ）として処理し，連結貸借対照表の（ ⑥ ）の部に計上する。

(語 群)

資　　　　　産	負　　　　　債	純　資　産	無 形 固 定 資 産
投資その他の資産	株　主　資　本	非支配株主持分	評価・換算差額等
の　　れ　　ん	負ののれん発生益	10	20

▼ 解答欄

①	②	③	④

⑤	⑥		

解答〈120〉ページ

問題20-3 ★★★

P社は, 当期末 (×1年3月31日) にS社の株式を取得することによりS社の支配を獲得した。次の資料にもとづいて, 投資と資本の相殺消去に関する仕訳を答えなさい。

〈指定科目〉

子 会 社 株 式	の れ ん	資 本 金	資 本 剰 余 金
利 益 剰 余 金	非支配株主持分	負ののれん発生益	

(資 料)

S社：貸借対照表

×1年3月31日　　　　　　　　（単位：円）

資　産	金　額	負債・純資産	金　額
諸　資　産	1,300,000	諸　負　債	700,000
		資　本　金	300,000
		資 本 剰 余 金	200,000
		利 益 剰 余 金	100,000
	1,300,000		1,300,000

(1) P社がS社の議決権株式の100%を650,000円で取得した場合

(2) P社がS社の議決権株式の80%を500,000円で取得した場合

(3) P社がS社の議決権株式の80%を450,000円で取得した場合

▼ 解答欄

	借 方 科 目	金 額	貸 方 科 目	金 額
(1)				
(2)				
(3)				

解答〈120〉ページ

問題20-4 ★★★

P社は，当期末（×1年3月31日）にS社議決権株式の60％を取得し，支配を獲得した。次の資料にもとづいて，支配獲得日における(1)必要な連結修正仕訳を示し，(2)連結貸借対照表を完成させなさい。

〈指定科目〉

S 社 株 式　　の れ ん　　資 本 金　　資 本 剰 余 金
利 益 剰 余 金　　非支配株主持分　　負ののれん発生益

（資　料）個別貸借対照表

貸 借 対 照 表
×1年3月31日 （単位：円）

資　　産	P　社	S　社	負債・純資産	P　社	S　社
諸 資 産	1,850,000	1,450,000	諸　　負　　債	800,000	450,000
S 社 株 式	650,000	——	資　　本　　金	1,200,000	600,000
			資 本 剰 余 金	300,000	250,000
			利 益 剰 余 金	200,000	150,000
	2,500,000	1,450,000		2,500,000	1,450,000

▼解答欄

(1)　連結修正仕訳

借　方　科　目	金　額	貸　方　科　目	金　額

(2)　連結貸借対照表

連結貸借対照表
×1年3月31日 （単位：円）

資　　産	金　額	負債・純資産	金　額
諸 資 産		諸　　負　　債	
の れ ん		資　　本　　金	
		資 本 剰 余 金	
		利 益 剰 余 金	
		非 支 配 株 主 持 分	

解答〈121〉ページ

問題21-1　★★★

　P社は×1年3月31日にS社の発行済議決権株式の60％を300,000円で取得し，支配を獲得した。次の資料にもとづいて，**連結×1年度（×1年4月1日から×2年3月31日）**における投資と資本の相殺消去に関する開始仕訳を示しなさい。

〈指定科目〉

| 資　本　金 | 資本剰余金 | 利益剰余金 | 非支配株主持分 |
| 子会社株式 | の　れ　ん | 負ののれん発生益 | |

（資　料）

	×1年3月31日	×2年3月31日
資　本　金	185,000円	185,000円
資本剰余金	115,000	115,000
利益剰余金	150,000	155,000
合　計	450,000円	455,000円

▼ 解答欄

借　方　科　目	金　額	貸　方　科　目	金　額

解答〈122〉ページ

問題21-2 ★★★

次の(1)および(2)にもとづいて,「当期純利益」に関して必要な連結修正仕訳を示しなさい。なお,仕訳が不要な場合は「仕訳なし」と借方科目欄に解答すること。

〈指定科目〉

利 益 剰 余 金	非支配株主持分	親会社株主に帰属する 当 期 純 利 益	非支配株主に帰属する 当 期 純 利 益

(1) P社は,×1年3月31日にS社議決権株式の60%を取得し,支配を獲得した。支配獲得後第1期の決算において,P社は150,000円,S社は85,000円の当期純利益を計上した。

(2) P社は,×1年3月31日にS社議決権株式の100%を取得し,支配を獲得した。支配獲得後第1期の決算において,P社は150,000円,S社は85,000円の当期純利益を計上した。

▼ 解答欄

	借 方 科 目	金 額	貸 方 科 目	金 額
(1)				
(2)				

解答〈122〉ページ

問題21-3 ★★★

次の(1)および(2)にもとづいて，当期の「配当」に関して必要な連結修正仕訳を示しなさい。なお，仕訳が不要な場合は「仕訳なし」と借方科目欄に解答すること。

〈指定科目〉

受 取 配 当 金 　　　利 益 剰 余 金 　　　非支配株主持分 　　　非支配株主に帰属する 当 期 純 利 益

(1) P社は，×1年3月31日にS社議決権株式の60％を取得し，支配を獲得した。支配獲得後第1期において，P社は100,000円，S社は80,000円の利益剰余金を財源とする配当を行った。

(2) P社は，×1年3月31日にS社議決権株式の100％を取得し，支配を獲得した。支配獲得後第1期において，P社は100,000円，S社は80,000円の利益剰余金を財源とする配当を行った。

▼ 解答欄

	借 方 科 目	金 額	貸 方 科 目	金 額
(1)				
(2)				

解答〈122〉ページ

問題21-4 ★★★

P社は，×1年3月31日にS社議決権株式の60％を650,000円で取得し，支配を獲得した。（資料1）S社資本の変動状況および（資料2）当期（×1年4月1日から×2年3月31日）におけるP社およびS社の個別財務諸表は次のとおりである。よって，(1)必要な連結修正仕訳を示し，(2)連結貸借対照表と連結損益計算書を完成させなさい。なお，のれんは計上年度の翌年度から10年の均等償却を行う。

〈指定科目〉

S 社 株 式	の れ ん	資 本 金	利 益 剰 余 金
非支配株主持分	のれん償却	受取配当金	非支配株主に帰属する 当 期 純 利 益

（資料1）S社資本の変動状況

	×1年3月31日	×2年3月31日
資 本 金	650,000円	650,000円
利 益 剰 余 金	350,000	380,000
合 計	1,000,000円	1,030,000円

（注）S社は当期において150,000円の配当を行っている。

（資料2）個別財務諸表

貸 借 対 照 表
×2年3月31日 （単位：円）

資　　産	P　社	S　社	負債・純資産	P　社	S　社
諸 資 産	1,880,000	1,480,000	諸 負 債	830,000	450,000
S 社 株 式	650,000	──	資 本 金	1,200,000	650,000
			利 益 剰 余 金	500,000	380,000
	2,530,000	1,480,000		2,530,000	1,480,000

損 益 計 算 書
自×1年4月1日 至×2年3月31日 （単位：円）

借 方 科 目	P　社	S　社	貸 方 科 目	P　社	S　社
諸 費 用	1,800,000	1,270,000	諸 収 益	2,040,000	1,450,000
当 期 純 利 益	330,000	180,000	受 取 配 当 金	90,000	──
	2,130,000	1,450,000		2,130,000	1,450,000

(1) 連結修正仕訳

① 開始仕訳

	借　方　科　目	金　　額	貸　方　科　目	金　　額
投資と資本の相　殺　消　去				

② 期中仕訳

	借　方　科　目	金　　額	貸　方　科　目	金　　額
のれんの償却				
純利益の振替				
配当金の修正				

(2) 連結財務諸表

連結貸借対照表
×2年3月31日　　　　　　　　（単位：円）

資　　　産	金　額	負債・純資産	金　額
諸　資　産		諸　　負　　債	
の　れ　ん		資　　本　　金	
		利　益　剰　余　金	
		非 支 配 株 主 持 分	

連結損益計算書
自×1年4月1日　至×2年3月31日　　　　（単位：円）

科　　目	金　　額
諸　　　収　　　益	
諸　　　費　　　用	△
の　れ　ん　償　却	△
当　期　純　利　益	
非 支 配 株 主 に 帰 属 す る 当　期　純　利　益	△
親 会 社 株 主 に 帰 属 す る 当　期　純　利　益	

解答〈123〉ページ

問題21-5 ★★☆

P社は，×1年3月31日にS社議決権株式の80％を14,000千円で取得し，支配を獲得した。S社の資本の増減は資料のとおりである。よって，下記の設問に答えなさい。なお，のれんは計上年度の翌年度から20年の均等償却を行う。

〈指定科目〉

資 本 金	資 本 剰 余 金	利 益 剰 余 金	非支配株主持分
S 社 株 式	の れ ん	負ののれん発生益	の れ ん 償 却
受 取 配 当 金	親会社株主に帰属する 当 期 純 利 益	非支配株主に帰属する 当 期 純 利 益	

(資 料)

(単位：千円)

S 社 資 本	×1年3月31日	×2年3月31日	×3年3月31日
資 本 金	10,000	10,000	10,000
利 益 剰 余 金	5,000	5,800	6,000
合 計	15,000	15,800	16,000

（注1） S社は×1年度において，3,000千円の利益配当を行い，3,800千円の当期純利益を獲得した。

（注2） S社は×2年度において，3,500千円の利益配当を行い，3,700千円の当期純利益を獲得した。

〔設問1〕 ×1年3月31日（支配獲得日）における投資と資本の相殺消去の仕訳を示しなさい。

〔設問2〕 ×1年度（×1年4月1日から×2年3月31日）における開始仕訳および期中仕訳を示しなさい。

〔設問3〕 ×2年度（×2年4月1日から×3年3月31日）における開始仕訳（要約仕訳）および期中仕訳を示しなさい。

〔設問1〕

(単位：千円)

	借　方　科　目	金　　額	貸　方　科　目	金　　額
投資と資本の 相 殺 消 去				

〔設問2〕

①　開始仕訳

(単位：千円)

	借　方　科　目	金　　額	貸　方　科　目	金　　額
投資と資本の 相 殺 消 去				

②　期中仕訳

(単位：千円)

	借　方　科　目	金　　額	貸　方　科　目	金　　額
のれんの償却				
純利益の振替				
配当金の修正				

〔設問3〕

① 開始仕訳（要約仕訳）

(単位：千円)

	借　方　科　目	金　　額	貸　方　科　目	金　　額
投資と資本の相殺消去等				

② 期中仕訳

(単位：千円)

	借　方　科　目	金　　額	貸　方　科　目	金　　額
のれんの償却				
純利益の振替				
配当金の修正				

解答〈126〉ページ

問題21-6 ★★☆

次の連結精算表を完成させなさい。なお，必要な連結修正仕訳は修正消去欄に記入済みである。

▼ 解答欄

科　　目	個別財務諸表		修正消去		連結財務諸表
	P　社	S　社	借　方	貸　方	
貸借対照表					連結貸借対照表
諸　　資　　産	1,880,000	1,480,000			
S　社　株　式	650,000	——		650,000	——
の　　れ　　ん	——	——	50,000	5,000	
資　産　合　計	2,530,000	1,480,000			
諸　　負　　債	(830,000)	(450,000)			( )
資　　本　　金	(1,200,000)	(650,000)	650,000		( )
利　益　剰　余　金	(500,000)	(380,000)	350,000	150,000	( )
非 支 配 株 主 持 分	——	——	60,000	400,000	( )
				72,000	
負債・純資産合計	(2,530,000)	(1,480,000)			( )
損益計算書					連結損益計算書
諸　　収　　益	(2,040,000)	(1,450,000)			( )
受　取　配　当　金	(90,000)	——	90,000		——
諸　　費　　用	1,800,000	1,270,000			
の　れ　ん　償　却	——	——	5,000		
当　期　純　利　益	(330,000)	(180,000)			( )
非支配株主に帰属する当期純利益			72,000		
親会社株主に帰属する当期純利益					( )

注：（　　）を付した金額は「貸方」の金額を示す。

解答〈129〉ページ

MEMO

問題21-7 ★★★

　P社は，前々期末（×1年3月31日）にS社議決権株式の60％を650,000円で取得し，支配を獲得した。×1年3月31日におけるS社の資本は資本金650,000円，利益剰余金350,000円であり，当期（×2年4月1日から×3年3月31日）におけるP社およびS社の個別損益計算書と個別貸借対照表は以下のとおりである。よって，(1)必要な連結修正仕訳を示し，(2)連結精算表を完成させなさい。

（注1）のれんは計上年度の翌年度から10年間で均等償却する。

（注2）当期において，P社は300,000円，S社は200,000円の配当をそれぞれ行っている。

〈指定科目〉

S 社 株 式	の れ ん	資 本 金	利 益 剰 余 金
非支配株主持分	のれん償却	受 取 配 当 金	非支配株主に属する 当 期 純 利 益

（資　料）

貸 借 対 照 表
×3年3月31日　　　　　　　　　　　　（単位：円）

資　　　　　産	P　　社	S　　社	負債・純資産	P　　社	S　　社
諸　　資　　産	2,080,000	1,600,000	諸　　負　　債	950,000	520,000
S　社　株　式	650,000	──	資　　本　　金	1,200,000	650,000
			利　益　剰　余　金	580,000	430,000
	2,730,000	1,600,000		2,730,000	1,600,000

損 益 計 算 書
自×2年4月1日　至×3年3月31日　　　　（単位：円）

借 方 科 目	P　　社	S　　社	貸 方 科 目	P　　社	S　　社
諸　　費　　用	1,880,000	1,460,000	諸　　収　　益	2,140,000	1,710,000
当　期　純　利　益	380,000	250,000	受　取　配　当　金	120,000	──
	2,260,000	1,710,000		2,260,000	1,710,000

▼ 解答欄

(1)　連結修正仕訳

　①　開始仕訳（要約仕訳）

	借 方 科 目	金　　額	貸 方 科 目	金　　額
投資と資本の 相殺消去等				

② 期中仕訳

	借 方 科 目	金 額	貸 方 科 目	金 額
のれんの償却				
純利益の振替				
配当金の修正				

(2) 連結精算表

(単位：円)

科 目	個別財務諸表		修正消去		連結財務諸表
	P 社	S 社	借 方	貸 方	
貸借対照表					連結貸借対照表
諸 資 産	2,080,000	1,600,000			
S 社 株 式	650,000	——			——
の れ ん	——	——			
資 産 合 計	2,730,000	1,600,000			
諸 負 債	(950,000)	(520,000)			( )
資 本 金	(1,200,000)	(650,000)			( )
利 益 剰 余 金	(580,000)	(430,000)			( )
非 支 配 株 主 持 分	——				( )
負債・純資産合計	(2,730,000)	(1,600,000)			( )
損益計算書					連結損益計算書
諸 収 益	(2,140,000)	(1,710,000)			( )
受 取 配 当 金	(120,000)	——			——
諸 費 用	1,880,000	1,460,000			
の れ ん 償 却	——	——			
当 期 純 利 益	(380,000)	(250,000)			( )
非支配株主に帰属する当期純利益					
親会社株主に帰属する当期純利益					( )

解答〈131〉ページ

22 連結会計Ⅲ（成果連結）

問題22-1 ★★★

　P社はS社の発行済議決権株式の60％を取得し，S社を支配している。次の商品売買取引に関する，必要な連結修正仕訳を示しなさい。

〈指定科目〉

　現　　　　　金　　　当　座　預　金　　　売　　掛　　金　　　買　　掛　　金
　売　　上　　高　　　売　上　原　価

(1) 当期にP社はS社に対して商品1,230,000円を販売した。なお，代金は現金で決済している。

(2) 当期にP社はS社に対して掛けにより商品1,860,000円を販売した。なお，掛け代金は当期中に全額回収している。

(3) 当期よりP社はS社に対して掛け取引による商品の販売を開始した。当期におけるS社への売上高は5,150,000円であり，期末におけるS社に対する売掛金残高が327,000円ある。なお，この売掛金に対する貸倒引当金は考慮しなくてよい。

▼解答欄

	借　方　科　目	金　　額	貸　方　科　目	金　　額
(1)				
(2)				
(3)				

解答〈134〉ページ

問題22-2 ★★☆

　P社はS社の発行済議決権株式の60％を取得し，S社を支配している。次の資金取引に関する必要な連結修正仕訳を示しなさい。なお，貸倒引当金は考慮しなくてよい。P社およびS社の決算日は３月31日である。

〈指定科目〉

現　　　　　金	当　座　預　金	短　期　貸　付　金	長　期　貸　付　金
未　収　収　益	短　期　借　入　金	長　期　借　入　金	未　払　費　用
受　取　利　息	支　払　利　息		

(1) 当期首にP社は現金3,000,000円をS社に貸し付けた。なお，貸付期間は３年間であり，当期末にP社は１年分の利息として現金90,000円を受け取っている。

(2) 当期の12月１日にP社は現金5,000,000円をS社に貸し付けた。貸付期間は１年間，利率は年1.5％，利払日は11月末の約定である。なお，P社およびS社は，期末において利息に関する経過勘定を計上している。

▼ 解答欄

	借　方　科　目	金　　額	貸　方　科　目	金　　額
(1)				
(2)				

解答〈134〉ページ

Theme
22
連結会計Ⅲ（成果連結）

問題22-3 ★☆☆

　P社はS社の発行済議決権株式の60%を取得し，S社を支配している。次の手形取引に関する必要な連結修正仕訳を答えなさい。なお，仕訳が不要な場合は「仕訳なし」と借方科目欄に解答すること。また，手形売却損は考慮しなくてよい。

〈指定科目〉

　　現　　　　金　　　受　取　手　形　　　支　払　手　形　　　短　期　借　入　金

⑴　P社は，S社より受け取った約束手形120,000円を取引銀行で割り引いた。なお，この手形は当期中に決済された。

⑵　P社は，S社より受け取った約束手形200,000円を取引銀行で割り引いた。なお，期末現在この手形は未決済である。

▼ 解答欄

	借　方　科　目	金　　　額	貸　方　科　目	金　　　額
⑴				
⑵				

解答〈134〉ページ

問題22-4 ★★☆

P社はS社の発行済議決権株式の60％を取得しS社を支配している。次の手形取引に関する必要な連結修正仕訳を答えなさい。なお，修正が必要ないときは，「仕訳なし」と借方科目欄に解答すること。

〈指定科目〉

受 取 手 形　　　前 払 費 用　　　支 払 手 形　　　短 期 借 入 金
支 払 利 息　　　手 形 売 却 損

(1) P社は，S社より受け取ったS社振り出しの約束手形250,000円を取引銀行で割り引き，手取金242,000円を同行の当座預金に入金したが，この手形は期末において未決済である。また，割引手形の修正に伴い，割引料8,000円のうち当期経過分6,000円を支払利息に振り替え，未経過分2,000円を前払費用に振り替える。

(2) S社は，P社に対する商品の販売代金として受け取ったP社振り出しの約束手形320,000円を仕入先に対する買掛金を支払うため裏書譲渡したが，この手形は期末において未決済である。

(3) P社がS社より受け取ったS社振り出しの約束手形1,850,000円の増減は次のとおりである。なお，手形の割引に伴う「手形売却損」は考慮しなくてよい。

増加額	減少額			期末有高
受取額	割引き額	裏書き額	決済額	
1,850,000円	500,000円 うち，決済額 320,000円	350,000円 うち，決済額 250,000円	700,000円	300,000円

▼ 解答欄

	借 方 科 目	金 額	貸 方 科 目	金 額
(1)				
(2)				
(3)				

解答〈135〉ページ

問題22-5　★★★

　P社はS社の発行済議決権株式の60％を取得し，S社を支配している。債権債務の相殺消去（貸倒引当金の修正を含む）に関する必要な連結修正仕訳を示しなさい。

〈指定科目〉

| 売　掛　金 | 貸　倒　引　当　金 | 貸倒引当金繰入 | 非支配株主に帰属する当期純利益 |
| 買　掛　金 | 非支配株主持分 | | |

(1)　期末におけるP社の売掛金残高521,000円のうち365,000円はS社に対するものである。P社は売掛金の期末残高に対して2％の貸倒引当金を設定している。

(2)　期末におけるS社の売掛金残高621,000円のうち165,000円はP社に対するものである。S社は売上債権の期末残高に対して2％の貸倒引当金を設定している。

▼ 解答欄

	借　方　科　目	金　　額	貸　方　科　目	金　　額
(1)				
(2)				

解答〈136〉ページ

問題22-6 ★★★

　P社はS社の発行済議決権株式の60％を取得し，S社を支配している。未実現利益の消去に関する必要な連結修正仕訳を示しなさい。

〈指定科目〉

売　上　高　　　売　上　原　価　　　商　　　品　　　非支配株主に帰属する当期純利益

非支配株主持分

(1)　S社の期末商品棚卸高250,000円のうち，180,000円はP社からの仕入れによるものである。なお，P社における売上総利益率は20％である。

(2)　P社の期末商品棚卸高620,000円のうち，165,000円はS社からの仕入れによるものである。なお，S社における売上総利益率は20％である。

(3)　当期より，P社は原価に20％の利益を加算した金額をもってS社に商品を販売しており，S社の期末商品棚卸高150,000円のうち，90,000円はP社からの仕入れによるものである。

(4)　当期より，S社はP社に商品を販売している。P社の期末商品棚卸高225,000円のうち，55,000円はS社からの仕入れによるものである。なお，当期におけるS社のP社に対する売上高は3,150,000円，売上原価は2,205,000円である。

▼ 解答欄

	借　方　科　目	金　　額	貸　方　科　目	金　　額
(1)				
(2)				
(3)				
(4)				

解答〈136〉ページ

問題22-7 ★★★

P社はS社の発行済議決権株式の60%を取得し、S社を支配している。土地の売買取引における未実現損益の消去に関する連結修正仕訳を示しなさい。

〈指定科目〉

土　　　地　　　　　固定資産売却益　　　　　固定資産売却損　　　非支配株主に帰属する当期純利益

非支配株主持分

(1) 当期において、P社は所有する土地（帳簿価額1,350,000円）をS社に1,480,000円で売却した。S社は当期末において、この土地を所有している。

(2) 当期において、P社は所有する土地（帳簿価額3,500,000円）をS社に3,200,000円で売却した。S社は当期末において、この土地を所有している。

(3) 当期において、S社は所有する土地（帳簿価額1,850,000円）をP社に2,000,000円で売却した。P社は当期末において、この土地を所有している。

▼ 解答欄

	借　方　科　目	金　　額	貸　方　科　目	金　　額
(1)				
(2)				
(3)				

解答〈137〉ページ

問題22-8 ★★☆

P社は×1年3月31日にS社の発行済議決権株式の60%を取得し、S社の支配を獲得した。P社およびS社の当期の個別財務諸表は〔資料Ⅰ〕のとおりである。よって、〔資料Ⅱ〕連結に関する諸事項にもとづいて、解答欄に示した連結財務諸表（一部）を作成しなさい。なお、投資と資本の相殺消去は考慮しなくてよい。

〔資料Ⅰ〕個別財務諸表の一部

貸 借 対 照 表
×2年3月31日現在　　　　　　　　　　　　（単位：円）

資　　産	P　社	S　社	負債・純資産	P　社	S　社
受 取 手 形	300,000	115,000	支 払 手 形	285,000	140,000
売 掛 金	600,000	435,000	買 掛 金	520,000	360,000
貸 倒 引 当 金	△18,000	△16,500	：		
商 品	389,000	274,000	：		

損 益 計 算 書
自×1年4月1日　至×2年3月31日　　　　　　（単位：円）

借 方 科 目	P　社	S　社	貸 方 科 目	P　社	S　社
売 上 原 価	4,725,000	3,596,000	売 上 高	6,300,000	4,495,000
販売費及び一般管理費	1,075,000	599,000			

〔資料Ⅱ〕連結に関する諸事項

1．P社の売上高のうち3,870,000円はS社に対するものである。

2．P社の受取手形期末残高のうち140,000円，売掛金期末残高のうち360,000円はS社に対するものである。なお，P社は売上債権の期末残高に対し，2％の貸倒引当金を設定している。

3．S社の期末商品274,000円は，すべてP社より仕入れたものである。P社の原価率は毎期一定している。原価率は各自算定すること。

▼ 解答欄

連結貸借対照表
×2年3月31日　　　　　　　　　（単位：円）

資　　産	金　額	負債・純資産	金　額
受 取 手 形		支 払 手 形	
売 掛 金		買 掛 金	
貸 倒 引 当 金	△	：	
商 品		：	

連結損益計算書
自×1年4月1日　至×2年3月31日　　　　（単位：円）

科　　目	金　　額
売 上 高	
売 上 原 価	△
売 上 総 利 益	
販 売 費 及 び 一 般 管 理 費	△
営 業 利 益	

解答〈137〉ページ

問題22-9　★★★

　P社およびS社の当期（×1年4月1日から×2年3月31日まで）の個別財務諸表は〔資料Ⅰ〕のとおりである。よって，〔資料Ⅱ〕連結に関する諸事項にもとづいて，連結精算表および連結財務諸表を完成しなさい。なお，のれんは計上年度の翌年度より20年にわたり定額法で償却する。

〔資料Ⅰ〕個別財務諸表

貸 借 対 照 表
×2年3月31日現在
（単位：円）

資　　　産	P　社	S　社	負債・純資産	P　社	S　社
売　掛　金	520,000	265,000	買　掛　金	370,000	312,000
貸倒引当金	△ 10,400	△ 5,300	その他の負債	1,380,000	625,000
商　　　品	150,000	246,000	資　本　金	3,000,000	1,250,000
土　　　地	1,800,000	800,000	利益剰余金	850,000	300,000
S 社 株 式	1,000,000	—			
その他の資産	2,140,400	1,181,300			
	5,600,000	2,487,000		5,600,000	2,487,000

損 益 計 算 書
自×1年4月1日　至×2年3月31日
（単位：円）

借 方 科 目	P　社	S　社	貸 方 科 目	P　社	S　社
売 上 原 価	4,800,000	3,450,000	売　上　高	6,000,000	4,230,000
販売費及び一般管理費	906,000	646,000	営 業 外 収 益	180,000	90,000
貸倒引当金繰入	6,000	3,000	特　別　利　益	72,000	30,000
営 業 外 費 用	90,000	36,000			
特　別　損　失	130,000	15,000			
当 期 純 利 益	320,000	200,000			
	6,252,000	4,350,000		6,252,000	4,350,000

〔資料Ⅱ〕連結に関する諸事項

1．P社は×1年3月31日にS社の発行済株式総数の60％を1,000,000円で取得し，支配を獲得した。支配獲得日におけるS社の資本は資本金1,250,000円，利益剰余金150,000円であった。

2．S社は当期において50,000円の配当を行っている。

3．P社は当期よりS社へ商品の一部を掛けで売り上げている。なお，P社はS社に対して原価の10％増しの価額で販売している。

4．当期におけるP社のS社への売上高は1,980,000円である。

5．S社の期末商品棚卸高のうち159,500円はP社から仕入れたものである。

6．P社の売掛金期末残高のうち165,000円はS社に対するものである。なお，P社は売掛金期末残高に対して2％の貸倒引当金を設定している。

7．P社は，当期において，所有する土地（帳簿価額265,000円）をS社に300,000円で売却した。S社は期末現在この土地を所有している。

1．連結精算表

(1)　連結貸借対照表

(単位：円)

表 示 科 目	個 別 財 務 諸 表			連 結 修 正 仕 訳		連結財務諸表
	P 社	S 社	合 計	借 方	貸 方	
売　　掛　　金	520,000	265,000	785,000			
貸 倒 引 当 金	(10,400)	(5,300)	(15,700)			( )
商　　　　品	150,000	246,000	396,000			
土　　　　地	1,800,000	800,000	2,600,000			
の　れ　ん	──		──			
S 　社　 株 　式	1,000,000	──	1,000,000			──
その他の資産	2,140,400	1,181,300	3,321,700			
合　　　　計	5,600,000	2,487,000	8,087,000			
買　　掛　　金	(370,000)	(312,000)	(682,000)			( )
その他の負債	(1,380,000)	(625,000)	(2,005,000)			( )
資　　本　　金	(3,000,000)	(1,250,000)	(4,250,000)			( )
利 益 剰 余 金	(850,000)	(300,000)	(1,150,000)			
						( )
非支配株主持分	──	──	──			
						( )
合　　　　計	(5,600,000)	(2,487,000)	(8,087,000)			( )

注：(　　) を付した金額は「貸方」の金額を示す。

(2)　連結損益計算書

（単位：円）

表 示 科 目	個 別 財 務 諸 表			連 結 修 正 仕 訳		連結財務諸表
	P　社	S　社	合　計	借　方	貸　方	
売　　上　　高	(6,000,000)	(4,230,000)	(10,230,000)			(　　　　　)
売　上　原　価	4,800,000	3,450,000	8,250,000			
販売費及び一般管理費	906,000	646,000	1,552,000			
貸倒引当金繰入	6,000	3,000	9,000			
の　れ　ん　償　却	――	――	――			
営　業　外　収　益	(　180,000)	(　90,000)	(　270,000)			(　　　　　)
営　業　外　費　用	90,000	36,000	126,000			
特　　別　　利　　益	(　72,000)	(　30,000)	(　102,000)			(　　　　　)
特　　別　　損　　失	130,000	15,000	145,000			
非支配株主に帰属する当期純利益	――	――	――			
親会社株主に帰属する当期純利益	(　320,000)	(　200,000)	(　520,000)			(　　　　　)

注：（　　）を付した金額は「貸方」の金額を示す。

２．連結財務諸表

連 結 貸 借 対 照 表
×2年３月31日現在　　　　　　　　　　　　　（単位：円）

資　産　の　部		負　債　の　部	
売　　掛　　金 （　　　　　）		買　　掛　　金 （　　　　　　）	
貸 倒 引 当 金 （△　　　　）		その他の負債 2,005,000	
商　　　　　品 （　　　　　）		負　債　合　計 （　　　　　　）	
土　　　　　地 （　　　　　）		純　資　産　の　部	
の　　れ　　ん （　　　　　）		Ⅰ　株　主　資　本	
その他の資産 3,321,700		資　　本　　金 （　　　　　　）	
		利 益 剰 余 金 （　　　　　　）	
		Ⅱ　非支配株主持分 （　　　　　　）	
		純 資 産 合 計 （　　　　　　）	
資　産　合　計 （　　　　　）		負債・純資産合計 （　　　　　　）	

連 結 損 益 計 算 書
自×1年４月１日　至×2年３月31日　　　　（単位：円）

Ⅰ　売　　　上　　　高		（　　　　　）
Ⅱ　売　　上　　原　　価		（　　　　　）
売　上　総　利　益		（　　　　　）
Ⅲ　販売費及び一般管理費		
1．販売費及び一般管理費	1,552,000	
2．貸 倒 引 当 金 繰 入	（　　　　　）	
3．の れ ん 償 却	（　　　　　）	（　　　　　）
営　業　利　益		（　　　　　）
Ⅳ　営　業　外　収　益		（　　　　　）
Ⅴ　営　業　外　費　用		126,000
経　常　利　益		（　　　　　）
Ⅵ　特　別　利　益		（　　　　　）
Ⅶ　特　別　損　失		145,000
当　期　純　利　益		（　　　　　）
非支配株主に帰属する当期純利益		（　　　　　）
親会社株主に帰属する当期純利益		（　　　　　）

解答〈139〉ページ

問題22-10 ★★☆

P社はS社の発行済議決権株式の60%を取得し，S社を支配している。次の取引に関して必要な連結修正仕訳を示しなさい。

〈指定科目〉

売　掛　金	商　　　品	土　　　地	買　掛　金
利 益 剰 余 金	売 上 原 価	固定資産売却益	固定資産売却損

(1) 前期より，P社はS社に商品を販売している。S社の期首商品棚卸高120,000円のうち65,000円，期末商品棚卸高186,000円のうち105,000円はP社からの仕入れによるものである。P社における売上総利益率は毎期20%である。

(2) 前期において，P社は所有する土地（帳簿価額1,350,000円）をS社に1,480,000円で売却している。S社は当期末現在，この土地を所有している。

(3) 前期において，P社は所有する土地（帳簿価額1,350,000円）をS社に1,480,000円で売却した。当期において，S社はこの土地を企業グループ外部の第三者に1,500,000円で売却した。

▼ 解答欄

	借　方　科　目	金　　額	貸　方　科　目	金　　額
(1)				
(2)				
(3)				

解答〈142〉ページ

理解度チェック

問題23-1 ★★★

　P社は，×1年3月31日にS社議決権株式の60％を300,000円で取得し，支配を獲得した。次の資料にもとづいて，連結×1年度（×1年4月1日から×2年3月31日）における(1)投資と資本の相殺消去に関する連結修正仕訳（開始仕訳）を示し，(2)連結株主資本等変動計算書（一部）を完成させなさい。

〈指定科目〉

| 子会社株式 | のれん | 資本金
当期首残高 | 資本剰余金
当期首残高 |

| 利益剰余金
当期首残高 | 非支配株主持分
当期首残高 | 負ののれん発生益 |

（資　料）個別株主資本等変動計算書

株主資本等変動計算書
自×1年4月1日　至×2年3月31日　　　　　　（単位：円）

	株　主　資　本					
	資　本　金		資本剰余金		利益剰余金	
	P　社	S　社	P　社	S　社	P　社	S　社
当 期 首 残 高	300,000	185,000	200,000	115,000	250,000	150,000
⋮						

▼解答欄

(1)　連結修正仕訳

借　方　科　目	金　額	貸　方　科　目	金　額

(2) 連結株主資本等変動計算書（一部）

連結株主資本等変動計算書

自×1年4月1日　至×2年3月31日　　　（単位：円）

| | 株　　主　　資　　本 | | | 非　支　配 |
	資　本　金	資本剰余金	利益剰余金	株　主　持　分
当 期 首 残 高	(　　　　)	(　　　　)	(　　　　)	(　　　　)
⋮				

解答〈143〉ページ

問題23-2　★★☆

P社は，×1年3月31日にS社議決権株式の60％を取得し，支配を獲得した。次の資料にもとづいて，連結×1年度（×1年4月1日から×2年3月31日）における(1)必要な連結修正仕訳（期中仕訳）を示し，(2)連結株主資本等変動計算書（一部）を完成させなさい。なお，連結損益計算書における「親会社株主に帰属する当期純利益」は153,000円であった。

〈指定科目〉

資　　本　　金 当 期 首 残 高	利 益 剰 余 金 当 期 首 残 高	利 益 剰 余 金 剰 余 金 の 配 当	非支配株主持分 当 期 首 残 高
非支配株主持分 当 期 変 動 額	非支配株主に帰属する 当 期 純 利 益	受 取 配 当 金	負ののれん発生益

（資　料）個別株主資本等変動計算書

株 主 資 本 等 変 動 計 算 書

自×1年4月1日　至×2年3月31日　　　（単位：円）

| | 株　　主　　資　　本 | | | | | |
| | 資　　本　　金 | | 資 本 剰 余 金 | | 利 益 剰 余 金 | |
	P　社	S　社	P　社	S　社	P　社	S　社
当 期 首 残 高	××	××	××	××	××	××
剰 余 金 の 配 当					△100,000	△80,000
当 期 純 利 益					150,000	85,000
⋮						

(1) 連結修正仕訳

	借 方 科 目	金 額	貸 方 科 目	金 額
純 利 益 の 振 り 替 え				
配当金の修正				

(2) 連結株主資本等変動計算書（一部）

連 結 株 主 資 本 等 変 動 計 算 書
自×1年4月1日　至×2年3月31日　　　　（単位：円）

	株　　　主　　　資　　　本			非　支　配 株 主 持 分
	資　　本　　金	資本剰余金	利益剰余金	
当 期 首 残 高	××	××	××	××
剰 余 金 の 配 当			(△　　　　)	
親会社株主に帰属する 当 期 純 利 益			(　　　　　)	
株主資本以外の項目 の当期変動額(純額)				(　　　　　)
⋮				

解答〈144〉ページ

183

問題23-3 ★★☆

次の連結精算表を完成させなさい。なお，必要な連結修正仕訳は修正消去欄において記入済みである。

▼ 解答欄

科　　目	個別財務諸表		修正消去		連結財務諸表
	P　社	S　社	借　方	貸　方	
貸借対照表					連結貸借対照表
諸　資　産	1,880,000	1,480,000			
S　社　株　式	650,000	──		650,000	──
の　れ　ん	──	──	50,000	5,000	
資　産　合　計	2,530,000	1,480,000			
諸　負　債	(830,000)	(450,000)			( )
資　本　金	(1,200,000)	(650,000)			( )
利　益　剰　余　金	(500,000)	(380,000)			( )
非支配株主持分	──	──			( )
負債・純資産合計	(2,530,000)	(1,480,000)			( )
損益計算書					連結損益計算書
諸　収　益	(2,040,000)	(1,450,000)			( )
受　取　配　当　金	(90,000)	──	90,000		──
諸　費　用	1,800,000	1,270,000			
の　れ　ん　償　却	──	──	5,000		
当　期　純　利　益	(330,000)	(180,000)			( )
非支配株主に帰属する当期純利益			72,000		
親会社株主に帰属する当期純利益					( )
株主資本等変動計算書					連結株主資本等変動計算書
資本金当期首残高	(1,200,000)	(650,000)	650,000		( )
資本金当期末残高	(1,200,000)	(650,000)			( )
利益剰余金当期首残高	(450,000)	(350,000)	350,000		( )
剰　余　金　の　配　当	280,000	150,000		150,000	
親会社株主に帰属する当期純利益	(330,000)	(180,000)			( )
利益剰余金当期末残高	(500,000)	(380,000)			( )
非支配株主持分当期首残高	──	──		400,000	( )
非支配株主持分当期変動額	──	──	60,000	72,000	( )
非支配株主持分当期末残高	──	──			( )

注：( ) を付した金額は「貸方」の金額を示す。

解答〈145〉ページ

問題23-4 ★★★

P社は，×1年3月31日にS社議決権株式の60％を取得し，支配を獲得した。当期（×1年4月1日から×2年3月31日）におけるP社およびS社の個別財務諸表は次のとおりである。なお，のれんは計上年度の翌年度から10年の均等償却を行う。よって，(1)必要な連結修正仕訳を示し，(2)連結精算表を完成させなさい。

〈指定科目〉

S 社 株 式	の れ ん	資 本 金 当 期 首 残 高	利 益 剰 余 金 当 期 首 残 高
利 益 剰 余 金 剰 余 金 の 配 当	非支配株主持分 当 期 首 残 高	非支配株主持分 当 期 変 動 額	の れ ん 償 却
受 取 配 当 金	負ののれん発生益	非支配株主に帰属する 当 期 純 利 益	

(資 料)

貸 借 対 照 表
×2年3月31日現在　　　　　　　　　　（単位：円）

資　　産	P 社	S 社	負債・純資産	P 社	S 社
諸 資 産	1,880,000	1,480,000	諸 負 債	830,000	450,000
S 社 株 式	650,000	──	資 本 金	1,200,000	650,000
			利 益 剰 余 金	500,000	380,000
	2,530,000	1,480,000		2,530,000	1,480,000

損 益 計 算 書
自×1年4月1日　至×2年3月31日　　　　（単位：円）

借 方 科 目	P 社	S 社	貸 方 科 目	P 社	S 社
諸 費 用	1,800,000	1,270,000	諸 収 益	2,040,000	1,450,000
当 期 純 利 益	330,000	180,000	受 取 配 当 金	90,000	──
	2,130,000	1,450,000		2,130,000	1,450,000

株 主 資 本 等 変 動 計 算 書
自×1年4月1日　至×2年3月31日　　　　（単位：円）

	株　　主　　資　　本			
	資 本 金		利 益 剰 余 金	
	P 社	S 社	P 社	S 社
当 期 首 残 高	1,200,000	650,000	450,000	350,000
剰 余 金 の 配 当			△ 280,000	△ 150,000
当 期 純 利 益			330,000	180,000
当 期 末 残 高	1,200,000	650,000	500,000	380,000

(1) 連結修正仕訳

　① 開始仕訳

	借　方　科　目	金　　額	貸　方　科　目	金　　額
投資と資本の 相 殺 消 去				

　② 期中仕訳

	借　方　科　目	金　　額	貸　方　科　目	金　　額
のれんの償却				
純利益の振替				
配当金の修正				

(2)　連結精算表

(単位：円)

科　　目	個別財務諸表		修正消去		連結財務諸表
	P　社	S　社	借　方	貸　方	
貸借対照表					**連結貸借対照表**
諸　　資　　産	1,880,000	1,480,000			
S　社　株　式	650,000	――			――
の　　れ　　ん	――				
資　産　合　計	2,530,000	1,480,000			
諸　　負　　債	(830,000)	(450,000)			( )
資　　本　　金	(1,200,000)	(650,000)			( )
利　益　剰　余　金	(500,000)	(380,000)			( )
非支配株主持分	――	――			( )
負債・純資産合計	(2,530,000)	(1,480,000)			( )
損益計算書					**連結損益計算書**
諸　　収　　益	(2,040,000)	(1,450,000)			( )
受　取　配　当　金	(90,000)	――			――
諸　　費　　用	1,800,000	1,270,000			
の　れ　ん　償　却	――	――			
当　期　純　利　益	(330,000)	(180,000)			( )
非支配株主に帰属する当期純利益					
親会社株主に帰属する当期純利益					( )
株主資本等変動計算書					**連結株主資本等変動計算書**
資本金当期首残高	(1,200,000)	(650,000)			( )
資本金当期末残高	(1,200,000)	(650,000)			( )
利益剰余金当期首残高	(450,000)	(350,000)			( )
剰　余　金　の　配　当	280,000	150,000			
親会社株主に帰属する当期純利益	(330,000)	(180,000)			( )
利益剰余金当期末残高	(500,000)	(380,000)			( )
非支配株主持分当期首残高	――	――			( )
非支配株主持分当期変動額	――	――			( )
非支配株主持分当期末残高	――	――			( )

注：（　　）を付した金額は「貸方」の金額を示す。

解答〈147〉ページ

問題23-5 ★★☆

　P社は，×1年3月31日にS社議決権株式の80％を14,000千円で取得し，支配を獲得した。S社の資本の増減は資料のとおりである。よって，以下の設問に答えなさい。なお，のれんは計上年度の翌年度から20年の均等償却を行う。

〈指定科目〉

S 社 株 式	の　れ　ん	資　本　金	資　本　金 当 期 首 残 高
利 益 剰 余 金	利 益 剰 余 金 当 期 首 残 高	利 益 剰 余 金 剰 余 金 の 配 当	非支配株主持分
非支配株主持分 当 期 首 残 高	非支配株主持分 当 期 変 動 額	の れ ん 償 却	受 取 配 当 金
負ののれん発生益	非支配株主に帰属する 当 期 純 利 益		

(資　料)

(単位：千円)

S　社　資　本	×1年3月31日	×2年3月31日	×3年3月31日
資　　本　　金	10,000	10,000	10,000
利 益 剰 余 金	5,000	5,800	6,000
合　　　　　計	15,000	15,800	16,000

(注1) S社は×1年度において，3,000千円の利益配当を行い，3,800千円の当期純利益を獲得した。

(注2) S社は×2年度において，3,500千円の利益配当を行い，3,700千円の当期純利益を獲得した。

〔設問1〕　×1年3月31日（支配獲得日）における投資と資本の相殺消去の仕訳を示しなさい。

〔設問2〕　×1年度（×1年4月1日から×2年3月31日）における開始仕訳および期中仕訳を示しなさい。

〔設問3〕　×2年度（×2年4月1日から×3年3月31日）における開始仕訳（要約仕訳）および期中仕訳を示しなさい。

▼ 解答欄

〔設問1〕

(単位：千円)

	借　方　科　目	金　　額	貸　方　科　目	金　　額
投資と資本の 相 殺 消 去				

〔設問2〕
① 開始仕訳

（単位：千円）

	借 方 科 目	金 額	貸 方 科 目	金 額
投資と資本の 相 殺 消 去				

② 期中仕訳

（単位：千円）

	借 方 科 目	金 額	貸 方 科 目	金 額
のれんの償却				
純利益の振替				
配当金の修正				

〔設問3〕
① 開始仕訳（要約仕訳）

（単位：千円）

	借 方 科 目	金 額	貸 方 科 目	金 額
投資と資本の 相 殺 消 去 等				

② 期中仕訳

（単位：千円）

	借 方 科 目	金 額	貸 方 科 目	金 額
のれんの償却				
純利益の振替				
配当金の修正				

解答〈149〉ページ

問題23-6　★★★

　P社は，×1年3月31日にS社議決権株式の60％を取得し，支配を獲得した。×1年3月31日におけるS社の資本は資本金650,000円，利益剰余金350,000円であり，当期（×2年4月1日から×3年3月31日）におけるP社およびS社の個別財務諸表は以下のとおりである。なお，のれんは計上年度の翌年度から10年の均等償却を行う。よって，(1)必要な連結修正仕訳を示し，(2)連結精算表を完成させなさい。

〈指定科目〉

S 社 株 式	の れ ん	資 本 金 当 期 首 残 高	利 益 剰 余 金 当 期 首 残 高
利 益 剰 余 金 剰 余 金 の 配 当	非支配株主持分 当 期 首 残 高	非支配株主持分 当 期 変 動 額	の れ ん 償 却
受 取 配 当 金	負ののれん発生益	非支配株主に帰属する 当 期 純 利 益	

（資　料）

貸 借 対 照 表
×3年3月31日現在　　　　　　　　　　（単位：円）

資　　産	P　社	S　社	負債・純資産	P　社	S　社
諸　資　産	2,080,000	1,600,000	諸　負　債	950,000	520,000
S 社 株 式	650,000	──	資　本　金	1,200,000	650,000
			利 益 剰 余 金	580,000	430,000
	2,730,000	1,600,000		2,730,000	1,600,000

損 益 計 算 書
自×2年4月1日　至×3年3月31日　　　（単位：円）

借 方 科 目	P　社	S　社	貸 方 科 目	P　社	S　社
諸　費　用	1,880,000	1,460,000	諸　収　益	2,140,000	1,710,000
当 期 純 利 益	380,000	250,000	受 取 配 当 金	120,000	──
	2,260,000	1,710,000		2,260,000	1,710,000

株 主 資 本 等 変 動 計 算 書
自×2年4月1日　至×3年3月31日　　　（単位：円）

	株　主　資　本			
	資　本　金		利 益 剰 余 金	
	P　社	S　社	P　社	S　社
当 期 首 残 高	1,200,000	650,000	500,000	380,000
剰 余 金 の 配 当			△ 300,000	△ 200,000
当 期 純 利 益			380,000	250,000
当 期 末 残 高	1,200,000	650,000	580,000	430,000

(1) 連結修正仕訳

① 開始仕訳（要約仕訳）

	借　方　科　目	金　　額	貸　方　科　目	金　　額
投資と資本の 相 殺 消 去 等				

② 期中仕訳

	借　方　科　目	金　　額	貸　方　科　目	金　　額
のれんの償却				
純利益の振替				
配当金の修正				

(2) 連結精算表

（単位：円）

科　目	個別財務諸表		修正消去		連結財務諸表
	P　社	S　社	借　方	貸　方	
貸借対照表					**連結貸借対照表**
諸　資　産	2,080,000	1,600,000			
S　社　株　式	650,000	——			——
の　れ　ん	——	——			
資　産　合　計	2,730,000	1,600,000			
諸　負　債	(950,000)	(520,000)			( )
資　本　金	(1,200,000)	(650,000)			( )
利　益　剰　余　金	(580,000)	(430,000)			( )
非　支　配　株　主　持　分	——	——			( )
負債・純資産合計	(2,730,000)	(1,600,000)			( )
損益計算書					**連結損益計算書**
諸　収　益	(2,140,000)	(1,710,000)			( )
受　取　配　当　金	(120,000)	——			——
諸　費　用	1,880,000	1,460,000			
の　れ　ん　償　却	——	——			
当　期　純　利　益	(380,000)	(250,000)			( )
非支配株主に帰属する当期純利益					
親会社株主に帰属する当期純利益					( )
株主資本等変動計算書					**連結株主資本等変動計算書**
資本金当期首残高	(1,200,000)	(650,000)			( )
資本金当期末残高	(1,200,000)	(650,000)			( )
利益剰余金当期首残高	(500,000)	(380,000)			( )
剰　余　金　の　配　当	300,000	200,000			
親会社株主に帰属する当期純利益	(380,000)	(250,000)			( )
利益剰余金当期末残高	(580,000)	(430,000)			( )
非支配株主持分当期首残高	——	——			( )
非支配株主持分当期変動額	——	——			( )
非支配株主持分当期末残高	——	——			( )

注：( ) を付した金額は「貸方」の金額を示す。

解答〈151〉ページ

問題23-7 ★★★

　P社はS社の発行済議決権株式の60％を取得し，S社を支配している。(1), (2)それぞれにつき，①期首商品棚卸高および②期末商品棚卸高に関する未実現利益の消去（連結修正仕訳）を答えなさい。

〈指定科目〉

商　　　　品	売 上 原 価	非支配株主に帰属する 当 期 純 利 益	利 益 剰 余 金 当 期 首 残 高
非支配株主持分 当 期 首 残 高	非支配株主持分 当 期 変 動 額		

(1)　前期より，P社はS社に商品を販売している。S社の①期首商品棚卸高150,000円および②期末商品棚卸高120,000円はすべてP社からの仕入れによるものである。なお，P社における売上総利益率は20％である。

(2)　前期より，S社はP社に商品を販売している。P社の①期首商品棚卸高180,000円および②期末商品棚卸高100,000円はすべてS社からの仕入れによるものである。なお，S社における売上総利益率は15％である。

▼ 解答欄

(1)

	借 方 科 目	金 　 額	貸 方 科 目	金 　 額
①				
②				

(2)

	借 方 科 目	金 　 額	貸 方 科 目	金 　 額
①				
②				

解答〈155〉ページ

問題23-8 ★★★

P社およびS社の当期（×1年4月1日から×2年3月31日まで）の個別財務諸表は〔資料Ⅰ〕のとおりである。よって，〔資料Ⅱ〕連結に関する諸事項にもとづいて，連結精算表および連結財務諸表を完成しなさい。なお，のれんは計上年度の翌年度より20年にわたり定額法で償却する。

〔資料Ⅰ〕個別財務諸表

貸 借 対 照 表
×2年3月31日現在 （単位：円）

資　産	P　社	S　社	負債・純資産	P　社	S　社
売　掛　金	520,000	265,000	買　掛　金	370,000	312,000
貸 倒 引 当 金	△ 10,400	△ 5,300	その他の負債	1,380,000	625,000
商　　品	150,000	246,000	資　本　金	3,000,000	1,250,000
土　　地	1,800,000	800,000	利 益 剰 余 金	850,000	300,000
S 社 株 式	1,000,000	——			
その他の資産	2,140,400	1,181,300			
	5,600,000	2,487,000		5,600,000	2,487,000

損 益 計 算 書
自×1年4月1日　至×2年3月31日 （単位：円）

借 方 科 目	P　社	S　社	貸 方 科 目	P　社	S　社
売 上 原 価	4,800,000	3,450,000	売　上　高	6,000,000	4,230,000
販売費及び一般管理費	906,000	646,000	営 業 外 収 益	180,000	90,000
貸倒引当金繰入	6,000	3,000	特 別 利 益	72,000	30,000
営 業 外 費 用	90,000	36,000			
特 別 損 失	130,000	15,000			
当 期 純 利 益	320,000	200,000			
	6,252,000	4,350,000		6,252,000	4,350,000

株 主 資 本 等 変 動 計 算 書
自×1年4月1日　至×2年3月31日 （単位：〔円〕）

	株　主　資　本			
	資 本 金		利益剰余金	
	P　社	S　社	P　社	S　社
当 期 首 残 高	3,000,000	1,250,000	750,000	150,000
剰 余 金 の 配 当			△220,000	△50,000
当 期 純 利 益			320,000	200,000
株主資本以外の項目の当期変動額(純額)				
当 期 末 残 高	3,000,000	1,250,000	850,000	300,000

〔資料Ⅱ〕連結に関する諸事項
1. P社は×1年3月31日にS社の発行済株式総数の60％を1,000,000円で取得し、支配を獲得した。支配獲得日におけるS社の資本は資本金1,250,000円、利益剰余金150,000円であった。
2. P社は当期よりS社へ商品の一部を掛けで売り上げている。なお、P社はS社に対して原価の10％増しの価額で販売している。
3. 当期におけるP社のS社への売上高は1,980,000円である。
4. S社の期末商品棚卸高のうち159,500円はP社から仕入れたものである。
5. P社の売掛金期末残高のうち165,000円はS社に対するものである。なお、P社は売掛金期末残高に対して2％の貸倒引当金を設定している。
6. P社は、当期において、所有する土地（帳簿価額265,000円）をS社に300,000円で売却した。S社は期末現在この土地を所有している。

▼ 解答欄

1. 連結精算表

⑴ 連結貸借対照表

(単位：円)

表示科目	個別財務諸表			連結修正仕訳		連結財務諸表
	P 社	S 社	合 計	借 方	貸 方	
売 掛 金	520,000	265,000	785,000			
貸 倒 引 当 金	(10,400)	(5,300)	(15,700)			( )
商 品	150,000	246,000	396,000			
土 地	1,800,000	800,000	2,600,000			
の れ ん	——					
S 社 株 式	1,000,000	——	1,000,000			——
その他の資産	2,140,400	1,181,300	3,321,700			
合 計	5,600,000	2,487,000	8,087,000			
買 掛 金	(370,000)	(312,000)	(682,000)			( )
その他の負債	(1,380,000)	(625,000)	(2,005,000)			( )
資 本 金	(3,000,000)	(1,250,000)	(4,250,000)			( )
利 益 剰 余 金	(850,000)	(300,000)	(1,150,000)			( )
非支配株主持分	——	——	——			( )
合 計	(5,600,000)	(2,487,000)	(8,087,000)			( )

注：（　）を付した金額は「貸方」の金額を示す。

(2) 連結損益計算書

(単位：円)

表示科目	個別財務諸表			連結修正仕訳		連結財務諸表
	P　社	S　社	合　計	借　方	貸　方	
売　　上　　高	(6,000,000)	(4,230,000)	(10,230,000)			(　　　　　)
売　上　原　価	4,800,000	3,450,000	8,250,000			
販売費及び一般管理費	906,000	646,000	1,552,000			
貸倒引当金繰入	6,000	3,000	9,000			
の　れ　ん　償　却	──	──	──			
営　業　外　収　益	(　180,000)	(　90,000)	(　270,000)			(　　　　　)
営　業　外　費　用	90,000	36,000	126,000			
特　　別　　利　　益	(　72,000)	(　30,000)	(　102,000)			(　　　　　)
特　　別　　損　　失	130,000	15,000	145,000			
非支配株主に帰属する当期純利益	──	──	──			
親会社株主に帰属する当期純利益	(　320,000)	(　200,000)	(　520,000)			(　　　　　)

注：（　　　）を付した金額は「貸方」の金額を示す。

(3) 連結株主資本等変動計算書

(単位：円)

表示科目	個別財務諸表			連結修正仕訳		連結財務諸表
	P　社	S　社	合　計	借　方	貸　方	
資　　　本　　　金						
当　期　首　残　高	(3,000,000)	(1,250,000)	(4,250,000)			(　　　　　)
当　期　末　残　高	(3,000,000)	(1,250,000)	(4,250,000)			(　　　　　)
利　益　剰　余　金						
当　期　首　残　高	(　750,000)	(　150,000)	(　900,000)			(　　　　　)
剰　余　金　の　配　当	220,000	50,000	270,000			
親会社株主に帰属する当期純利益	(　320,000)	(　200,000)	(　520,000)			(　　　　　)
当　期　末　残　高	(　850,000)	(　300,000)	(1,150,000)			(　　　　　)
非支配株主持分						
当　期　首　残　高	──	──	──			(　　　　　)
当　期　変　動　額	──	──	──			(　　　　　)
当　期　末　残　高	──	──	──			(　　　　　)

注：（　　　）を付した金額は「貸方」の金額を示す。

２．連結財務諸表

連　結　貸　借　対　照　表
×2年３月31日現在　　　　　　　　（単位：円）

資　産　の　部		負　債　の　部	
売　掛　金 （　　　　　）		買　掛　金 （　　　　　　　）	
貸倒引当金 （△　　　　）		その他の負債　　2,005,000	
商　　品 （　　　　　）		負債合計 （　　　　　　　）	
土　　地 （　　　　　）		純　資　産　の　部	
の　れ　ん （　　　　　）		Ⅰ　株　主　資　本	
その他の資産　　3,321,700		資　本　金 （　　　　　　）	
		利益剰余金 （　　　　　　）	
		Ⅱ　非支配株主持分 （　　　　）	
		純資産合計 （　　　　　）	
資　産　合　計 （　　　　　）		負債・純資産合計 （　　　　）	

連　結　損　益　計　算　書
自×1年４月１日　至×2年３月31日　　　　（単位：円）

Ⅰ　売　上　高		（　　　　　）
Ⅱ　売　上　原　価		（　　　　　）
売　上　総　利　益		（　　　　　）
Ⅲ　販売費及び一般管理費		
1．販売費及び一般管理費	1,552,000	
2．貸倒引当金繰入	（　　　　　）	
3．のれん償却	（　　　　　）	（　　　　　）
営　業　利　益		（　　　　　）
Ⅳ　営　業　外　収　益		（　　　　　）
Ⅴ　営　業　外　費　用		126,000
経　常　利　益		（　　　　　）
Ⅵ　特　別　利　益		（　　　　　）
Ⅶ　特　別　損　失		145,000
当　期　純　利　益		（　　　　　）
非支配株主に帰属する当期純利益		（　　　　　）
親会社株主に帰属する当期純利益		（　　　　　）

197

連結株主資本等変動計算書
自×1年4月1日　至×2年3月31日　　　　　（単位：円）

	株　主　資　本		非支配株主持分
	資　本　金	利　益　剰　余　金	
当　期　首　残　高			
剰　余　金　の　配　当		△	
親会社株主に帰属する 当　期　純　利　益			
株主資本以外の項目の 当　期　変　動　額（純　額）			
当　期　末　残　高			

解答〈156〉ページ

問題23-9 ★☆☆

　P社はS社の発行済議決権株式の60％を取得し，S社を支配している。未実現損益の消去等に関する必要な連結修正仕訳を示しなさい。

〈指定科目〉

売　掛　金	商　　　品	貸 倒 引 当 金	土　　　地
買　掛　金	利 益 剰 余 金 当 期 首 残 高	非支配株主持分 当 期 首 残 高	売 上 原 価
貸倒引当金繰入	固定資産売却益	非支配株主に帰属 する当期純利益	

(1)　前期より，P社はS社に商品を販売している。S社の期首商品棚卸高120,000円のうち65,000円，期末商品棚卸高186,000円のうち105,000円はP社からの仕入れによるものである。P社における売上総利益率は毎期20％である。

(2)　P社の当期末売掛金残高は653,000円であり，うち385,000円はS社に対するものである。P社は，個別会計上，当期末の売掛金期末残高に対し，2％の貸倒引当金を設定している。

(3)　前期において，P社は所有する土地（帳簿価額1,350,000円）をS社に1,480,000円で売却している。S社は当期末現在，この土地を所有している。

▼ 解答欄

	借 方 科 目	金　額	貸 方 科 目	金　額
(1)				
(2)				
(3)				

解答〈159〉ページ

24 製造業会計

問題24-1　★★☆

つくば製作所（決算日は3月末）における次の［**資料Ⅰ**］決算整理前残高試算表，［**資料Ⅱ**］決算整理事項等にもとづいて，答案用紙の損益計算書と貸借対照表を完成しなさい。なお，同社は製造間接費を予定配賦しており，原価計算期間ごとに製造原価およびその原価差異を把握しているが，月次における決算振替は行っていない。

［資料Ⅰ］×9年3月末現在の残高試算表

残 高 試 算 表

×9年3月31日　　　　　　（単位：円）

借　　方	勘 定 科 目	貸　　方
865,100	現 　金 　預 　金	
452,000	受 　取 　手 　形	
403,000	売 　　掛 　　金	
	貸 倒 引 当 金	12,500
300,000	材 　　　　　料	
266,000	仕 　　掛 　　品	
480,000	製 　　　　　品	
100,000	仮 払 法 人 税 等	
3,630,000	建 　　　　　物	
	建物減価償却累計額	576,000
2,250,000	機 　械 　装 　置	
	機械装置減価償却累計額	775,000
1,000,000	土 　　　　　地	
	支 　払 　手 　形	200,000
	買 　　掛 　　金	400,000
	長 　期 　借 　入 　金	500,000
	退 職 給 付 引 当 金	720,000
	資 　　本 　　金	5,000,000
	利 　益 　準 　備 　金	450,000
	繰 越 利 益 剰 余 金	259,000
	売 　　　　　上	8,458,100
	投資有価証券売却益	110,000
	固 定 資 産 売 却 益	150,000
6,383,800	売 　上 　原 　価	
	製 　造 　間 　接 　費	56,000
12,000	原 　価 　差 　異	
1,276,700	販売費・一般管理費	
22,000	減 　価 　償 　却 　費	
143,000	退 職 給 付 費 用	
25,000	支 　払 　利 　息	
58,000	手 　形 　売 　却 　損	
17,666,600		17,666,600

[資料Ⅱ] 決算整理事項等

1. 期末材料棚卸高

   期末帳簿棚卸高：300,000円　期末実地棚卸高：294,000円

   なお，棚卸減耗は正常なものであり，3月分の棚卸減耗は決算整理により計上する。

2. 期首および期末製品棚卸高は次のとおりである。

   期首製品棚卸高：313,800円

   期末帳簿棚卸高：480,000円　期末実地棚卸高：458,000円

   なお，棚卸減耗は正常なものである。販売費及び一般管理費に計上する。

3. 固定資産の減価償却については，期首に年間発生額を見積り，以下の月割り額を毎月計上している。なお，3月分の減価償却費は決算整理により計上する。

   建　　物　　10,000円/月（製造活動用：8,000円　販売・一般管理活動用：2,000円）
   機械装置　　23,000円/月（すべて製造活動用）

4. 退職給付引当金は，年度見積額の12分の1を毎月計上しており，その内訳は，製造活動に携わる従業員に関するものが25,000円/月，それ以外の従業員に関するものが13,000円/月である。なお，3月分は決算整理により計上する。

5. 原価差異はすべて製造間接費配賦差異であり，期末に一括して売上原価に振り替える。

6. 売上債権の期末残高に対して2％を貸倒れとして見積り，差額補充法により貸倒引当金を設定する。

7. 法人税，住民税及び事業税300,000円を計上する。

損 益 計 算 書

自×8年4月1日　至×9年3月31日　　　（単位：円）

Ⅰ　売　　上　　高　　　　　　　　　　　（　　　　　　　　）

Ⅱ　売　上　原　価

　　1　期 首 製 品 棚 卸 高　　（　　　　　　）

　　2　当 期 製 品 製 造 原 価　（　　　　　　）

　　　　　合　　　計　　　　　（　　　　　　）

　　3　期 末 製 品 棚 卸 高　　（　　　　　　）

　　　　　差　　　引　　　　　（　　　　　　）

　　4　原　価　差　異　　　　（　　　　　　）　（　　　　　　　　）

　　　　売　上　総　利　益　　　　　　　　　（　　　　　　　　）

Ⅲ　販売費及び一般管理費

　　1　販 売 費 ・ 一 般 管 理 費　（　　　　　　）

　　2　棚　卸　減　耗　損　　　（　　　　　　）

　　3　減　価　償　却　費　　　（　　　　　　）

　　4　退　職　給　付　費　用　（　　　　　　）

　　5　貸 倒 引 当 金 繰 入　　（　　　　　　）　（　　　　　　　　）

　　　　営　　業　　利　　益　　　　　　　　（　　　　　　　　）

Ⅳ　営　業　外　収　益

　　1　投資有価証券売却益　　（　　　　　　）　（　　　　　　　　）

Ⅴ　営　業　外　費　用

　　1　支　払　利　息　　　　（　　　　　　）

　　2　手　形　売　却　損　　（　　　　　　）　（　　　　　　　　）

　　　　経　　常　　利　　益　　　　　　　　（　　　　　　　　）

Ⅵ　特　　別　　利　　益

　　1　固 定 資 産 売 却 益　　（　　　　　　）　（　　　　　　　　）

　　　　税 引 前 当 期 純 利 益　　　　　　　（　　　　　　　　）

　　　　法人税, 住民税及び事業税　　　　　　（　　　　　　　　）

　　　　当　期　純　利　益　　　　　　　　　（　　　　　　　　）

貸 借 対 照 表
×9年3月31日　　　　　　　　　　　　　　　　（単位：円）

資　産　の　部				負　債　の　部			
Ⅰ　流　動　資　産				Ⅰ　流　動　負　債			
1　現　金　預　金		（	）	1　支　払　手　形		（	）
2　受　取　手　形	（	）		2　買　　掛　　金		（	）
3　売　　掛　　金	（	）		3　未 払 法 人 税 等		（	）
貸 倒 引 当 金	（△	）（	）	流 動 負 債 合 計		（	）
4　製　　　　　品		（	）	Ⅱ　固　定　負　債			
5　材　　　　　料		（	）	1　長 期 借 入 金		（	）
6　仕　　掛　　品		（	）	2　退 職 給 付 引 当 金		（	）
流 動 資 産 合 計		（	）	固 定 負 債 合 計		（	）
Ⅱ　固　定　資　産				負　債　合　計		（	）
1　建　　　　　物	（	）		純　資　産　の　部			
減価償却累計額	（△	）（	）	Ⅰ　株　主　資　本			
2　機　械　装　置	（	）		1　資　　本　　金		（	）
減価償却累計額	（△	）（	）	2　利 益 剰 余 金			
3　土　　　　　地		（	）	(1)利 益 準 備 金	（	）	
固 定 資 産 合 計		（	）	(2)繰越利益剰余金	（	）（	）
				株 主 資 本 合 計		（	）
資　産　合　計		（	）	純 資 産 合 計		（	）
				負債及び純資産合計		（	）

解答〈160〉ページ

MEMO

MEMO

よくわかる簿記シリーズ

合格(ごうかく)トレーニング　日商簿記(にっしょうぼき)2級商業簿記(きゅうしょうぎょうぼき) Ver.17.0

1999年12月10日　初　版　第1刷発行
2024年2月20日　第21版　第1刷発行

編　著　者	Ｔ Ａ Ｃ 株 式 会 社	
	（簿記検定講座）	
発　行　者	多　　田　　敏　　男	
発　行　所	Ｔ Ａ Ｃ 株式会社　出版事業部	
	（ＴＡＣ出版）	

〒101-8383
東京都千代田区神田三崎町3-2-18
電話 03 (5276) 9492 （営業）
FAX 03 (5276) 9674
https://shuppan.tac-school.co.jp

組　　版	朝日メディアインターナショナル株式会社	
印　　刷	株 式 会 社 ワ コ ー	
製　　本	株 式 会 社 常 川 製 本	

© TAC 2024　　　　Printed in Japan　　　　ISBN 978-4-300-10665-5
N.D.C.336

本書は、「著作権法」によって、著作権等の権利が保護されている著作物です。本書の全部または一部につき、無断で転載、複写されると、著作権等の権利侵害となります。上記のような使い方をされる場合、および本書を使用して講義・セミナー等を実施する場合には、小社宛許諾を求めてください。

乱丁・落丁による交換、および正誤のお問合せ対応は、該当書籍の改訂版刊行月末日までといたします。なお、交換につきましては、書籍の在庫状況等により、お受けできない場合もございます。
また、各種本試験の実施の延期、中止を理由とした本書の返品はお受けいたしません。返金もいたしかねますので、あらかじめご了承くださいますようお願い申し上げます。

解答解説

解答編冊子　　　　　　　　　　　　厚紙

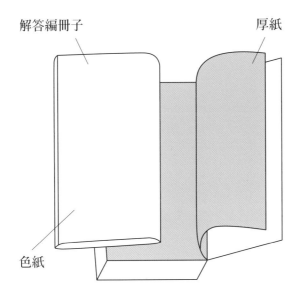

色紙

―――― 〈解答編ご利用時の注意〉 ――――

厚紙から，冊子を取り外します。

※　冊子と厚紙が，のりで接着されています。乱暴
　　に扱いますと，破損する危険性がありますので，
　　丁寧に抜き取るようにしてください。

※　抜き取る際の損傷についてのお取替えはご遠慮
　　願います。

解 答 編

合格トレーニング

日商簿記 2 級 商業簿記

CONTENTS

Theme 00 簿記一巡の手続き

問題0-1

〔試算表〕

試 算 表

勘 定 科 目	期首試算表		決算整理前残高試算表		決算整理後残高試算表		繰越試算表	
	借 方	貸 方	借 方	貸 方	借 方	貸 方	借 方	貸 方
現　　　　　金	246,000		134,000		134,000		134,000	
売　掛　金	60,000		133,000		133,000		133,000	
繰　越　商　品	32,000		32,000		52,000		52,000	
備　　　　　品	250,000		350,000		350,000		350,000	
前 払 保 険 料	3,000				3,000		3,000	
買　掛　金		46,000		96,000		96,000		96,000
未　払　家　賃		15,000				15,000		15,000
貸 倒 引 当 金		3,000		1,000		6,650		6,650
減 価 償 却 累 計 額		27,000		27,000		81,000		81,000
資　　本　　金		350,000		350,000		350,000		350,000
利 益 準 備 金		87,500		87,500		87,500		87,500
繰 越 利 益 剰 余 金		62,500		27,500		27,500		35,850
売　　　　　上				520,000		520,000		
仕　　　　　入			370,000		350,000			
給　　　　　料			30,000		30,000			
保　険　料			15,000		12,000			
支　払　家　賃			45,000		60,000			
貸 倒 引 当 金 繰 入					5,650			
減 価 償 却 費					54,000			
	591,000	591,000	1,109,000	1,109,000	1,183,650	1,183,650	672,000	672,000

解答への道

〔仕訳帳〕

・再振替仕訳

借方科目	金　　額	貸方科目	金　　額
保　険　料	3,000	前 払 保 険 料	3,000
未　払　家　賃	15,000	支　払　家　賃	15,000

・期中取引の仕訳

	借 方 科 目	金　　額	貸 方 科 目	金　　額
①	仕　　　入	120,000	現　　　金	120,000
②	仕　　　入	250,000	買　掛　金	250,000
③	現　　　金	220,000	売　　　上	220,000
④	売　掛　金	300,000	売　　　上	300,000
⑤	買　掛　金	200,000	現　　　金	200,000
⑥	現　　　金	225,000	売　掛　金	225,000
⑦	繰越利益剰余金	35,000	現　　　金*	35,000
⑧	貸 倒 引 当 金	2,000	売　掛　金	2,000
⑨	備　　　品	100,000	現　　　金	100,000
⑩	給　　　料	30,000	現　　　金	30,000
⑪	保　険　料	12,000	現　　　金	12,000
⑫	支　払　家　賃	60,000	現　　　金	60,000

＊　配当金をただちに支払っているため,「未払配当金」は仕訳されません。

・決算整理仕訳

	借方科目	金　額	貸方科目	金　額
(1)	仕　　　　入	32,000	繰 越 商 品	32,000
	繰 越 商 品	52,000	仕　　　　入	52,000
(2)	貸倒引当金繰入	5,650	貸 倒 引 当 金	5,650
(3)	減 価 償 却 費	54,000	減価償却累計額	54,000
(4)	前 払 保 険 料	3,000	保　　　険　　　料	3,000
(5)	支 払 家 賃	15,000	未 払 家 賃	15,000

(1) 売上原価の計算

売上原価：32,000円 + 370,000円 − 52,000円
　　　　　= 350,000円

仕　　　　入

仕 入 高 120,000円 250,000円	期　末　52,000円
	売上原価 350,000円
期　首　32,000円	

繰 越 商 品

前　繰　32,000円	期　首　32,000円
期　末　52,000円	

(2) 貸倒引当金の計上

貸倒見積額：133,000円 × 5 % = 6,650円
繰入額：6,650円 − 1,000円 = 5,650円

貸 倒 引 当 金

(3) 減価償却費の計上

　減価償却費は，前期以前に取得した備品と当期に取得した備品とに区別して計算します。
前期以前の取得分：250,000円 × 0.9 ÷ 5 年
　　　　　　　　　= 45,000円
当期取得分：$100,000円 × 0.9 ÷ 5 年 × \dfrac{6 か月}{12 か月}$
　　　　　= 9,000円
減価償却費：45,000円 + 9,000円 = 54,000円

(4) 保険料の前払い

　次期分の保険料 3 か月分（×3 年 1 月から ×3 年 3 月まで）を前払い計上します。

前払保険料：$12,000円 × \dfrac{3 か月}{12 か月} = 3,000円$

保　険　料

再振替　　3,000円	前 払 い　3,000円
支 払 い　12,000円	当期分の保険料 12,000円

(5) 家賃の未払い

　当期分の家賃 3 か月分（×2 年 10 月から ×2 年 12 月まで）を未払い計上します。

未払家賃：$60,000円 × \dfrac{3 か月}{12 か月} = 15,000円$

支 払 家 賃

支 払 い　60,000円	再 振 替　15,000円
未 払 い　15,000円	当期分の家賃 60,000円

・決算振替仕訳

（収益の振り替え）

借方科目	金　額	貸方科目	金　額
売　　　　上	520,000	損　　　　益	520,000

（費用の振り替え）

借方科目	金　額	貸方科目	金　額
損　　　　益	511,650	仕　　　　入	350,000
		給　　　料	30,000
		保　険　料	12,000
		支 払 家 賃	60,000
		貸倒引当金繰入	5,650
		減 価 償 却 費	54,000

（当期純利益の振り替え）

借方科目	金　額	貸方科目	金　額
損　　　　益	8,350	繰越利益剰余金	8,350

〔総勘定元帳〕

※注1　以下の勘定記入において，期中取引の「日付」は「取引番号」に代えている。

※注2　決算振替仕訳を除き，「相手科目」の記入は省略している。また「再振替」と記してあるものは，再振替仕訳により，記入されたものであることを示している。

現　　　金

1/1	前期繰越	246,000	①		120,000
③		220,000	⑤		200,000
⑥		225,000	⑦		35,000
			⑨		100,000
			⑩		30,000
			⑪		12,000
			⑫		60,000
			12/31	次期繰越	134,000
		691,000			691,000

買　　掛　　金

⑤		200,000	1/1	前期繰越	46,000
12/31	次期繰越	96,000	②		250,000
		296,000			296,000

売　　掛　　金

1/1	前期繰越	60,000	⑥		225,000
④		300,000	⑧		2,000
			12/31	次期繰越	133,000
		360,000			360,000

未　払　家　賃

1/1	再振替	15,000	1/1	前期繰越	15,000
12/31	次期繰越	15,000	12/31	(5)	15,000
		30,000			30,000

繰　越　商　品

1/1	前期繰越	32,000	12/31	(1)	32,000
12/31	(1)	52,000	〃	次期繰越	52,000
		84,000			84,000

貸　倒　引　当　金

⑧		2,000	1/1	前期繰越	3,000
12/31	次期繰越	6,650	12/31	(2)	5,650
		8,650			8,650

備　　　品

1/1	前期繰越	250,000	12/31	次期繰越	350,000
⑨		100,000			
		350,000			350,000

減価償却累計額

12/31	次期繰越	81,000	1/1	前期繰越	27,000
			12/31	(3)	54,000
		81,000			81,000

前　払　保　険　料

1/1	前期繰越	3,000	1/1	再振替	3,000
12/31	(4)	3,000	12/31	次期繰越	3,000
		6,000			6,000

資　　本　　金

12/31	次期繰越	350,000	1/1	前期繰越	350,000

利　益　準　備　金

12/31	次期繰越	87,500	1/1	前期繰越	87,500

繰越利益剰余金

⑦		35,000	1/1	前期繰越	62,500
12/31	次期繰越	35,850	12/31	損　　益	8,350
		70,850			70,850

仕　　入

①	120,000	12/31　　(1)	52,000
②	250,000	〃　損　　益	350,000
12/31　　(1)	32,000		
	402,000		402,000

売　　上

12/31 損　　益	520,000	③	220,000
		④	300,000
	520,000		520,000

給　　料

⑩	30,000	12/31 損　　益	30,000

保　険　料

1/1 再　振　替	3,000	12/31　　(4)	3,000
⑪	12,000	〃　損　　益	12,000
	15,000		15,000

支　払　家　賃

⑫	60,000	1/1 再　振　替	15,000
12/31　　(5)	15,000	12/31 損　　益	60,000
	75,000		75,000

貸倒引当金繰入

12/31　　(2)	5,650	12/31 損　　益	5,650

減　価　償　却　費

12/31　　(3)	54,000	12/31 損　　益	54,000

損　　益

12/31 仕　　入	350,000	12/31 売　　上	520,000
〃　給　　料	30,000		
〃　保　険　料	12,000		
〃　支　払　家　賃	60,000		
〃　貸倒引当金繰入	5,650		
〃　減価償却費	54,000		
〃　繰越利益剰余金	8,350		
	520,000		520,000

財務諸表

問題1-1

①	②	③
売 上 総 利 益	営 業 利 益	経 常 利 益
④	⑤	⑥
特 別 利 益	特 別 損 失	当 期 純 利 益

解答への道

　報告式の損益計算書のひな型は，以下のようになります。その「表示区分」と各種の「利益」について，その名称と内容を確認してください。

損 益 計 算 書

×年×月×日～×年×月×日

Ⅰ	売　　　　上　　　　高	××
Ⅱ	売　　上　　原　　価	△××
	売 上 総 利 益	××
Ⅲ	販売費及び一般管理費	△××
	営 業 利 益	××
Ⅳ	営　業　外　収　益	××
Ⅴ	営　業　外　費　用	△××
	経 常 利 益	××
Ⅵ	特　　別　　利　　益	××
Ⅶ	特　　別　　損　　失	△××
	税引前当期純利益	××
	法人税, 住民税及び事業税	△××
	当 期 純 利 益	××

（注）控除すべき金額に△を付している。

問題1-2

①	②	③
純 資 産	流 　 動	株 主 資 本

解答への道

　簿記検定2級の学習における貸借対照表のひな型は以下のようになります。表示区分の名称と内容を確認してください。なお，実際の貸借対照表では，資産の部において「繰延資産」が，また純資産の部において「新株予約権」が記載されることがありますが，いずれも簿記検定2級の学習範囲には含まれていないため，考慮する必要はありません。

貸 借 対 照 表

資産の部		負債の部	
Ⅰ　流動資産	××	Ⅰ　流動負債	××
Ⅱ　固定資産	××	Ⅱ　固定負債	××
		純資産の部	
		Ⅰ　株主資本	××
		Ⅱ　評価・換算差額等	××
資産合計	×××	負債・純資産合計	×××

損 益 計 算 書

自×1年4月1日 至×2年3月31日 （単位：円）

Ⅰ 売 上 高		(	720,000)
Ⅱ 売 上 原 価			
1 期首商品棚卸高	(80,000)		
2 当期商品仕入高	(520,000)		
合 計	(600,000)		
3 期末商品棚卸高	(150,000)	(	450,000)
売 上 総 利 益		(	270,000)
Ⅲ 販売費及び一般管理費			
1 （給 料）	(85,000)		
2 （広 告 宣 伝 費）	(22,000)		
3 （旅 費 交 通 費）	(28,000)		
4 （水 道 光 熱 費）	(16,000)		
5 （通 信 費）	(13,000)		
6 （租 税 公 課）	(8,000)		
7 （減 価 償 却 費）	(7,000)		
8 （貸倒引当金繰入）	(1,000)	(	180,000)
営 業 利 益		(	90,000)
Ⅳ 営 業 外 収 益			
1 （受 取 利 息）	(500)		
2 （償却債権取立益）	(3,500)	(	4,000)
Ⅴ 営 業 外 費 用			
1 （支 払 利 息）	(1,200)		
2 （雑 損）	(800)	(	2,000)
経 常 利 益		(	92,000)
Ⅵ 特 別 利 益			
1 （固定資産売却益）	(10,000)	(	10,000)
Ⅶ 特 別 損 失			
1 （災 害 損 失）	(22,000)	(	22,000)
税引前当期純利益		(	80,000)
法人税, 住民税及び事業税			30,000
当 期 純 利 益		(	50,000)

解答への道

報告式の損益計算書において，各表示区分に記載される代表的な勘定科目を確認してください。

1．売上原価の区分

本問の資料は，決算整理「後」の金額であるため，仕入の450,000円は当期の「売上原価」を意味することに注意します。なお，「当期商品仕入高」は逆算により求めます。

当期商品仕入高：売上原価450,000円＋期末商品棚卸高150,000円−期首商品棚卸高80,000円＝520,000円

2．販売費及び一般管理費

営業活動に関連する費用を記載する区分です。

本問では，「給料」「広告宣伝費」「旅費交通費」「水道光熱費」「通信費」「租税公課」「減価償却費」「貸倒引当金繰入」がこの区分に記載されます。

3．営業外収益

主として，資金運用等の投資活動より生じた収益を記載する区分です。

本問では，資金の貸付けにより生じた「受取利息」，および前期以前に貸倒れ処理した売掛金等の回収額を処理する「償却債権取立益」がこの区分に記載されます。

4．営業外費用

主として，資金調達等の財務活動より生じた費用を記載する区分です。

本問では，資金の借入れにより生じた「支払利息」，および原因不明の現金の不足額を処理する「雑損」がこの区分に記載されます。

5．特別利益および特別損失

いずれも，臨時的な損益を記載する区分です。

本問では，固定資産の売却取引より生じた「固定資産売却益」を特別利益に記載します。なお，固定資産は簿記上，営業活動のため長期にわたり利用する資産と考えられているため，その売却は通常の取引ではなく臨時的なものと考えられています。また，突発的な災害により生じたと考えられる「災害損失」は特別損失に記載します。

問題2-1

(1) 三分法

	借方科目	金　額	貸方科目	金　額
①	仕　　　入	500,000	買　掛　金	500,000
②	売　掛　金	800,000	売　　　上	800,000
③	仕　　　入	120,000	繰　越　商　品	120,000
	繰　越　商　品	70,000	仕　　　入	70,000

仕　　入

①	500,000	③	70,000
③	120,000		

売　　上

		②	800,000

繰　越　商　品

前期繰越	120,000	③	120,000
③	70,000		

(2) 売上原価対立法

	借方科目	金　額	貸方科目	金　額
①	商　　　品	500,000	買　掛　金	500,000
②	売　掛　金	800,000	売　　　上	800,000
	売　上　原　価	550,000	商　　　品	550,000
③	仕　訳　なし			

商　　品

前期繰越	120,000	②	550,000
①	500,000		

売　上　原　価

②	550,000		

売　　上

		②	800,000

解答への道

(1) 三分法

① 仕入時

（仕　　　入）500,000　（買　掛　金）500,000

② 販売時

（売　掛　金）800,000　（売　　　上）800,000

〈決算整理前の勘定記入〉

仕　　入

① 500,000 円 ｜ 前 T/B　500,000 円（当期仕入高）

売　　上

前 T/B 800,000 円 ｜ ② 800,000 円

繰　越　商　品

前期繰越 120,000 円 ｜ 前 T/B　120,000 円（期首商品）

③ 決算整理

　売上原価および期末商品棚卸高の金額が明らかにされていないため決算整理を行います。

（仕　　　入）120,000　（繰　越　商　品）120,000
（繰　越　商　品）70,000　（仕　　　入）70,000

〈決算整理後の勘定記入〉

仕　　入

① 500,000 円 ｜ ③ 70,000 円
③ 120,000 円 ｜ 後 T/B 550,000 円（売上原価）

売　　上

後 T/B 800,000 円 ｜ ② 800,000 円

繰　越　商　品

前期繰越 120,000 円 ｜ ③ 120,000 円
③ 70,000 円 ｜ 後 T/B 70,000 円（期末商品）

(2) 売上原価対立法

① 仕入時

（商　　　　品）500,000	（買　　掛　　金）500,000

② 販売時

（売　　掛　　金）800,000	（売　　　　　　上）800,000
（売　上　原　価）550,000	（商　　　　　　品）550,000

〈勘定記入〉

商　　　品

前期繰越　120,000 円	②　　　　550,000 円
①　　　　500,000 円	前 T/B　70,000 円 （期末商品）

売　上　原　価

②　　　　550,000 円	前 T/B 550,000 円

売　　　上

前 T/B 800,000 円	②　　　　800,000 円

③ 決算整理

　売上高，売上原価および期末商品の金額がすべて明らかにされています。したがって，決算整理仕訳は不要です。

仕　訳　な　し

問題2-2

(1)

精　算　表

勘定科目	残高試算表 借方	残高試算表 貸方	修正記入 借方	修正記入 貸方	損益計算書 借方	損益計算書 貸方	貸借対照表 借方	貸借対照表 貸方
繰 越 商 品	140,000		300,000	140,000			300,000	
売　　　　上		1,400,000				1,400,000		
仕　　　　入	1,350,000		140,000	300,000	1,190,000			

(2)

精　算　表

勘定科目	残高試算表 借方	残高試算表 貸方	修正記入 借方	修正記入 貸方	損益計算書 借方	損益計算書 貸方	貸借対照表 借方	貸借対照表 貸方
商　　　　品	300,000						300,000	
売　　　　上		1,400,000				1,400,000		
売 上 原 価	1,190,000				1,190,000			

商品売買は掛けで行われたと仮定します。

(1) 三分法

① 期首商品棚卸高：開始記入の手続きにより，繰越商品勘定の借方に140,000円が記入されます。

② 仕入時

（仕 入）1,350,000	（買 掛 金）1,350,000

③ 商品の販売

三分法の場合，期中において売上原価の算定は必要ありません。

（売 掛 金）1,400,000	（売 上）1,400,000

〈決算整理前の勘定記入〉

仕　　　　入

② 1,350,000 円	前 T/B　1,350,000 円（当期仕入高）

売　　　　上

前 T/B 売上高 1,400,000 円	③ 販売 1,400,000 円

繰　越　商　品

① 140,000 円	前 T/B　140,000 円（期首商品）

④ 決算整理

先入先出法により，期末商品棚卸高を算定し，売上原価を仕入勘定で算定します。

（仕 入）140,000	（繰 越 商 品）140,000
（繰 越 商 品）300,000	（仕 入）300,000

期末商品棚卸高：@3,000円×100個＝300,000円

〈決算整理後の勘定記入〉

仕　　　　入

| ② 1,350,000 円 | ④ 300,000 円 |
| ④ 140,000 円 | 後 T/B 1,190,000 円（売上原価） |

売　　　　上

後 T/B 売上高 1,400,000 円	③ 販売 1,400,000 円

繰　越　商　品

| ① 140,000 円 | ④ 140,000 円 |
| ④ 300,000 円 | 後 T/B　300,000 円（期末商品） |

(2) 売上原価対立法

① 期首商品棚卸高：開始記入の手続きにより，商品勘定の借方に140,000円が記入されます。

② 仕入時

（商 品）1,350,000	（買 掛 金）1,350,000

③ 商品の販売

先入先出法により，販売された商品の原価（売上原価）を求めます。

| （売 掛 金）1,400,000 | （売 上）1,400,000 |
| （売 上 原 価）1,190,000 | （商 品）1,190,000 |

売上原価：@2,800円×50個＋@3,000円×（400個－50個）＝1,190,000円

〈決算整理前の勘定記入〉

商　　　　品

| ① 140,000 円 | ③ 販売 1,190,000 円 |
| ② 1,350,000 円 | 前 T/B　300,000 円（期末商品） |

売　上　原　価

③ 販売 1,190,000 円	前 T/B 1,190,000 円

売　　　　上

前 T/B 1,400,000 円	③ 販売 1,400,000 円

④ 決算整理

売上高，売上原価および期末商品の金額がすべて明らかにされています。したがって，決算整理仕訳は不要です。

仕　訳　な　し

(1)　三分法

	借　方　科　目	金　　額	貸　方　科　目	金　　額
①	仕　　　　入	500,000	買　　掛　　金	500,000
②	買　　掛　　金	50,000	仕　　　　入	50,000
③	売　　掛　　金	390,000	売　　　　上	390,000
④	売　　　　上	32,500	売　　掛　　金	32,500

(2)　売上原価対立法

	借　方　科　目	金　　額	貸　方　科　目	金　　額
①	商　　　　品	500,000	買　　掛　　金	500,000
②	買　　掛　　金	50,000	商　　　　品	50,000
③	売　　掛　　金	390,000	売　　　　上	390,000
	売　上　原　価	300,000	商　　　　品	300,000
④	売　　　　上	32,500	売　　掛　　金	32,500
	商　　　　品	25,000	売　上　原　価	25,000

解答への道

(1)　三分法

① 商品の取得原価500,000円をもって，仕入（費用）を計上します。

　　仕入：@5,000円×100個＝500,000円

② 仕入返品は仕入取引の取り消しとして，逆仕訳を行います。

　　返品額：@5,000円×10個＝50,000円

③ 販売価額390,000円（@6,500円×60個）をもって売上を計上します。

④ 品違いによる売上返品は売上取引の取り消しとして逆仕訳を行います。

　　返品額：@6,500円×5個＝32,500円

(2)　売上原価対立法

① 商品の取得原価500,000円をもって，商品（資産）を計上します。

　　商品：@5,000円×100個＝500,000円

② 仕入返品は仕入取引の取り消しとして，逆仕訳を行います。

　　返品額：@5,000円×10個＝50,000円

③ 販売価額390,000円（@6,500円×60個）をもって売上を計上し，その売上原価300,000円（@5,000円×60個）について商品勘定から売上原価勘定への振り替えを行います。

④ 品違いによる売上返品は売上取引の取り消しとして逆仕訳を行います。

　　売上の取り消し：@6,500円×5個＝32,500円

　　売上原価の取り消し：@5,000円×5個

　　　　　　　　　　　　＝25,000円

(1)　入荷基準

	借　方　科　目	金　　額	貸　方　科　目	金　　額
①	仕　訳　な　し			
②	仕　　　　入	80,000	買　　掛　　金	80,000
③	買　　掛　　金	7,000	仕　　　　入	7,000

(2)　検収基準

	借　方　科　目	金　　額	貸　方　科　目	金　　額
①	仕　訳　な　し			
②	仕　訳　な　し			
③	仕　　　　入	73,000	買　　掛　　金	73,000

解答への道

　仕入の計上基準は，具体的にどのような事実にもとづき仕入を計上するのかという問題です。(1)入荷基準は，商品の入荷（到着）という事実にもとづき仕入を計上する基準です。したがって，本問の場合「②」のタイミングで仕入を計上します。

　それに対して(2)検収基準は，商品の到着後，商品の検収の終了をもって仕入を計上する基準です。したがって，本問の場合「③」のタイミングで仕入を計上します。なお，検収時に品違い等の商品があり，これを返品するときは，そもそも，返品分の金額が仕入として認識されないことに注意します。

(1) 出荷基準

	借方科目	金額	貸方科目	金額
①	仕 訳 な し			
②	売 掛 金	120,000	売 上	120,000
③	仕 訳 な し			
④	売 上	10,000	売 掛 金	10,000

(2) 着荷基準

	借方科目	金額	貸方科目	金額
①	仕 訳 な し			
②	仕 訳 な し			
③	売 掛 金	120,000	売 上	120,000
④	売 上	10,000	売 掛 金	10,000

(3) 検収基準

	借方科目	金額	貸方科目	金額
①	仕 訳 な し			
②	仕 訳 な し			
③	仕 訳 な し			
④	売 掛 金	110,000	売 上	110,000

解答への道

　売上の計上基準は，どのような事実にもとづき売上を計上するのかという問題です。(1)出荷基準は，得意先に向けて商品を発送したという事実にもとづき売上を計上する基準です。したがって，本問の場合「②」のタイミングで売上を計上します。

　また，(2)着荷基準は，商品が得意先に到達したという事実にもとづき売上を計上する基準です。したがって，本問の場合「③」のタイミングで売上を計上します。

　最後に(3)検収基準は，商品の到着後，得意先による商品の検収の終了をもって売上を計上する基準です。したがって，本問の場合「④」のタイミングで売上を計上します。なお，検収時に品違い等が発見され，その返品を承諾したときは，そもそも，返品分の金額が売上として認識されないことに注意します。

問題2-6

(1)

精　算　表

勘定科目	残高試算表 借方	残高試算表 貸方	修正記入 借方	修正記入 貸方	損益計算書 借方	損益計算書 貸方	貸借対照表 借方	貸借対照表 貸方
繰 越 商 品	210,000		250,000	210,000			216,000	
				10,000				
				24,000				
売　　　　上		1,850,000				1,850,000		
仕　　　　入	950,000		210,000	250,000	910,000			
棚 卸 減 耗 損			10,000		10,000			
商 品 評 価 損			24,000		24,000			

(2)

繰　越　商　品

月	日	摘　要	借　方	月	日	摘　要	貸　方
4	1	前 期 繰 越	210,000	3	31	仕　　　入	210,000
3	31	仕　　　入	250,000	3	31	棚 卸 減 耗 損	10,000
				3	31	商 品 評 価 損	24,000
				3	31	次 期 繰 越	216,000
			460,000				460,000

仕　　　　入

月	日	摘　　　要	借　　方	月	日	摘　　　要	貸　　方
×	×	諸　　　　口	950,000	3	31	繰　越　商　品	250,000
3	31	繰　越　商　品	210,000	3	31	損　　　　益	910,000
			1,160,000				1,160,000

解答への道

売上原価の計算および商品の評価に関する決算整理
仕訳

（仕　　　　入）210,000	（繰越商品）210,000
（繰 越 商 品）250,000	（仕　　　　入）250,000
（棚卸減耗損）10,000	（繰 越 商 品）10,000
（商品評価損）24,000	（繰 越 商 品）24,000

原価@500円

時価@450円

(3)商品評価損
(4)貸借対照表価額
(2)棚卸減耗損

実地棚卸数量　帳簿棚卸数量
　480個　　　　500個

なお，正味売却価額は時価に相当する概念です。

(1) 期末商品帳簿棚卸高
　　@500円 × 500個 = 250,000円
(2) 棚卸減耗損
　　@500円 × (500個 − 480個) = 10,000円
(3) 商品評価損
　　(@500円 − @450円) × 480個 = 24,000円
(4) 貸借対照表価額
　　@500円 × 500個 − (10,000円 + 24,000円)
　　= 216,000円
　　または，@450円 × 480個 = 216,000円

問題2-7

(1)

精　算　表

勘 定 科 目	残高試算表 借　方	残高試算表 貸　方	修 正 記 入 借　方	修 正 記 入 貸　方	損益計算書 借　方	損益計算書 貸　方	貸借対照表 借　方	貸借対照表 貸　方
繰　越　商　品	210,000		250,000	210,000			225,000	
				10,000				
				15,000				
売　　　　上		1,850,000				1,850,000		
仕　　　　入	950,000		210,000	250,000	925,000			
			15,000					
棚 卸 減 耗 損			10,000		10,000			
商 品 評 価 損			15,000	15,000				

(2)

繰　越　商　品

月	日	摘　　　要	借　　方	月	日	摘　　　要	貸　　方
4	1	前　期　繰　越	210,000	3	31	仕　　　　入	210,000
3	31	仕　　　　入	250,000	3	31	棚 卸 減 耗 損	10,000
				3	31	商 品 評 価 損	15,000
				3	31	次　期　繰　越	225,000
			460,000				460,000

月	日	摘　要	借　方	月	日	摘　要	貸　方
×	×	諸　　　　口	950,000	3	31	繰　越　商　品	250,000
3	31	繰　越　商　品	210,000	3	31	損　　　　益	925,000
3	31	商　品　評　価　損	15,000				
			1,175,000				1,175,000

（仕入）の勘定名称は「仕　入」

解答への道

売上原価の計算および商品の評価に関する決算整理仕訳

（仕　　　入）210,000	（繰　越　商　品）210,000
（繰　越　商　品）250,000	（仕　　　入）250,000
（棚　卸　減　耗　損）10,000	（繰　越　商　品）10,000
（商　品　評　価　損）15,000	（繰　越　商　品）15,000
（仕　　　入）15,000	（商　品　評　価　損）15,000

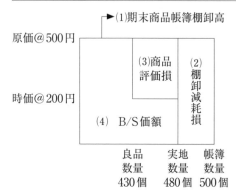

なお，正味売却価額は時価に相当する概念です。

(1) 期末商品帳簿棚卸高
　　@500円×500個＝250,000円
(2) 棚卸減耗損
　　@500円×（500個－480個）＝10,000円
(3) 商品評価損
　　（@500円－@200円）×50個＝15,000円
(4) 貸借対照表価額
　　@500円×500個－（10,000円＋15,000円）
　　＝225,000円

問題2-8

繰　越　商　品

4/1 前期繰越 （100,000）	3/31 （仕　　　入） （100,000）
3/31 （仕　　　入） （120,000）	〃 棚卸減耗損 （10,000）
	〃 商品評価損 （5,500）
	〃 （次期繰越） （104,500）
（220,000）	（220,000）
4/1 前期繰越 （104,500）	

棚　卸　減　耗　損

3/31 （繰越商品） （10,000）	3/31 （損　　益） （10,000）

商　品　評　価　損

3/31 （繰越商品） （5,500）	3/31 （仕　　入） （5,500）

仕　　　入

総仕入高 （560,000）	3/31 （繰越商品） （120,000）
3/31 （繰越商品） （100,000）	〃 （損　　益） （545,500）
〃 （商品評価損） （5,500）	
（665,500）	（665,500）

売　　　上

3/31 （損　　益） （1,094,000）	総売上高 （1,094,000）

損　　　益

3/31 （仕　　入） （545,500）	3/31 （売　　上） （1,094,000）
〃 （棚卸減耗損） （10,000）	

解答への道

1．期首の開始記入

　繰越商品勘定の借方に，期首商品棚卸高を「前期繰越」として記入します。

2．期中仕訳および勘定記入

(1) 仕入取引

2 （仕　　　入）360,000	（買　掛　金　な　ど）360,000
4 （仕　　　入）200,000	（買　掛　金　な　ど）200,000

＊　仕入勘定「総仕入高」：360,000円＋200,000円＝560,000円

(2) 売上取引

3 （売　掛　金　な　ど）450,000	（売　　　上）450,000
5 （売　掛　金　な　ど）644,000	（売　　　上）644,000

＊　売上勘定「総売上高」：450,000円＋644,000円＝1,094,000円

3．決算整理仕訳

(1) 期末商品棚卸高の計算

　先入先出法のため，直近の仕入単価@2,000円で60個分を計算します。下記の商品有高帳を参照してください。

商品有高帳

取引番号	摘要	受入高			払出高			残高		
		数量	単価	金額	数量	単価	金額	数量	単価	金額
1	前期繰越	50	2,000	100,000				50	2,000	100,000
2	仕入	150	2,400	360,000				50	2,000	100,000
								150	2,400	360,000
3	売上				50	2,000	100,000			
					50	2,400	120,000	100	2,400	240,000
4	仕入	100	2,000	200,000				100	2,400	240,000
								100	2,000	200,000
5	売上				100	2,400	240,000			
					40	2,000	80,000	60	2,000	120,000

(2)　売上原価の算定および期末商品の評価

（仕　　　　入）100,000	（繰 越 商 品）100,000
（繰 越 商 品）120,000	（仕　　　　入）120,000
（棚 卸 減 耗 損）　10,000	（繰 越 商 品）　10,000
（商 品 評 価 損）　5,500	（繰 越 商 品）　5,500
（仕　　　　入）　5,500	（商 品 評 価 損）　5,500

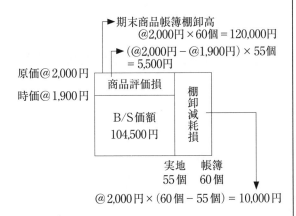

期末商品帳簿棚卸高
　　@2,000円×60個＝120,000円

（@2,000円－@1,900円）×55個
＝5,500円

原価@2,000円
時価@1,900円

商品評価損

棚卸減耗損

B/S価額
104,500円

実地　　帳簿
55個　　60個

@2,000円×（60個－55個）＝10,000円

　　なお，正味売却価額は時価に相当する概念です。

4．勘定の締め切り

（1）　決算振替仕訳

・収益の振り替え

（売　　　　上）1,094,000	（損　　　　益）1,094,000

・費用の振り替え

（損　　　　益）555,500	（仕　　　　入）545,500
	（棚 卸 減 耗 損）　10,000

（2）　繰越記入

　　繰越商品勘定（資産）の残高104,500円につい
て繰り越しの記入を行います。

03 現金および預金

問題3-1

(1)		(2)	
雑 （ 益 ）	1,000 円	決算整理後の現　金	37,000 円

解答への道

(1) 未処理事項を仕訳し，その後の現金勘定の残高をチェックします。

③ 郵便為替証書

（現　　　金)	5,000	（売　掛　金)	5,000

④ 送金小切手

（現　　　金)	3,000	（受 取 利 息)	3,000

(2) 現金勘定の残高と実際有高を比較し，現金過不足を算定します。

現　　金		実 際 有 高	
28,000 円	36,000円	① 通　　　　貨 9,000 円	
③ 5,000 円		② 小　　切　　手 20,000 円	
④ 3,000 円		③ 郵便為替証書 5,000 円	
		④ 送金小切手 3,000 円	
			37,000 円

差額：＋1,000円（雑益）

（現　　　金)	1,000	（雑　　　　益)	1,000

(3) 決算整理後の現金

　　28,000円＋5,000円＋3,000円＋1,000円
　　＝37,000円（＝実際有高）

問題3-2

	借 方 科 目	金 額	貸 方 科 目	金 額
(1)	当 座 預 金	45,000	売　掛　金	45,000
(2)	当 座 預 金	77,000	未　払　金	77,000

解答への道

(1)

銀行勘定調整表

当座預金残高	950,000	残 高 証 明 書	1,090,000
（ 誤 記 入 ）	＋45,000	（未取付小切手)	△95,000
	995,000		995,000

一　致

「誤記入」については修正仕訳を行います。

　（当 座 預 金) 45,000 （売　掛　金) 45,000

　「未取付小切手」は銀行側の調整項目であるため修正仕訳をする必要はありません。また，調整後の銀行勘定調整表の金額は必ず一致します。

(2) 未渡しの小切手があり，実際には支払いが行われていないため，当座預金勘定を増加（減少を取り消すという意味）させます。また，車両の修理代金77,000円は未払金勘定で処理します。

問題3-3

	借 方 科 目	金 額	貸 方 科 目	金 額
(1)	仕 訳 な し			
(2)	仕 訳 な し			
(3)	当 座 預 金	77,000	買　掛　金	77,000
(4)	当 座 預 金	35,000	未　払　金	35,000
(5)	通 信 費	56,000	当 座 預 金	56,000
(6)	当 座 預 金	11,000	買　掛　金	11,000

解答への道

　当座預金の調整は，その不一致原因を「当社側（仕訳あり）」と「銀行側（仕訳なし）」に区別して考える必要があります。

(1) 時 間 外 預 入：銀行側（仕訳なし）

(2) 未取付小切手：銀行側（仕訳なし）

(3) 未 渡 小 切 手：企業側（仕訳あり）

(4) 未 渡 小 切 手：企業側（仕訳あり）

　　　債務の支払いに充てたものは，小切手振出時の逆仕訳をしますが，費用の支払いに充てたものは，費用を減らさずに未払金を計上します。

(5) 出金の連絡未通知：企業側（仕訳あり）

(6) 誤　記　入：企業側（仕訳あり）

訂正仕訳を行います。まず，誤った仕訳を考えます。その後，誤った仕訳の逆仕訳と正しい仕訳をまとめたものが訂正仕訳となります。

誤：（買　掛　金）	66,000	（当 座 預 金）	66,000
逆：（当 座 預 金）	66,000	（買　掛　金）	66,000
正：（買　掛　金）	55,000	（当 座 預 金）	55,000
訂：（当 座 預 金）	11,000	（買　掛　金）	11,000

問題3-4

(1) 両者区分調整法

銀 行 勘 定 調 整 表
×3年3月31日　　　　　　　　　　　　　　　　　（単位：円）

関東商店の当座預金勘定残高		(1,471,000)	水道橋銀行残高証明書残高		(1,455,000)
（加　算）			（加　算）		
〔　①　〕	(40,000)		〔　⑤　〕		(97,000)
〔　②　〕	(10,000)	(50,000)	（減　算）		
（減　算）			〔　④　〕		(35,000)
〔　③　〕		(4,000)			
		(1,517,000)			(1,517,000)

(2) 企業残高基準法

銀 行 勘 定 調 整 表
×3年3月31日　　　　　　　　　（単位：円）

関東商店の当座預金勘定残高		(1,471,000)
（加　算）		
〔　①　〕	(40,000)	
〔　②　〕	(10,000)	
〔　④　〕	(35,000)	(85,000)
（減　算）		
〔　③　〕	(4,000)	
〔　⑤　〕	(97,000)	(101,000)
水道橋銀行残高証明書残高		(1,455,000)

(3) 銀行残高基準法

銀 行 勘 定 調 整 表
×3年3月31日　　　　　　　　　（単位：円）

水道橋銀行残高証明書残高		(1,455,000)
（加　算）		
〔　③　〕	(4,000)	
〔　⑤　〕	(97,000)	(101,000)
（減　算）		
〔　①　〕	(40,000)	
〔　②　〕	(10,000)	
〔　④　〕	(35,000)	(85,000)
関東商店の当座預金勘定残高		(1,471,000)

1. 期末修正仕訳

① 連絡未通知：企業側の調整項目

（当 座 預 金）	40,000	（受 取 手 形）	40,000

② 未渡小切手：企業側の調整項目

（当 座 預 金）	10,000	（買 掛 金）	10,000

③ 未記帳：企業側の調整項目

（支 払 手 数 料）	4,000	（当 座 預 金）	4,000

④ 未取付小切手：銀行側の調整項目

仕 訳 な し

⑤ 時間外預入：銀行側の調整項目

仕 訳 な し

2. 銀行勘定調整表

(1) 両者区分調整法

　　企業の当座預金勘定残高と銀行における残高証明書残高は，記帳時間のズレなどのため一致しないのが普通です。この不一致の原因を明らかにするため，一定期間ごとに銀行勘定調整表を作成します。

① 受取手形の回収額40,000円についての連絡が企業に未達であるため，企業側の残高に加算します。

② 成増商店に対する買掛金支払いのために小切手を振り出した時点で，当座預金の減少と買掛金の減少の処理を行っていますが，決算日現在，相手先に小切手が渡されていないため，実際には支払いが行われていません。したがって，企業側の残高に加算します。

③ 預金口座からの引き落としについて，企業側が未記帳のため企業側の残高を減算します。

④ 飯田橋商店が銀行に小切手を未呈示のため，銀行側の残高が減らされていません。したがって，銀行側の残高を減算します。

⑤ 営業時間終了後の入金は銀行側では翌日の日付で入金処理されるため，銀行側の残高に加算します。

(2) 企業残高基準法

　　この方法は，企業の当座預金勘定残高に不一致原因を加減して，銀行残高証明書残高に一致させる形式で作成する方法です。

　　両者区分調整法における「水道橋銀行残高証明書残高」に対する調整項目の「加算」「減算」を逆にして調整します。

(3) 銀行残高基準法

　　この方法は，銀行残高証明書残高に不一致原因を加減して，企業の当座預金勘定残高に一致させる形式で作成する方法です。

　　両者区分調整法における「関東商店の当座預金勘定残高」に対する調整項目の「加算」「減算」を逆にして調整します。

問題3-5

決算整理後残高試算表（一部）

現　　　　金	（ 37,000 ）	買　　掛　　金	（ 60,000 ）
当座預金・X銀行	（ 80,000 ）	短 期 借 入 金	（ 8,500 ）
売　掛　金	（ 52,000 ）	未　払　金	（ 15,000 ）
未 収 利 息	（ 500 ）	受 取 利 息	（ 1,100 ）
長 期 性 預 金	（ 20,000 ）	雑　　益	（ 1,000 ）
支 払 利 息	（ 5,000 ）		

(1) 現金

　　未処理事項を仕訳し，その後の現金の帳簿残高をチェックします。

③ 送金小切手

（現　　　　金）	8,000	（売　掛　金）	8,000

　　現金の帳簿残高と実際有高を比較し，現金過不足を算定します。

（現　　　　金）	1,000	（雑　　益）	1,000

(2) 当座預金・X銀行

① 時間外預入：銀行側の調整項目

仕 訳 な し

② 未取付小切手：銀行側の調整項目

仕 訳 な し

③ 未渡小切手：企業側の調整項目

（当座預金・X銀行）	30,000	（買　掛　金）	30,000

④ 未渡小切手：企業側の調整項目

（当座預金・X銀行）	10,000	（未　払　金）	10,000

⑤ 振込未達：企業側の調整項目

（当座預金・X銀行）	15,000	（売　掛　金）	15,000

⑥ 引落未達：企業側の調整項目

（支 払 利 息）	5,000	（当座預金・X銀行）	5,000

⑦ 誤記入：企業側の調整項目

（売　掛　金）	900	（当座預金・X銀行）	900

銀 行 勘 定 調 整 表

当座預金勘定残高	30,900	銀行残高証明書残高	77,000
③未 渡 小 切 手	+30,000	①時 間 外 預 入	+12,000
④未 渡 小 切 手	+10,000	②未取付小切手	△ 9,000
⑤振 込 未 達	+15,000		
⑥引 落 未 達	△ 5,000		
⑦誤 記 入	△ 900		
修 正 後 残 高	80,000	修 正 後 残 高	80,000

(3) 当座預金・Y銀行

当座借越契約により，当座預金勘定が貸方残高となっている場合，決算日の日付でこれを短期借入金勘定に振り替えます（組替仕訳）。

（当座預金・Y銀行）	8,500	（短 期 借 入 金）	8,500

(4) 定期預金

① 一年基準の適用（組替仕訳）

満期日（×3年4月30日）が，決算日（×2年3月31日）の翌日から起算して1年を超えるため「長期性預金」となります。

（長 期 性 預 金）	20,000	（定 期 預 金）	20,000

② 未収利息の計上 ⇨ 利払日≠決算日のため，月割計算により未収利息を計上します。

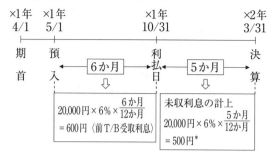

（未 収 利 息）	500*	（受 取 利 息）	500

問題3-6

問1

借 方 科 目	金　額	貸 方 科 目	金　額
当 座 預 金	17,900	未 払 金	17,900
現　金	23,900	当 座 預 金	23,900

問2

借 方 科 目	金　額	貸 方 科 目	金　額
現　金	2,200	受 取 利 息	2,200
雑　損	1,500	現　金	1,500

問3

428,200 円

解答への道

問1 当座預金の処理［資料Ⅱより］

(1) 銀行勘定調整表（企業残高基準法）

両者区分調整法をベースに考えます。

スタート **ゴール！**

銀 行 勘 定 調 整 表

当座預金勘定の残高	（各自推定）	銀行残高証明書の残高	257,100 円
（加　算）		（加　算）	
未渡小切手	17,900 円	時間外預入	12,300 円
（減　算）		（減　算）	
訂正仕訳	23,900 円	未取付小切手	19,700 円
	249,700 円		249,700 円

企業残高基準法とは，企業の当座預金の残高からスタートして，銀行残高証明書の残高257,100円と一致すればゴールという方法です。加減算にとくに注意します。

当座預金勘定残高の推定：

257,100円 + 12,300円 − 19,700円
+ 23,900円 − 17,900円 = 255,700円

(2) 当座預金の修正（決算整理仕訳）

企業側に誤りがあるものだけ，修正仕訳を行います。

① 未取付小切手

未取付小切手は銀行側の調整項目のため，仕訳は不要です。

② 未渡小切手

（当 座 預 金)	17,900	（未　 払　 金)	17,900

本問の未渡小切手については，当座預金を増額して未払金を計上します。広告費（費用）を取り消してしまうと，広告宣伝をしていないことになってしまうので注意してください。

③ 時間外預入

時間外預入は銀行側の調整項目のため，仕訳は不要です。

④ 誤記入（訂正仕訳）

（現　　　　　金)	23,900	（当 座 預 金)	23,900

他人振出の小切手は通貨代用証券なので，本来，現金勘定で処理します。

(3) 貸借対照表に表示される当座預金の金額

貸借対照表の当座預金：

255,700円 + 17,900円 − 23,900円 = 249,700円

問2　現金の処理 [資料Ⅲより]

通貨代用証券は金融機関などに持参するとすぐに現金に換えてもらえるので，簿記では，現金勘定で処理します。なお，通貨代用証券には次のようなものがあります。

他人振出小切手，郵便為替証書，
送金小切手，配当金領収証，
支払期日の到来した公社債の利札　など

(1) 未処理事項

未処理の項目のみ仕訳を行います。

（現　　　　　金)	2,200	（受 取 利 息)	2,200

(2) 現金過不足の整理

（雑　　　　　損)	1,500	（現　　　　　金)	1,500

決算整理前の現金残高153,900円には誤処理や未処理は反映されていません。したがって，決算整理後の現金勘定の帳簿残高と現金の実際有高を比較して，過不足がある場合に，雑損または雑益として処理します。

帳簿残高：153,900円 + 23,900円 + 2,200円
　　　　　前T/B　　　誤処理　　　未処理
　　　　　= 180,000円

実際有高：23,900円 + 152,400円 + 2,200円
　　　　　他人振出小切手　紙幣・硬貨　郵便為替証書
　　　　　= 178,500円

雑損(益)：178,500円 − 180,000円
　　　　　実際有高　　　帳簿残高
　　　　　= △1,500円（雑損)

(3) 貸借対照表に表示される現金の金額

貸借対照表の現金：実際有高178,500円

問3　貸借対照表に表示される「現金預金」の金額

249,700円 + 178,500円 = 428,200円
当座預金　　　現金

Theme 04 債権・債務

問題4-1

	借方科目	金　額	貸方科目	金　額
(1)	クレジット売掛金	492,500	売　　　上	500,000
	支払手数料	7,500		
(2)	当座預金	492,500	クレジット売掛金	492,500

解答への道

(1) 販売代金を売上として計上し，手数料を差し引いた残額をクレジット売掛金に計上します。以下のように考えるとよいでしょう。

① 商品の販売

（クレジット売掛金） 500,000	（売　　　上） 500,000

② 手数料の支払い

（支払手数料） 7,500	（クレジット売掛金） 7,500

支払手数料：500,000円×1.5% = 7,500円

(2) クレジット売掛金の回収を仕訳します。

問題4-2

	借方科目	金　額	貸方科目	金　額
(1)	仕　　　入	100,000	受取手形	50,000
			買掛金	50,000
(2)	受取手形	50,000	売　　　上	100,000
	売掛金	50,000		
(3)	仕　　　入	280,000	受取手形	200,000
			支払手形	80,000
(4)	受取手形	200,000	売掛金	270,000
	支払手形	70,000		

解答への道

本問の(1)および(2)の関係は次のとおりです。

手形の裏書きは，手形債権の譲渡として受取手形勘定を減少させます。

(4) かつて当店が振り出した約束手形を受け取ったときは，手形債務を回収したことになるため，受取手形勘定の増加ではなく支払手形勘定の減少として処理します。

問題4-3

〔金沢商店〕

	借方科目	金　　額	貸方科目	金　　額
(1)	買　掛　金	350,000	支払手形	350,000
(2)	仕　訳　な　し			
(3)	支払手形	350,000	当座預金	350,000

〔富山商店〕

	借方科目	金　　額	貸方科目	金　　額
(1)	受取手形	350,000	売　掛　金	350,000
(2)	仕　　　入	350,000	受取手形	350,000
(3)	仕　訳　な　し			

〔輪島商店〕

	借方科目	金　　額	貸方科目	金　　額
(1)	仕　訳　な　し			
(2)	受取手形	350,000	売　　　上	350,000
(3)	当座預金	350,000	受取手形	350,000

解答への道

1．富山商店(2)について

手形を裏書譲渡したときは，手形債権の譲渡として，受取手形勘定を減少させます。

（○　　　○） ×　×	**（受取手形）** ×　×

2．輪島商店(2)について

裏書きされた手形を受け取ったときは，手形債権の取得として，受取手形勘定を増加させます。

（受取手形） ×　×	（○　　　○） ×　×

問題4-4

	借方科目	金 額	貸方科目	金 額
(1)	当 座 預 金	297,000	受 取 手 形	300,000
	手 形 売 却 損	3,000		
(2)	当 座 預 金	38,560	受 取 手 形	40,000
	手 形 売 却 損	1,440		

解答への道

差し引かれる割引料は，「手形売却損（費用）」で処理します。(2)の割引料（手形売却損）の計算は，次のとおりです。

$$40,000円 \times 9\% \times \frac{146日}{365日} = 1,440円$$

問題4-5

	借方科目	金 額	貸方科目	金 額
(1)	不 渡 手 形	100,000	受 取 手 形	100,000
(2)	現 金	30,000	不 渡 手 形	100,000
	貸 倒 引 当 金	70,000		

解答への道

千代田商店 （振出人）	約束手形 振り出し →	東京商店 （受取人）

(1) 手形が満期に支払いを拒絶されることを手形の不渡りといいます。所有する手形が不渡りとなったときは，受取手形勘定の金額を不渡手形勘定へ振り替えます。

(2) 不渡りとなった手形は，後日，回収不能が確定したときに貸倒れの処理を行います。本問の場合，貸倒引当金が設定されているため，これを取り崩します。

問題4-6

	借方科目	金 額	貸方科目	金 額
(1)	受 取 手 形	250,000	売 掛 金	250,000
(2)	不 渡 手 形	250,000	受 取 手 形	250,000
(3)	現 金	255,500	不 渡 手 形	250,000
			受 取 利 息	5,500

解答への道

渋谷商店 （振出人）	約束手形 振り出し →	中央商店 （裏書人）	約束手形 裏書き →	新宿商店 （被裏書人）

(1) 売掛金の回収として，約束手形の裏書譲渡を受けため，受取手形を計上します。

(2) 裏書譲渡された手形が不渡りとなったため，受取手形勘定の金額を不渡手形勘定へ振り替えます。

(3) 中央商店より手形金の支払いを受けたため，不渡手形の回収を処理します。

問題4-7

	借方科目	金 額	貸方科目	金 額
(1)	買 掛 金	250,000	受 取 手 形	250,000
(2)	不 渡 手 形	255,500	当 座 預 金	255,500
(3)	貸 倒 損 失	255,500	不 渡 手 形	255,500

解答への道

渋谷商店 （振出人）	約束手形 振り出し →	中央商店 （裏書人）	約束手形 裏書き →	新宿商店 （被裏書人）

(1) 手形の裏書きによる買掛金の支払いを処理します。

(2) かつて裏書きした手形が不渡りとなったため，新宿商店（被裏書人）から手形を買い戻します。このとき満期以降の利息を支払ったときは，手形代金とともに渋谷商店に償還請求できるため，不渡手形に含めます。

(3) 渋谷商店が倒産したため，不渡手形の貸倒れを処理します。

問題4-8

	借方科目	金 額	貸方科目	金 額
(1)	当 座 預 金	293,000	受 取 手 形	300,000
	手 形 売 却 損	7,000		
(2)	不 渡 手 形	308,000	当 座 預 金	308,000
(3)	貸 倒 引 当 金	200,000	不 渡 手 形	308,000
	貸 倒 損 失	108,000		

(1) 手形の割引きを処理します。

(2) かつて割引きした手形が不渡りとなったため、取引銀行から手形を買い戻します。このとき満期以降の利息を支払ったときは、手形代金とともに関西商店に償還請求できるため、不渡手形に含めます。

(3) 関西商店が倒産したため、不渡手形の貸倒れを処理します。なお、貸倒引当金の残高を超える回収不能額は貸倒損失とします。

問題4-9

	借方科目	金　額	貸方科目	金　額
(1)	支 払 手 形	800,000	支 払 手 形	800,000
	支 払 利 息	10,000	現　　　金	10,000
(2)	受 取 手 形	500,000	受 取 手 形	500,000
	現　　　金	8,000	受 取 利 息	8,000

手形の更改とは、手形債務者の資金の都合から、支払期日を延長することをいいます。その更改によって手形債権者は旧手形の債権が消滅し、新手形の債権が発生します。また、手形債務者は旧手形の債務が消滅し、新手形の債務が発生します。このときに、支払手形勘定や受取手形勘定を相殺しないように注意してください。

この支払期日延長にともなう利息の取り扱いについては、利息分を新手形に含める方法と利息を別に支払う方法（本問の場合）があります。

問題4-10

	借方科目	金　額	貸方科目	金　額
(1)	車 両 運 搬 具	1,585,000	営業外支払手形	1,550,000
			現　　　金	35,000
(2)	営業外受取手形	4,800,000	土　　　地	4,500,000
			固定資産売却益	300,000
	支 払 手 数 料	130,000	現　　　金	130,000

(1) 固定資産購入のための付随費用は固定資産の取得原価として固定資産の勘定に含めます。

車両の取得原価：1,550,000円 + 35,000円

= 1,585,000円

また、固定資産の購入等、商品売買以外の取引で約束手形を振り出したときは、「営業外支払手形（負債）」勘定で処理します。

(2) 土地の売却に伴う売却損益を計算します。

固定資産売却益：@32,000円 × 150㎡

$- 9,000,000円 × \dfrac{1}{2} = 300,000円$

なお、固定資産の売却等、商品売買以外の取引で手形を取得したときは「営業外受取手形（資産）」勘定で処理します。また、不動産業者への手数料等の支払額は、問題文の指示により、「支払手数料（費用）」勘定で処理します。

問題4-11

	借方科目	金　　額	貸方科目	金　　額
(1)	電子記録債権	300,000	売　　　上	300,000
(2)	貸　付　金	1,000,000	現　　　金	1,000,000
(3)	仕　　　入	200,000	電子記録債務	200,000
(4)	現　　　金	1,500,000	借　入　金	1,500,000

(1) 売掛金について電子記録債権の発生記録を行った場合には、その売掛金の金額を電子記録債権勘定へ振り替えます。以下のように考えるとよいでしょう。

① 商品の販売

(売　掛　金)	300,000	(売　　　上)	300,000

② 電子記録債権の発生記録

(電子記録債権)	300,000	(売　掛　金)	300,000

(2) 貸付金について電子記録債権の発生記録を行った場合には、貸付金勘定で処理します。電子記録債権勘定は使用できないことに注意します。

(3) 買掛金について電子記録債務の発生記録を行った場合には、その買掛金の金額を電子記録債務勘定へ振り替えます。以下のように考えるとよいでしょう。

① 商品の仕入れ

(仕　　　入)	200,000	(買　掛　金)	200,000

② 電子記録債務の発生記録

| （買　　掛　　金） | 200,000 | （電子記録債務） | 200,000 |

(4) 借入金について電子記録債務の発生記録を行った場合には，借入金勘定で処理します。電子記録債務勘定は使用できないことに注意します。

問題4-12

	借方科目	金　　額	貸方科目	金　　額
(1)	電子記録債権	350,000	売　　掛　　金	350,000
(2)	買　　掛　　金	50,000	電子記録債権	50,000
(3)	現　　　　　金	195,000	電子記録債権	200,000
	電子記録債権売却損	5,000		
(4)	当　座　預　金	100,000	電子記録債権	100,000

解答への道

(1) 売掛金について電子記録債権の発生記録を行った場合には，その売掛金の金額を電子記録債権勘定へ振り替えます。

(2) 電子記録債権を譲渡し，その譲渡記録を行った場合には，電子記録債権勘定を減額します。

(3) 電子記録債権を売却し，その譲渡記録を行った場合には，電子記録債権勘定を減額します。なお，譲渡価額（売却価額）が電子記録債権の帳簿価額より低いときは，その差額を「電子記録債権売却損（費用）」として処理します。

(4) 電子記録債権が決済されたときは，その消滅記録を行い，電子記録債権勘定を減額します。

問題4-13

	借方科目	金　　額	貸方科目	金　　額
(1)	買　掛　金	120,000	売　　掛　　金	120,000
(2)	未　収　入　金	120,000	売　　掛　　金	120,000
(3)	仕　訳　な　し			
(4)	買　掛　金	120,000	現　　　　　金	120,000
(5)	現　　　　　金	120,000	未　収　入　金	120,000
(6)	仕　訳　な　し			

解答への道

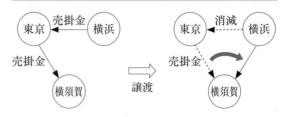

(1) 東京商店（債権の譲渡人）は，「横須賀商店に対する売掛金」をもって「横浜商店に対する買掛金」を支払ったことになります。そこで，横須賀商店に対する売掛金の減少と横浜商店に対する買掛金の消滅を仕訳します。

(2) 横浜商店（債権の譲受人）は，「東京商店に対する売掛金」の回収として債権を譲り受けたことになります。また，譲り受けた債権は，問題文の指示により「未収入金」として処理します。

(3) 横須賀商店（債務者）は，原則として「仕訳なし」となります。譲渡債権の債務者にとって，債権譲渡は単なる債権者の変更であって，債務の内容について変更をともなうものではないからです。

(4) 横須賀商店（債務者）は，譲渡債権の支払期日において，債権の譲受人（横浜商店）の請求に対してその弁済を行います。本問の場合，「買掛金」の消滅を仕訳します。

(5) 横浜商店は（債権の譲受人）は，譲渡された債権について債務者（横須賀商店）より弁済を受けることになります。本問の場合，「未収入金」の消滅を仕訳します。

(6) 東京商店（債権の譲渡人）は，譲渡債権が期日に無事決済された場合，「仕訳なし」となります。

Theme 05 有価証券

問題5-1

	借方科目	金　額	貸方科目	金　額
(1)	売買目的有価証券	640,000	当座預金	640,000
(2)	売買目的有価証券	4,925,000	当座預金	4,925,000
(3)	満期保有目的債券	2,946,000	当座預金	2,946,000
(4)	その他有価証券	350,000	未　払　金	350,000
(5)	子会社株式	3,750,000	現　　　金	3,750,000

解答への道

　有価証券（株式および債券）を取得したときは，その所有目的の違いにより，勘定科目を区別します。

(1) 短期売買の目的で株式を取得したときは，その取得原価をもって「売買目的有価証券」を計上します。

　　取得原価：@1,250円×500株＋15,000円
　　　　　　　＝640,000円

(2) 短期売買の目的で公社債を取得したときは，その取得原価をもって「売買目的有価証券」を計上します。

　　取得原価：@97.5円×$\frac{5,000,000円}{@100円}$（50,000口）

　　　　　　　＋50,000円＝4,925,000円

(3) 満期保有の目的で公社債を取得したときは，その取得原価をもって「満期保有目的債券」を計上します。

　　取得原価：@98.2円×$\frac{3,000,000円}{@100円}$（30,000口）

　　　　　　　＝2,946,000円

(4) 長期利殖等の目的で株式を取得したときは，その取得原価をもって「その他有価証券」を計上します。

　　取得原価：@350円×1,000株＝350,000円

(5) 会社支配の目的で株式を取得したときは，その取得原価をもって，「子会社株式」または「関連会社株式」を計上します。本問の場合，E社の発行済株式総数との関係でその取得割合が50％を超える（5,000株÷8,000株＝62.5％）ため子会社株式として計上します。

　　取得原価：@750円×5,000株＝3,750,000円

問題5-2

	借方科目	金　額	貸方科目	金　額
(1)	売買目的有価証券	825,000	当座預金	825,000
(2)	現　　　金	340,000	売買目的有価証券	330,000
			有価証券売却益	10,000

解答への道

(1) 短期売買を目的として取得した株式は，その取得原価をもって「売買目的有価証券」に計上します。

　　取得原価：@80,000円×10株＋25,000円＝825,000円

　　1株あたりの取得原価：825,000円÷10株
　　　　　　　　　　　　　＝@82,500円

(2) 売買目的有価証券を売却したときは，その売却価額と帳簿価額との差額を「有価証券売却益」又は「有価証券売却損」として計上します。

　　売却価額：@85,000円×4株＝340,000円

　　帳簿価額：@82,500円×4株＝330,000円

　　売却損益：340,000円−330,000円＝10,000円（売却益）

問題5-3

	借方科目	金　額	貸方科目	金　額
(1)	売買目的有価証券	4,920,000	未　払　金	4,920,000
(2)	未　収　入　金	2,970,000	売買目的有価証券	2,952,000
			有価証券売却益	18,000

解答への道

(1) 短期売買を目的として取得した債券（公社債）は，その取得原価をもって「売買目的有価証券」に計上します。

　　取得原価：@98円×$\frac{5,000,000円}{@100円}$＋20,000円

　　　　　　　＝4,920,000円

　　1口あたりの取得原価：4,920,000円÷（5,000,000円
　　　　　　　　　　　　　÷@100円）＝@98.4円

(2) 売買目的有価証券を売却したときは，その売却価額と帳簿価額との差額を「有価証券売却益」又は「有価証券売却損」として計上します。

　　売却価額：@99円×（3,000,000円÷@100円）
　　　　　　　＝2,970,000円

帳簿価額：@98.4円×（3,000,000円÷@100円）
　　　　　＝2,952,000円

売却損益：2,970,000円－2,952,000円＝18,000円
　　　　　（売却益）

問題5-4

借方科目	金　　額	貸方科目	金　　額
未 収 入 金	12,400,000	売買目的有価証券	12,000,000
		有価証券売却益	400,000

解答への道

売却した株式の「帳簿価額の計算」を確認してください。

① 本問では，売買目的有価証券の払出単価の計算方法が平均原価法なので帳簿価額は次のようになります。

$$\frac{@3,200円×5,000株+@2,750円×4,000株}{5,000株+4,000株}=@3,000円$$

@3,000円×4,000株＝12,000,000円（簿価）

② 売却損益の計算は次のようになります。

@3,100円×4,000株＝12,400,000円（売価）
12,400,000円（売価）－12,000,000円（簿価）
＝400,000円（売却益）

問題5-5

	借方科目	金　　額	貸方科目	金　額
購入側	売買目的有価証券	570,000	当 座 預 金	572,000
	有価証券利息	2,000		
売却側	現　　　　金	572,000	売買目的有価証券	550,000
			有価証券利息	2,000
			有価証券売却益	20,000

解答への道

債券の売買における「端数利息の処理」を確認しましょう。債券の売買における端数利息は，支払った場合も，受け取った場合も，ともに有価証券利息勘定（収益）をもって処理します。

1．購入側（当社）の処理

① 債券の購入

取得原価をもって，売買目的有価証券を計上します。

(売買目的有価証券) 570,000 　(当 座 預 金) 570,000

② 端数利息の支払い

債券の購入者は，支払った端数利息の分を含めて，次の利払日に債券の発行者より利息（クーポン利息）を受け取ることができるため，端数利息の支払いは「立替払い」の意味になります。そこで，端数利息の支払いは，「有価証券利息（収益）」のマイナス分として処理します。

(有価証券利息) 2,000 　(当 座 預 金) 2,000

2．売却側（東京製菓株式会社）の処理

① 債券の売却

売却価額と帳簿価額との差額をもって「有価証券売却損」または「有価証券売却益」を計上します。

(現　　　　金) 570,000 　(売買目的有価証券) 550,000
　　　　　　　　　　　　　(有価証券売却益) 20,000

売却損益：売 却 価 額570,000円－帳簿価額
　　　　　550,000円＝20,000円（売却益）

② 端数利息の受け取り

受け取った端数利息について「有価証券利息（収益）」を計上します。

(現　　　　金) 2,000 　(有価証券利息) 2,000

問題5-6

借方科目	金　　額	貸方科目	金　額
未 収 入 金	1,998,000	売買目的有価証券	1,950,000
		有価証券売却益	20,000
		有価証券利息	28,000

解答への道

売却した債券の「売却損益の計算」および「端数利息の計算」を確認しましょう。

① 債券の売却

売却価額と帳簿価額との差額をもって「有価証券売却損」または「有価証券売却益」を計上します。

(現　　　　金)1,970,000 　(売買目的有価証券)1,950,000
　　　　　　　　　　　　　(有価証券売却益) 20,000

売却価額：$@98.5円×\dfrac{2,000,000円}{@100円}=1,970,000円$

帳簿価額：$@97.5円×\dfrac{2,000,000円}{@100円}=1,950,000円$

（＋）20,000円
（売却益）

② 端数利息の受け取り

「前の利払日の翌日から売却日まで」の期間に対応する端数利息を「日割計算」で算出し、「有価証券利息（収益）」を計上します。

| （現　　　　　金） | 28,000 | （有価証券利息） | 28,000 |

$$2,000,000 円 \times 7\% \times \frac{73日}{365日} = 28,000 円$$

日数　10月……　31日
　　　11月……　30日
　　　12月……　12日
　　　　　　　　73日

問題5-7

	借方科目	金　　額	貸方科目	金　　額
(1)	売買目的有価証券	100,000	現　　金	100,000
(2)	売買目的有価証券	50,000	有価証券評価損益	50,000
(3)	有価証券評価損益	50,000	売買目的有価証券	50,000
(4)	現　　金	130,000	売買目的有価証券	100,000
			有価証券売却益	30,000

解答への道

「売買目的有価証券」に関する「期末評価」の会計処理を確認しましょう。売買目的有価証券は「時価法」により期末評価を行いますが、その評価差額の会計処理について「洗替方式」と「切放方式」の2つがあります。本問は「洗替方式」の問題です。

洗替方式とは、期末に時価評価したとしても、翌期首に再振替仕訳を行うことにより、売買目的有価証券の帳簿価額を「取得原価」に振り戻し、帳簿価額を取得原価で維持する方法をいいます。したがって、売却時における売却損益は、売却価額と「取得原価」との差額をもって算出します。

(1)　購入時：

| （売買目的有価証券） | 100,000 | （現　　　　　金） | 100,000 |

　＊　@100円×1,000株＝100,000円

(2)　決算時：

| （売買目的有価証券） | 50,000 | （有価証券評価損益） | 50,000 |

　＊　@150円×1,000株－100,000円＝50,000円（評価益）

(3)　当期首：

| （有価証券評価損益） | 50,000 | （売買目的有価証券） | 50,000 |

　＊　再振替仕訳を行い、帳簿価額を取得したときの金額（取得原価）に戻します。

(4)　売却時：

| （現　　　　　金） | 130,000*1 | （売買目的有価証券） | 100,000*2 |
| | | （有価証券売却益） | 30,000*3 |

　＊1　@130円×1,000株＝130,000円
　＊2　@100円×1,000株＝100,000円
　＊3　130,000円－100,000円＝30,000円

問題5-8

	借方科目	金　　額	貸方科目	金　　額
(1)	売買目的有価証券	100,000	現　　金	100,000
(2)	売買目的有価証券	50,000	有価証券評価損益	50,000
(3)	仕　訳　な　し			
(4)	現　　金	130,000	売買目的有価証券	150,000
	有価証券売却損	20,000		

解答への道

本問は、「売買目的有価証券」の「期末評価」に関する「切放方式」の問題です。

切放方式とは、期末に時価評価した場合、翌期首に再振替仕訳を行うことなく、売買目的有価証券の帳簿価額を「前期末の時価」として取り扱い、帳簿価額を取得原価から切り放す方法をいいます。したがって、売却時における売却損益は、売却価額と「前期末の時価」との差額をもって算出します。

(1)　購入時：

| （売買目的有価証券） | 100,000 | （現　　　　　金） | 100,000 |

　＊　@100円×1,000株＝100,000円

(2)　決算時：

| （売買目的有価証券） | 50,000 | （有価証券評価損益） | 50,000 |

　＊　@150円×1,000株－100,000円＝50,000円（評価益）

(3)　当期首：

| 仕　訳　な　し |

　＊　再振替仕訳を行わないため、帳簿価額は前期末の時価を示しています。

(4)　売却時：

| （現　　　　　金） | 130,000*1 | （売買目的有価証券） | 150,000*2 |
| （有価証券売却損） | 20,000*3 | | |

　＊1　@130円×1,000株＝130,000円
　＊2　@150円×1,000株＝150,000円
　＊3　130,000円－150,000円＝△20,000円

問題5-9

	借方科目	金　額	貸方科目	金　額
(1)	満期保有目的債券	970,000	現　　　金	970,000
(2)	現　　　金	5,000	有価証券利息	5,000
(3)	現　　　金	5,000	有価証券利息	5,000
	満期保有目的債券	10,000	有価証券利息	10,000

満期保有目的債券

年	月	日	摘　　要	借　　方	年	月	日	摘　　要	貸　　方
×1	4	1	現　　金	970,000	×2	3	31	次　期　繰　越	980,000
×2	3	31	有価証券利息	10,000					
				980,000					980,000
×2	4	1	前　期　繰　越	980,000					

有価証券利息

年	月	日	摘　　要	借　　方	年	月	日	摘　　要	貸　　方
×2	3	31	損　　益	20,000	×1	9	30	現　　金	5,000
					×2	3	31	現　　金	5,000
						3	31	満期保有目的債券	10,000
				20,000					20,000

解答への道

　「満期保有目的債券」に関する「期末評価」の会計処理を確認しましょう。満期保有の目的で債券を債券金額より低い価額または高い価額で取得し，その差額が「金利調整差額」と認められる場合は「償却原価法」を適用し，評価します。

　償却原価法とは，金利調整差額の金額を，償還期に至るまでの期間において，毎期「定額法」等の計算をもって償却し，その償却額を「有価証券利息（収益）」として配分するとともに，その償却額を満期保有目的債券の帳簿価額に加減する方法をいいます。

(1)　×1年4月1日（取得日）

　　満期保有目的の債券は，「満期保有目的債券」に計上します。

(2)　×1年9月30日（利払日）⇒6か月分（×1年4月1日から×1年9月30日まで）の利息計上

　　1,000,000円〈額面金額〉×1％〈クーポン利子率〉

　　　$\times \dfrac{6か月}{12か月} = 5,000$円

(3)　×2年3月31日（決算日＝利払日）

　　①　利払いの処理⇒6か月分（×1年10月1日から×2年3月31日まで）の利息計上

　　②　償却原価法

　　　　当期1年分の金利調整差額を償却します。

　　　$\underset{額面金額}{(\underline{1,000,000円}} - \underset{取得価額}{\underline{970,000円})} \times \dfrac{12か月}{36か月} = 10,000$円

　∴　970,000円〈取得価額〉＋10,000円〈当期償却額〉

　　＝980,000円〈期末償却原価＝B/S価額〉

有価証券利息

	P/L 収益	20,000	(2)　期限到来の利札	5,000
			(3)①　期限到来の利札	5,000
			②　当期償却額	10,000

貸　借　対　照　表

×2年3月31日現在　　　　　　　　　（単位：円）

満期保有目的債券　　980,000 |

【参考】満期日：債券の償還

　償却原価法を適用した場合，満期日における満期保有目的債券の帳簿価額は，必ず「債券金額（額面金額）」となります。したがって，債券が償還されたときの仕訳は以下のようになります。

（現 金 預 金）1,000,000	（満期保有目的債券）1,000,000

満 期 保 有 目 的 債 券

年	月	日	摘　要	借　方	年	月	日	摘　要	貸　方
×2	4	1	前 期 繰 越	1,966,250	×3	3	31	次 期 繰 越	1,981,250
×3	3	31	有 価 証 券 利 息	15,000					
				1,981,250					1,981,250
×3	4	1	前 期 繰 越	1,981,250					

有 価 証 券 利 息

年	月	日	摘　要	借　方	年	月	日	摘　要	貸　方
×2	4	1	未収有価証券利息	5,000	×2	6	30	現　　金	10,000
×3	3	31	損　　益	35,000		12	31	現　　金	10,000
					×3	3	31	未収有価証券利息	5,000
						3	31	満期保有目的債券	15,000
				40,000					40,000

解答への道

社債の取得後，2年目の勘定記入が問われていることに注意します。

1．前期末までの会計処理

×2年度の会計処理に影響を及ぼす×1年度の会計処理をチェックします。貸借対照表項目を中心に必要な金額を明らかにします。

(1) 社債の取得

取得価額をもって，満期保有目的債券を計上します。

(満期保有目的債券)1,955,000　(現　　　　金)1,955,000

(2) 決算整理：償却原価法

取得日（×1年7月1日）から決算日（×2年3月31日）までの期間に相当する9か月分の金利調整差額を償却します。

(満期保有目的債券) 11,250　(有価証券利息) 11,250

償却額：$(2,000,000円 - 1,955,000円) \times \dfrac{9か月}{36か月}$

$= 11,250円$

(3) 決算整理：未収有価証券利息の計上

3か月分（×2年1月1日から×2年3月31日）の未収利息を計上します。

(未収有価証券利息) 5,000　(有価証券利息) 5,000

未収利息：$2,000,000円 \times 1\% \times \dfrac{3か月}{12か月}$

$= 5,000円$

2．当期の会計処理

(1) 期首試算表

上記1．の結果，本問の解答に必要な期首時点の金額は次のとおりです。

期 首 試 算 表

満期保有目的債券	1,966,250
未収有価証券利息	5,000

(2) 再振替仕訳と期中仕訳

・4月1日：期首

未収有価証券利息（経過勘定）について再振替仕訳を行います。

(有価証券利息) 5,000　(未収有価証券利息) 5,000

・6月30日：利払日

半年分の有価証券利息を計上します。

(現　　　　金) 10,000　(有価証券利息) 10,000

クーポン利息：$2,000,000円 \times 1\% \times \dfrac{6か月}{12か月}$

$= 10,000円$

・12月31日：利払日

半年分の有価証券利息を計上します。

(現　　　　金) 10,000　(有価証券利息) 10,000

クーポン利息：$2,000,000円 \times 1\% \times \dfrac{6か月}{12か月}$

$= 10,000円$

(3) 決算整理：償却原価法

　　期首（×2年4月1日）から決算日（×3年3月31日）までの期間に相当する1年分の金利調整差額を償却します。

| （満期保有目的債券） 15,000 | （有価証券利息） 15,000 |

　　償却額：$(2,000,000円 - 1,955,000円) \times \dfrac{12か月}{36か月}$

　　　　　　$= 15,000円$

(4) 決算整理：未収有価証券利息の計上

　　3か月分（×3年1月1日から×3年3月31日）の未収利息を計上します。

| （未収有価証券利息） 5,000 | （有価証券利息） 5,000 |

　　未収利息：$2,000,000円 \times 1\% \times \dfrac{3か月}{12か月}$

　　　　　　$= 5,000円$

(5) 決算整理後残高試算表

決算整理後残高試算表

| 満期保有目的債券 | 1,981,250 | 有価証券利息 | 35,000 |
| 未収有価証券利息 | 5,000 | | |

　　満期保有目的債券：$1,966,250円 + 15,000円$

　　　　　　　　　　$= 1,981,250円$

　　有価証券利息：$\triangle 5,000円〈再振替〉 + 10,000円$〈クーポン〉$+ 10,000円$〈クーポン〉$+ 15,000円$〈償却原価法〉$+ 5,000円$〈未収利息〉$= 35,000円$

問題5-11

	借方科目	金　　額	貸方科目	金　　額
(1)	その他有価証券	1,500,000	現　　　金	1,500,000
(2)	その他有価証券	80,000	その他有価証券評価差額金	80,000
(3)	その他有価証券評価差額金	80,000	その他有価証券	80,000

その 他 有 価 証 券

年	月	日	摘　　要	借　　方	年	月	日	摘　　要	貸　　方
×1	7	1	現　　金	1,500,000	×2	3	31	次 期 繰 越	1,580,000
×2	3	31	その他有価証券評価差額金	80,000					
				1,580,000					1,580,000
×2	4	1	前 期 繰 越	1,580,000	×2	4	1	その他有価証券評価差額金	80,000

その他有価証券評価差額金

年	月	日	摘　　要	借　　方	年	月	日	摘　　要	貸　　方
×2	3	31	次 期 繰 越	80,000	×2	3	31	その他有価証券	80,000
	4	1	その他有価証券	80,000		4	1	前 期 繰 越	80,000

解答への道

　「その他有価証券」に関する「期末評価」の会計処理を確認しましょう。その他有価証券は，時価法により評価しますが，簿記検定2級において，その評価差額は「全部純資産直入法」による「洗替方式」により処理します。なお，全部純資産直入法とは，その「評価差額」を「当期の損益（P/L項目）」とすることなく，直接，貸借対照表の「純資産」に計上する方法をいいます。

(1) X社の株式は，長期利殖を目的とするため取得価額1,500,000円を「その他有価証券」として計上します。

(2) その他有価証券は時価評価を行います。その評価差額を「その他有価証券評価差額金（純資産）」として計上します。

　　評価差額：$1,580,000円 - 1,500,000円$

　　　　　　$= 80,000円$（貸方差額）

(3) その他有価証券の時価評価はつねに洗替方式によるため，翌期首に必ず再振替仕訳を行います。再振替仕訳により，その他有価証券勘定の残高は取得価額に戻ります。また，その他有価証券評価差額金勘定の残高はゼロになることに注意します。

損 益 計 算 書

自×1年4月1日 至×2年3月31日 （単位：円）

Ⅳ 営 業 外 収 益

1 有 価 証 券 利 息 （ 2,100 ）

Ⅴ 営 業 外 費 用

1 有 価 証 券 評 価 損 （ 2,000 ）

貸 借 対 照 表

×2年3月31日現在 （単位：円）

資 産 の 部		負 債 の 部	
Ⅰ 流 動 資 産		⋮	
有 価 証 券	（ 164,000 ）	純 資 産 の 部	
未 収 収 益	（ 2,000 ）	⋮	
Ⅱ 固 定 資 産		Ⅱ 評価・換算差額等	
3 投資その他の資産		その他有価証券評価差額金	（ 2,900 ）
投 資 有 価 証 券	（ 295,600 ）		
関 係 会 社 株 式	（ 108,000 ）		

解答への道

1．決算整理仕訳

(1) 売買目的有価証券（A社株式，B社株式）

① 期末評価：時価法

ⓐ A社株式

（売買目的有価証券） 4,000	（有価証券評価損益） 4,000

有価証券評価損益：

104,000円〈時価〉－100,000円〈取得原価〉

＝4,000円〈評価益〉

∴ 104,000円〈B/S価額〉

ⓑ B社株式

（有価証券評価損益） 6,000	（売買目的有価証券） 6,000

有価証券評価損益：

60,000円〈時価〉－66,000円〈取得原価〉

＝△6,000円〈評価損〉

∴ 60,000円〈B/S価額〉

有価証券評価損益

	評 価 益 4,000
	A社株式
評 価 損 6,000	
B社株式	評 価 損 2,000

② 科目の置き換え（組替仕訳）

（有 価 証 券） 164,000	（売買目的有価証券） 164,000

売買目的有価証券：

104,000円〈A社株式〉＋60,000円〈B社株式〉

＝164,000円

(2) その他有価証券（C社株式，D社株式）

① 期末評価：全部純資産直入法による時価法

ⓐ C社株式

（その他有価証券） 8,000	（その他有価証券評価差額金） 8,000

その他有価証券評価差額金：

104,000円〈時価〉－96,000円〈取得原価〉

＝8,000円〈評価差益〉

ⓑ D社株式

（その他有価証券評価差額金） 5,100	（その他有価証券） 5,100

その他有価証券評価差額金：

93,500円〈時価〉－98,600円〈取得原価〉

＝△5,100円〈評価差損〉

その他有価証券評価差額金

D社株式 5,100	
	C社株式 8,000
B/S純資産の部 2,900	

② 科目の置き換え（組替仕訳）

（投資有価証券） 197,500	（その他有価証券） 197,500

その他有価証券：

104,000円〈C社株式〉＋93,500円〈D社株式〉

＝197,500円

(3) 子会社株式（E社株式）

⇨「子会社株式（B/S固定資産）」

① 期末評価：原価法

「子会社株式」は原則として取得原価で評価

するため，「仕訳なし」となります。

仕 訳 な し

② 科目の置き換え（組替仕訳）

| （関係会社株式）108,000 | （子会社株式）108,000 |

(4) 満期保有目的債券（F社社債）

① 期末評価⇨償却原価で評価（償却原価法，定額法の適用）

| （満期保有目的債券）100 | （有価証券利息）100 |

当期償却額：

$$(100,000円 - 98,000円) \times \frac{3か月}{60か月} = 100円$$

② 科目の置き換え（組替仕訳）

| （投資有価証券）98,100 | （満期保有目的債券）98,100 |

満期保有目的債券：98,000円＋100円＝98,100円

③ クーポン利息の未収計上⇨利払日≠決算日
∴ 未収収益の計上（月割計算）

| （未 収 収 益）2,000 | （有価証券利息）2,000 |

未収収益：

100,000円〈額面総額〉× 8%〈クーポン利子率〉

$$\times \frac{3か月〈＝×2年1/1 ～ ×2年3/31〉}{12か月}$$

＝2,000円

2. まとめ

（単位：円）

	種　類	B/S価額	評 価 差 額
有 価 証 券 （流動資産）	A社株式	104,000	4,000（評価益）
	B社株式	60,000	△ 6,000（評価損）
	合　計	164,000	△ 2,000（評価損：営業外費用）
投資有価証券 （固定資産）	C社株式	104,000	8,000（評価差額金）
	D社株式	93,500	△ 5,100（評価差額金）
	小　計	197,500	2,900（評価差額金）
	F社社債	98,100	
	合　計	295,600	
関係会社株式 （固定資産）	E社株式	108,000	

問題5-13

①	②	③	④
時　　　価	有価証券評価損益	営業外損益	洗 替 方 式
⑤	**⑥**	**⑦**	**⑧**
切 放 方 式	取 得 原 価	金利調整差額	償却原価法
⑨	**⑩**	**⑪**	**⑫**
有価証券利息	営業外損益	取 得 原 価	時　　　価
⑬	**⑭**	**⑮**	
純　資　産	評価・換算差額等	洗 替 方 式	

（注）④と⑤は順不同。

解答への道

以下，完成させた文章を示します。

(1) 売買目的有価証券は，（①：時価）をもって貸借対照表価額とする。その評価差額は（②：有価証券評価損益）として，損益計算書の（③：営業外損益）の区分に表示する。また，評価替えの処理方法は（④：洗替方式）または（⑤：切放方式）による。

(2) 満期保有目的債券は，（⑥：取得原価）をもって貸借対照表価額とする。ただし，債券を債券金額より低いまたは高い価額で取得した場合において，その差額が（⑦：金利調整差額）と認められる場合には，（⑧：償却原価法）を適用して算定した価額をもって貸借対照表価額とする。また，（⑧：償却原価法）の適用に伴う（⑦：金利調整差額）の配分額は（⑨：有価証券利息）として損益計算書の（⑩：営業外損益）の区分に表示する。

(3) 子会社株式および関連会社株式は，原則として，（⑪：取得原価）をもって貸借対照表価額とする。

(4) その他有価証券は，原則として，（⑫：時価）をもって貸借対照表価額とする。その評価差額は，全部純資産直入法により，その他有価証券評価差額金として，個別会計上，貸借対照表の（⑬：純資産）の部，（⑭：評価・換算差額等）の区分に表示する。また，評価替えの処理方法は（⑮：洗替方式）による。

Theme 06 有形固定資産（Ⅰ）

問題6-1

	借方科目	金　額	貸方科目	金　額
(1)	備　　品	1,000,000	当座預金	1,000,000
(2)	減価償却費	200,000	減価償却累計額	200,000
(3)	減価償却費	160,000	減価償却累計額	160,000
(4)	減価償却費	128,000	減価償却累計額	128,000

減価償却費

年	月	日	摘　要	借　方	年	月	日	摘　要	貸　方
×4	3	31	減価償却累計額	128,000	×4	3	31	損　益	128,000

減価償却累計額

年	月	日	摘　要	借　方	年	月	日	摘　要	貸　方
×4	3	31	次期繰越	488,000	×3	4	1	前期繰越	360,000
					×4	3	31	減価償却費	128,000
				488,000					488,000
					×4	4	1	前期繰越	488,000

解答への道

定率法により，減価償却費を計算します。なお，勘定記入については，×3年度の勘定記入が問われているため，勘定の「締切手続き」にも注意が必要です。

すなわち，「減価償却費」は費用の勘定として，期末の残高は「損益」勘定に振り替えられ精算されます。減価償却費勘定の残高は翌期に繰り越されることはありません。対して，「減価償却累計額」は資産（評価勘定）の勘定として，期末の残高は，そのまま，翌期に繰り越されます。

① 1年目（×1年4月1日～×2年3月31日）
　1,000,000円×0.2＝200,000円

② 2年目（×2年4月1日～×3年3月31日）
　1,000,000円－200,000円（減価償却累計額）
　＝800,000円（期首帳簿価額）
　800,000円×0.2＝160,000円（2年目の減価償却費）

③ 3年目（×3年4月1日～×4年3月31日）
　200,000円（1年目）＋160,000円（2年目）
　＝360,000円（減価償却累計額）
　1,000,000円－360,000円（減価償却累計額）
　＝640,000円（期首帳簿価額）
　640,000円×0.2＝128,000円（3年目の減価償却費）

〈35〉

精　算　表

勘 定 科 目	残高試算表		修 正 記 入		損益計算書		貸借対照表	
	借　方	貸　方	借　方	貸　方	借　方	貸　方	借　方	貸　方
建　　　　　物	1,500,000						1,500,000	
備　　　　　品	300,000						300,000	
車　　　　　両	2,000,000						2,000,000	
建物減価償却累計額		30,000		40,000				70,000
備品減価償却累計額		75,000		90,000				165,000
車両減価償却累計額		720,000		360,000				1,080,000
減 価 償 却 費			490,000		490,000			

解答への道

「減価償却費の計算」を確認しましょう。

1．建物：定額法

当期の使用期間が異なるため，1,000,000円にかかる減価償却費と500,000円にかかる減価償却費は，別々に計算することになります。

$$1,000,000円 \times 0.9 \div 30年 = 30,000円$$

$$500,000円 \div 25年 \times \frac{6か月}{12か月} = 10,000円$$

$$30,000円 + 10,000円 = 40,000円$$

2．備品：200%定率法

(1) 償却率
定額法償却率：$1 \div 5年 = 0.2$
定率法償却率：$0.2 \times 200\% = 0.4$

(2) 減価償却費
$(300,000円 - 75,000円) \times 0.4 = 90,000円$

3．車両：比例法

$$2,000,000円 \times 0.9 \times \frac{20,000km}{100,000km} = 360,000円$$

	当期の減価償却費	期末の帳簿価額
備品A	98,304 円	393,216 円
備品B	86,400 円	86,400 円
備品C	360,000 円	540,000 円

解答への道

定率法による減価償却費の計算を確認しましょう。なお，「200%定率法」の適用に際して，「保証率」および「改定償却率」が示されている場合，「均等償却への切り替え」に注意が必要です。

1．備品A：定率法

減価償却費：$(1,200,000円 - 708,480円)$
$\times 20\% = 98,304円$

帳簿価額：$(1,200,000円 - 708,480円)$
$- 98,304円 = 393,216円$

2．備品B：200%定率法

(1) 償却率の算定
定額法償却率：$1 \div 5年 = 0.2$
定率法償却率：$0.2 \times 200\% = 0.4$

(2) 減価償却費の計算
① 本来の減価償却費
$(800,000円 - 627,200円) \times 0.4 = 69,120円$
② 償却保証額
取得原価800,000円×保証率0.10800
$= 86,400円$
③ 比較：①＜②
よって，均等償却へ切り替え
④ 当期の減価償却費
$(800,000円 - 627,200円) \times$改定償却率0.500
$= 86,400円$

(3) 帳簿価額
$(800,000円 - 627,200円) - 86,400円 = 86,400円$

3．備品C（償却率は0.4，備品Bと同様）

(1) 減価償却費の計算
① 本来の減価償却費
$(1,500,000円 - 600,000円) \times 0.4 = 360,000円$
② 償却保証額
取得原価1,500,000円×保証率0.10800
$= 162,000円$
③ 比較：①＞②
よって，均等償却へ切り替えの必要なし。
④ 当期の減価償却費：360,000円（①の金額）

(2) 帳簿価額

(1,500,000円－600,000円)－360,000円

＝540,000円

問題6-4

	借方科目	金額	貸方科目	金額
(1)	建物減価償却累計額	1,050,000	建物	5,000,000
	減価償却費	50,000		
	当座預金	3,000,000		
	固定資産売却損	900,000		
(2)	車両減価償却累計額	288,000	車両	800,000
	減価償却費	51,200	固定資産売却益	39,200
	現金	500,000		

解答への道

　固定資産を売却したときは，売却価額と帳簿価額との差額をもって，固定資産の売却損益を算出します。特にポイントとなるのが「帳簿価額」です。固定資産の帳簿価額とは，「取得原価」から「期首減価償却累計額」および「当期分の減価償却費」を控除した金額をいいます。減価償却をしている固定資産を売却した場合，売却時点の帳簿価額をよく確認してください。

(1) 定額法で減価償却している場合

　毎年の処理：

　5,000,000円×0.9÷30年＝150,000円

　取得した日から前期の決算日までに上記の仕訳を

7回行っているので，期首減価償却累計額は次のとおりとなります。

　150,000円×7年＝1,050,000円

　また，当期は，4か月（×8年10月1日～×9年1月31日）分の減価償却費を計上します。

$$150,000円 × \frac{4か月}{12か月} = 50,000円（減価償却費）$$

　取得原価5,000,000円

　－期首減価償却累計額1,050,000円

　－減価償却費50,000円＝3,900,000円（帳簿価額）

　売却価額3,000,000円－帳簿価額3,900,000円

　＝△900,000円（固定資産売却損）

(2) 定率法で減価償却している場合

　1年目の減価償却費：

　800,000円（期首未償却残高）×0.2＝160,000円

　2年目の減価償却費：

　800,000円－160,000円＝640,000円（期首未償却残高）

　640,000円×0.2＝128,000円

　よって，期首減価償却累計額は次のとおりとなります。

　160,000円＋128,000円＝288,000円

　また，当期は6か月（×5年4月1日～×5年9月30日）分の減価償却費を計上します。

$$(800,000円 － 288,000円) × 0.2 × \frac{6か月}{12か月} = 51,200円$$

　取得原価800,000円－期首減価償却累計額288,000円－減価償却費51,200円＝460,800円（帳簿価額）

　売却価額500,000円－帳簿価額460,800円

　＝39,200円（固定資産売却益）

問題6-5

固定資産管理台帳

×9年3月31日

取得年月日	用途	期末数量	耐用年数	期首(期中取得)取得原価	期首減価償却累計額	差引：期首(期中取得)帳簿価額	当期減価償却費
建物							
×0.4.1	事務所	1	25年	7,500,000	2,400,000	5,100,000	300,000
×9.2.1	資本的支出	――	15年	900,000	0	900,000	10,000
備品							
×4.4.1	備品A	10	8年	1,800,000	900,000	900,000	225,000
×7.4.1	備品B	3	4年	660,000	165,000	495,000	165,000
×8.5.1	備品C	1	10年	780,000	0	780,000	71,500

　固定資産管理台帳とは，一定時点における固定資産の「取得原価」，「減価償却費」，「減価償却累計額」およびその「帳簿価額」等を明らかにした明細書です。

1．減価償却費の計算

　タイムテーブルを用意して，各固定資産の「期首減価償却累計額」と「当期の減価償却費」を明らかにします。

（1）建物

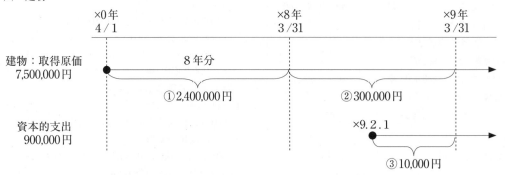

①　期首減価償却累計額：7,500,000円 ÷ 25年 × 8年 = 2,400,000円

②　当初の取得原価に対する減価償却費：7,500,000円 ÷ 25年 = 300,000円

③　資本的支出に対する減価償却費：$900,000円 ÷ 15年 × \dfrac{2か月}{12か月} = 10,000円$

（2）備品

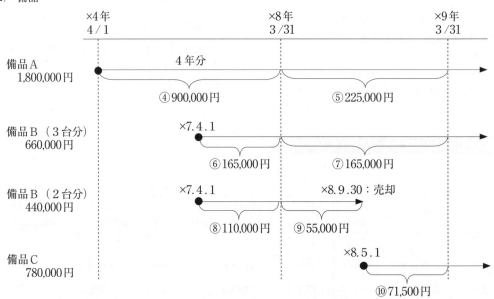

④　備品A期首減価償却累計額：1,800,000円 ÷ 8年 × 4年 = 900,000円

⑤　備品A減価償却費：1,800,000円 ÷ 8年 = 225,000円

⑥　備品B（3台分）期首減価償却累計額：660,000円 ÷ 4年 = 165,000円

⑦　備品B（3台分）減価償却費：660,000円 ÷ 4年 = 165,000円

⑧　備品B（2台分）期首減価償却累計額：440,000円 ÷ 4年 = 110,000円

⑨　備品B（2台分）減価償却費：$440,000円 ÷ 4年 × \dfrac{6か月}{12か月} = 55,000円$

⑩　備品C減価償却費：$780,000円 ÷ 10年 × \dfrac{11か月}{12か月} = 71,500円$

2．期中取引の仕訳

(1) ×8.5.1：備品Cの購入

(備 品)	780,000	(未 払 金)	780,000

(2) ×8.9.30：備品B（2台）の売却

上記の図（減価償却の計算）をもとに2台分の備品Bについて，売却の仕訳を考えます。

(備品減価償却累計額)	110,000*2	(備 品)	440,000*1
(減 価 償 却 費)	55,000*3		
(未 収 入 金)	200,000		
(固定資産売却損)	75,000*4		

＊1　$1,100,000円 \times \dfrac{2台}{5台} = 440,000円$

＊2　$440,000 \times \dfrac{1年}{4年} = 110,000円$

＊3　$440,000 \times \dfrac{1年}{4年} \times \dfrac{6か月}{12か月} = 55,000円$

＊4　帳簿価額：$440,000円 - (110,000円 + 55,000円)$
$= 275,000円$

売却損益：$200,000円 - 275,000円$
$= \triangle 75,000円$（売却損）

(3) ×9.2.1：建物の改修

工事代金1,500,000円のうち，資本的支出の金額900,000円は新たな固定資産の取得原価と考え，建物勘定で処理します。また，資本的支出以外の工事代金600,000円は収益的支出であり，修繕費勘定で処理します。

(建 物)	900,000	(未 払 金)	1,500,000
(修 繕 費)	600,000		

3．決算整理仕訳：減価償却

上記の図（減価償却費の計算）をもとに，減価償却の仕訳を考えます。

(1) 建物

(減 価 償 却 費)	310,000*	(建物減価償却累計額)	310,000

＊　当初の取得原価300,000円＋資本的支出10,000円
＝310,000円

(2) 備品

(減 価 償 却 費)	461,500*	(備品減価償却累計額)	461,500

＊　備品A 225,000円＋備品B（3台分）165,000円
＋備品C 71,500円＝461,500円

〈39〉

問題7-1

	借方科目	金額	貸方科目	金額
(1)	建物	12,720,000	営業外支払手形	13,200,000
	前払利息	480,000		
(2)	営業外支払手形	550,000	当座預金	550,000
	支払利息	20,000	前払利息	20,000
(3)	減価償却費	636,000	減価償却累計額	636,000

解答への道

固定資産を「割賦購入」した場合，一括払いで購入した場合と比較して支払額が高くなる場合があります。その差額は，一般に「利息」と考えられるため，これを定額法等の計算にもとづき配分します。本問において，その利息を「前払利息（資産）」として計上した場合の会計処理を確認してください。

(1) 購入時

建物の取得原価12,720,000円を「建物」に計上し，支払総額13,200,000円を「営業外支払手形」に計上します。その差額480,000円について「前払利息（資産）」を計上します。

建物の取得原価：

12,000,000円 + 720,000円 = 12,720,000円

支払総額：550,000円 × 24回 = 13,200,000円

前払利息：13,200,000円 − 12,720,000円 = 480,000円

(2) 代金の支払時

営業外支払手形の決済とともに，経過期間（1回分＝1か月分）に対応する利息相当額を定額法の計算にもとづき，「前払利息（資産）」から「支払利息（費用）」に振り替えます。

支払利息：$480,000円 \times \dfrac{1回}{24回} = 20,000円$

(3) 決算時（決算整理仕訳）

① 減価償却

期首の取得であるため，1年分の減価償却費を計上します。

減価償却費：12,720,000円 ÷ 20年 = 636,000円

② 利息相当額の配分

期中において，適正に処理されているため，決算整理仕訳は必要ありません。

問題7-2

	借方科目	金額	貸方科目	金額
(1)	建物	12,720,000	営業外支払手形	13,200,000
	支払利息	480,000		
(2)	営業外支払手形	550,000	当座預金	550,000
(3)	減価償却費	636,000	減価償却累計額	636,000
	前払利息	240,000	支払利息	240,000

解答への道

固定資産の割賦購入において，「利息」を「支払利息（費用）」として計上した場合の会計処理を確認してください。

(1) 購入時

建物の取得原価12,720,000円を「建物」に計上し，支払総額13,200,000円を「営業外支払手形」に計上します。その差額480,000円について「支払利息（費用）」を計上します。

建物の取得原価：

12,000,000円 + 720,000円 = 12,720,000円

支払総額：550,000円 × 24回 = 13,200,000円

支払利息：13,200,000円 − 12,720,000円 = 480,000円

(2) 代金の支払時

営業外支払手形の決済を処理します。なお，この場合，経過期間に対応する利息相当額の配分は，原則として，決算整理仕訳として行います。

(3) 決算時（決算整理仕訳）

① 減価償却

期首の取得であるため，1年分の減価償却費を計上します。

減価償却費：12,720,000円 ÷ 20年 = 636,000円

② 利息相当額の配分

翌期分（12回分＝12か月分）の利息相当額を「支払利息（費用）」から「前払利息（資産）」に振り替えます。

前払利息：$480,000円 \times \dfrac{12回}{24回} = 240,000円$

問題7-3

	借方科目	金　額	貸方科目	金　額
(1)	建設仮勘定	5,000,000	当座預金	5,000,000
(2)	建　　　物	30,000,000	建設仮勘定	10,000,000
			当 座 預 金	20,000,000

解答への道

1．建設中の固定資産に対する支払額は，「建設仮勘定（資産）」で処理します。
2．その固定資産が完成し，引き渡しを受けたときに，建設仮勘定の残高（前払分）を固定資産の勘定（本問では建物勘定）に振り替えます。

問題7-4

借方科目	金　額	貸方科目	金　額
修 　繕　 費	500,000	当 座 預 金	3,000,000
建　　　物	2,500,000		

解答への道

いわゆる固定資産の「管理費用」に関する問題です。管理費用のうち，「改良」と考えられる部分を資本的支出といい，「固定資産（資産）」の金額として処理します（取得原価に算入）。また，「修繕」と考えられる部分を収益的支出といい，「修繕費（費用）」として処理します。

問題7-5

	借方科目	金　額	貸方科目	金　額
(1)	減価償却累計額	576,000	備　　　品	800,000
	貯 　蔵　 品	150,000	現　　　金	30,000
	固定資産除却損	104,000		
(2)	減価償却累計額	100,000	備　　　品	1,000,000
	減 価 償 却 費	180,000	当 座 預 金	50,000
	固定資産廃棄損	770,000		

解答への道

固定資産の「除却」および「廃棄」の問題です。いずれも「売却」と同様，固定資産の「帳簿価額」の把握がポイントになります。なお，除却費用は「固定資産除却損」に，廃棄費用は「固定資産廃棄損」に，それぞれ含めて処理します。

(1)　除却

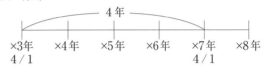

減価償却累計額：$800,000円 \times 0.9 \times \dfrac{4年}{5年} = 576,000円$

帳 簿 価 額：$800,000円 - 576,000円 = 224,000円$

固定資産除却損：$\underset{処分価値}{150,000円} - \underset{帳簿価額}{224,000円}$

$= \triangle 74,000円$（除却損）

$\underset{除却損}{74,000円} + \underset{除却費用}{30,000円} = 104,000円$

(2)　廃棄

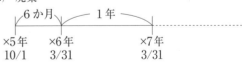

定率法償却率：$1 \div 10年 \times 200\% = 20\%$

減価償却累計額：$1,000,000円 \times 20\% \times \dfrac{6か月}{12か月}$

$= 100,000円$

減価償却費：$(1,000,000円 - 100,000円) \times 20\%$

$= 180,000円$

帳 簿 価 額：$1,000,000円 - (100,000円 + 180,000円)$

$= 720,000円$

固定資産廃棄損：$720,000円 + 50,000円 = 770,000円$

問題7-6

	借方科目	金額	貸方科目	金額
(1)	車両減価償却累計額	1,350,000	車　　　両	2,000,000
	固定資産売却損	150,000	未　払　金	2,500,000
	車　　　両	3,000,000		
(2)	車両減価償却累計額	1,020,000	車　　　両	2,000,000
	減価償却費	294,000	固定資産売却益	14,000
	車　　　両	3,000,000	当座預金	2,300,000

解答への道

　買換えは，旧固定資産の「売却取引」と新固定資産の「購入取引」に分けて考えます。

(1)　期首の買換え

①　旧車両の売却取引

　「×5年10月1日に，それまで使用していた営業用自動車（取得原価2,000,000円，残存価額：取得原価の10％，耐用年数：4年，償却方法：定額法，記帳方法：間接法，取得日：×2年10月1日）を500,000円で売却した。なお，売却代金は現金で受け取った」という取引の仕訳は次のとおりです。

(車両減価償却累計額) 1,350,000　(車　　　両) 2,000,000
(現　　　金) 500,000
(固定資産売却損) 150,000

減価償却累計額：2,000,000円×0.9÷4年
　　　　　　　　＝450,000円（1年分）
　　　　　　　　450,000円×3年
　　　　　　　　＝1,350,000円（既償却額）

②　新車両の購入取引

　「新しい営業用自動車（購入価額3,000,000円）を購入した。500,000円は現金で支払い，購入価額との差額は毎月月末に250,000円ずつ分割で支払うことにした」という取引の仕訳は次のとおりです。

(車　　　両) 3,000,000　(現　　　金) 500,000
　　　　　　　　　　　　　(未　払　金) 2,500,000

③　①と②の仕訳を合算し，借方・貸方にある現金勘定を相殺すれば答えが求められます。

(2)　期中の買換え

①　旧車両の売却取引

　「×5年3月31日に，秋葉原商事に旧車両を700,000円で売却した。なお，旧車両は×2年4月1日に取得し，取得原価2,000,000円，減価償却は定率法（償却率30％）により，間接法で前期末まで適正に行われてきた（会計期間1年，決算日3月31日）。なお，売却代金は現金で受け取った」という取引の仕訳は次のとおりです。

(車両減価償却累計額) 1,020,000　(車　　　両) 2,000,000
(減価償却費) 294,000　(固定資産売却益) 14,000
(現　　　金) 700,000

減価償却累計額：2,000,000円×0.3
　　　　　　　　＝600,000円（1年目）
　　　　　　　　(2,000,000円－600,000円)×0.3
　　　　　　　　＝420,000円（2年目）

減価償却費：(2,000,000円－600,000円
　　　　　　　－420,000円)×0.3
　　　　　　　＝294,000円（当期分）

②　新車両の購入取引

　「秋葉原商事から新車両を購入した。新車両の購入代金は3,000,000円で700,000円は現金で支払い，残額は小切手を振り出して支払った」という取引の仕訳は次のとおりです。

(車　　　両) 3,000,000　(現　　　金) 700,000
　　　　　　　　　　　　　(当座預金) 2,300,000

③　①と②の仕訳を合算し，借方・貸方にある現金勘定を相殺すれば答えが求められます。

問題7-7

借方科目	金額	貸方科目	金額
未収入金	3,600,000	未　決　算	3,900,000
火災損失	300,000		

解答への道

1.　固定資産が火災で焼失したときは，焼失した固定資産の帳簿価額を火災損失として処理します。ただし保険契約が付されているときは，保険金受取額が確定するまで未決算勘定で処理します。本問では焼失時に次の仕訳を行っていることが前提となっています。

(建物減価償却累計額) ××××　(建　　　物) ××××
(未　決　算) 3,900,000

2.　保険金受領額が確定したときに，未決算勘定の残高を保険金の受取勘定（本問では未収入金）に振り替え，保険金受取額と未決算勘定残高との差額を火災損失または保険差益として処理します。

3,600,000円－3,900,000円＝△300,000円（火災損失）
保険金受取額　　　未決算

問題7-8

(1) 仕　訳

	借方科目	金　　額	貸方科目	金　　額
4/1	普通預金	15,000,000	国庫補助金受贈益	15,000,000
4/8	建　　　物	40,000,000	未　払　金	40,000,000
	固定資産圧縮損	15,000,000	建　　　物	15,000,000
3/31	減価償却費	1,250,000	減価償却累計額	1,250,000

(2) 勘定口座の記入

建　　　物

年	月	日	摘　　要	借　　方	年	月	日	摘　　要	貸　　方
×1	4	8	未　払　金	40,000,000	×1	4	8	固定資産圧縮損	15,000,000
					×2	3	31	次　期　繰　越	25,000,000
				40,000,000					40,000,000

減価償却累計額

年	月	日	摘　　要	借　　方	年	月	日	摘　　要	貸　　方
×2	3	31	次　期　繰　越	1,250,000	×2	3	31	減　価　償　却　費	1,250,000

解答への道

固定資産の「圧縮記帳」の問題です。

(1) **補助金の受け取り**

補助金の受取額は「国庫補助金受贈益」として収益計上（特別利益）します。

(2) **建物の取得および圧縮記帳**

40,000,000円を建物として計上したうえで，圧縮記帳を行います。直接減額方式による圧縮記帳は，補助金相当額15,000,000円を「固定資産圧縮損」として費用計上し，建物の取得原価を減額します。

圧縮記帳後の建物の帳簿価額：

40,000,000円 − 15,000,000円 = 25,000,000円

(3) **決算：減価償却**

直接減額方式により圧縮記帳を行った場合，圧縮後の建物の帳簿価額を取得原価とみなして減価償却を行います。

減価償却費：25,000,000円 ÷ 20年 = 1,250,000円

精　算　表

勘定科目	残高試算表		修正記入		損益計算書		貸借対照表	
	借　方	貸　方	借　方	貸　方	借　方	貸　方	借　方	貸　方
現　金　預　金	71,500		15,000				87,000	
			500					
受　取　手　形	45,000						45,000	
売　　掛　　金	65,000			15,000			50,000	
売買目的有価証券	13,000			1,200			11,800	
その他有価証券	12,000		1,600				13,600	
繰　越　商　品	22,000		30,000	22,000			24,000	
				6,000				
建　　　　　物	95,000			15,000			80,000	
備　　　　　品	20,000						20,000	
土　　　　　地	1,200						1,200	
買　　掛　　金		36,800						36,800
借　　入　　金		50,000						50,000
仮　　受　　金		15,000	15,000					
貸　倒　引　当　金		800		1,100				1,900
建物減価償却累計額		22,500		1,900				24,400
備品減価償却累計額		8,000		3,000				11,000
資　　本　　金		100,000						100,000
利　益　準　備　金		15,200						15,200
別　途　積　立　金		40,000						40,000
繰越利益剰余金		4,900						4,900
売　　　　　上		370,800				370,800		
受　取　配　当　金		1,000		500		1,500		
仕　　　　　入	215,500		22,000	30,000	207,500			
給　　　　　料	97,300				97,300			
保　　険　　料	3,600			1,600	2,000			
支　払　利　息	3,900		800		4,700			
	665,000	665,000						
国庫補助金受贈益				15,000		15,000		
貸倒引当金繰入			1,100		1,100			
有価証券評価損益			1,200		1,200			
その他有価証券評価差額金				1,600				1,600
棚　卸　減　耗　損			1,200		1,200			
商　品　評　価　損			4,800		4,800			
固　定　資　産　圧　縮　損			15,000		15,000			
減　価　償　却　費			4,900		4,900			
（前　払）保　険　料			1,600				1,600	
（未　払）利　息				800				800
当　期　純（利　益）					47,600			47,600
			114,700	114,700	387,300	387,300	334,200	334,200

〈44〉

解答への道

〔期末修正事項〕

(1) 銀行残高証明書との不一致修正

　(イ)は未取付小切手であり，銀行側の調整事項なので仕訳は不要です。

　(ロ)は売掛金の回収がされているのに，記入されないままになっているので，次の仕訳が必要です。

（現 金 預 金）	15,000	（売　掛　金）	15,000

(2) 仮受金の精算

（仮　受　金）	15,000	（国庫補助金受贈益）	15,000

(3) 貸倒引当金の設定

　受取手形と売掛金の2％が貸倒引当金の残高になるように補充します。

　貸倒引当金の見積額

　(45,000円＋65,000円－15,000円)×2％＝1,900円

　貸倒引当金の残高　　　　　　　　　△800円

　差引・貸倒引当金繰入　　　　　　　1,100円

（貸倒引当金繰入）	1,100	（貸 倒 引 当 金）	1,100

(4) 有価証券の評価

　X社株式：売買目的有価証券

　時価評価を行い，その評価差額を「損益」として計上します。

（有価証券評価損益）	1,200	（売買目的有価証券）	1,200

　11,800円－13,000円＝△1,200円（評価損）

　Y社株式：その他有価証券

　時価評価を行い，その評価差額を「純資産」として計上します（全部純資産直入法）。

（その他有価証券）	1,600	（その他有価証券評価差額金）	1,600

　13,600円－12,000円＝1,600円（評価差益）

(5) 売上原価の算定

　仕入勘定の残高が売上原価になるように仕訳をします。

　期末商品帳簿棚卸高：@1,200円×25個＝30,000円

（仕　　　入）	22,000	（繰 越 商 品）	22,000
（繰 越 商 品）	30,000	（仕　　　入）	30,000

　さらに，棚卸減耗損と商品評価損を計算し，繰越商品から差し引くことで，貸借対照表には期末商品実地棚卸高が計上されます。

　棚卸減耗損：@1,200円×(25個－24個)＝1,200円

　商品評価損：(@1,200円－@1,000円)×24個
　　　　　　　＝4,800円

（棚 卸 減 耗 損）	1,200	（繰 越 商 品）	6,000
（商 品 評 価 損）	4,800		

(6) 圧縮記帳および減価償却

　補助金の受取額について，固定資産圧縮損（費用）を計上し，建物を減額します。また，減額後の金額を取得原価とみなし，4か月分（×3年12月5日〜×4年3月31日）の減価償却費を計上します。

（固定資産圧縮損）	15,000	（建　　　　物）	15,000

　建物減価償却費：

$$\underbrace{50,000円×0.9÷30年}_{既存分}＋\underbrace{30,000円÷25年}_{当期取得分}$$

$$×\frac{4か月}{12か月}＝1,900円$$

　備品の200％定率法償却率：

　1÷8＝0.125

　0.125×200％＝0.25

　備品減価償却費：

$$(20,000円－8,000円)×\underbrace{0.25}_{償却率}＝3,000円$$

（減 価 償 却 費）	4,900	（建物減価償却累計額）	1,900
		（備品減価償却累計額）	3,000

(7) 配当金領収証の計上

　配当金領収証は現金として処理します。

（現 金 預 金）	500	（受 取 配 当 金）	500

(8) 前払保険料の計上

$$2,400円×\frac{8か月}{12か月}＝1,600円$$

（前 払 保 険 料）	1,600	（保　　険　　料）	1,600

(9) 未払利息の計上

$$20,000円×8％×\frac{6か月}{12か月}＝800円$$

（支 払 利 息）	800	（未 払 利 息）	800

　以上の修正記入を残高試算表の金額に加減算して損益計算書・貸借対照表へ移記し，損益計算書・貸借対照表それぞれの貸借差額47,600円を当期純利益として記入し，合計額を一致させます。

〔設問1〕

各年度の 減価償却費	×4年度 (×4年4月1日～×5年3月末)	×5年度 (×5年4月1日～×6年3月末)	×6年度 (×6年4月1日～×7年3月末)
備　品　　A	72,000 円	72,000 円	54,000 円
備　品　　B	135,000 円	112,500 円	―― 円
備　品　　C	―― 円	30,000 円	90,000 円
備　品　　D	―― 円	20,000 円	120,000 円
合　　　計	207,000 円	234,500 円	264,000 円

各年度末における 減価償却累計額	×4年度末	×5年度末	×6年度末
備　品　　A	72,000 円	144,000 円	―― 円
備　品　　B	135,000 円	―― 円	―― 円
備　品　　C	―― 円	30,000 円	120,000 円
備　品　　D	―― 円	20,000 円	140,000 円
合　　　計	207,000 円	194,000 円	260,000 円

〔設問2〕

借方科目	金　額	貸方科目	金　額
備　　　　品	800,000	備　　　　品	600,000
減価償却累計額	135,000	固定資産売却益	97,500
減価償却費	112,500	現　　　金	350,000

〔設問3〕

借方科目	金　額	貸方科目	金　額
貯　蔵　品	200,000	備　　　　品	400,000
減価償却累計額	144,000		
減価償却費	54,000		
固定資産除却損	2,000		

〔設問4〕

備　　　　品

年	月	日	摘　要	借　方	年	月	日	摘　要	貸　方
×5	4	1	前　期　繰　越	1,000,000	×6	1	31	諸　　　　口	600,000
	12	1	現　　　金	1,000,000		3	31	次　期　繰　越	2,200,000
×6	1	31	諸　　　　口	800,000					
				2,800,000					2,800,000
×6	4	1	前　期　繰　越	2,200,000					

〔設問5〕

減価償却累計額

年	月	日	摘　要	借　方	年	月	日	摘　要	貸　方
×6	12	31	備　　　　品	144,000	×6	4	1	前　期　繰　越	194,000
×7	3	31	次　期　繰　越	260,000	×7	3	31	減　価　償　却　費	210,000
				404,000					404,000
					×7	4	1	前　期　繰　越	260,000

解答への道

1．各期の減価償却費と各期末における減価償却累計額←設問1

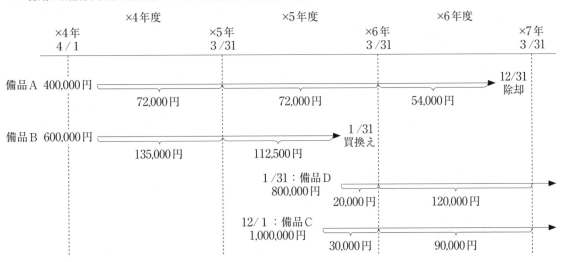

(1) ×4年度

減価償却費

備品A：(400,000円×0.9)÷5年=72,000円 ⎤
備品B：(600,000円×0.9)÷4年=135,000円 ⎦ 207,000円

減価償却累計額

備品A 72,000円 + 備品B 135,000円 = 207,000円

(2) ×5年度

減価償却費

備品A：(400,000円×0.9)÷5年=72,000円

備品B：(600,000円×0.9)÷4年× $\dfrac{10か月}{12か月}$

= 112,500円

備品C：(1,000,000円×0.9)÷10年× $\dfrac{4か月}{12か月}$ } 234,500円

= 30,000円

備品D：(800,000円×0.9)÷6年× $\dfrac{2か月}{12か月}$

= 20,000円

減価償却累計額

備品A (72,000円 + 72,000円) + 備品C 30,000円
+ 備品D 20,000円 = 194,000円

(3) ×6年度

減価償却費

備品A：(400,000円×0.9)÷5年× $\dfrac{9か月}{12か月}$

= 54,000円 } 264,000円

備品C：(1,000,000円×0.9)÷10年=90,000円

備品D：(800,000円×0.9)÷6年=120,000円

減価償却累計額

備品C (30,000円 + 90,000円) + 備品D (20,000円
+ 120,000円) = 260,000円

2．期中取引および決算整理の仕訳

(1) ×4年度

・4月1日：備品Aおよび備品Bの購入

| (備　　　　　品) | 1,000,000 | (現　　　　　金) | 1,000,000 |

・3月31日：減価償却

| (減価償却費) | 207,000 | (減価償却累計額) | 207,000 |

備品A 72,000円 + 備品B 135,000円 = 207,000円

(2) ×5年度

・12月1日：備品Cの購入

| (備　　　　　品) | 1,000,000 | (現　　　　　金) | 1,000,000 |

・1月31日：備品Bと備品Dの買換え←**設問2**

買換えの取引は「旧備品の売却」と「新備品の
購入」に分けて考えます。

①備品Bの売却

(減価償却累計額)	135,000	(備　　　　　品)	600,000
(減価償却費)	112,500	(固定資産売却益)	97,500*2
(未 収 入 金)	450,000*1		

*1　下取価額
*2　貸借差額

②備品Dの購入

| (備　　　　　品) | 800,000 | (未 収 入 金) | 450,000*1 |
| | | (現　　　　　金) | 350,000 |

③これら2つの仕訳をまとめたものが設問2の解答となります。

(備 品)	800,000	(備 品)	600,000
(減価償却累計額)	135,000	(固定資産売却益)	97,500
(減 価 償 却 費)	112,500	(現 金)	350,000

・3月31日：減価償却

(減 価 償 却 費)	122,000	(減価償却累計額)	122,000

備品A 72,000円 + 備品C 30,000円 + 備品D 20,000円
= 122,000円

(3) ×6年度

・12月31日：備品Aの除却←**設問3**

(減価償却累計額)	144,000	(備 品)	400,000
(減 価 償 却 費)	54,000		
(貯 蔵 品)	200,000		
(固定資産除却損)	2,000		

・3月31日：減価償却

(減 価 償 却 費)	210,000	(減価償却累計額)	210,000

備品C 90,000円 + 備品D 120,000円 = 210,000円

3．設問4の備品勘定について

(1) ×5年4月1日
　　前期繰越：備品A 400,000円 + 備品B 600,000円
　　　　　　　= 1,000,000円
(2) ×5年12月1日
　　現　金：備品C 1,000,000円
(3) ×6年1月31日
　　諸　口：買換えの仕訳（設問2の解答）を参照
(4) ×6年3月31日
　　次期繰越：備品A 400,000円 + 備品C 1,000,000円
　　　　　　　+ 備品D 800,000円 = 2,200,000円

4．設問5の減価償却累計額勘定について

(1) ×6年4月1日　前期繰越
　　備品A：72,000円 × 2年分 = 144,000円
　　〃　B：　　　　0円…売却済み
　　〃　C：　30,000円
　　〃　D：　20,000円
　　　　　　194,000円
(2) ×6年12月31日　備品
　　備品A：72,000円 × 2年分 = 144,000円（除却）
(3) ×7年3月31日　減価償却費
　　備品C：　90,000円
　　〃　D：120,000円
　　　　　210,000円
(4) ×7年3月31日　次期繰越
　　備品C：30,000円 + 90,000円　= 120,000円
　　〃　D：20,000円 + 120,000円 = 140,000円
　　　　　　　　　　　　　　　　260,000円

Theme 08 リース取引

問題8-1

	借方科目	金　　額	貸方科目	金　　額
(1)	リース資産	700,000	リース債務	700,000
(2)	支払利息	10,000	当座預金	150,000
	リース債務	140,000		
(3)	減価償却費	140,000	減価償却累計額	140,000

解答への道

ファイナンス・リース取引における「利子抜き法」による会計処理を確認しましょう。

(1) **リース取引開始時**

リース物件とこれにかかる債務を「リース資産（資産）」および「リース債務（負債）」として計上します。利子抜き法の場合,「リース資産」および「リース債務」は「取得原価相当額」をもって計上します。

(2) **リース料支払時**

経過期間に対応する利息の金額を定額法により計算し,「支払利息」を計上します。そして,支払ったリース料から支払利息の計上額を差し引いた残額を「リース債務」の減少分として処理します。

支払利息:

(150,000円 × 5回 − 700,000円) ÷ 5年

= 10,000円

リース債務:150,000円 − 10,000円 = 140,000円

なお,定額法により利息の計算を行うときは,毎期におけるリース料の支払額150,000円とリース債務の減少額140,000円（700,000円 ÷ 5年）との差額で支払利息を計算することもできます。

(3) **決算時**

「リース資産」について減価償却費を行います。償却期間は「リース期間」,残存価額は「ゼロ」として減価償却費を計算します。

減価償却費:700,000円 ÷ 5年 = 140,000円

問題8-2

	借方科目	金　　額	貸方科目	金　　額
(1)	リース資産	750,000	リース債務	750,000
(2)	リース債務	150,000	当座預金	150,000
(3)	減価償却費	150,000	減価償却累計額	150,000

解答への道

ファイナンス・リース取引における「利子込み法」による会計処理を確認しましょう。

(1) **リース取引開始時**

リース物件とこれにかかる債務を「リース資産」および「リース債務」として計上します。利子込み法の場合,「リース資産」および「リース債務」は「リース料総額」をもって計上します。

リース料総額:750,000円

(2) **リース料支払時**

支払ったリース料について「リース債務」を減少します。なお,利子込み法の場合「支払利息」の計上は行いません。

リース債務の減少額:支払リース料150,000円

(3) **決算時**

「リース資産」について減価償却を行います。償却期間は「リース期間」,残存価額は「ゼロ」として減価償却費を計算します。

減価償却費:750,000円 ÷ 5年 = 150,000円

問題8-3

	借方科目	金　　額	貸方科目	金　　額
(1)	仕訳なし			
(2)	支払リース料	26,000	未払リース料	26,000
(3)	未払リース料	26,000	支払リース料	26,000
(4)	支払リース料	78,000	普通預金	78,000

解答への道

オペレーティング・リース取引の会計処理を確認しましょう。

(1) **リース取引開始時**

オペレーティング・リースであるため,「リース資産」および「リース債務」の計上は行いません。よって,仕訳なし。

(2) **決算時**

本問におけるリース料の支払いが「後払い」であるため,当期の経過期間4か月分（×1年12月1日 〜 ×2年3月31日）について「支払リース料（費用）」を未払い計上します。

未払リース料:$78,000円 \times \dfrac{4か月}{12か月} = 26,000円$

(3) **翌期首**

　　前期末に計上した未払リース料（支払リース料の未払分）について再振替仕訳を行います。

(4) **リース料支払時**

　　支払ったリース料について「支払リース料」を計上します。

問題8-4

リ　ー　ス　資　産

年	月	日	摘　　　要	借　　方	年	月	日	摘　　　要	貸　　方
×3	4	1	前 期 繰 越	450,000	×4	3	31	減 価 償 却 費	150,000
						3	31	次 期 繰 越	300,000
				450,000					450,000

リ　ー　ス　債　務

年	月	日	摘　　　要	借　　方	年	月	日	摘　　　要	貸　　方
×4	3	31	当 座 預 金	150,000	×3	4	1	前 期 繰 越	450,000
	3	31	次 期 繰 越	300,000					
				450,000					450,000

支　払　利　息

年	月	日	摘　　　要	借　　方	年	月	日	摘　　　要	貸　　方
×4	3	31	当 座 預 金	30,000	×4	3	31	損　　　益	30,000

解答への道

1．×1年4月1日から×3年3月31日までの処理

(1) ×1年4月1日：リース契約（利子抜き法）

　　取得原価相当額750,000円をもって、「リース資産（備品）」および「リース債務」を計上します。

（リース資産）750,000　（リース債務）750,000

(2) ×2年3月31日

① リース料の支払い（当座預金で支払ったと仮定します）

（支 払 利 息）30,000*1　（当 座 預 金）180,000
（リース債務）150,000*2

*1 （180,000円×5回−750,000円）÷5回=30,000円
*2 180,000円−30,000円=150,000円

② 減価償却；直接法

（減価償却費）150,000*　（リース資産）150,000

＊ 750,000円÷5年=150,000円

(3) ×3年3月31日

① リース料の支払い（当座預金で支払ったと仮定します）

（支 払 利 息）30,000*1　（当 座 預 金）180,000
（リース債務）150,000*2

*1 （180,000円×5回−750,000円）÷5回=30,000円
*2 180,000円−30,000円=150,000円

② 減価償却；直接法

（減価償却費）150,000*　（リース資産）150,000

＊ 750,000円÷5年=150,000円

(4) 「リース資産」および「リース債務」の前期繰越額

① リース資産：750,000円−150,000円〈減価償却費〉×2年=450,000円

② リース債務：750,000円−150,000円〈リース債務の支払い〉×2年
　　　　　　　　=450,000円

2．当期の処理

① リース料の支払い

（支 払 利 息）30,000*1　（当 座 預 金）180,000
（リース債務）150,000*2

*1 （180,000円×5回−750,000円）÷5回=30,000円
*2 180,000円−30,000円=150,000円

② 減価償却：直接法

（減価償却費）150,000*	（リース資産）150,000

＊　750,000円 ÷ 5 年 = 150,000円

③ 決算振替仕訳

（損　　　　益）180,000	（減価償却費）150,000
	（支　払　利　息）　30,000

④ 「リース資産」および「リース債務」の次期繰越額

リース資産：450,000円〈前期繰越額〉
　　　　　　 − 150,000円〈減価償却費〉
　　　　　　 = 300,000円

リース債務：450,000円〈前期繰越額〉
　　　　　　 − 150,000円〈リース債務の支払い〉
　　　　　　 = 300,000円

問題8-5

精　算　表

勘 定 科 目	残 高 試 算 表		修 正 記 入		損 益 計 算 書		貸 借 対 照 表	
	借　方	貸　方	借　方	貸　方	借　方	貸　方	借　方	貸　方
普 通 預 金	1,230,000			250,000			980,000	
建　　　　物	5,400,000						5,400,000	
建物減価償却累計額		2,160,000		180,000				2,340,000
備　　　　品	1,500,000						1,500,000	
備品減価償却累計額		960,000		216,000				1,176,000
車　　　　両	900,000						900,000	
車両減価償却累計額				225,000				225,000
リ ー ス 債 務		900,000	225,000					675,000
減 価 償 却 費			621,000		621,000			
支 払 利 息			25,000		25,000			

解答への道

1．リース料の支払い（未処理）

　リース料支払時の仕訳を行います。なお，本問のリース取引は「利子抜き法」によるため，試算表の「車両（リース資産）」および「リース債務」の計上額900,000円を取得原価相当額と推定します。

（支　払　利　息）　25,000*1	（普　通　預　金）250,000
（リ ー ス 債 務）225,000*2	

＊1　（250,000円 × 4 回 − 900,000円）÷ 4 回 = 25,000円
＊2　250,000円 − 25,000円 = 225,000円

2．減価償却

（減 価 償 却 費）621,000	（建物減価償却累計額）180,000
	（備品減価償却累計額）216,000
	（車両減価償却累計額）225,000

〈減価償却費の計算〉
(1) 建物：定額法
　　5,400,000円 ÷ 30 年 = 180,000円
(2) 備品：200％定率法
　　償却率：（1 ÷ 5 年）× 200％ = 0.4
　　減価償却費：（1,500,000円 − 960,000円）× 0.4
　　　　　　　 = 216,000円
(3) 車両（リース資産）：定額法
　　900,000円 ÷ 4 年 = 225,000円

問題8-6

		(1) 利子込み法	(2) 利子抜き法
貸借対照表	リース資産（取得原価）	3,000,000 円	2,800,000 円
	リース債務	2,400,000 円	2,240,000 円
損益計算書	減価償却費	600,000 円	560,000 円
	支払利息	——	40,000 円
	支払リース料	262,500 円	262,500 円

解答への道

1．備品Ａ：ファイナンス・リース取引（利子込み法）

(1) リース契約時

リース料総額3,000,000円（600,000円×5回）をもって，「備品（リース資産）」および「リース債務」を計上します。

（リ ー ス 資 産）3,000,000	（リ ー ス 債 務）3,000,000

(2) ×2年3月31日

① リース料の支払い

利子込み法の場合，「支払利息」の計上はありません。

（リ ー ス 債 務）600,000	（現 金 預 金）600,000

② 減価償却（間接法で記帳することとします）

（減 価 償 却 費）600,000*	（減価償却累計額）600,000

* 3,000,000円 ÷ 5 年 = 600,000円

(3) 財務諸表上の金額

リース資産（取得原価）：3,000,000円

リース債務：3,000,000円 − 600,000円
          = 2,400,000円

減価償却費：600,000円

2．備品Ａ：ファイナンス・リース取引（利子抜き法）

(1) リース契約時

取得原価相当額2,800,000円をもって，「備品（リース資産）」および「リース債務」を計上します。

（リ ー ス 資 産）2,800,000	（リ ー ス 債 務）2,800,000

(2) ×2年3月31日

① リース料の支払い

（支 払 利 息）40,000*1	（現 金 預 金）600,000
（リ ー ス 債 務）560,000*2	

*1 （600,000円×5回−2,800,000円）÷5回 = 40,000円

*2 600,000円 − 40,000円 = 560,000円

② 減価償却（間接法で記帳することとします）

（減 価 償 却 費）560,000*	（減価償却累計額）560,000

* 2,800,000円 ÷ 5 年 = 560,000円

(3) 財務諸表上の金額

リース資産（取得原価）：2,800,000円

リース債務：2,800,000円 − 560,000円
          = 2,240,000円

減価償却費：560,000円

支払利息：40,000円

3．備品Ｂ：オペレーティング・リース取引

(1) リース契約時

オペレーティング・リースの場合，「リース資産」および「リース債務」の計上は行いません。

仕 訳 な し

(2) ×2年3月31日

① 支払リース料の未払い計上

当期の経過期間に対応する9か月分の「支払リース料」を未払い計上します。

（支払リース料）262,500*	（未払リース料）262,500

* $350,000円 \times \dfrac{9か月}{12か月} = 262,500円$

(3) 財務諸表上の金額

支払リース料：262,500円

①	②	③	④
ファイナンス・リース	オペレーティング・リース	売　　　　買	賃　貸　借
⑤	⑥	⑦	⑧
取得原価相当	リース資産	リース債務	貸借対照表
⑨	⑩	⑪	⑫
利　息　相　当	支　払　利　息	支払リース料	損益計算書

解答への道

完成させた文章は，以下のとおりである。

(1) リース取引には，（①：ファイナンス・リース）取引と（②：オペレーティング・リース）取引がある。（①：ファイナンス・リース）取引は（③：売買）取引に準じて「利子込み法」または「利子抜き法」により会計処理を行うが，（②：オペレーティング・リース）取引は（④：賃貸借）取引に準じて会計処理を行う。

(2) （①：ファイナンス・リース）取引を「利子抜き法」で会計処理した場合，リース物件の（⑤：取得原価相当）額をもって（⑥：リース資産）および（⑦：リース債務）を計上し，毎期末におけるそれらの帳簿価額を（⑧：貸借対照表）に表示する。また，リース料の支払時において，リース料総額に含まれる（⑨：利息相当）額を定額法等により配分して（⑩：支払利息）を計上し，これを損益計算書に表示する。

(3) （②：オペレーティング・リース）取引では（⑥：リース資産）および（⑦：リース債務）を計上することはなく，毎期のリース料の支払額を（⑪：支払リース料）として計上し，（⑫：損益計算書）に表示する。

問題9-1

	借方科目	金　額	貸方科目	金　額
(1)	ソフトウェア	600,000	当座預金	600,000
(2)	ソフトウェア償却	120,000	ソフトウェア	120,000
(3)	ソフトウェア償却 固定資産除却損	30,000 90,000	ソフトウェア	120,000

解答への道

(1) 購入時

その取得原価をもってソフトウェア（無形固定資産）を計上します。

(2) 決算時：償却

残存価額をゼロ，償却期間を5年として，定額法により償却し，直接法により記帳します。

償却額：$600{,}000 \text{円} \times \dfrac{12 \text{か月}}{60 \text{か月}} = 120{,}000 \text{円}$

(3) 除却時

除却時の帳簿価額をもって固定資産除却損に計上します。

償却額：$600{,}000 \text{円} \times \dfrac{3 \text{か月}}{60 \text{か月}} = 30{,}000 \text{円}$

帳簿価額：$120{,}000 \text{円} - 30{,}000 \text{円} = 90{,}000 \text{円}$

問題9-2

精　算　表

勘定科目	残高試算表		修正記入		損益計算書		貸借対照表	
	借　方	貸　方	借　方	貸　方	借　方	貸　方	借　方	貸　方
の　れ　ん	360,000			6,000			354,000	
商　標　権	270,000			30,000			240,000	
の れ ん 償 却			6,000		6,000			
商 標 権 償 却			30,000		30,000			

解答への道

(1) のれん（無形固定資産）の償却

のれんは，その計上の時から20年以内の期間で定額法により償却し，直接法で記帳します。

（のれん償却）	6,000	（の　れ　ん）	6,000

のれん償却：$360{,}000 \text{円} \times \dfrac{4 \text{か月}}{240 \text{か月}} = 6{,}000 \text{円}$

(2) 商標権（無形固定資産）の償却

商標権は，その計上の時から10年以内の期間で定額法により償却し，直接法で記帳します。なお，本問における商標権は前期首に計上されたものであるため，試算表の計上額270,000円は前期に1年分の償却をした後の金額であることに注意します。

（商標権償却）	30,000	（商　標　権）	30,000

商標権償却：$270{,}000 \text{円} \times \dfrac{12 \text{か月}}{120 \text{か月} - 12 \text{か月}} = 30{,}000 \text{円}$

問題9-3

	借方科目	金　額	貸方科目	金　額
(1)	研究開発費	2,500,000	当座預金	2,500,000
(2)	研究開発費	5,300,000	当座預金	5,300,000

解答への道

(1) 新製品等の研究開発のための費用は「研究開発費（費用）」として処理します。

(2) 特定の研究開発目的のみに使用され，他に転用できない機械装置などの取得のための支出額は資産として計上することができません。研究開発費（費用）として処理します。

Theme 10 引当金

問題10-1

	借方科目	金 額	貸方科目	金 額
(1)	売 掛 金	70,000	売 上	70,000
(2)	受 取 手 形	80,000	売 上	80,000
(3)	現 金	50,000	売 掛 金	50,000
(4)	貸倒引当金繰入	2,000	貸 倒 引 当 金	2,000

解答への道

　貸倒引当金に関する基本処理を確認しましょう。な
お，「売上債権」とは売上の計上によって発生する債
権をいい，本問では受取手形および売掛金がこれに該
当します。

　貸倒見積額：$(\underset{受取手形}{80,000円}+\underset{売掛金}{20,000円})×2％=2,000円$

問題10-2

	借方科目	金 額	貸方科目	金 額
(1)	貸倒引当金繰入	500	貸 倒 引 当 金	500
(2)	貸 倒 引 当 金	5,500	貸倒引当金戻入	5,500
	貸倒引当金繰入	6,000	貸 倒 引 当 金	6,000

解答への道

　貸倒引当金の「設定対象」と「設定方法」を確認し
ましょう。
(1)　貸倒引当金の設定：差額補充法
　　当期末の「貸倒見積額」と，前期末に設定した
「貸倒引当金残高」との差額について「繰入」処理
する方法を差額補充法といいます。
　　貸倒見積額：(125,000円＋175,000円)×2％
　　　　　　　　＝6,000円
　　貸倒引当金残高：5,500円
　　繰入額：6,000円－5,500円＝500円
(2)　貸倒引当金の設定：洗替法
　　前期末に設定した「貸倒引当金残高」について全
額「戻入」処理し，当期末の「貸倒見積額」の全額
を「繰入」処理する方法を洗替法といいます。な
お，「売上債権」とは，売上の計上に伴い発生した
債権という意味であり，一般に「受取手形および売
掛金」のことを指します。したがって，本問におい
て「貸付金」について貸倒引当金の設定を考慮する
必要はありません。
　　貸倒引当金残高（＝戻入額）：5,500円
　　貸倒見積額（＝繰入額）：
　　(125,000円＋175,000円)×2％＝6,000円

問題10-3

精 算 表

勘 定 科 目	残高試算表		修 正 記 入		損益計算書		貸借対照表	
	借 方	貸 方	借 方	貸 方	借 方	貸 方	借 方	貸 方
現 金 預 金	570,000		30,000				600,000	
受 取 手 形	780,000			30,000			750,000	
売 掛 金	820,000			20,000			800,000	
貸 倒 引 当 金		28,000	20,000	23,000				31,000
貸倒引当金（繰入）			23,000		23,000			

解答への道

　本問では，受取手形の決済，売掛金の回収不能とい
う2つの修正事項があります。これらの仕訳を行うこ
とによって，貸倒引当金の設定対象額や貸倒引当金の
期末残高が変わってしまうので注意してください。

　なお，貸倒引当金の見積額の計算を行うにあたっ
て，売上債権の期末残高（受取手形勘定，売掛金勘定

の金額）が必要ですが，その金額は貸借対照表に記入
する金額と同じになることから，まずそれぞれの勘定
の貸借対照表欄を記入してしまうと間違いは少なくな
ります。

　以下，仕訳を示しておきます。

修正仕訳

（現 金 預 金）	30,000	（受 取 手 形）	30,000
（貸 倒 引 当 金）	20,000	（売 掛 金）	20,000

この仕訳を転記した後の各勘定は次のようになります。

⊕ 受 取 手 形 ⊖
	30,000円
780,000円	設定対象額 750,000円

⊖ 貸 倒 引 当 金 ⊕
20,000円	28,000円
	期末残高 8,000円

⊕ 売 掛 金 ⊖
	20,000円
820,000円	設定対象額 800,000円

設定対象額（750,000円＋800,000円）× 2 ％
＝ 31,000円（見積額）
見積額31,000円－貸倒引当金期末残高8,000円
＝ 23,000円（繰入額）
決算整理仕訳

（貸倒引当金繰入）	23,000	（貸 倒 引 当 金）	23,000

問題10-4

精 算 表

勘 定 科 目	残高試算表		修 正 記 入		損益計算書		貸借対照表	
	借 方	貸 方	借 方	貸 方	借 方	貸 方	借 方	貸 方
受 取 手 形	450,000						450,000	
売 掛 金	450,000						450,000	
貸 倒 引 当 金		12,000		110,000				122,000
貸 倒 引 当 金 繰 入			110,000		110,000			

解答への道

貸倒見積額の算定における「一括評価」と「個別評価」の計算方法を確認しましょう。

Ａ社の売掛金100,000円とＢ社の受取手形200,000円について個別に貸倒見積額を求め，それ以外の売上債権については一括して貸倒見積額を求めます。

	貸倒見積額		試算表	繰入額
Ａ社売掛金	100,000円×50%	＝50,000円		
Ｂ社受取手形	200,000円×30%	＝60,000円		
その他売掛金	(450,000円－100,000円)×2%	＝7,000円	－12,000円	＝110,000円
その他受取手形	(450,000円－200,000円)×2%	＝5,000円		
合 計		122,000円		

（貸 倒 引 当 金 繰 入）	110,000	（貸 倒 引 当 金）	110,000

問題10-5

損益計算書	科　　目	金　　額
販売費及び一般管理費	①貸倒引当金繰入	35,000 円
営業外費用	②貸倒引当金繰入	3,000 円
貸借対照表	③貸倒引当金	46,400 円

解答への道

損益計算書における「貸倒引当金繰入（費用）」の表示区分を確認しましょう。損益計算書上，「営業債権（＝売上債権）」に対するものは，「販売費及び一般管理費」の区分に表示します。それに対して，「営業外債権（＝貸付金）」に対するものは，「営業外費用」の区分に表示します。

1．未処理事項

（当 座 預 金）	80,000	（受 取 手 形）	80,000

2．貸倒引当金の設定

売上債権と貸付金は区別して貸倒引当金の設定を行います。

(1) 売上債権

	貸倒見積額		試算表	繰入額
受取手形	(560,000円－80,000円)×2％=	9,600円		
売掛金（Y社以外）	(840,000円－50,000円)×2％=	15,800円		
売掛金（Y社）	50,000円×30％	= 15,000円		
合　計		40,400円		－5,400円=35,000円

（貸倒引当金繰入）	35,000	（貸 倒 引 当 金）	35,000
販売費及び一般管理費			

(2) 貸付金

	貸倒見積額	試算表	繰入額
貸付金	300,000円×2％=6,000円	－ 3,000円=	3,000円

（貸倒引当金繰入）	3,000	（貸 倒 引 当 金）	3,000
営業外費用			

(3) 貸倒引当金

40,400円〈売上債権〉+ 6,000円〈貸付金〉
= 46,400円

問題10-6

借 方 科 目	金　　額	貸 方 科 目	金　　額
貸 倒 引 当 金	6,000,000	売 掛 金	14,000,000
貸 倒 損 失	8,000,000		

解答への道

貸倒引当金12,000,000円は，前期末の売上債権に対して設定されたものですから，当期販売分8,000,000円の貸倒れについては，貸倒損失勘定で処理します。残りの6,000,000円の売掛金については，前期末までに売り上げた分であることから貸倒引当金を取り崩します。

問題10-7

	借 方 科 目	金　　額	貸 方 科 目	金　　額
(1)	修繕引当金繰入	700,000	修 繕 引 当 金	700,000
(2)	修 繕 引 当 金	1,000,000	未 払 金	1,500,000
	修 繕 費	500,000		
(3)	建 物	3,000,000	当 座 預 金	5,000,000
	修 繕 引 当 金	1,800,000		
	修 繕 費	200,000		

解答への道

(1) 修繕引当金の残高が存在しないため，700,000円の全額を繰入処理します。

(2) 修繕に対して修繕引当金が設定されている場合には，修繕引当金を優先的に取り崩し，修繕引当金を超過する金額のみ，修繕費として計上します。

(3) 改良は資本的支出にあたるので固定資産の原価に含め，修繕は収益的支出にあたるので修繕費として当期の費用として計上します。修繕に対して修繕引当金が設定されている場合には，修繕引当金を優先的に取り崩し，修繕引当金を超過する金額を修繕費として計上します。

改良 → （建　　　物）3,000,000　（当座預金）5,000,000
修繕 → （修 繕 引 当 金）1,800,000
　　　 （修 　繕 　費）200,000

問題10-8

	借 方 科 目	金　　額	貸 方 科 目	金　　額
(1)	商品保証引当金繰入	50,000	商品保証引当金	50,000
(2)	商品保証引当金	15,000	現 金	15,000
(3)	商 品 保 証 費	30,000	現 金	30,000

解答への道

(1) 売上高の1％について商品保証引当金を設定します。なお，商品保証引当金の残高がないため，保証費用の見積額，その全額について繰入処理します。
　　見積額：売上高5,000,000円×1％= 50,000円

(2) 前期の売上収益に対応する保証費用であるため，商品保証引当金を取り崩します。

(3) 当期の売上収益に対応する保証費用であるため，商品保証費（費用）を計上します。この場合，商品保証引当金の残高が存在していても，商品保証引当金の取り崩しはできません。

	借方科目	金　　額	貸方科目	金　　額
(1)	退職給付費用	37,000	退職給付引当金	37,000
(2)	退職給付引当金	2,800,000	当座預金	2,800,000
(3)	退職給付引当金	100,000	当座預金	100,000

解答への道

(1) 「当期繰入額」37,000円について，退職給付費用を計上し，退職給付引当金を増額します。

(2) 退職給付の支給額2,800,000円について，退職給付引当金を取り崩します。

(3) 厚生年金基金の掛け金の支払額100,000円について退職給付引当金を取り崩します。

【参考】退職給付会計について

　退職時に見込まれる退職給付総額のうち当期末までに発生していると認められる部分を「退職給付債務」といいます。退職給付会計では，退職給付債務から企業年金の資産額を控除した額を貸借対照表に「退職給付引当金」として計上します。つまり，退職給付債務に対する年金資産の積立て不足が退職給付引当金として計上されることとなります。

　年金掛け金を支払うことにより年金資産が増加するということは，その増加分だけ退職給付債務から控除される金額も増えるということです。したがって，年金掛け金を支払ったときには，「退職給付引当金」の取り崩しを行います。

	借方科目	金　　額	貸方科目	金　　額
1	賞与引当金繰入	3,600,000	賞与引当金	3,600,000
2	賞与引当金 賞　　　与	3,600,000 1,850,000	現　　　金	5,450,000
3	賞　　　与	5,800,000	現　　　金	5,800,000

解答への道

1. 次期の6月に支給する賞与の見積額5,400,000円のうち，当期の負担に属する4か月分（12月1日から3月31日まで）の金額について賞与引当金を設定します。

$$5,400,000円 \times \frac{4か月}{6か月} = 3,600,000円$$

2. 6月の賞与の支給に際して，賞与引当金を取り崩します。なお，差額1,850,000円については当期の費用として賞与を計上します。

賞与：5,450,000円 − 3,600,000円 = 1,850,000円

3. 11月に支給する賞与に関して，賞与引当金は設定対象になりません。そのため，全額，当期の費用として賞与を計上します。

精　算　表

勘定科目	残高試算表 借方	残高試算表 貸方	修正記入 借方	修正記入 貸方	損益計算書 借方	損益計算書 貸方	貸借対照表 借方	貸借対照表 貸方
現　　　　金	137,000			1,000			136,000	
当 座 預 金	760,000		17,000	6,500			769,500	
				1,000				
受 取 手 形	260,000			17,000			243,000	
売 掛 金	385,000						385,000	
貸 倒 引 当 金		16,000		35,500				51,500
商　　　　品	168,000			18,500			149,500	
建　　　　物	600,000						600,000	
建物減価償却累計額		180,000		18,000				198,000
備　　　　品	80,000						80,000	
備品減価償却累計額		20,000		15,000				35,000
買 掛 金		434,000	1,000					433,000
借 入 金		250,000						250,000
修 繕 引 当 金		2,100		3,900				6,000
商品保証引当金		7,900	7,900	19,900				19,900
退職給付引当金		75,000		25,000				100,000
資 本 金		1,000,000						1,000,000
利 益 準 備 金		57,000						57,000
繰越利益剰余金		30,000						30,000
売　　　　上		1,990,000				1,990,000		
受 取 手 数 料		42,500				42,500		
売 上 原 価	1,361,000				1,361,000			
給　　　　料	320,000				320,000			
保 険 料	18,000			7,000	11,000			
支 払 利 息	12,000		6,500		18,500			
手 形 売 却 損	3,500				3,500			
	4,104,500	4,104,500						
雑 （ 損 ）			1,000		1,000			
棚 卸 減 耗 損			12,000		12,000			
商 品 評 価 損			6,500		6,500			
貸 倒 引 当 金 繰 入			35,500		35,500			
減 価 償 却 費			33,000		33,000			
修 繕 引 当 金 繰 入			3,900		3,900			
商品保証引当金戻入				7,900		7,900		
商品保証引当金繰入			19,900		19,900			
退 職 給 付 費 用			25,000		25,000			
（前 払）保 険 料			7,000				7,000	
当 期 純（利 益）					189,600			189,600
			176,200	176,200	2,040,400	2,040,400	2,370,000	2,370,000

(注)「雑損」は「雑損失」でもよい。

期末整理事項

1．現金過不足

帳簿残高を実際有高に一致させ，不足額（原因不明）を現金勘定から雑損勘定へ振り替えます。

（雑 損）	1,000	（現 金）	1,000

2．当座預金の修正

(1) 借入金利息の引落分が未記帳であるため，次の仕訳が必要です。

（支 払 利 息）	6,500	（当 座 預 金）	6,500

また，手形の入金分が未記帳であるため，次の仕訳が必要です。

（当 座 預 金）	17,000	（受 取 手 形）	17,000

(2) 誤記入（16,000円を15,000円と記帳）されているため，差額分を次のように仕訳します。

（買 掛 金）	1,000	（当 座 預 金）	1,000

3．売上原価および期末商品の整理

本問における商品売買の記帳は，売上原価対立法であるため，売上原価算定の決算整理仕訳はありません。

（棚 卸 減 耗 損）	12,000	（商 品）	18,500
（商 品 評 価 損）	6,500		

棚卸減耗損：@120円×（1,400個−1,300個）
= 12,000円
商品評価損：（@120円−@115円）×1,300個
= 6,500円

4．貸倒引当金の設定

Ａ社の受取手形53,000円とＢ社の売掛金75,000円について個別に貸倒見積額を求め，それ以外の売上債権については一括して貸倒見積額を求めます。

	貸倒見積額		試算表	繰入額
Ａ社受取手形	53,000円×50%	= 26,500円		
Ｂ社売掛金	75,000円×20%	= 15,000円		
その他受取手形	（243,000円−53,000円）× 2 % =	3,800円	− 16,000円 =	35,500円
その他売掛金	（385,000円−75,000円）× 2 % =	6,200円		
	合 計	51,500円		

（貸倒引当金繰入）	35,500	（貸 倒 引 当 金）	35,500

5．減価償却

（減 価 償 却 費）	33,000	（建物減価償却累計額）	18,000
		（備品減価償却累計額）	15,000

建物減価償却費：600,000円×0.9÷30年＝18,000円
備品減価償却費：（80,000円−20,000円）×25%
= 15,000円

6．修繕引当金の設定：差額補充法

（修繕引当金繰入）	3,900	（修 繕 引 当 金）	3,900

繰入額：6,000円−2,100円＝3,900円

7．商品保証引当金の設定：洗替法

試算表の残高について戻入処理を行い，見積額について繰入処理を行います。

（商品保証引当金）	7,900	（商品保証引当金戻入）	7,900
（商品保証引当金繰入）	19,900	（商品保証引当金）	19,900

見積額：1,990,000円× 1 %＝19,900円

8．退職給付引当金の設定

（退 職 給 付 費 用）	25,000	（退職給付引当金）	25,000

9．前払保険料の計上

（前 払 保 険 料）	7,000	（保 険 料）	7,000

11 外貨換算会計

問題11-1

(1)

	借方科目	金 額	貸方科目	金 額
①	仕　　入	105,000	買 掛 金	105,000
②	買 掛 金	105,000	当 座 預 金	100,000
			為 替 差 損 益	5,000

(2)

	借方科目	金 額	貸方科目	金 額
①	売 掛 金	105,000	売　　上	105,000
②	当 座 預 金	100,000	売 掛 金	105,000
	為 替 差 損 益	5,000		

解答への道

(1) **仕入取引**

① 仕入時

　　買掛金を当日の為替相場105円/ドルで換算し，買掛金および仕入を計上します。

　　買掛金：105円/ドル×1,000ドル＝105,000円

② 決済時

　　「当座預金」を当日の為替相場で換算し，「買掛金」との差額について「為替差損益」を計上します。

　　当座預金：100円/ドル×1,000ドル＝100,000円
　　為替差損益：(105円/ドル－100円/ドル)
　　　　　　　　×1,000ドル
　　　　　　　　＝5,000円(支払額の減少＝為替差益)

(2) **売上取引**

① 売上時

　　売掛金を当日の為替相場105円/ドルで換算し，売掛金および売上を計上します。

　　売掛金：105円/ドル×1,000ドル＝105,000円

② 決済時

　　「当座預金」を当日の為替相場で換算し，「売掛金」との差額について「為替差損益」を計上します。

　　当座預金：100円/ドル×1,000ドル＝100,000円
　　為替差損益：(105円/ドル－100円/ドル)
　　　　　　　　×1,000ドル
　　　　　　　　＝5,000円(受取額の減少＝為替差損)

問題11-2

	借方科目	金 額	貸方科目	金 額
(1)	前 払 金	55,000	当 座 預 金	55,000
(2)	仕　　入	160,000	前 払 金	55,000
			買 掛 金	105,000
(3)	買 掛 金	105,000	当 座 預 金	100,000
			為 替 差 損 益	5,000

解答への道

(1) **前払金支払時**

　　「前払金」を当日の為替相場で換算します。

　　前払金：110円/ドル×500ドル＝55,000円

(2) **仕入時**

　　「買掛金」を当日の為替相場で換算し，「前払金」と「買掛金」の円換算額の合計をもって「仕入」を計上します。

　　買掛金：105円/ドル×1,000ドル＝105,000円
　　仕入：55,000円＋105,000円＝160,000円

(3) **買掛金の支払時**

　　「当座預金」を当日の為替相場で換算し，「買掛金」との差額について「為替差損益」を計上します。

　　当座預金：100円/ドル×1,000ドル＝100,000円
　　為替差損益：(105円/ドル－100円/ドル)
　　　　　　　　×1,000ドル
　　　　　　　　＝5,000円(支払額の減少＝為替差益)

問題11-3

	借方科目	金　　額	貸方科目	金　　額
(1)	売　掛　金	200,000	売　　　　上	200,000
(2)	売　掛　金	10,000	為　替　差　損　益	10,000
(3)	当　座　預　金	220,000	売　　掛　　金	210,000
			為　替　差　損　益	10,000

解答への道

(1) 販売時

「売掛金」を当日の為替相場で換算し、「売掛金」および「売上」を計上します。

売掛金：100円／ドル×2,000ドル＝200,000円

(2) 決算時

「売掛金」を決算日の為替相場（CR）に換算替えし、換算替えにともなう差額を「為替差損益」として計上します。

売掛金：（105円／ドル－100円／ドル）
　　　　　×2,000ドル
　　　　　＝10,000円（売掛金の増加＝為替差益）

(3) 売掛金の回収時

「当座預金」を当日の為替相場で換算し、「売掛金」との差額について「為替差損益」を計上します。

当座預金：110円／ドル×2,000ドル＝220,000円
為替差損益：（110円／ドル－105円／ドル）
　　　　　　×2,000ドル
　　　　　　＝10,000円（受取額の増加＝為替差益）

問題11-4

(1)

	借方科目	金　　額	貸方科目	金　　額
3／8	商　　　　　品	1,260,000	買　　掛　　金	1,260,000
3／10	売　　掛　　金	3,000,000	売　　　　上	3,000,000
	売　上　原　価	1,665,000	商　　　　品	1,665,000
3／25	買　　掛　　金	1,050,000	当　座　預　金	1,030,000
			為　替　差　損　益	20,000
3／31	棚　卸　減　耗　損	22,200	商　　　　品	22,200
	買　　掛　　金	6,000	為　替　差　損　益	6,000

(2)

商　　　　品

年	月	日	摘　　要	借　　方	年	月	日	摘　　要	貸　　方
×2	3	1	前　月　繰　越	960,000	×2	3	10	売　上　原　価	1,665,000
	3	8	買　掛　金	1,260,000		3	31	棚　卸　減　耗　損	22,200
						3	31	次　期　繰　越	532,800
				2,220,000					2,220,000

為　替　差　損　益

年	月	日	摘　　要	借　　方	年	月	日	摘　　要	貸　　方
×2	3	31	損　　益	26,000	×2	3	25	買　掛　金	20,000
						3	31	買　掛　金	6,000
				26,000					26,000

1．期中取引の仕訳

(1) 3月1日：前月繰越（解答欄に記入済み）

商品勘定（前期繰越）：1,200円／個×800個
= 960,000円

(2) 3月8日：商品の輸入

（商　　　　　品）1,260,000*2	（買　掛　金）1,260,000*1

* 1　買掛金（ドル）：10ドル×1,200個 = 12,000ドル
買掛金の換算：105円／ドル×12,000ドル
= 1,260,000円

* 2　単価の換算：105円／ドル×10ドル／個
= 1,050円／個
仕入原価：1,050円／個×1,200個 = 1,260,000円
平均単価：（960,000円 + 1,260,000円）
÷（800個 + 1,200個）= 1,110円／個

(3) 3月10日：商品の販売

（売　掛　金）3,000,000	（売　　　　　上）3,000,000*1
（売上原価）1,665,000*2	（商　　　　　品）1,665,000

* 1　売価2,000円／個×1,500個 = 3,000,000円
* 2　平均単価1,110円／個×1,500個 = 1,665,000円

(4) 3月25日：買掛金支払

（買　掛　金）1,050,000*1	（当座預金）1,030,000*2
	（為替差損益）　20,000*3

* 1　105円／ドル×10,000ドル = 1,050,000円
* 2　103円／ドル×10,000ドル = 1,030,000円
* 3　貸借差額

2．決算整理仕訳

① 期末商品の評価

売上原価対立法の場合，期中にその都度，売上原価を計算しているため，売上原価の計算に係る決算整理仕訳は不要となります。また，期末における商品勘定の残高は期末商品帳簿棚卸高を示しています。したがって，棚卸減耗損の計上のみ行います。

（棚卸減耗損）22,200*	（商　　　　　品）22,200

* 帳簿棚卸数量
月初800個 + 当月仕入1,200個 − 当月販売1,500個
= 500個
平均単価1,110円／個×（500個 − 480個）= 22,200円

② 買掛金の換算替え

買掛金は貨幣項目であるため，決算時の為替相場による円換算額に換算替えを行います。

（買　掛　金）6,000	（為替差損益）6,000*

* （102円／ドル − 105円／ドル）
×（12,000ドル − 10,000ドル）
= △6,000円〈買掛金減少額 = 為替差益〉

3．参考：商品有高帳の記入（移動平均法）

商品有高帳
商品　　A

移動平均法

×2 年		摘　要	受　入　高			払　出　高			残　　高		
			数　量	単　価	金　額	数量	単　価	金　額	数　量	単　価	金　額
3	1	前月繰越	800	1,200	960,000				800	1,200	960,000
	8	仕　入	1,200	1,050	1,260,000				2,000	1,110	2,220,000
	10	売　上				1,500	1,110	1,665,000	500	1,110	555,000
	31	棚卸減耗				20	1,110	22,200	480	1,110	532,800
	31	次期繰越				480	1,110	532,800			
			2,000		2,220,000	2,000		2,220,000			

問題11-5

	借方科目	金　額	貸方科目	金　額
3/6	備　　品	5,220,000	未　払　金	5,220,000
3/14	前　払　金	309,000	現　　金	309,000
3/31	為替差損益	150,000	未　払　金	150,000
	減価償却費	87,000	減価償却累計額	87,000

解答への道

(1) **3月6日：備品の輸入**

未払金の換算：@102円／ドル×50,000ドル
＝5,100,000円

備品の取得原価：5,100,000円＋120,000円
＝5,220,000円

(2) **3月14日：手付金の支払い**

商品の仕入に関する手付金の支払額は「前払金」で処理します。

前払金の換算：@103円／ドル×3,000ドル
＝309,000円

(3) **3月31日：決算日**

・外貨建て資産・負債の換算替え

本問において，「備品」「前払金」および「未払金」が対象となりますが，「備品」および「前払金」は非貨幣性項目のため，換算替えは行いません。対して「未払金」は貨幣項目のため換算替えが必要になります。

未払金の換算替え：（@105円／ドル－@102円／ドル）×50,000ドル＝150,000円（未払金の増加＝為替差損）

・備品の減価償却費：5,220,000円÷5年×$\dfrac{1か月}{12か月}$
＝87,000円

問題11-6

精　算　表

勘定科目	残高試算表		修正記入		損益計算書		貸借対照表	
	借　方	貸　方	借　方	貸　方	借　方	貸　方	借　方	貸　方
売　掛　金	243,000		7,000				250,000	
貸倒引当金		3,500		1,500				5,000
買　掛　金		178,000		3,000				181,000
前　受　金		33,000						33,000
為替差損益	4,500		3,000	7,000		500		
貸倒引当金繰入			1,500		1,500			

解答への道

1．売掛金の換算替え

売掛金1,000ドルを決算日の為替相場（ＣＲ）で換算替えします。

（売　掛　金）	7,000	（為替差損益）	7,000*

＊ （112円／ドル〈ＣＲ〉－105円／ドル〈ＨＲ〉）×1,000ドル＝7,000円（売掛金の増加＝為替差益）

2．前受金

前受金は「非貨幣項目」であるため，換算替えを行いません。

仕　訳　な　し

3．買掛金の換算替え

買掛金500ドルを決算日の為替相場（ＣＲ）で換算替えします。

（為替差損益）	3,000*	（買　掛　金）	3,000

＊ （112円／ドル〈ＣＲ〉－106円／ドル〈ＨＲ〉）×500ドル＝3,000円（買掛金の増加＝為替差損）

4．貸倒引当金の設定

売掛金の期末残高について差額補充法により貸倒引当金を設定します。

（貸倒引当金繰入）	1,500*	（貸倒引当金）	1,500

＊ 見積額：（243,000円＋7,000円）×2％＝5,000円
繰入額：5,000円－3,500円＝1,500円

〈64〉

(1)

	借方科目	金　　額	貸方科目	金　　額
①	仕　　　入	86,400	買　掛　金	86,400
②	買　掛　金	86,400	当　座　預　金	86,400

(2)

	借方科目	金　　額	貸方科目	金　　額
①	売　掛　金	127,200	売　　　上	127,200
②	当　座　預　金	127,200	売　掛　金	127,200

解答への道

(1) 仕入取引

① **仕入時**

　外貨建取引の換算は取引時の直物為替レート（ＳＲ）で換算することが原則ですが，①営業取引について，かつ②取引と同時に為替予約を行った場合には，外貨建営業取引を先物為替相場（予約レート：ＦＲ）で換算することができます。

　　買掛金：108円／ドル〈ＦＲ〉×800ドル
　　　　　　＝86,400円

② **決済時**

　「当座預金」を先物為替レート（予約レート：ＦＲ）で換算します。この場合，当座預金の金額が取引時の「買掛金」の換算額と同じになるため「為替差損益」が発生しません。

　　当座預金：108円／ドル〈ＦＲ〉×800ドル
　　　　　　　＝86,400円

(2) 売上取引

① **売上時**

　仕入取引と同様に，外貨建営業取引を先物為替相場（予約レート：ＦＲ）で換算することができます。

　　売掛金：106円／ドル〈ＦＲ〉×1,200ドル
　　　　　　＝127,200円

② **決済時**

　「当座預金」を先物為替レート（予約レート：ＦＲ）で換算します。この場合，当座預金の金額が取引時の「売掛金」の換算額と同じになるため「為替差損益」が発生しません。

　　当座預金：106円／ドル〈ＦＲ〉×1,200ドル
　　　　　　　＝127,200円

	借方科目	金　　額	貸方科目	金　　額
(1)	売　掛　金	500,000	売　　　上	500,000
(2)	為替差損益	10,000	売　掛　金	10,000
(3)	仕　訳　な　し			
(4)	当　座　預　金	490,000	売　掛　金	490,000

解答への道

(1) 販売時

　「売掛金」を当日の直物為替相場（ＳＲ）で換算し，「売掛金」および「売上」を計上します。

　　売掛金：100円／ドル〈ＳＲ〉×5,000ドル
　　　　　　＝500,000円

(2) 為替予約時

　「売掛金」を先物為替相場（予約レート：ＦＲ）に換算替えし，換算替えにともなう差額を「為替差損益」として計上します。

　　売掛金：(98円／ドル〈ＦＲ〉－100円／ドル〈ＳＲ〉)×5,000ドル＝10,000円（売掛金の減少＝為替差損）

(3) 決算時

　売掛金に為替予約が付されているため，決算時の換算替えは行いません。

(4) 売掛金の回収時

　「当座預金」を先物為替レート（予約レート：ＦＲ）で換算します。この場合，当座預金の金額が「売掛金」の換算額と同じになるため「為替差損益」が発生しません。

　　当座預金：98円／ドル〈ＦＲ〉×5,000ドル
　　　　　　　＝490,000円

問題12-1

	借方科目	金　額	貸方科目	金　額
(1)	仮払法人税等	2,700,000	当 座 預 金	2,700,000
(2)	法 人 税 等	6,200,000	仮払法人税等	2,700,000
			未払法人税等	3,500,000
(3)	未払法人税等	3,500,000	当 座 預 金	3,500,000

解答への道

(1) 中間申告によって納付した法人税額は，仮払法人税等勘定や仮払金勘定などの仮の勘定で処理しておきます。なぜなら，まだその税額が確定したわけではないからです。

(2) 税額が確定すれば，中間納付額を仮払法人税等勘定から法人税等勘定に振り替えます。また，確定税額から中間納付額を差し引いた残額は未払法人税等勘定（負債の勘定）で処理しておきます。

(3) 確定申告を行い，未払分を納付したときに未払法人税等勘定の借方に記入を行います。

問題12-2

借方科目	金　額	貸方科目	金　額
法 人 税 等	6,090,000	仮払法人税等	2,700,000
		未払法人税等	3,390,000

解答への道

中間納付額は仮払法人税等勘定で処理されています。

（仮払法人税等）2,700,000　（当 座 預 金）2,700,000

決算に際して利益額が決定し法人税・住民税及び事業税の金額が確定したら，法人税等勘定の借方に計上し，中間納付額との差額は未払法人税等勘定で処理します。

問題12-3

	借方科目	金　額	貸方科目	金　額
(1)	現　　　金	49,500	売　　　上	45,000
			仮受消費税	4,500
(2)	仕　　　入	16,000	現　　　金	17,600
	仮払消費税	1,600		
(3)	販　売　費	8,300	現　　　金	9,130
	仮払消費税	830		
(4)	器 具 備 品	13,500	現　　　金	14,850
	仮払消費税	1,350		
(5)	仮受消費税	4,500	仮払消費税	3,780
			未払消費税	720

解答への道

① 消費税を支払ったとき

支払った消費税分を仮払消費税勘定で処理します。

② 消費税を受け取ったとき

受け取った消費税分を仮受消費税勘定で処理します。

③ 決算のとき

仮受消費税と仮払消費税を相殺し，差額を未払消費税勘定で処理します。

〈消費税（10%）の計算〉

(1) $49,500円 \times \dfrac{10}{110} = 4,500円$……仮受消費税

(2) $17,600円 \times \dfrac{10}{110} = 1,600円$……仮払消費税

(3) $9,130円 \times \dfrac{10}{110} = 830円$……仮払消費税

(4) $14,850円 \times \dfrac{10}{110} = 1,350円$……仮払消費税

〈未払消費税の計算〉

(5) $\underset{\text{仮受消費税}}{4,500円} - (\underset{\text{仮払消費税}}{1,600円 + 830円 + 1,350円}) = 720円$…未払消費税

13 課税所得の算定と税効果会計

問題13-1

①	②	③	④
益　　金	損　　金	税引前当期純利益	益　　金
⑤	⑥	⑦	⑧
損　　金	収　　益	益　　金	費　　用
⑨	⑩	⑪	⑫
損　　金	損　　金	益　　金	費　　用
⑬	⑭	⑮	
損　　金	収　　益	益　　金	

解答への道

以下，完成させた文章を示します。

(1) 法人税等の計算に関する「課税所得」とは，税法上の（①：益金）から（②：損金）を控除した金額をいう。ただし，その算定は，会計上の（③：税引前当期純利益）に対して差異部分を「加算調整」または「減算調整」することにより行う。

(2) 課税所得の算定において，加算調整するものとして（④：益金）算入と（⑤：損金）不算入がある。

（④：益金）算入とは，会計上（⑥：収益）として計上していないものを税法上（⑦：益金）として認めるものをいう。

（⑤：損金）不算入とは，会計上（⑧：費用）として計上したものを税法上（⑨：損金）として認めないものをいう。

また，課税所得の算定において，減算調整するものとして（⑩：損金）算入と（⑪：益金）不算入がある。

（⑩：損金）算入とは，会計上（⑫：費用）として計上していないものを税法上（⑬：損金）として認めるものをいう。

（⑪：益金）不算入とは，会計上（⑭：収益）として計上したものを税法上（⑮：益金）として認めないものをいう。

問題13-2

	借方科目	金　額	貸方科目	金　額
(1)	法人税，住民税及び事業税	440,000	未払法人税等	440,000
(2)	法人税，住民税及び事業税	614,000	仮払法人税等	300,000
			未払法人税等	314,000

解答への道

「課税所得」の計算と，それにもとづく「法人税等」の計上を確認しましょう。

(1) 第1期

① 課税所得の算定

「損金不算入」を加算調整し，課税所得を求めます。

課税所得：800,000円〈税引前当期純利益〉
　　　　　＋250,000円〈減価償却費〉
　　　　　＋50,000円〈貸倒引当金〉
　　　　　＝1,100,000円

② 法人税等および未払法人税等の算定

1,100,000円×40％＝440,000円

(2) 第2期

① 課税所得の算定

「損金不算入」を加算調整，「損金算入」を減算調整し，課税所得を求めます。

課税所得：1,250,000円〈税引前当期純利益〉＋250,000円〈減価償却費〉＋85,000円〈貸倒引当金（当期分）〉
　　　　　－50,000円〈貸倒引当金（前期分）〉
　　　　　＝1,535,000円

② 法人税等の算定

1,535,000円×40％＝614,000円

③ 未払法人税等の算定

614,000円－300,000円〈中間納付額〉
　＝314,000円

問題13-3

借方科目	金　額	貸方科目	金　額
法 人 税 等	272,000	仮払法人税等	145,000
		未払法人税等	127,000

解答への道

(1) 課税所得の算定

　　税務調整を行い，課税所得を求めます。

税引前当期純利益	560,000 円
貸倒引当金（前期末）の損金算入	△ 54,000 円
貸倒引当金（当期末）の損金不算入	＋ 66,000 円
減価償却費の損金不算入	＋ 125,000 円
受取配当金の益金不算入	△ 17,000 円
課税所得	680,000 円

(2) 法人税等の算定

　　680,000円×40％＝272,000円

(3) 未払法人税等の算定

　　272,000円－145,000円〈中間納付額〉＝127,000円

問題13-4

①	②	③	④
認 識 時 点	一 時 差 異	範　　囲	永 久 差 異

⑤	⑥	⑦	⑧
将来減算一時差異	繰延税金資産	将来加算一時差異	繰延税金負債

解答への道

以下，完成させた文章を示します。

(1) 税効果会計の対象となる差異は，企業会計上の「収益・費用」と法人税法上の「益金・損金」が，その（①認識時点）の相違によって発生したと考えられる差異であり，時間の経過にともない，その差異が将来において解消することが予定される差異である。これを（②一時差異）といい，税効果会計を適用する。

　　それに対して，企業会計上の「収益・費用」と法人税法上の「益金・損金」との（③範囲）の相違により，企業会計と法人税法で根本的にその取り扱いを異にするため，将来において解消が予定されない差異がある。これを（④永久差異）といい，税効果会計の適用はない。

(2) 将来の課税所得の計算において減算調整される差異を（⑤将来減算一時差異）という。（⑤将来減算一時差異）が発生した場合，（⑥繰延税金資産）を計上し，法人税等の前払処理を行う。

　　それに対して，将来の課税所得の計算において加算調整される差異を（⑦将来加算一時差異）という。（⑦将来加算一時差異）が発生した場合，（⑧繰延税金負債）を計上し，法人税等の未払処理を行う。

問題13-5

	借方科目	金　額	貸方科目	金　額
(1)	貸倒引当金繰入	36,000	貸 倒 引 当 金	36,000
(2)	繰延税金資産	10,800	法人税等調整額	10,800
(3)	減 価 償 却 費	480,000	減価償却累計額	480,000
(4)	繰延税金資産	54,000	法人税等調整額	54,000

解答への道

税効果会計の基本処理を確認しましょう。

(1) 貸倒引当金の設定

　　第1期の決算であるため，貸倒引当金の残高は存在しません。よって，貸倒見積額の全額を繰入処理します。

　　貸倒見積額（＝繰入額）：1,800,000円× 2 ％
　　　　　　　　　　　　　　＝36,000円

(2) 貸倒引当金に関する税効果会計

　　上記，貸倒引当金が税法上，損金不算入となることにより，貸倒引当金の計上額につき「将来減算一時差異」が発生します。そこで，この差異に対応する法人税等の金額について繰延税金資産を計上し，法人税等を繰り延べます。

　　繰延税金資産：36,000円×30％＝10,800円

(3) 減価償却

　　当期首に取得した備品について，200％定率法により，1年分の減価償却費を計上します。

　　定率法償却率：1÷5年×200％＝0.4
　　減価償却費：1,200,000円×0.4＝480,000円

(4) 減価償却に関する税効果会計

　　会計上と税法上の耐用年数が異なることにより，減価償却費の金額について「将来減算一時差異」が発生します。この差異に対応する法人税等の金額について繰延税金資産を計上し，法人税等を繰り延べます。

　　税法上の定率法償却率：1÷8年×200％＝0.25
　　税法上の減価償却費：1,200,000円×0.25
　　　　　　　　　　　　＝300,000円
　　将来減算一時差異：480,000円－300,000円
　　　　　　　　　　　＝180,000円
　　繰延税金資産：180,000円×30％＝54,000円

問題13-6

	借方科目	金　　額	貸方科目	金　　額
(1)	繰延税金資産	120,000	法人税等調整額	120,000
(2)	法人税等調整額	20,000	繰延税金資産	20,000
	繰延税金資産	134,000	法人税等調整額	134,000

(注)(2)の解答は「解消発生方式」で示している。別解については、解答への道の〈参考〉を参照のこと。

解答への道

　税効果会計における、差異（将来減算一時差異）の「発生」にともなう「繰延税金資産」の計上と、その「解消」にともなう取り崩しの会計処理を確認しましょう。

(1)　第1期の決算：将来減算一時差異の発生

　　減価償却および貸倒引当金の設定について損金不算入の税務調整がなされることにより、将来減算一時差異が発生します。将来減算一時差異が発生した場合、繰延税金資産を計上して法人税等の前払処理を行います。

一時差異	期　　首	解　　消	発　　生	期　　末
減 価 償 却	—	—	250,000	250,000
貸倒引当金の設定	—	—	50,000	50,000
合　　計	—	—	300,000	300,000
税　　　率			×40%	×40%
繰延税金資産	—	—	120,000	120,000

(2)　第2期の決算：将来減算一時差異の解消および発生

　　前期に計上した貸倒引当金の設定について損金算入の税務調整がなされることにより、前期に発生した将来減算一時差異の一部が解消するため、繰延税金資産を取り崩して法人税等の振り戻し処理を行います。

　　また、当期の減価償却および貸倒引当金の設定について損金不算入の税務調整がなされることにより、新たに将来減算一時差異が発生するため、繰延税金資産を計上して法人税等の前払処理を行います。

一時差異	期　　首	解　　消	発　　生	期　　末
減 価 償 却	250,000	—	250,000	500,000
貸倒引当金の設定	50,000	50,000	85,000	85,000
合　　計	300,000	50,000	335,000	585,000
税　　　率	×40%	×40%	×40%	×40%
繰延税金資産	120,000	20,000	134,000	234,000

〈参考〉第2期における税効果会計の仕訳方法

　第2期における税効果会計の仕訳は以下の3方式が考えられる。なお、財務諸表に計上される金額はどの方式でも同じである。

①　解消発生方式（(2)の解答）

　　解消分20,000円について繰延税金資産を取り崩し、発生分134,000円について繰延税金資産を計上します。

解　消	（法人税等調整額） 20,000	（繰延税金資産） 20,000
発　生	（繰延税金資産）134,000	（法人税等調整額）134,000

②　洗替方式（(2)の別解①）

　　期首分120,000円の繰延税金資産についてその全額を取り崩し、期末分234,000円の繰延税金資産についてその全額を計上します。

期　首	（法人税等調整額）120,000	（繰延税金資産）120,000
期　末	（繰延税金資産）234,000	（法人税等調整額）234,000

③　差額補充方式（(2)の別解②）

　　解消分20,000円（期首分120,000円）と発生分134,000円（期末分234,000円）の差額について繰延税金資産を新たに計上します。

純増額	（繰延税金資産）114,000	（法人税等調整額）114,000

　繰延税金資産：
　134,000円 − 20,000円 = 114,000円
　または、
　234,000円 − 120,000円 = 114,000円

	借方科目	金　額	貸方科目	金　額
(1)	その他有価証券	30,000	繰延税金負債	12,000
			その他有価証券評価差額金	18,000
(2)	繰延税金負債	12,000	その他有価証券	30,000
	その他有価証券評価差額金	18,000		
(3)	繰延税金資産	4,000	その他有価証券	10,000
	その他有価証券評価差額金	6,000		

解答への道

　「その他有価証券評価差額金」に関する税効果会計の処理を確認しましょう。

　その他有価証券評価差額金に関して税効果会計を適用するときには，「法人税等調整額」を用いずに「その他有価証券評価差額金」の一部を直接減額して「繰延税金資産」または「繰延税金負債」を計上します。

> ・その他有価証券評価差額金（貸方）
>   将来加算一時差異の発生→「繰延税金負債」の計上
> ・その他有価証券評価差額金（借方）
>   将来減算一時差異の発生→「繰延税金資産」の計上

　また，その他有価証券評価差額金に係る一時差異は，翌期の再振替仕訳により解消します。

(1)　その他有価証券評価差額金（貸方）の計上および
　　将来加算一時差異の発生
　　　評価差額：280,000円〈時価〉
　　　　　　　　　− 250,000円〈帳簿価額〉= 30,000円
　　　繰延税金負債：30,000円 × 40%〈税率〉
　　　　　　　　　　= 12,000円
　　　その他有価証券評価差額金：
　　　30,000円 × (1 − 40%) = 18,000円

(2)　再振替仕訳および将来加算一時差異の解消
　　　再振替仕訳によりその他有価証券の帳簿価額が取得原価に戻り，一時差異が解消するため，繰延税金負債を取り崩します。

(3)　その他有価証券評価差額金（借方）の計上および
　　将来減算一時差異の発生
　　　評価差額：240,000円〈時価〉
　　　　　　　　　− 250,000円〈帳簿価額〉= △10,000円
　　　繰延税金資産：10,000円 × 40%〈税率〉= 4,000円
　　　その他有価証券評価差額金：
　　　10,000円 × (1 − 40%) = 6,000円

	借方科目	金　額	貸方科目	金　額
(1)	法人税等調整額	6,900	繰延税金資産	6,900
	繰延税金資産	46,200	法人税等調整額	46,200
(2)	法人税等調整額	144,600	繰延税金資産	144,600
	繰延税金資産	183,900	法人税等調整額	183,900
(3)	繰延税金資産	39,300	法人税等調整額	39,300

解答への道

　税効果会計の仕訳を期末に行う場合，「将来減算一時差異」，「将来加算一時差異」および「その他有価証券評価差額金」に区別し，それぞれの内容ごとにまとめて仕訳を考えることができます。

　本問における「引当金の設定」および「減価償却」に関する一時差異はいずれも「将来減算一時差異」となります。

(1)　解消発生方式による仕訳
　　　解消分の繰延税金資産：
　　　23,000円 × 30% = 6,900円→取り崩し
　　　発生分の繰延税金資産：
　　　154,000円 × 30% = 46,200円→繰り入れ

(2)　洗替方式による仕訳
　　　期首分の繰延税金資産：
　　　482,000円 × 30% = 144,600円→取り崩し
　　　期末分の繰延税金資産：
　　　613,000円 × 30% = 183,900円→繰り入れ

(3)　差額補充方式による仕訳
　　　発生 − 解消：(154,000円 − 23,000円) × 30%
　　　　　　　　　　= 39,300円→繰り入れ
　　　または
　　　期末 − 期首：(613,000円 − 482,000円) × 30%
　　　　　　　　　　= 39,300円→繰り入れ

14 株式の発行

問題14-1

	借方科目	金額	貸方科目	金額
(1)	普通預金	160,000,000	資本金	160,000,000
(2)	普通預金	350,000,000	資本金	175,000,000
			資本準備金	175,000,000
(3)	普通預金	120,000,000	資本金	60,000,000
			資本準備金	60,000,000

解答への道

　株式の発行に関する問題では，①株式の発行にともなう払込金額と②会社法の規定による資本金組入額の計算に注意します。なお，払込金額のうち，資本金に組み入れなかった金額は原則として，「資本準備金（純資産）」として処理します。

（参　考） 資本金組入額

原　則	払込金額の全額
容　認	払込金額の2分の1以上

　本問は会社設立時における株式の発行の問題です。
(1) 資本金組入額について，特に指示のないときは原則により処理します。
　① 払込金額：@80,000円×2,000株
　　　　　　　＝160,000,000円
　② 資本金組入額：160,000,000円（払込金額の全額）
(2) 資本金組入額について容認の処理を行います。問題文に「会社法」で認められる最低額とあることから，払込金額の2分の1を資本金に組み入れます。
　① 払込金額：@70,000円×5,000株
　　　　　　　＝350,000,000円
　② 資本金組入額：350,000,000円×$\frac{1}{2}$
　　　　　　　＝175,000,000円
　③ 資本準備金：350,000,000円−175,000,000円
　　　　　　　＝175,000,000円
(3) 資本金組入額について容認の処理を行います。
　① 払込金額：@120,000円×1,000株
　　　　　　　＝120,000,000円
　② 資本金組入額：120,000,000円×50%
　　　　　　　＝60,000,000円
　③ 資本準備金：120,000,000円−60,000,000円
　　　　　　　＝60,000,000円

問題14-2

	借方科目	金額	貸方科目	金額
(1)	当座預金	240,000,000	資本金	240,000,000
(2)	当座預金	450,000,000	資本金	225,000,000
			資本準備金	225,000,000
(3)	当座預金	210,000,000	資本金	168,000,000
			資本準備金	42,000,000

解答への道

　本問は増資（会社設立後における新株発行）の問題です。
(1) 資本金組入額について，特に指示のないときは原則により処理します。
　① 払込金額：@80,000円×3,000株
　　　　　　　＝240,000,000円
　② 資本金組入額：240,000,000円（払込金額の全額）
(2) 資本金組入額について容認の処理を行います。問題文に「会社法」で認められる最低額とあることから，払込金額の2分の1を資本金に組み入れます。
　① 払込金額：@90,000円×5,000株
　　　　　　　＝450,000,000円
　② 資本金組入額：450,000,000円×$\frac{1}{2}$
　　　　　　　＝225,000,000円
　③ 資本準備金：450,000,000円−225,000,000円
　　　　　　　＝225,000,000円
(3) 資本金組入額について容認の処理を行います。
　① 払込金額：@70,000円×3,000株
　　　　　　　＝210,000,000円
　② 資本金組入額：210,000,000円×$\frac{4}{5}$
　　　　　　　＝168,000,000円
　③ 資本準備金：210,000,000円−168,000,000円
　　　　　　　＝42,000,000円

	借方科目	金　　額	貸方科目	金　　額
(1)	別 段 預 金	360,000,000	株式申込証拠金	360,000,000
(2)	株式申込証拠金	360,000,000	資 本 金	180,000,000
			資 本 準 備 金	180,000,000
	当 座 預 金	360,000,000	別 段 預 金	360,000,000

解答への道

　本問は増資（会社設立後における新株発行）の手続きを問う問題です。

(1) 増資の手続き期間中（申し込みの受付から払込期日の前日まで）に新たに発行する株式について払い込みを受けたときは，これを「別段預金（資産）」として計上するとともに，同額を「株式申込証拠金（純資産）」として処理します。

　　払込金額：@90,000円×4,000株
　　　　　　　＝360,000,000円

(2) 払込期日

　　払込期日において，新株式が発行されます。したがって，増資の手続きの期間中に処理した「別段預金」を当座預金等の科目に振り替え，同時に「株式申込証拠金」を資本金等の科目へ振り替えます。なお，その際，資本金組入額の計算に注意します。

　　資本金組入額：360,000,000円×$\frac{1}{2}$
　　　　　　　　　＝180,000,000円
　　資本準備金：360,000,000円－180,000,000円
　　　　　　　　＝180,000,000円

	借方科目	金　　額	貸方科目	金　　額
(1)	当 座 預 金	1,050,000,000	資 本 金	840,000,000
			資 本 準 備 金	210,000,000
	創 立 費	4,000,000	現 金	4,000,000
(2)	普 通 預 金	80,000,000	資 本 金	48,000,000
			資 本 準 備 金	32,000,000
	株式交付費	1,300,000	現 金	1,300,000

解答への道

　本問は，資本金組入額の計算とともに，株式の発行費用の処理に注意します。

(1) 会社設立時における株式の発行の問題です。株式の発行費用等4,000,000円は「創立費」として，費用処理します。

　① 払込金額：@70,000円×15,000株
　　　　　　　＝1,050,000,000円
　② 資本金組入額：1,050,000,000円×80％
　　　　　　　　　＝840,000,000円
　③ 資本準備金：1,050,000,000円－840,000,000円
　　　　　　　　＝210,000,000円

(2) 増資の問題です。新株式の発行費用1,300,000円は「株式交付費」として，費用処理します。

　① 払込金額：@80,000円×1,000株
　　　　　　　＝80,000,000円
　② 資本金組入額：80,000,000円×60％
　　　　　　　　　＝48,000,000円
　③ 資本準備金：80,000,000円－48,000,000円
　　　　　　　　＝32,000,000円

15 剰余金の配当と処分

問題15-1

	借方科目	金 額	貸方科目	金 額
(1)	損　　　　益	200,000	繰越利益剰余金	200,000
(2)	繰越利益剰余金	140,000	利 益 準 備 金	10,000
			未 払 配 当 金	100,000
			別 途 積 立 金	30,000
(3)	未 払 配 当 金	100,000	当 座 預 金	100,000
(4)	損　　　　益	250,000	繰越利益剰余金	250,000

繰越利益剰余金

3/31 次 期 繰 越	200,000	3/31 損　　　益	200,000
6/24 利 益 準 備 金	10,000	4/1 前 期 繰 越	200,000
〃 未 払 配 当 金	100,000	3/31 損　　　益	250,000
〃 別 途 積 立 金	30,000		
3/31 次 期 繰 越	310,000		
	450,000		450,000
		4/1 前 期 繰 越	310,000

解答への道

　剰余金の配当と処分に関する一連の流れを確認しましょう。特に，「繰越利益剰余金（純資産）」の動きに注意してください。

(1)　×5年3月31日　当期純利益(第1期)の振り替え
　　株式会社の利益は損益勘定で計算した後，繰越利益剰余金勘定に振り替えます。
　　ここで注意してほしいのは勘定記入です。この決算の段階では第1期の剰余金の配当および処分はまだ終わっていませんが，勘定の締め切りは会計期間ごとに行うことになるので，ここでいったん勘定を締め切ります。勘定の記入面では，第2期の途中で第1期の剰余金の配当および処分が示されることになります。

(2)　×5年6月24日　繰越利益剰余金の処分が確定したとき（株主総会時）
　　この仕訳を行うことによって，繰越利益剰余金の処分が決まったことになります。ただし，残額の60,000円についてはその処分を次期以降に繰り延べたことになります。
　　なお，利益準備金勘定と別途積立金勘定は純資産の勘定，未払配当金勘定は負債の勘定になります。

(3)　×5年6月25日　株主配当金を支払ったとき
　　剰余金の配当および処分時に計上した未払配当金を減少させる処理を行います。

(4)　×6年3月31日　当期純利益(第2期)の振り替え
　　第2期の純利益を損益勘定から繰越利益剰余金勘定へ振り替えます。

問題15-2

	借方科目	金 額	貸方科目	金 額
(1)	繰越利益剰余金	16,000,000	利 益 準 備 金	1,000,000
			未 払 配 当 金	10,000,000
			別 途 積 立 金	5,000,000
(2)	繰越利益剰余金	13,500,000	利 益 準 備 金	500,000
			未 払 配 当 金	9,000,000
			別 途 積 立 金	4,000,000

解答への道

　繰越利益剰余金の配当にともなう「利益準備金（純資産）」の積立額の計算を確認してください。
　準備金の積立額は，会社法により「資本準備金と利益準備金を併せて資本金の4分の1に達するまで，株主配当金の10分の1を積み立てなければならない。」とされています。そこで，次の比較を行います。

(1)① 要積立額

株主配当金10,000,000円 $\times \dfrac{1}{10}$ = 1,000,000円

② 積立限度額

資本金 $\times \dfrac{1}{4}$ − (資本準備金＋利益準備金)

= 80,000,000円 $\times \dfrac{1}{4}$

− (10,000,000円＋5,000,000円) = 5,000,000円

③ ①と②のいずれか低い方の金額が利益準備金の積立額となります。

1,000,000円 < 5,000,000円　∴ 1,000,000円

(2)① 要積立額

株主配当金9,000,000円 $\times \dfrac{1}{10}$ = 900,000円

② 積立限度額

100,000,000円 $\times \dfrac{1}{4}$

− (15,000,000円＋9,500,000円) = 500,000円

〈73〉

③ ①と②のいずれか低い方の金額が利益準備金の
　積立額となります。
　　900,000円＞500,000円　∴　500,000円

問題15-3

借方科目	金　　額	貸方科目	金　　額
繰越利益剰余金	3,295,000	利 益 準 備 金	245,000
		未 払 配 当 金	2,450,000
		別 途 積 立 金	600,000

解答への道

利益準備金積立額の計算

① 要積立額

$$@98円 \times \underset{\text{株主配当金}}{25,000株} \times \frac{1}{10} = 245,000円$$

② 積立限度額

$$\underset{\text{資本金の4分の1}}{15,000,000円 \times \frac{1}{4}} - (\underset{\text{資本準備金}}{2,000,000円} + \underset{\text{利益準備金}}{1,000,000円})$$

$$= 750,000円$$

③ ①＞②より，245,000円を利益準備金として積み
立てます。

問題15-4

株　主　資　本　等　変　動　計　算　書　　（単位：千円）

	資 本 金	資本準備金	その他資本剰余金	利益準備金	別途積立金
当期首残高	30,000	(5,000)	(1,500)	(900)	(1,200)
当期変動額					
新 株 の 発 行	(10,000)	(2,000)			
剰余金の準備金組入		(1,500)	(△ 1,500)		
剰 余 金 の 配 当				(100)	(550)
当 期 純 利 益					
株主資本以外の項目の当期変動額（純額）					
当期変動額合計	(10,000)	(3,500)	(△ 1,500)	(100)	(550)
当期末残高	(40,000)	(8,500)	(0)	(1,000)	(1,750)

下段に続く

上段から続く

株　主　資　本　等　変　動　計　算　書　　（単位：千円）

	利益剰余金 繰越利益剰余金	株主資本 合　計	その他有価証券 評価差額金	評価・換算差額等 合　計	純資産 合　計
当期首残高	(2,350)	(40,950)	(60)	(60)	(41,010)
当期変動額					
新 株 の 発 行		(12,000)			(12,000)
剰余金の準備金組入		(0)			(0)
剰 余 金 の 配 当	(△ 2,150)	(△ 1,500)			(△ 1,500)
当 期 純 利 益	(850)	(850)			(850)
株主資本以外の項目の当期変動額（純額）			(△ 50)	(△ 50)	(△ 50)
当期変動額合計	(△ 1,300)	(11,350)	(△ 50)	(△ 50)	(11,300)
当期末残高	(1,050)	(52,300)	(10)	(10)	(52,310)

解答への道

以下，当期の純資産に関する取引について，必要な仕訳および株主資本等変動計算書への記入を示します。

1．期首残高について

株主資本等変動計算書の「当期首残高」に記入します。なお，その他有価証券評価差額金の当期首残高は「前期末時価」と「取得原価」との差額で求めます。

・前期末：時価評価

| （その他有価証券） | 60,000 | （その他有価証券評価差額金） | 60,000 |

その他有価証券評価差額金：（580,000円＋330,000円）－（500,000円＋350,000円）＝60,000円（貸方）

2．株主総会

(1) 株主資本の計数変動：その他資本剰余金の準備金組入

① 仕訳

株式会社において，配当政策など会社運営の必要性から行われる株主資本内部における科目の振り替えを「株主資本の計数変動」といいます。本問では，その他資本剰余金の全額を資本準備金に振り替えます。

なお，本問では，この処理が以下の繰越利益剰余金の配当にともなう利益準備金の積立額の計算に影響することに注意します。

| （その他資本剰余金） | 1,500,000 | （資本準備金） | 1,500,000 |

資本準備金：5,000,000円＋1,500,000円＝6,500,000円

② 株主資本等変動計算書への記入

「剰余金の準備金組入」として，「その他資本剰余金」を減額し，「資本準備金」を増額します。

(2) 繰越利益剰余金の配当および処分

① 仕訳

確定した利益処分の内容にもとづき仕訳します。

（繰越利益剰余金）	2,150,000	（利 益 準 備 金）	100,000
		（未 払 配 当 金）	1,500,000
		（別 途 積 立 金）	550,000

なお，利益準備金は，毎決算期に利益の処分として支出する金額（配当金）の10分の1を，配当・処分時の資本準備金と利益準備金の合計額が資本金の4分の1に達するまで積み立てます。

i 積立限度額：$30,000,000円 \times \dfrac{1}{4}$
$- （6,500,000円＋900,000円）＝100,000円$

ii $1,500,000円 \times \dfrac{1}{10} ＝150,000円$

iii i と ii のいずれか小さい方 ∴ 100,000円

② 株主資本等変動計算書への記入

「剰余金の配当」として，「利益準備金」および「別途積立金」を増額し，「繰越利益剰余金」を減額します。

3．増資

① 仕訳

| （当 座 預 金） | 12,000,000 | （資 本 金） | 10,000,000 |
| | | （資 本 準 備 金） | 2,000,000 |

払込金額：＠20,000円×600株＝12,000,000円
資本準備金：12,000,000円－10,000,000円＝2,000,000円

② 株主資本等変動計算書への記入

「新株の発行」として，「資本金」および「資本準備金」を増額します。

4．その他有価証券

① 仕訳

i 期首残高の再振替仕訳

| （その他有価証券評価差額金） | 60,000 | （その他有価証券） | 60,000 |

ii 期末の時価評価

その他有価証券の時価評価にともなう評価差額は純資産として処理され（純資産直入），かつ「洗替方式」によって処理されるため，各年度末における「その他有価証券評価差額金」は，「取得原価」と「各年度末の時価」を比較して求めます。

| （その他有価証券） | 10,000 | （その他有価証券評価差額金） | 10,000 |

その他有価証券評価差額金：当期末時価860,000円－取得原価850,000円＝10,000円（貸方）

② 株主資本等変動計算書への記入

期首の再振替仕訳60,000円（借方）と期末の時価評価10,000円（貸方）の差額50,000円（借方）を「株主資本以外の項目の当期変動額」として「その他有価証券評価差額金」を減額します。

5．当期純利益の計上

① 仕訳

| （損 益） | 850,000 | （繰越利益剰余金） | 850,000 |

② 株主資本等変動計算書への記入

「当期純利益」として「繰越利益剰余金」を増額します。

Theme 16 決算手続

問題16-1

決算整理後残高試算表
×5年3月31日

借　　方	勘定科目	貸　　方
98,800	現 金 預 金	
68,500	受 取 手 形	
91,500	売 　掛 　金	
62,100	売買目的有価証券	
33,150	繰 越 商 品	
1,500	前 払 保 険 料	
80,000	建 　　　　物	
50,000	備 　　　　品	
4,000	ソ フ ト ウ ェ ア	
10,000	子 会 社 株 式	
	買 　掛 　金	37,000
	未 払 法 人 税 等	58,280
	貸 倒 引 当 金	3,200
	建物減価償却累計額	50,400
	備品減価償却累計額	16,800
	資 　　本 　金	200,000
	利 益 準 備 金	25,000
	別 途 積 立 金	11,500
	繰 越 利 益 剰 余 金	9,950
	売 　　　　上	600,000
	受 取 利 息	6,050
345,950	仕 　　　　入	
90,000	給 　　　　料	
6,000	保 　険 　料	
1,700	貸 倒 引 当 金 繰 入	
900	棚 卸 減 耗 損	
8,200	減 価 償 却 費	
2,000	ソフトウェア償却	
4,200	有 価 証 券 売 却 損	
1,400	有価証券評価損益	
58,280	法人税, 住民税及び事業税	
1,018,180		1,018,180

解答への道

Ⅰ 決算整理仕訳

以下に, 期末修正事項にもとづく仕訳を示します。

1. 貸倒引当金の設定（差額補充法）

（貸倒引当金繰入）	1,700*	（貸倒引当金）	1,700

* （68,500円 + 91,500円）× 2 % − 1,500円 = 1,700円
受取手形　　売掛金　　　　貸倒引当金残高

2. 売上原価の算定および期末商品の評価

（仕　　　　入）	30,000	（繰 越 商 品）	30,000
（繰 越 商 品）	36,000*1	（仕　　　　入）	36,000
（棚 卸 減 耗 損）	900*2	（繰 越 商 品）	2,850
（商 品 評 価 損）	1,950*3		
（仕　　　　入）	1,950	（商 品 評 価 損）	1,950

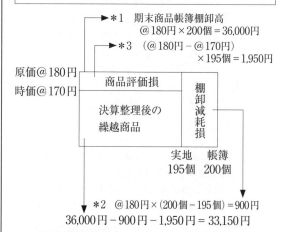

*1　期末商品帳簿棚卸高
　　@180円 × 200個 = 36,000円

*3　（@180円 − @170円）
　　　　× 195個 = 1,950円

原価@180円
時価@170円

*2　@180円 ×（200個 − 195個）= 900円
36,000円 − 900円 − 1,950円 = 33,150円

3. 有価証券の評価替え

(1) 千葉商事株式：売買目的 ⇒ 時価法

（有価証券評価損益）	1,400	（売買目的有価証券）	1,400

	帳簿価額	時価（期末評価額）
千葉商事株式	63,500円 ← →	62,100円

差額 1,400円（評価損）

(2) 埼玉重工株式：子会社株式 ⇒ 原価法

仕 訳 な し

4．減価償却費の計上

| （減 価 償 却 費） | 8,200 | （建物減価償却累計額） | 2,400*1 |
| | | （備品減価償却累計額） | 5,800*2 |

＊1　80,000円×0.9÷30年＝2,400円

＊2　備品のうち20,000円については，取得日から決算日までの月割計算で減価償却費を計上します。

$$（30,000円－\underset{*3}{\underline{11,000円}}）×20\%＝3,800円$$

$$20,000円×20\%×\frac{6か月}{12か月}＝2,000円$$

計5,800円

＊3　前T/Bの備品減価償却累計額11,000円は，前期以前に購入した備品に対するものです。

5．ソフトウェア

自社利用の目的で取得したソフトウェアは，5年間（60か月）で定額法によって償却します。

なお，×2年4月1日に取得しているため，前T/Bに計上されたソフトウェア6,000円は過去2年分の償却がなされた後の金額であることに注意してください。

| （ソフトウェア償却） | 2,000* | （ソフトウェア） | 2,000 |

$$＊\quad 6,000円×\frac{12か月}{60か月－24か月}＝2,000円$$

6．前払保険料

| （前 払 保 険 料） | 1,500* | （保　険　料） | 1,500 |

$$＊\quad 6,000円×\frac{3か月}{12か月}＝1,500円$$

7．法人税等の計上

| （法人税, 住民税及び事業税） | 58,280 | （未払法人税等） | 58,280* |

＊　中間納付額の資料がないことから，法人税等の全額を未払法人税等として計上します。

Ⅱ 決算整理後残高試算表の作成

決算整理仕訳を集計して，決算整理後の残高を明らかにします。

勘定科目	決算整理前の残高	決算整理仕訳の集計	決算整理後の残高
現 金 預 金	98,800		98,800
受 取 手 形	68,500		68,500
売 掛 金	91,500		91,500
売買目的有価証券	63,500	△ 1,400	62,100
繰 越 商 品	30,000	△ 30,000 ＋ 36,000 △ 2,850	33,150
建 物	80,000		80,000
備 品	50,000		50,000
ソ フ ト ウ ェ ア	6,000	△ 2,000	4,000
子 会 社 株 式	10,000		10,000
買 掛 金	(37,000)		(37,000)
貸 倒 引 当 金	(1,500)	＋ 1,700	(3,200)
建物減価償却累計額	(48,000)	＋ 2,400	(50,400)
備品減価償却累計額	(11,000)	＋ 5,800	(16,800)
資 本 金	(200,000)		(200,000)
利 益 準 備 金	(25,000)		(25,000)
別 途 積 立 金	(11,500)		(11,500)
繰 越 利 益 剰 余 金	(9,950)		(9,950)
売 上	(600,000)		(600,000)
受 取 利 息	(6,050)		(6,050)
仕 入	350,000	＋ 30,000 △ 36,000 ＋ 1,950	345,950
給 料	90,000		90,000
保 険 料	7,500	△ 1,500	6,000
有 価 証 券 売 却 損	4,200		4,200
貸 倒 引 当 金 繰 入	―	＋ 1,700	1,700
棚 卸 減 耗 損	―	＋ 900	900
商 品 評 価 損	―	＋ 1,950 △ 1,950	―
有 価 証 券 評 価 損 益	―	＋ 1,400 （評価差損）	1,400
減 価 償 却 費	―	＋ 8,200	8,200
ソ フ ト ウ ェ ア 償 却	―	＋ 2,000	2,000
前 払 保 険 料	―	＋ 1,500	1,500
法人税, 住民税及び事業税	―	＋ 58,280	58,280
未 払 法 人 税 等	―	＋ 58,280	(58,280)

(注) （　）内の金額は，貸方金額を表す。

決算整理後残高試算表

×8年9月30日　　　　　　　　　（単位：円）

借方科目	金額	貸方科目	金額
現　　　　金	398,650	支払手形	470,200
当座預金	(　838,000)	買掛金	690,000
受取手形	1,170,000	未払金	(　9,000)
売掛金	(2,020,000)	未払法人税等	(　230,400)
繰越商品	(　261,000)	貸倒引当金	(　63,800)
前払保険料	(　189,000)	建物減価償却累計額	(　792,000)
建　　　物	4,000,000	備品減価償却累計額	(1,156,250)
備　　　品	2,000,000	資本金	8,000,000
の　れ　ん	(　587,000)	利益準備金	850,000
ソフトウェア	(　150,000)	別途積立金	150,000
満期保有目的債券	(1,584,000)	繰越利益剰余金	(　500,000)
繰延税金資産	(　81,200)	売　　　上	6,682,000
仕　　　入	3,550,000	有価証券利息	(　64,000)
給　　　料	1,000,000	法人税等調整額	(　21,600)
通信費	730,000		
保険料	(　252,000)		
貸倒引当金繰入	(　49,000)		
減価償却費	353,250)		
棚卸減耗損	(　30,000)		
の　れ　ん償却	(　146,750)		
ソフトウェア償却	(　50,000)		
商品評価損	(　9,000)		
法人税, 住民税及び事業税	(　230,400)		
	(19,679,250)		(19,679,250)

解答への道

1．決算整理事項等

(1)　当座預金勘定の修正

(イ)　未記帳は仕訳が必要です。

（当 座 預 金）　20,000　（売　掛　金）　20,000

(ロ)　未取付小切手については，銀行側の修正項目なので仕訳は不要です。

(ハ)　未渡小切手は当社の修正事項なので仕訳が必要です。費用の支払いとして振り出した小切手が未渡しの場合は費用を減らさず，未払金勘定で処理します。

（当 座 預 金）　9,000　（未　払　金）　9,000

(2)　貸倒引当金の設定（差額補充法）

貸倒引当金：

$$\{1{,}170{,}000円 + (2{,}040{,}000 - 20{,}000円)\}$$

受取手形　　　売掛金　　(1)(イ)より

$$\times 2\% = 63{,}800円$$

繰入額：63,800円 － 14,800円 ＝ 49,000円

前T/B

（貸倒引当金繰入）　49,000　（貸倒引当金）　49,000

(3) 売上原価の算定および期末商品の評価

(仕 入)	250,000	(繰 越 商 品)	250,000
(繰 越 商 品)	300,000*1	(仕 入)	300,000
(棚 卸 減 耗 損)	30,000*2	(繰 越 商 品)	39,000
(商 品 評 価 損)	9,000*3		

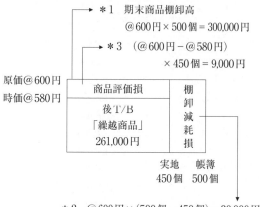

＊1　期末商品棚卸高
　　　@600円×500個＝300,000円

＊3　（@600円－@580円）
　　　　　　×450個＝9,000円

原価@600円
時価@580円

＊2　@600円×（500個－450個）＝30,000円

売上原価：（仕入勘定の修正後残高）
　250,000円＋3,600,000円－300,000円
　＝3,550,000円

(4) 満期保有目的債券

償却原価法により評価します。

$$取得価額：@97円×\frac{1,600,000円}{@100円}＝1,552,000円$$

当期償却額：$\underbrace{(1,600,000円}_{額面金額}-\underbrace{1,552,000円)}_{取得価額}$

$$×\frac{12か月}{36か月}＝16,000円$$

(満期保有目的債券)	16,000	(有価証券利息)	16,000

(5) 減価償却

建物減価償却費：
　4,000,000円×0.9÷50年＝72,000円
備品減価償却費：
　（2,000,000円－875,000円）×25％（注）
　＝281,250円

（注）定率法の「償却率」は，「耐用年数」と「残存価額」を反映して決定されるため，減価償却費の計算においてこれらを考慮する必要はありません。

(減 価 償 却 費)	353,250	(建物減価償却累計額)	72,000
		(備品減価償却累計額)	281,250

(6) のれん・ソフトウェアの償却

① のれん償却：$733,750円×\dfrac{12か月}{60か月}＝146,750円$

② ソフトウェア償却：$200,000円×\dfrac{12か月}{60か月－12か月}$
　　　　　$＝50,000円$

ソフトウェアはすでに1年分の償却が行われていますから，試算表の残高200,000円を残り4年（48か月）で償却します。

(のれん償却)	146,750	(の れ ん)	146,750
(ソフトウェア償却)	50,000	(ソフトウェア)	50,000

(7) 前払保険料の計上

試算表の保険料441,000円は×7年10月から×9年6月までの21か月分なので，×8年10月から×9年6月までの9か月分は翌期の費用として繰り越します。

$$前払保険料：441,000円×\frac{9か月}{21か月}＝189,000円$$

(前 払 保 険 料)	189,000	(保 険 料)	189,000

(8) 法人税等の計上

(法人税 住民税及び事業税)	230,400	(未払法人税等)	230,400*

＊ 中間納付額の資料がないことから，法人税等の全額を未払法人税等として計上します。

(9) 税効果会計

将来減算一時差異の増加分54,000円に税率を乗じた金額を法人税，住民税及び事業税から控除し，繰延税金資産を計上します。

(繰延税金資産)	21,600	(法人税等調整額)	21,600

繰延税金資産：54,000円×40％＝21,600円

2．決算整理後残高試算表の作成

決算整理仕訳を集計して，決算整理後の残高を明らかにします。

勘定科目	決算整理前の残高	決算整理仕訳の集計	決算整理後の残高
現　　　　　金	398,650		398,650
当　座　預　金	809,000	＋ 20,000　　＋ 9,000	838,000
受　取　手　形	1,170,000		1,170,000
売　　掛　　金	2,040,000	△ 20,000	2,020,000
繰　越　商　品	250,000	△ 250,000　　＋ 300,000　　△ 39,000	261,000
建　　　　　物	4,000,000		4,000,000
備　　　　　品	2,000,000		2,000,000
の　　れ　　ん	733,750	△ 146,750	587,000
ソフトウェア	200,000	△ 50,000	150,000
満期保有目的債券	1,568,000	＋ 16,000	1,584,000
繰　延　税　金　資　産	59,600	＋ 21,600	81,200
支　払　手　形	(　470,200)		(　470,200)
買　　掛　　金	(　690,000)		(　690,000)
貸　倒　引　当　金	(　14,800)	＋ 49,000	(　63,800)
建物減価償却累計額	(　720,000)	＋ 72,000	(　792,000)
備品減価償却累計額	(　875,000)	＋ 281,250	(1,156,250)
資　　本　　金	(8,000,000)		(8,000,000)
利　益　準　備　金	(　850,000)		(　850,000)
別　途　積　立　金	(　150,000)		(　150,000)
繰　越　利　益　剰　余　金	(　500,000)		(　500,000)
売　　　　　上	(6,682,000)		(6,682,000)
有　価　証　券　利　息	(　48,000)	＋ 16,000	(　64,000)
仕　　　　　入	3,600,000	＋ 250,000　　△ 300,000	3,550,000
給　　　　　料	1,000,000		1,000,000
通　　信　　費	730,000		730,000
保　　険　　料	441,000	△ 189,000	252,000
未　　払　　金	－	＋ 9,000	(　9,000)
貸　倒　引　当　金　繰　入	－	＋ 49,000	49,000
棚　卸　減　耗　損	－	＋ 30,000	30,000
商　品　評　価　損	－	＋ 9,000	9,000
減　価　償　却　費	－	＋ 353,250	353,250
の　れ　ん　償　却	－	＋ 146,750	146,750
ソフトウェア償却	－	＋ 50,000	50,000
前　払　保　険　料	－	＋ 189,000	189,000
法人税，住民税及び事業税	－	＋ 230,400	230,400
未　払　法　人　税　等	－	＋ 230,400	(　230,400)
法　人　税　等　調　整　額	－	＋ 21,600 （貸方）	(　21,600)

（注）（　）内の金額は，貸方金額を表す。

なお，本問は「勘定式」の試算表です。この場合，資産および費用の項目を借方側に，負債，純資産および収益の項目を貸方側に区別して作成します。

(1) 損益勘定・繰越試算表

損　　　　　　益

3/31	仕 入	(	345,950)	3/31	売 上	(	600,000)
〃	給 料	(	90,000)	〃	受 取 利 息	(	6,050)
〃	保 険 料	(	6,000)				
〃	貸倒引当金繰入	(	1,700)				
〃	減 価 償 却 費	(	8,200)				
〃	ソフトウェア償却	(	2,000)				
〃	棚 卸 減 耗 損	(	900)				
〃	有 価 証 券 売 却 損	(	4,200)				
〃	有 価 証 券 評 価 損 益	(	1,400)				
〃	法人税, 住民税及び事業税	(	58,280)				
〃	繰 越 利 益 剰 余 金	(	87,420)				
		(	606,050)			(	606,050)

繰　越　試　算　表
×5 年 3 月 31 日

借　　方	勘定科目	貸　　方
98,800	現 金 預 金	
68,500	受 取 手 形	
91,500	売 掛 金	
	貸 倒 引 当 金	3,200
62,100	売 買 目 的 有 価 証 券	
33,150	繰 越 商 品	
1,500	前 払 費 用	
80,000	建 物	
	建 物 減 価 償 却 累 計 額	50,400
50,000	備 品	
	備 品 減 価 償 却 累 計 額	16,800
4,000	ソ フ ト ウ ェ ア	
10,000	子 会 社 株 式	
	買 掛 金	37,000
	未 払 法 人 税 等	58,280
	資 本 金	200,000
	利 益 準 備 金	25,000
	別 途 積 立 金	11,500
	繰 越 利 益 剰 余 金	97,370
499,550		499,550

(2) 損益計算書・貸借対照表

損 益 計 算 書

自×4年4月1日 至×5年3月31日　　（単位：円）

Ⅰ 売　　上　　高		（ 600,000 ）	
Ⅱ 売　上　原　価			
1 期首商品棚卸高	（ 30,000 ）		
2 当期商品仕入高	（ 350,000 ）		
合　　　　計	（ 380,000 ）		
3 期末商品棚卸高	（ 36,000 ）		
差　　　　引	（ 344,000 ）		
4 商品評価損	（ 1,950 ）	（ 345,950 ）	
（売上総利益）		（ 254,050 ）	
Ⅲ 販売費及び一般管理費			
1 給　　　　料	（ 90,000 ）		
2 保　険　料	（ 6,000 ）		
3 貸倒引当金繰入	（ 1,700 ）		
4 減価償却費	（ 8,200 ）		
5 ソフトウェア償却	（ 2,000 ）		
6 棚卸減耗損	（ 900 ）	（ 108,800 ）	
（営業利益）		（ 145,250 ）	
Ⅳ 営業外収益			
1 受取利息	（ 6,050 ）	（ 6,050 ）	
Ⅴ 営業外費用			
1 有価証券売却損	（ 4,200 ）		
2 有価証券評価損	（ 1,400 ）	（ 5,600 ）	
税引前当期純利益		（ 145,700 ）	
法人税, 住民税及び事業税		（ 58,280 ）	
当期純利益		（ 87,420 ）	

貸借対照表

×5年3月31日 　　　　　　　　　　　　　　　　（単位：円）

資　産　の　部			負　債　の　部		
Ⅰ　流　動　資　産			Ⅰ　流　動　負　債		
1　現　金　預　金		（ 98,800 ）	1　買　掛　金		（ 37,000 ）
2　受　取　手　形	（ 68,500 ）		2　未払法人税等		（ 58,280 ）
3　売　掛　金	（ 91,500 ）		流動負債合計		（ 95,280 ）
計	（ 160,000 ）		負　債　合　計		（ 95,280 ）
貸倒引当金	（ 3,200 ）	（ 156,800 ）	純　資　産　の　部		
4　有　価　証　券		（ 62,100 ）	Ⅰ　資　本　金		（ 200,000 ）
5　商　　品		（ 33,150 ）	Ⅱ　利　益　剰　余　金		
6　前　払　費　用		（ 1,500 ）	1　利　益　準　備　金	（ 25,000 ）	
流動資産合計		（ 352,350 ）	2　別　途　積　立　金	（ 11,500 ）	
Ⅱ　固　定　資　産			3　繰越利益剰余金	（ 97,370 ）	（ 133,870 ）
1　建　　物	（ 80,000 ）		純　資　産　合　計		（ 333,870 ）
減価償却累計額	（ 50,400 ）	（ 29,600 ）			
2　備　　品	（ 50,000 ）				
減価償却累計額	（ 16,800 ）	（ 33,200 ）			
3　ソフトウェア		（ 4,000 ）			
4　関係会社株式		（ 10,000 ）			
固定資産合計		（ 76,800 ）			
資　産　合　計		（ 429,150 ）	負債及び純資産合計		（ 429,150 ）

解答への道

本問は，問題16-1の改題となります。したがって，決算整理仕訳およびその集計は問題16-1の解説を参照してください。

Ⅰ．損益勘定と繰越試算表の作成

1．損益勘定

損益勘定に記入する収益項目および費用項目の金額は決算整理後の残高です。なお，収益項目と費用項目の決算整理後の残高は，損益勘定に振り替えられ，当期純損益として精算されます。その当期純損益を繰越利益剰余金勘定に振り替え，損益勘定を締め切ります。

参考として，本問における決算振替仕訳を示します。

(1) 収益項目の振り替え

（売 上）	600,000	（損 益）	606,050
（受取利息）	6,050		

(2) 費用項目の振り替え

（損 益）	518,630	（仕 入）	345,950
		（給 料）	90,000
		（保 険 料）	6,000
		（貸倒引当金繰入）	1,700
		（減 価 償 却 費）	8,200
		（ソフトウェア償却）	2,000
		（棚 卸 減 耗 損）	900
		（有価証券売却損）	4,200
		（有価証券評価損益）	1,400
		（法人税,住民税及び事業税）	58,280

(3) 当期純損益（純利益）の振り替え

（損 益）	87,420	（繰越利益剰余金）	87,420

2．繰越試算表

資産項目，負債項目および純資産項目の「次期繰越」額を明らかにする試算表が繰越試算表です。繰越試算表は，基本的に決算整理後の残高が記載されますが，繰越利益剰余金勘定の金額は当期純利益を含めた金額となります。

繰越利益剰余金：
9,950円＋当期純利益87,420円＝97,370円

Ⅱ．損益計算書と貸借対照表の作成

1．損益計算書

損益勘定の内容を報告書の形式に直したものが損益計算書です。したがって，損益計算書に記載される金額も，収益項目および費用項目の決算整理後の残高です。

なお，損益計算書の表示区分と各種の利益の内容について確認しておきましょう。また，本問における「有価証券評価損益」勘定は「借方」残高のため，損益計算書では「有価証券評価損」として表示します。

・組替仕訳

（有価証券評価損）	1,400	（有価証券評価損益）	1,400

2．貸借対照表

繰越試算表の内容を報告書の形式に直したものが貸借対照表です。したがって，貸借対照表に記載される金額も，繰越利益剰余金勘定を除いて，決算整理後の残高です。

なお，貸借対照表の表示区分（特に流動資産と固定資産の区別）について確認しておきましょう。また，本問における「売買目的有価証券」は「有価証券」，「子会社株式」は「関係会社株式」として表示します。

・組替仕訳

（有 価 証 券）	62,100	（売買目的有価証券）	62,100
（関係会社株式）	10,000	（子 会 社 株 式）	10,000

問題16-4

損　益　計　算　書

自 ×4 年 4 月 1 日　至 ×5 年 3 月 31 日　　　　（単位：円）

Ⅰ	売　　　上　　　高		（　5,895,000　）	
Ⅱ	売　上　原　価			
	1　期首商品棚卸高	（　610,000　）		
	2　当期商品仕入高	（　4,855,000　）		
	合　　　　　計	（　5,465,000　）		
	3　期末商品棚卸高	（　570,000　）		
	差　　　　　引	（　4,895,000　）		
	4　商　品　評　価　損	（　43,800　）	（　4,938,800　）	
	売　上　総　利　益		（　956,200　）	
Ⅲ	販売費及び一般管理費			
	1　給　　　　　　　料	（　480,000　）		
	2　支　払　家　賃	（　86,000　）		
	3　通　信　交　通　費	（　117,000　）		
	4　貸　倒　引　当　金　繰　入	（　5,000　）		
	5　（減　価　償　却　費）	（　84,000　）		
	6　棚　卸　減　耗　損	（　15,200　）	（　787,200　）	
	営　業　利　益		（　169,000　）	
Ⅳ	営　業　外　収　益			
	1　（受　取　手　数　料）	（　57,700　）	（　57,700　）	
Ⅴ	営　業　外　費　用			
	1　支　払　利　息	（　12,500　）		
	2　（為　替　差　損）	（　1,000　）		
	3　雑　　　　　損	（　11,000　）	（　24,500　）	
	税引前当期純利益		（　202,200　）	
	法人税，住民税及び事業税		（　45,200　）	
	当　期　純　利　益		（　157,000　）	

決算整理前残高試算表から決算整理事項を処理し，損益計算書を作成する問題です。なお，損益計算書の作成のみが問われているときは，決算整理仕訳における「収益」「費用」の項目を重点的に集計し，解答します。以下，本問における決算整理仕訳を示します。

Ⅰ．決算整理仕訳

資料（Ⅰ）

1．現金の整理（雑損の振り替え）

（雑 損）	11,000	（現 金 預 金）	11,000

2．当座預金の修正

(1)はいわゆる未取付小切手であり，これは銀行側の修正事項なので，「仕訳なし」となります。

（現 金 預 金）	68,000	（買 掛 金）	48,000*1
		（受 取 手 形）	20,000*2

* 1 未渡小切手とは，振り出した小切手のうちまだ，相手に渡されていない小切手をいい，当社側の修正事項となります。
* 2 連絡未通知は，当社側の修正事項です。

3．仮払金の整理：リース料の支払い

（支 払 利 息）	6,000*1	（仮 払 金）	90,000
（リース債務）	84,000*2		

* 1 （90,000円×5年－420,000円）÷5年＝6,000円
* 2 90,000円－6,000円＝84,000円

資料（Ⅱ）

1．売上原価の算定および期末商品の評価

（仕 入）	610,000	（繰 越 商 品）	610,000
（繰 越 商 品）	570,000*1	（仕 入）	570,000
（棚 卸 減 耗 損）	15,200*2	（繰 越 商 品）	59,000
（商 品 評 価 損）	43,800*3		
（仕 入）	43,800	（商 品 評 価 損）	43,800

```
                    ┌──→ *1 帳簿棚卸高
@380円  ┌──────────────┬──────┐
@350円  │ *3 商品評価損 │ *2   │
        │              │ 棚    │
        ├──────────────┤ 卸    │
        │ *4           │ 減    │
        │              │ 耗    │
        │   B/S 商品   │ 損    │
        └──────────────┴──────┘
              1,460個  1,500個
```

* 1 @380円×1,500個＝570,000円
* 2 @380円×（1,500個－1,460個）＝15,200円
* 3 （@380円－@350円）×1,460個＝43,800円
* 4 @350円×1,460個＝511,000円

2．売掛金・買掛金の換算替え

（為 替 差 損 益）	4,000	（売 掛 金）	4,000
（買 掛 金）	3,000	（為 替 差 損 益）	3,000

(1) 売掛金の換算替え
（100円／ドル－105円／ドル）×800ドル
＝△4,000円（売掛金の減少＝為替差損）

(2) 買掛金の換算替え
（100円／ドル－106円／ドル）×500ドル
＝△3,000円（買掛金の減少＝為替差益）

(3) 為替差損益のP/L表示
為替差損益勘定が借方残高となるため，「為替差損」として営業外費用に表示します。

3．貸倒引当金の設定（差額補充法）

（貸倒引当金繰入）	5,000*	（貸 倒 引 当 金）	5,000

* $\underline{(393,000円}_{前T/B受取手形} - \underline{20,000円}_{連絡未通知} + \underline{351,000円}_{前T/B売掛金} - \underline{4,000円}_{換算替え}) × 2\%$
＝14,400円
$14,400円 - \underline{9,400円}_{前T/B貸倒引当金} = 5,000円$

4．リース取引

リース資産について減価償却を行います。

（減 価 償 却 費）	84,000*	（減価償却累計額）	84,000

* 420,000円÷5年＝84,000円

5．前払費用の計上

（前 払 費 用）	51,000	（支 払 家 賃）	43,000*
		（通 信 交 通 費）	8,000

* 支払家賃の前払い額：$129,000円 × \dfrac{4か月}{12か月} = 43,000円$

6．法人税等の計上

（法人税,住民税及び事業税）	45,200	（仮払法人税等）	30,000
		（未払法人税等）	15,200

なお，表示上，以下の点に注意してください。

減 価 償 却 費 → P/L　販売費及び一般管理費
受 取 手 数 料 → P/L　営業外収益
雑　　　　　損 → P/L　営業外費用

Ⅱ．決算整理仕訳の集計

決算整理仕訳を集計して，決算整理後の残高を明らかにします。

勘定科目	決算整理前の残高	決算整理仕訳の集計	決算整理後の残高
現 金 預 金	499,000	△ 11,000　+ 68,000	556,000
受 取 手 形	393,000	△ 20,000	373,000
売 掛 金	351,000	△ 4,000	347,000
繰 越 商 品	610,000	△ 610,000　+ 570,000　△ 59,000	511,000
仮 払 法 人 税 等	30,000	△ 30,000	―
仮 払 金	90,000	△ 90,000	―
リ ー ス 資 産	420,000		420,000
建 設 仮 勘 定	625,000		625,000
支 払 手 形	(200,000)		(200,000)
買 掛 金	(249,000)	+ 48,000　△ 3,000	(294,000)
リ ー ス 債 務	(420,000)	△ 84,000	(336,000)
長 期 借 入 金	(500,000)		(500,000)
貸 倒 引 当 金	(9,400)	+ 5,000	(14,400)
資 本 金	(1,000,000)		(1,000,000)
資 本 準 備 金	(150,000)		(150,000)
利 益 準 備 金	(44,000)		(44,000)
別 途 積 立 金	(30,000)		(30,000)
繰 越 利 益 剰 余 金	(58,400)		(58,400)
売 上	(5,895,000)		(5,895,000)
受 取 手 数 料	(57,700)		(57,700)
仕 入	4,855,000	+ 610,000　△ 570,000　+ 43,800	4,938,800
給 料	480,000		480,000
支 払 家 賃	129,000	△ 43,000	86,000
通 信 交 通 費	125,000	△ 8,000	117,000
支 払 利 息	6,500	+ 6,000	12,500
雑 損	―	+ 11,000	11,000
棚 卸 減 耗 損	―	+ 15,200	15,200
商 品 評 価 損	―	+ 43,800　△ 43,800	―
為 替 差 損 益	―	+ 4,000 (借方)　△ 3,000	1,000
貸 倒 引 当 金 繰 入	―	+ 5,000	5,000
減 価 償 却 費	―	+ 84,000	84,000
減 価 償 却 累 計 額	―	+ 84,000	(84,000)
前 払 費 用	―	+ 51,000	51,000
法人税, 住民税及び事業税	―	+ 45,200	45,200
未 払 法 人 税 等	―	+ 15,200	(15,200)

(注) (　　) 内の金額は，貸方金額を表す。

(参 考)

本問において，貸借対照表を作成すると，次のようになります。

貸 借 対 照 表

×5年3月31日   (単位：円)

資　産　の　部			負　債　の　部		
Ⅰ　流　動　資　産			Ⅰ　流　動　負　債		
1　現　金　預　金		556,000	1　支　払　手　形		200,000
2　受　取　手　形	373,000		2　買　　掛　　金		294,000
3　売　　掛　　金	347,000		3　リ ー ス 債 務		84,000
計	720,000		4　未払法人税等		15,200
貸倒引当金	14,400	705,600	流動負債合計		593,200
4　商　　　　品		511,000	Ⅱ　固　定　負　債		
5　前　払　費　用		51,000	1　長期リース債務		252,000
流動資産合計		1,823,600	2　長　期　借　入　金		500,000
Ⅱ　固　定　資　産			固定負債合計		752,000
1　リ ー ス 資 産	420,000		負　債　合　計		1,345,200
減価償却累計額	84,000	336,000	純　資　産　の　部		
2　建　設　仮　勘　定		625,000	Ⅰ　資　　本　　金		1,000,000
固定資産合計		961,000	Ⅱ　資　本　剰　余　金		
			1　資　本　準　備　金	150,000	150,000
			Ⅲ　利　益　剰　余　金		
			1　利　益　準　備　金	44,000	
			2　別　途　積　立　金	30,000	
			3　繰越利益剰余金	215,400*	289,400
			純資産合計		1,439,400
資　産　合　計		2,784,600	負債及び純資産合計		2,784,600

＊　貸借対照表の繰越利益剰余金：58,400円＋当期純利益157,000円＝215,400円

なお，表示上，以下の点に注意してください。

貸倒引当金 → B/S　受取手形・売掛金の下 ⎫ 間接的に控除する
減価償却累計額 → B/S　リース資産の下　 ⎬ 形式で表示します。
前　払　費　用 → B/S　流動資産　　　　 ⎭
長　期　借　入　金 → B/S　固定負債

リース債務は，一年基準の適用に注意します。
・翌期支払分：84,000円
　リ ー ス 債 務 → B/S流動負債
・翌期を超える支払分（3年分）：252,000円
　長期リース債務 → B/S固定負債

貸 借 対 照 表

×6年3月31日　　　　　　　　　　　　　　　　　　　　　　（単位：円）

資　産　の　部			負　債　の　部		
Ⅰ 流　動　資　産			Ⅰ 流　動　負　債		
1 現　金　預　金		（ 2,982,250 ）	1 支　払　手　形		293,000
2 受　取　手　形	（ 155,000 ）		2 買　掛　金		460,000
3 売　掛　金	（ 654,000 ）		3 未払法人税等		（ 122,000 ）
計	（ 809,000 ）		流　動　負　債　合　計		（ 875,000 ）
貸　倒　引　当　金	（ 24,270 ）	（ 784,730 ）	Ⅱ 固　定　負　債		
4 有　価　証　券		（ 369,000 ）	1 長　期　借　入　金		（ 818,980 ）
5 商　　　品		（ 208,800 ）	固　定　負　債　合　計		（ 818,980 ）
6 貯　蔵　品		（ 3,000 ）	負　債　合　計		1,693,980
7 前　払　費　用		（ 44,400 ）	純　資　産　の　部		
流　動　資　産　合　計		4,392,180	Ⅰ 資　本　金		5,600,000
Ⅱ 固　定　資　産			Ⅱ 利　益　剰　余　金		
1 建　　　物	（ 3,700,000 ）		1 利　益　準　備　金	650,000	
減価償却累計額	（ 549,000 ）	（ 3,151,000 ）	2 別　途　積　立　金	230,000	
2 備　　　品	（ 1,600,000 ）		3 繰越利益剰余金	（ 615,000 ）	（ 1,495,000 ）
減価償却累計額	（ 448,000 ）	（ 1,152,000 ）	純　資　産　合　計		（ 7,095,000 ）
3 長　期　前　払　費　用		（ 51,800 ）			
4 繰　延　税　金　資　産		（ 42,000 ）			
固　定　資　産　合　計		4,396,800			
資　産　合　計		（ 8,788,980 ）	負債及び純資産合計		（ 8,788,980 ）

解答への道

　未処理事項と決算整理事項をよく読み，仕訳を起こしたものと考えて，決算整理前残高試算表上の金額に加減算して解答していきます。解答要求が貸借対照表ですから，資産・負債・純資産の勘定残高だけ計算すれば速く解けます。

Ⅰ．決算整理事項等

1．当座預金

(1) 未記帳（手形の割引）

（現 金 預 金）248,750	（受 取 手 形）250,000
（手 形 売 却 損）　1,250	

　受取手形：405,000円 － 250,000円 = 155,000円
　　　　　　　前T/B

　現金預金：2,733,500円 + 248,750円 = 2,982,250円
　　　　　　　前T/B

(2) 未取付小切手

　すでに当社では小切手を振り出した時点で，当座預金からの払い出しを記帳しています。したがって，仕入先が銀行で取り立てを行えば，当座預金口座の残高が減り，当座預金勘定の残高と一致するため仕訳は不要です。

2．貸倒引当金（差額補充法）

（貸倒引当金繰入）　4,270*	（貸 倒 引 当 金）　4,270

　*　当期繰入額：24,270円 － 20,000円〈前T/B〉 = 4,270円
　貸倒引当金（貸倒見積額）：
　（155,000円 + 654,000円）× 3 % = 24,270円
　　　受取手形　　　　売掛金

3．売上原価の計算と期末商品の評価

(1) 売上原価の算定

(仕 入)	270,000	(繰越商品)	270,000
(繰越商品)	222,000	(仕 入)	222,000

(2) 棚卸減耗損・商品評価損の計上

(棚卸減耗損)	7,400	(繰越商品)	13,200
(商品評価損)	5,800		

(3) 商品評価損の売上原価算入

(仕 入)	5,800	(商品評価損)	5,800

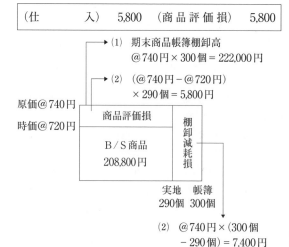

(1) 期末商品帳簿棚卸高
@740円×300個＝222,000円

(2) (@740円－@720円)
×290個＝5,800円

原価@740円
時価@720円

商品評価損

B/S商品
208,800円

棚卸減耗損

実地　帳簿
290個　300個

(2) @740円×(300個
－290個)＝7,400円

4．貯蔵品の計上

収入印紙の未使用分を，租税公課勘定から貯蔵品勘定へ振り替えます。

(貯 蔵 品)	3,000	(租 税 公 課)	3,000

5．売買目的有価証券の評価替え（時価法）

(売買目的有価証券)	9,000	(有価証券評価損益)	9,000*

$$* \quad \underset{\text{時価}}{369,000\text{円}} - \underset{\text{前T/B}}{360,000\text{円}} = \underset{\text{評価益}}{9,000\text{円}}$$

6．固定資産

(1) 既存分

既存の建物と備品については，すでに11か月分（×5年4月から×6年2月分）の減価償却費を計上済みであるため，1か月分（×6年3月分）のみ計上します。

(減価償却費)	32,500	(建物減価償却累計額)	8,500
		(備品減価償却累計額)	24,000

(2) 新規取得分

当期に取得した建物については，月次の減価償

却が行われていません。したがって，取得（×5年10月1日）から決算日までの期間に対応する減価償却費を月割計算で計上します。

(減価償却費)	5,000*	(建物減価償却累計額)	5,000

$$* \quad 300,000\text{円} \div 30\text{年} \times \frac{6\text{か月}}{12\text{か月}} = \underset{\text{新建物}}{5,000\text{円}}$$

建物減価償却累計額：

$$\underset{\text{前T/B}}{535,500\text{円}} + 8,500\text{円} + 5,000\text{円} = 549,000\text{円}$$

備品減価償却累計額：

$$\underset{\text{前T/B}}{424,000\text{円}} + 24,000\text{円} = 448,000\text{円}$$

7．費用の前払い（一年基準）

決算にあたって保険料の前払分は一年基準により，決算日の翌日から数えて1年以内のもの〈×6年4月1日～×7年3月31日までの12か月分〉は前払費用（流動資産）に，1年を超えるもの〈×7年4月1日～×8年5月31日までの14か月〉は長期前払費用（固定資産）に分類します。

(前 払 費 用)	44,400*1	(保 険 料)	96,200
(長期前払費用)	51,800*2		

$$*1 \quad 前払費用：133,200\text{円} \times \frac{12\text{か月}}{36\text{か月}} = 44,400\text{円}$$

$$*2 \quad 長期前払費用：133,200\text{円} \times \frac{14\text{か月}}{36\text{か月}} = 51,800\text{円}$$

8．法人税等の計上

(法人税, 住民税及び事業税)	222,000*	(仮払法人税等)	100,000
		(未払法人税等)	122,000

$$* \quad 555,000\text{円} \times 40\% = 222,000\text{円}$$

9．税効果会計

将来減算一時差異の増加分10,000円（期末105,000円－期首95,000円）の税額相当分4,000円（10,000円×税率40％）について繰延税金資産を追加計上します。

(繰延税金資産)	4,000	(法人税等調整額)	4,000

10．繰越利益剰余金

本問では，貸借対照表の貸借差額で求めますが，以下のように求めることもできます。

貸借対照表の繰越利益剰余金：

288,000円＋当期純利益327,000円＝615,000円

Ⅱ．決算整理仕訳の集計

決算整理仕訳を集計して，決算整理後の残高を明らかにします。

勘定科目	決算整理前の残高	決算整理仕訳の集計	決算整理後の残高
現 金 預 金	2,733,500	＋ 248,750	2,982,250
受 取 手 形	405,000	△ 250,000	155,000
売 掛 金	654,000		654,000
繰 越 商 品	270,000	△ 270,000　＋ 222,000　△ 13,200	208,800
売買目的有価証券	360,000	＋ 9,000	369,000
仮 払 法 人 税 等	100,000	△ 100,000	―
建 物	3,700,000		3,700,000
備 品	1,600,000		1,600,000
繰 延 税 金 資 産	38,000	＋ 4,000	42,000
支 払 手 形	（　　293,000　）		（　　293,000　）
買 掛 金	（　　460,000　）		（　　460,000　）
貸 倒 引 当 金	（　　20,000　）	＋ 4,270	（　　24,270　）
長 期 借 入 金	（　　818,980　）		（　　818,980　）
建物減価償却累計額	（　　535,500　）	＋ 8,500　＋ 5,000	（　　549,000　）
備品減価償却累計額	（　　424,000　）	＋ 24,000	（　　448,000　）
資 本 金	（　5,600,000　）		（　5,600,000　）
利 益 準 備 金	（　　650,000　）		（　　650,000　）
別 途 積 立 金	（　　230,000　）		（　　230,000　）
繰 越 利 益 剰 余 金	（　　288,000　）		（　　288,000　）
売 上	（　4,000,000　）		（　4,000,000　）
受 取 家 賃	（　　60,000　）		（　　60,000　）
仕 入	2,270,000	＋ 270,000　△ 222,000　＋ 5,800	2,323,800
給 料	690,000		690,000
保 険 料	150,000	△ 96,200	53,800
租 税 公 課	30,000	△ 3,000	27,000
減 価 償 却 費	357,500	＋ 32,500　＋ 5,000	395,000
支 払 手 数 料	16,500		16,500
支 払 利 息	4,980		4,980
手 形 売 却 損	―	＋ 1,250	1,250
貸 倒 引 当 金 繰 入	―	＋ 4,270	4,270
棚 卸 減 耗 損	―	＋ 7,400	7,400
商 品 評 価 損	―	＋ 5,800　△ 5,800	―
貯 蔵 品	―	＋ 3,000	3,000
有価証券評価損益	―	＋ 9,000（評価差益）	（　　9,000　）
前 払 費 用	―	＋ 44,400	44,400
長 期 前 払 費 用	―	＋ 51,800	51,800
法人税, 住民税及び事業税	―	＋ 222,000	222,000
未 払 法 人 税 等	―	＋ 122,000	（　　122,000　）
法 人 税 等 調 整 額	―	＋ 4,000（貸方）	（　　4,000　）

(注)（　　）内の金額は，貸方金額を表す。

(**参 考**)

損益計算書を示すと，次のようになります。

損 益 計 算 書

自×5年4月1日 至×6年3月31日　　　（単位：円）

Ⅰ	売　　　　上　　　　高		4,000,000
Ⅱ	売　　上　　原　　価		
	1　期 首 商 品 棚 卸 高	270,000	
	2　当 期 商 品 仕 入 高	2,270,000	
	合　　　　計	2,540,000	
	3　期 末 商 品 棚 卸 高	222,000	
	差　　　引	2,318,000	
	4　商 品 評 価 損	5,800	2,323,800
	売 上 総 利 益		1,676,200
Ⅲ	販 売 費 及 び 一 般 管 理 費		
	1　給　　　　　　料	690,000	
	2　保　　険　　料	53,800	
	3　租　税　公　課	27,000	
	4　減 価 償 却 費	395,000	
	5　支 払 手 数 料	16,500	
	6　貸 倒 引 当 金 繰 入	4,270	
	7　棚 卸 減 耗 損	7,400	1,193,970
	営 業 利 益		482,230
Ⅳ	営 業 外 収 益		
	1　受 取 家 賃	60,000	
	2　有 価 証 券 評 価 益	9,000	69,000
Ⅴ	営 業 外 費 用		
	1　支 払 利 息	4,980	
	2　手 形 売 却 損	1,250	6,230
	税 引 前 当 期 純 利 益		545,000
	法人税, 住民税及び事業税		222,000
	法 人 税 等 調 整 額		△ 4,000
	当 期 純 利 益		327,000

貸 借 対 照 表

×9 年 12 月 31 日　　　　　　　　　　　　　　　　　　　　（単位：円）

資　産　の　部				負　債　の　部			
Ⅰ　流　動　資　産				Ⅰ　流　動　負　債			
1　現　金　預　金		（	64,400)	1　支　払　手　形			63,000
2　受　取　手　形	（	72,800)		2　買　掛　金			88,300
3　売　掛　金	（	107,200)		3　未払法人税等		（	22,900)
計	（	180,000)		流動負債合計		（	174,200)
（貸倒引当金）	（	6,300)	（ 173,700)	Ⅱ　固　定　負　債			
4　有　価　証　券		（	7,000)	1　長　期　借　入　金		（	20,000)
5　商　　　品		（	45,000)	2　退職給付引当金		（	38,800)
6　短　期　貸　付　金	（	35,000)		固定負債合計		（	58,800)
貸倒引当金	（	700)	（ 34,300)	負　債　合　計		（	233,000)
7　前　払　費　用		（	2,400)	純　資　産　の　部			
流動資産合計		（	326,800)	Ⅰ　株　主　資　本			
Ⅱ　固　定　資　産				1　資　本　金			150,000
1　建　　　物	（	150,000)		2　資本剰余金			
（減価償却累計額）	（	47,400)	（ 102,600)	資本準備金	（ 55,000)	（	55,000)
2　備　　　品	（	48,000)		3　利益剰余金			
（減価償却累計額）	（	21,000)	（ 27,000)	利益準備金	（ 16,800)		
3　の　れ　ん		（	10,800)	別途積立金	11,600		
4　投資有価証券		（	14,700)	繰越利益剰余金	（ 51,000)	（	79,400)
5　関係会社株式		（	35,000)	Ⅱ　評価・換算差額等			
固定資産合計		（	190,100)	1　その他有価証券評価差額金		（ △	500)
				純資産合計		（	283,900)
資　産　合　計		（	516,900)	負債及び純資産合計		（	516,900)

解答への道

〈勘定式の貸借対照表の作成〉

本問のように，貸借対照表の作成のみが問われているときは，決算整理仕訳における「資産」「負債」「純資産」の項目のみを集計し，解答します。

Ⅰ　決算整理事項等

1．当座預金の修正

ア　未取付小切手（銀行側で処理しますので当社は仕訳を行いません）

イ　未記帳

（現 金 預 金）	10,400	（売　　掛　　金）	10,400

現金預金：54,000円 + 10,400円 = 64,400円

売掛金：117,600円 − 10,400円 = 107,200円

2．貸倒引当金の設定（差額補充法）

(1)　売上債権

	貸倒見積額		試算表	繰入額
受取手形	72,800円 × 2 %	= 1,456円		
売掛金（Y社以外）	(107,200円 − 15,000円) × 2 %	= 1,844円	− 1,000円 =	5,300円
売掛金（Y社）	15,000円 × 20%	= 3,000円		
合　計		6,300円		

（貸倒引当金繰入）	5,300	（貸 倒 引 当 金）	5,300

(2)　貸付金

	貸倒見積額	試算表	繰入額
貸付金	35,000円 × 2 % = 700円	− 600円 =	100円

（貸倒引当金繰入）	100	（貸 倒 引 当 金）	100

3．売上原価の計算および期末商品の評価

（1）　売上原価の算定

　　　売上原価対立法なので決算整理仕訳は不要です。

仕　訳　な　し

（2）　期末商品棚卸高の整理

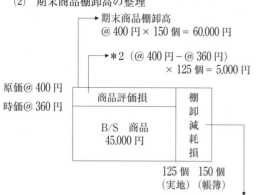

期末商品棚卸高
@400円×150個＝60,000円

＊2　(@400円－@360円)
　　　×125個＝5,000円

原価@400円
時価@360円

商品評価損

B/S　商品
45,000円

棚卸減耗損

125個　150個
(実地)　(帳簿)

＊1　@400円×(150個－125個)＝10,000円

（棚卸減耗損）	10,000＊1	（商　　　　品）	15,000
（商品評価損）	5,000＊2		

　　　商品評価損は売上原価の内訳科目とするため、売上原価勘定に振り替えます。

（売　上　原　価）	5,000	（商品評価損）	5,000

4．有価証券の評価替え

（1）　科目の振り替え

　　　試算表の「有価証券」を適正な科目に振り替えます。

（売買目的有価証券）	9,800	（有　価　証　券）	60,000
（その他有価証券）	15,200		
（子　会　社　株　式）	35,000		

（2）　期末評価

　　①　X社株式（売買目的）：時価法

（有価証券評価損益）	2,800	（売買目的有価証券）	2,800

　　　時価7,000円－帳簿価額9,800円＝△2,800円（評価損）

　　②　Y社株式（その他）：時価法（純資産直入）

（その他有価証券評価差額金）	500	（その他有価証券）	500

　　　時価14,700円－帳簿価額15,200円＝△500円

　　③　Z社株式（子会社株式）：原価法

仕　訳　な　し

（3）　科目の置き換え（組替仕訳）

　　①　X社株式（売買目的）

（有　価　証　券）	7,000	（売買目的有価証券）	7,000

　　②　Y社株式（その他）

（投資有価証券）	14,700	（その他有価証券）	14,700

　　③　Z社株式（子会社株式）

（関係会社株式）	35,000	（子　会　社　株　式）	35,000

5．固定資産の減価償却

　　まず、営業所が完成し、引き渡しを受けていたので建設仮勘定から建物勘定に振り替えます。

（建　　　　　　物）	50,000	（建　設　仮　勘　定）	50,000

　　建物：100,000円＋50,000円＝150,000円

　　また、当期に取得した建物については月割り（×9年9月から12月までの4か月分）で減価償却費を計算します。

旧建物：100,000円×0.9÷25年＝3,600円

新建物：50,000円×0.9÷25年×$\dfrac{4か月}{12か月}$＝600円

$\Big\}$4,200円

備　品：(48,000円－12,000円)×0.25＝9,000円

（減　価　償　却　費）	13,200	（建物減価償却累計額）	4,200
		（備品減価償却累計額）	9,000

建物減価償却累計額：43,200円＋4,200円＝47,400円
備品減価償却累計額：12,000円＋9,000円＝21,000円

6．のれん（無形固定資産）の償却

　　償却期間20年のうち前期に1期分の償却を行っていますので、残額を19年間で償却します。

のれん償却：11,400円×$\dfrac{12か月}{240か月－12か月}$＝600円

（の　れ　ん　償　却）	600	（の　　れ　　ん）	600

のれん：11,400円－600円＝10,800円

7．退職給付引当金の繰入れ

（退　職　給　付　費　用）	1,800	（退職給付引当金）	1,800

退職給付引当金：37,000円＋1,800円＝38,800円

8．前払費用の計上

前払費用：3,600円×$\dfrac{8か月}{12か月}$＝2,400円

（前　払　費　用）	2,400	（保　　険　　料）	2,400

保険料：9,600円－2,400円＝7,200円

9．法人税等の計上

（法人税、住民税及び事業税）	22,900	（未払法人税等）	22,900*

＊ 中間納付額の資料がないことから，法人税等の全額を
未払法人税等として計上します。

Ⅱ．決算整理仕訳の集計

決算整理仕訳を集計して，決算整理後の残高を明らかにします。

勘定科目	決算整理前の残高	決算整理仕訳の集計	決算整理後の残高
現 金 預 金	54,000	＋ 10,400	64,400
受 取 手 形	72,800		72,800
売 掛 金	117,600	△ 10,400	107,200
有 価 証 券	60,000	△ 60,000	―
商 品	60,000	△ 15,000	45,000
短 期 貸 付 金	35,000		35,000
建 物	100,000	＋ 50,000	150,000
備 品	48,000		48,000
建 設 仮 勘 定	50,000	△ 50,000	―
の れ ん	11,400	△ 600	10,800
支 払 手 形	（ 63,000 ）		（ 63,000 ）
買 掛 金	（ 88,300 ）		（ 88,300 ）
長 期 借 入 金	（ 20,000 ）		（ 20,000 ）
貸 倒 引 当 金	（ 1,600 ）	＋ 5,300 ＋ 100	（ 7,000＊）
退 職 給 付 引 当 金	（ 37,000 ）	＋ 1,800	（ 38,800 ）
建物減価償却累計額	（ 43,200 ）	＋ 4,200	（ 47,400 ）
備品減価償却累計額	（ 12,000 ）	＋ 9,000	（ 21,000 ）
資 本 金	（ 150,000 ）		（ 150,000 ）
資 本 準 備 金	（ 55,000 ）		（ 55,000 ）
利 益 準 備 金	（ 16,800 ）		（ 16,800 ）
別 途 積 立 金	（ 11,600 ）		（ 11,600 ）
繰 越 利 益 剰 余 金	（ 16,000 ）		（ 16,000 ）
売 上	（ 658,000 ）		（ 658,000 ）
受 取 利 息 配 当 金	（ 17,780 ）		（ 17,780 ）
売 上 原 価	503,000	＋ 5,000	508,000
給 料	63,280		63,280
保 険 料	9,600	△ 2,400	7,200
支 払 利 息	3,600		3,600
手 形 売 却 損	1,000		1,000
固 定 資 産 売 却 損	1,000		1,000
貸 倒 引 当 金 繰 入	―	＋ 5,300 ＋ 100	5,400
棚 卸 減 耗 損	―	＋ 10,000	10,000
商 品 評 価 損	―	＋ 5,000 △ 5,000	―
売買目的有価証券	―	＋ 9,800 △ 2,800	7,000
そ の 他 有 価 証 券	―	＋ 15,200 △ 500	14,700
子 会 社 株 式	―	＋ 35,000	35,000
有価証券評価損益	―	＋ 2,800 （評価差損）	2,800
その他有価証券評価差額金	―	＋ 500 （評価差損）	500
減 価 償 却 費	―	＋ 13,200	13,200
の れ ん 償 却	―	＋ 600	600
退 職 給 付 費 用	―	＋ 1,800	1,800
前 払 費 用	―	＋ 2,400	2,400
法人税、住民税及び事業税	―	＋ 22,900	22,900
未 払 法 人 税 等	―	＋ 22,900	（ 22,900 ）

（注）（ ）内の金額は，貸方金額を表す。
＊ 貸倒引当金の内訳：売上債権 6,300 円＋短期貸付金 700 円＝ 7,000 円

Ⅲ. 繰越利益剰余金の計算

決算整理前残高試算表の繰越利益剰余金の金額（16,000円）に損益計算書で計算された当期純利益（35,000円）を加算した金額が貸借対照表の繰越利益剰余金となります。

繰越利益剰余金：16,000円＋35,000円＝51,000円

（参　考）

本問において，損益計算書を作成すると，次のようになります。

損 益 計 算 書
自×9年1月1日　至×9年12月31日　　（単位：円）

Ⅰ	売　　上　　高		658,000
Ⅱ	売　上　原　価		
	1　期首商品棚卸高	××	
	2　当期商品仕入高	×××	
	合　　　　計	563,000	
	3　期末商品棚卸高	60,000	
	差　　　引	503,000	
	4　商品評価損	5,000	508,000
	売上総利益		150,000
Ⅲ	販売費及び一般管理費		
	1　給　　　料	63,280	
	2　貸倒引当金繰入	5,300	
	3　保　険　料	7,200	
	4　減価償却費	13,200	
	5　のれん償却	600	
	6　退職給付費用	1,800	91,380
	営業利益		58,620
Ⅳ	営業外収益		
	1　受取利息配当金	17,780	17,780
Ⅴ	営業外費用		
	1　支払利息	3,600	
	2　手形売却損	1,000	
	3　貸倒引当金繰入	100	
	4　棚卸減耗損	10,000	
	5　有価証券評価損	2,800	17,500
	経常利益		58,900
Ⅵ	特　別　損　失		
	1　固定資産売却損	1,000	1,000
	税引前当期純利益		57,900
	法人税，住民税及び事業税		22,900
	当期純利益		35,000

損 益 計 算 書

自×5年4月1日 至×6年3月31日 （単位：円）

I	売　　上　　高		(	4,500,000	)
II	売　上　原　価				
	1 期首商品棚卸高	(270,000)			
	2 当期商品仕入高	(2,300,000)			
	合　　　計	(2,570,000)			
	3 期末商品棚卸高	(222,000)			
	差　　　引	(2,348,000)			
	4 商品評価損	(5,800)	(	2,353,800	)
	売上総利益		(	2,146,200	)
III	販売費及び一般管理費				
	1 給　　　料	(687,500)			
	2 広告宣伝費	(150,000)			
	3 通　信　費	(81,500)			
	4 保　険　料	(37,500)			
	5 修　繕　費	(160,000)			
	6 棚卸減耗損	(7,400)			
	7 減価償却費	(398,000)			
	8 貸倒引当金繰入	(7,000)			
	9 商品保証引当金繰入	(135,000)	(	1,663,900	)
	営　業　利　益		(	482,300	)
IV	営業外収益				
	1 償却債権取立益	(35,000)	(	35,000	)
V	営業外費用				
	1 支払利息	(7,500)	(	7,500	)
	税引前当期純利益		(	509,800	)
	法人税, 住民税及び事業税	(230,200)			
	法人税等調整額	(△ 26,280)	(	203,920	)
	当期純（利　益）		(	305,880	)

貸 借 対 照 表

×6年3月31日 （単位：円）

資　産　の　部				負　債　の　部			
I 流動資産				I 流動負債			
1 現金預金		(1,730,700)		1 支払手形		(347,000)	
2 受取手形	(405,000)			2 買掛金		(455,000)	
3 売掛金	(695,000)			3 短期借入金		(500,000)	
計	(1,100,000)			4 商品保証引当金		(135,000)	
貸倒引当金	(22,000)	(1,078,000)		5 未払費用		(116,500)	
4 商品		(208,800)		6 未払法人税等		(100,200)	
5 前払費用		(52,500)		流動負債合計		(1,653,700)	
流動資産合計		(3,070,000)		負債合計		(1,653,700)	
II 固定資産				純資産の部			
1 建物	(3,800,000)			I 資本金		(4,500,000)	
減価償却累計額	(518,000)	(3,282,000)		II 利益剰余金			
2 備品	(1,800,000)			1 利益準備金	(650,000)		
減価償却累計額	(648,000)	(1,152,000)		2 別途積立金	(270,000)		
3 繰延税金資産		(135,080)		3 繰越利益剰余金	(565,380)	(1,485,380)	
固定資産合計		(4,569,080)		純資産合計		(5,985,380)	
資産合計		(7,639,080)		負債及び純資産合計		(7,639,080)	

Ⅰ．決算整理事項等

1．貸倒引当金の設定（差額補充法）

（貸倒引当金繰入）	7,000	（貸倒引当金）	7,000

$(405,000円〈受取手形〉+695,000円〈売掛金〉)×2％=22,000円$

$22,000円-15,000円〈貸倒引当金〉=7,000円$

2．売上原価の計算と期末商品の評価

（1）　売上原価の算定

（仕　　　　入）	270,000	（繰越商品）	270,000
（繰越商品）	222,000	（仕　　　　入）	222,000

（2）　棚卸減耗損・商品評価損の計上

（棚卸減耗損）	7,400	（繰越商品）	13,200
（商品評価損）	5,800		

（3）　商品評価損の売上原価への算入

（仕　　　　入）	5,800	（商品評価損）	5,800

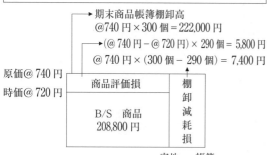

期末商品帳簿棚卸高
@740円×300個=222,000円

(@740円-@720円)×290個=5,800円
@740円×(300個-290個)=7,400円

原価@740円
時価@720円

商品評価損

B/S 商品
208,800円

棚卸減耗損

実地　　帳簿
290個　　300個

3．再振替仕訳と費用の未払計上

（1）　再振替仕訳（未処理）

（未払費用）	105,000	（給　　　料）	75,000
		（通　信　費）	30,000

（2）　費用の未払計上

（給　　　料）	82,500	（未払費用）	114,000
（通　信　費）	31,500		

4．保険料の前払い

本問では支払額を前払保険料勘定に計上しています。したがって，通常の処理とは逆に前払費用勘定から保険料勘定へ振り替えます。

（保　険　料）	7,500	（前払費用）	7,500

5．商品保証引当金の設定

商品保証引当金とは翌期以降に発生する無償の修理費用に備えて計上される引当金です。

（商品保証引当金繰入）	135,000	（商品保証引当金）	135,000

商品保証引当金繰入：4,500,000円〈売上〉×3％=135,000円

6．減価償却費の計上

（1）　既存分

「4月から2月までの11か月間に毎月見積計上してきており」とあるので，毎月末に以下のような処理を行ってきたことがわかります。「決算月も同様な処理を行う」という指示があるので，同様に処理します。

（減価償却費）	32,500	（建物減価償却累計額）	8,500
		（備品減価償却累計額）	24,000

（2）　新規分

①　訂正

（建　　　　物）	400,000	（修　繕　費）	400,000

②　減価償却

資本的支出分は資産に計上されますので同様に減価償却が必要になります。

（減価償却費）	8,000	（建物減価償却累計額）	8,000

$400,000円÷25年×\dfrac{6か月}{12か月}=8,000円$

減価償却費：357,500円+32,500円+8,000円=398,000円

7．借入金

（1）　科目の振り替え（組替仕訳）

（借　入　金）	500,000	（短期借入金）	500,000

（2）　支払利息の未払計上

（支払利息）	2,500	（未払費用）	2,500

$500,000円〈借入金〉×2％×\dfrac{3か月(×6\frac{1}{1}～3\frac{31}{})}{12か月}=2,500円$

8．法人税等の処理

（法人税，住民税及び事業税）	230,200	（仮払法人税等）	130,000
		（未払法人税等）	100,200

法人税，住民税及び事業税：575,500円×40％=230,200円

9．税効果会計

将来減算一時差異の増加分（期末－期首）に税率を乗じた金額を法人税，住民税及び事業税から控除し，繰延税金資産を計上します。

（繰延税金資産）	26,280	（法人税等調整額）	26,280

差異の増加分：期末の差異337,700円－期首の差異272,000円=65,700円

法人税等調整額：65,700円×40％=26,280円

B/S繰延税金資産：

前T/B108,800円+26,280円=135,080円

Ⅱ．決算整理仕訳の集計

決算整理仕訳を集計して，決算整理後の残高を明らかにします。

勘定科目	決算整理前の残高	決算整理仕訳の集計	決算整理後の残高
現 金 預 金	1,730,700		1,730,700
受 取 手 形	405,000		405,000
売 掛 金	695,000		695,000
繰 越 商 品	270,000	△ 270,000　 ＋ 222,000　 △ 13,200	208,800
前 払 費 用	60,000	△ 7,500	52,500
仮 払 法 人 税 等	130,000	△ 130,000	―
建 物	3,400,000	＋ 400,000	3,800,000
備 品	1,800,000		1,800,000
繰 延 税 金 資 産	108,800	＋ 26,280	135,080
支 払 手 形	（　　347,000　）		（　　347,000　）
買 掛 金	（　　455,000　）		（　　455,000　）
借 入 金	（　　500,000　）		（　　500,000　）
未 払 費 用	（　　105,000　）	△ 105,000　 ＋ 114,000　 ＋ 2,500	（　　116,500　）
貸 倒 引 当 金	（　　15,000　）	＋ 7,000	（　　22,000　）
建物減価償却累計額	（　　501,500　）	＋ 8,500　 ＋ 8,000	（　　518,000　）
備品減価償却累計額	（　　624,000　）	＋ 24,000	（　　648,000　）
資 本 金	（　4,500,000　）		（　4,500,000　）
利 益 準 備 金	（　　650,000　）		（　　650,000　）
別 途 積 立 金	（　　270,000　）		（　　270,000　）
繰 越 利 益 剰 余 金	（　　259,500　）		（　　259,500　）
売 上	（　4,500,000　）		（　4,500,000　）
償 却 債 権 取 立 益	（　　35,000　）		（　　35,000　）
仕 入	2,300,000	＋ 270,000　 △ 222,000　 ＋ 5,800	2,353,800
給 料	680,000	△ 75,000　 ＋ 82,500	687,500
広 告 宣 伝 費	150,000		150,000
通 信 費	80,000	△ 30,000　 ＋ 31,500	81,500
保 険 料	30,000	＋ 7,500	37,500
減 価 償 却 費	357,500	＋ 32,500　 ＋ 8,000	398,000
修 繕 費	560,000	△ 400,000	160,000
支 払 利 息	5,000	＋ 2,500	7,500
貸 倒 引 当 金 繰 入	―	＋ 7,000	7,000
棚 卸 減 耗 損	―	＋ 7,400	7,400
商 品 評 価 損	―	＋ 5,800　 △ 5,800	―
商品保証引当金繰入	―	＋ 135,000	135,000
商 品 保 証 引 当 金	―	＋ 135,000	（　　135,000　）
法人税, 住民税及び事業税	―	＋ 230,200	230,200
未 払 法 人 税 等	―	＋ 100,200	（　　100,200　）
法 人 税 等 調 整 額	―	＋ 26,280（貸方）	（　　26,280　）

（注）（　　）内の金額は，貸方金額を表す。

＊　貸借対照表上の繰越利益剰余金：259,500 円 ＋ 305,880 円 ＝ 565,380 円

〈99〉

精　算　表

勘定科目	残高試算表		修正記入		損益計算書		貸借対照表	
	借　方	貸　方	借　方	貸　方	借　方	貸　方	借　方	貸　方
現　金　預　金	98,800						98,800	
受　取　手　形	68,500						68,500	
売　　掛　　金	91,500						91,500	
売買目的有価証券	63,500			1,400			62,100	
繰　越　商　品	30,000		36,000	30,000			33,150	
				2,850				
建　　　　　物	80,000						80,000	
備　　　　　品	50,000						50,000	
ソフトウェア	6,000			2,000			4,000	
子　会　社　株　式	10,000						10,000	
買　　掛　　金		37,000						37,000
貸　倒　引　当　金		1,500		1,700				3,200
建物減価償却累計額		48,000		2,400				50,400
備品減価償却累計額		11,000		5,800				16,800
資　　本　　金		200,000						200,000
利　益　準　備　金		25,000						25,000
別　途　積　立　金		11,500						11,500
繰　越　利　益　剰　余　金		9,950						9,950
売　　　　　上		600,000				600,000		
受　取　利　息		6,050				6,050		
仕　　　　　入	350,000		30,000	36,000	345,950			
			1,950					
給　　　　　料	90,000				90,000			
保　　険　　料	7,500			1,500	6,000			
有　価　証　券　売　却　損	4,200				4,200			
	950,000	950,000						
貸　倒　引　当　金　繰　入			1,700		1,700			
棚　卸　減　耗　損			900		900			
商　品　評　価　損			1,950	1,950				
有　価　証　券　評　価　損　益			1,400		1,400			
減　価　償　却　費			8,200		8,200			
（ソフトウェア）償却			2,000		2,000			
（前　払）保　険　料			1,500				1,500	
法人税, 住民税及び事業税			58,280		58,280			
未　払　法　人　税　等				58,280				58,280
当　期　純（利　益）					87,420			87,420
			143,880	143,880	606,050	606,050	499,550	499,550

以下に，期末修正事項にもとづく仕訳を示します。

1．貸倒引当金の設定（差額補充法）

（貸倒引当金繰入）	1,700*	（貸 倒 引 当 金）	1,700

*　(68,500円＋91,500円)×2％－1,500円＝1,700円
　　受取手形　　売掛金　　　貸倒引当金残高

2．売上原価の算定および期末商品の評価

（仕　　　　　入）	30,000	（繰 越 商 品）	30,000
（繰 越 商 品）	36,000*1	（仕　　　　　入）	36,000
（棚 卸 減 耗 損）	900*2	（繰 越 商 品）	2,850
（商 品 評 価 損）	1,950*3		
（仕　　　　　入）	1,950	（商 品 評 価 損）	1,950

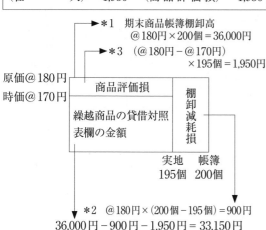

*1　期末商品帳簿棚卸高
　　@180円×200個＝36,000円

*3　(@180円－@170円)
　　　　　×195個＝1,950円

原価@180円
時価@170円

商品評価損

棚卸減耗損

繰越商品の貸借対照表欄の金額

実地　　帳簿
195個　　200個

*2　@180円×(200個－195個)＝900円
36,000円－900円－1,950円＝33,150円

3．有価証券の評価替え

（1）千葉商事株式：売買目的⇒時価法

（有価証券評価損益）	1,400	（売買目的有価証券）	1,400

　　　　　　　帳簿価額　　　時価（期末評価額）
千葉商事株式　63,500円◀──▶62,100円
　　　　　　　　　差額1,400円（評価損）

（2）埼玉重工株式：子会社株式⇒原価法

仕　訳　な　し

4．減価償却費の計上

（減 価 償 却 費）	8,200	（建物減価償却累計額）	2,400*1
		（備品減価償却累計額）	5,800*2

*1　80,000円×0.9÷30年＝2,400円

*2　備品のうち20,000円については，取得日から決算
日までの月割計算で減価償却費を計上します。

$(30,000円 - \underline{11,000円}) \times 20\% = 3,800円$
　　　　　　　　*3

$20,000円 \times 20\% \times \dfrac{6か月}{12か月} = 2,000円$　}計5,800円

*3　残高試算表上の備品減価償却累計額11,000円は，
前期以前に購入した備品に対するものです。

5．ソフトウェア

　自社利用の目的で取得したソフトウェアは，5年
間（60か月）で定額法によって償却します。

（ソフトウェア償却）	2,000*	（ソフトウェア）	2,000

*　$6,000円 \times \dfrac{12か月}{60か月 - 24か月} = 2,000円$

6．前払保険料

（前 払 保 険 料）	1,500*	（保　険　料）	1,500

*　$6,000円 \times \dfrac{3か月}{12か月} = 1,500円$

7．法人税等の計上

（法人税，住民税及び事業税）	58,280	（未払法人税等）	58,280

問題16-9

精 算 表

勘定科目	残高試算表		修正記入		損益計算書		貸借対照表	
	借 方	貸 方	借 方	貸 方	借 方	貸 方	借 方	貸 方
現 金 預 金	32,400			2,400			30,000	
受 取 手 形	73,000						73,000	
売 掛 金	82,000						82,000	
繰 越 商 品	52,400		55,000	52,400			49,700	
				5,300				
建 物	100,000						100,000	
備 品	50,000						50,000	
ソフトウェア	7,200			2,400			4,800	
その他有価証券	76,000			11,000			65,000	
支 払 手 形		49,400						49,400
買 掛 金		69,600						69,600
借 入 金		45,000						45,000
貸 倒 引 当 金		2,400		6,940				9,340
修 繕 引 当 金		8,000		3,000				11,000
建物減価償却累計額		36,000		3,000				39,000
備品減価償却累計額		18,000		6,400				24,400
資 本 金		130,000						130,000
利 益 準 備 金		24,000						24,000
繰越利益剰余金		16,000						16,000
売 上		375,000				375,000		
受 取 手 数 料		19,800	1,500	700		19,000		
受取利息配当金		6,800	2,300	1,500		6,000		
仕 入	194,000		52,400	55,000	191,400			
給 料	68,000				68,000			
保 険 料	31,200			3,600	27,600			
通 信 費	23,000		2,000	7,200	17,800			
支 払 利 息	10,800		2,200		13,000			
	800,000	800,000						
雑 （ 損 ）			400		400			
貸倒引当金繰入			6,940		6,940			
棚 卸 減 耗 損			4,400		4,400			
商 品 評 価 損			900		900			
その他有価証券(評価差額金)			11,000				11,000	
減 価 償 却 費			9,400		9,400			
（貯 蔵 品）			7,200				7,200	
ソフトウェア償却			2,400		2,400			
修繕引当金繰入			3,000		3,000			
前 受 利 息				2,300				2,300
未 収 手 数 料			700				700	
前 払 保 険 料			3,600				3,600	
未 払 利 息				2,200				2,200
当 期 純 （利 益）					54,760			54,760
			165,340	165,340	400,000	400,000	477,000	477,000

(注)「雑損」は「雑損失」でもよい。

〈102〉

解答への道

1. 現金過不足

現金の不足額のうち，原因の判明した通信費の支払分は通信費勘定へ，残額の原因不明分は雑損勘定へ振り替えます。

（通 信 費)	2,000	（現 金 預 金)	2,400
（雑 損)	400		

2. 誤記入の修正

（受取手数料)	1,500	（受取利息配当金)	1,500

3. 貸倒引当金の設定（差額補充法）

埼玉商店に対する売掛金13,000円について個別に貸倒見積額を求め，それ以外の売上債権については一括して貸倒見積額を求めます。

	貸倒見積額	試算表	繰入額
売掛金(埼玉) 13,000円×50%	＝6,500円		
受取手形 73,000円×2%	＝1,460円		
売掛金 (82,000円−13,000円)×2%	＝1,380円	−2,400円 ＝ 6,940円
合 計	9,340円		

（貸倒引当金繰入)	6,940	（貸倒引当金)	6,940

4. 売上原価の計算および商品の評価

期末商品棚卸高の整理

良品445個については，時価（正味売却価額）@125円が原価@110円よりも高いため，商品評価損は計上されません。

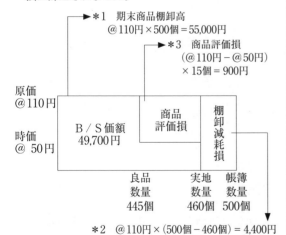

*1 期末商品棚卸高
@110円×500個＝55,000円

*3 商品評価損
（@110円−@50円）×15個＝900円

*2 @110円×（500個−460個）＝4,400円

（仕 入)	52,400	（繰 越 商 品)	52,400
（繰 越 商 品)	55,000*1	（仕 入)	55,000
（棚 卸 減 耗 損)	4,400*2	（繰 越 商 品)	5,300
（商 品 評 価 損)	900*3		

5. その他有価証券の評価替え（時価法・全部純資産直入法）

その他有価証券の帳簿価額76,000円（試算表欄）を期末時価65,000円（@65円×1,000株）に評価替えします。評価額の65,000円がその他有価証券として貸借対照表欄（借方）に，差額の11,000円がその他有価証券評価差額金として貸借対照表欄（借方）に記載されます。

（その他有価証券評価差額金)	11,000	（その他有価証券)	11,000

6. 減価償却費の計上

建　物：100,000円×0.9÷30年＝3,000円
備　品：（50,000円−18,000円）×0.2＝6,400円

（減 価 償 却 費)	9,400	（建物減価償却累計)	3,000
		（備品減価償却累計)	6,400

7. 貯蔵品の計上

郵便切手の未使用分を通信費勘定から貯蔵品勘定へ振り替えます。

（貯 蔵 品)	7,200	（通 信 費)	7,200

8. ソフトウェアの償却

当期は第3期なので，2年分がすでに償却されていることに注意してください。

$$ソフトウェア償却：7,200円×\frac{12か月}{60か月−24か月}＝2,400円$$

（ソフトウェア償却)	2,400	（ソフトウェア)	2,400

9. 修繕引当金の繰り入れ

（修繕引当金繰入)	3,000	（修繕引当金)	3,000

10. 費用・収益の前受け・前払い・未収・未払い

（受取利息配当金)	2,300	（前 受 利 息)	2,300
（未 収 手 数 料)	700	（受 取 手 数 料)	700
（前 払 保 険 料)	3,600	（保 険 料)	3,600
（支 払 利 息)	2,200	（未 払 利 息)	2,200

以上の修正記入を残高試算表欄の金額に加減して損益計算書欄，貸借対照表欄へ移記し，それぞれの貸借差額54,760円を当期純利益として記入し，合計額を一致させます。

精　算　表

勘定科目	残高試算表		修正記入		損益計算書		貸借対照表	
	借　方	貸　方	借　方	貸　方	借　方	貸　方	借　方	貸　方
現　　　　　金	687,600			25,000			662,600	
当　座　預　金	868,750			45,000			823,750	
受　取　手　形	1,480,000						1,480,000	
売　　掛　　金	326,000			6,000			320,000	
商　　　　　品	247,660			14,410			233,250	
建　　　　　物	2,700,000						2,700,000	
備　　　　　品	360,000						360,000	
車　　　　　両	200,000						200,000	
満期保有目的債券	480,000		5,000				485,000	
支　払　手　形		1,272,800						1,272,800
買　　掛　　金		852,000						852,000
リ　ー　ス　債　務		200,000	40,000					160,000
貸　倒　引　当　金		38,000		16,000				54,000
商品保証引当金		51,000	25,000	19,000				45,000
建物減価償却累計額		276,000		60,750				336,750
備品減価償却累計額		90,000		67,500				157,500
資　　本　　金		4,000,000						4,000,000
繰越利益剰余金		52,000						52,000
売　　　　　上		1,500,000				1,500,000		
受　取　手　数　料		42,500				42,500		
有　価　証　券　利　息		5,000		5,000		10,000		
売　上　原　価	925,690		2,040		927,730			
営　　業　　費	103,600		100,000		203,600			
	8,379,300	8,379,300						
為　替　差　損　益			6,000		6,000			
貸倒引当金繰入			16,000		16,000			
棚　卸　減　耗　損			12,370		12,370			
商　品　評　価　損			2,040	2,040				
商品保証引当金繰入			19,000		19,000			
支　払　利　息			5,000		5,000			
減　価　償　却　費			168,250		168,250			
車両減価償却累計額				40,000				40,000
未　払　営　業　費				100,000				100,000
当　期　純　利　益					194,550			194,550
			400,700	400,700	1,552,500	1,552,500	7,264,600	7,264,600

解答への道

1．商品保証引当金の取り崩し

商品を販売する際に，販売後の故障等に対して，一定期間は無料で修理交換に応じることを条件としている場合に，販売後の修理交換のための費用を見積り，商品保証引当金を計上します。その後，修理交換を行い，その費用を支出したときに商品保証引当金を取り崩します。

（商品保証引当金）	25,000	（現　　　　金）	25,000

2．売掛金の換算替え

（為替差損益）	6,000	（売 掛 金）	6,000

165,000円÷110円／ドル＝1,500ドル

（106円／ドル－110円／ドル）×1,500ドル

＝6,000円（売掛金の減少＝為替差損）

3．貸倒引当金の設定

（貸倒引当金繰入）	16,000	（貸 倒 引 当 金）	16,000

設定額：（受取手形1,480,000円＋売掛金326,000円

－6,000円）×3％＝54,000円
　　　　　　上記2

繰入額：54,000円－試算表38,000円＝16,000円

4．売上原価の計算および商品の期末評価

（1）　売上原価の算定

本問における商品売買の記帳方法は，売上原価対立法であるため，売上原価を算定するための決算整理仕訳は不要です。

（2）　期末商品の評価

①　A商品の評価

A商品は原価@125円より時価（正味売却価額）@180円が高くなっているため，評価替えは行いません。

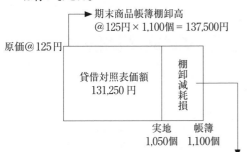

@125円×（1,100個－1,050個）＝6,250円

②　B商品の評価

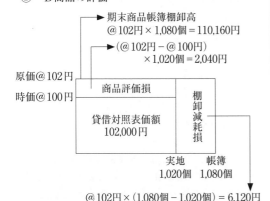

@102円×（1,080個－1,020個）＝6,120円

（棚卸減耗損）	12,370	（商 　　　品）	14,410
（商品評価損）	2,040		
（売 上 原 価）	2,040	（商 品 評 価 損）	2,040

棚卸減耗損：6,250円＋6,120円＝12,370円

5．商品保証引当金の設定（差額補充法）

（商品保証引当金繰入）	19,000	（商品保証引当金）	19,000

繰入額：売上1,500,000円×3％－（51,000円

－25,000円）＝19,000円

6．満期保有目的債券

償却原価法により，評価替えします。

なお，満期保有目的債券は前期首に発行と同時に購入しているので，償還期限5年のうち，すでに1年（12か月）分の償却が行われています。したがって，満期保有目的債券の決算整理前の勘定残高は残り4年（48か月）分の金額を表します。

（満期保有目的債券）	5,000	（有価証券利息）	5,000

償却額：（額面金額500,000円－帳簿価額480,000円）

$$\times \frac{12か月}{48か月}=5,000円$$

7．リース取引（リース料の支払い）

「車両」および「リース債務」の計上額が取得原価相当額（200,000円）と一致することから，利子抜き法により処理されていることを推定します。

（支 払 利 息）	5,000	（当 座 預 金）	45,000
（リ ー ス 債 務）	40,000		

8．減価償却費の計上

（減 価 償 却 費）	168,250	（建物減価償却累計額）	60,750*1
		（備品減価償却累計額）	67,500*2
		（車両減価償却累計額）	40,000*3

＊1　建物：2,700,000円×0.9÷40年＝60,750円

＊2　備品：（360,000円－90,000円）×0.25＝67,500円

＊3　車両：200,000円÷5年＝40,000円

9．営業費の未払い

（営 　業 　費）	100,000	（未 払 営 業 費）	100,000

	借方科目	金　額	貸方科目	金　額
1	当 座 預 金	10,000,000	前 受 金	10,000,000
2	仕 掛 品	8,500,000	当 座 預 金	8,500,000
3	前 受 金	10,000,000	役 務 収 益	22,500,000
	現 金	12,500,000		
	役 務 原 価	18,000,000	仕 掛 品	8,500,000
			買 掛 金	9,500,000

解答への道

　役務（サービス）の提供を営む企業においては，サービスの提供をもって「役務収益（＝売上）」を計上します。したがって，サービスの提供が終了していない段階で，その対価を受け取ったときは「契約負債」または「前受金」として処理します。また，そのサービスの提供に係る費用は役務原価として計上します。なお，役務収益の計上時点と役務原価の計上時点にタイムラグがある場合，そのサービスの提供に係る費用はいったん「仕掛品」として計上します。その後，役務収益との対応関係をもって「役務原価（＝売上原価）」に振り替えます。

1. 指定勘定科目より，チケット4,000枚の代金について前受金を計上します。

　　前受金：＠2,500円×4,000枚＝10,000,000円

2. Z社への支払額8,500,000円について仕掛品を計上します。

3. 美術展の開催をもって，チケットの販売代金を役務収益として計上し，同時に，これに対応する役務原価を計上します。

　　役務収益：10,000,000円〈前受金〉＋＠2,500円×5,000枚〈現金〉＝22,500,000円

　　役務原価：8,500,000円〈仕掛品〉＋9,500,000円〈買掛金〉＝18,000,000円

問題17-2

	借方科目	金　額	貸方科目	金　額
(1)	売 掛 金	45,000	売 上	45,000
	発 送 費	3,000	現 金	3,000
(2)	売 掛 金	48,000	売 上	48,000
	発 送 費	3,000	現 金	3,000
(3)	売 掛 金	48,000	売 上	48,000
	発 送 費	3,000	現 金	3,000

解答への道

　売上諸掛りの問題です。収益認識基準の施行にともない，簿記検定2級の試験では以下のように処理します。

・売主が支払った発送費用について「発送費（費用）」を計上します。

・次に，その発送費用を顧客から回収できるかどうかをチェックします。回収できる場合は先方負担として，回収できない場合は当社負担としてそれぞれ処理します。

　　先方負担の場合：「売掛金」と「売上」に発送費用を含める。

　　当社負担の場合：「売掛金」と「売上」に発送費用を含めない。

(1) 当社負担の問題です。「売掛金」および「売上」は発送費用を含めない金額で処理します。

(2)(3) 先方負担の問題です。「売掛金」および「売上」に発送費用を含めた金額で処理します。

問題17-3

	借方科目	金　額	貸方科目	金　額
5/1	仕 訳 な し			
5/10	売 掛 金	28,800	売 上	28,800
5/20	売 掛 金	19,200	売 上	19,200
5/31	当 座 預 金	48,000	売 掛 金	48,000

解答への道

　本問は，収益認識に関する基本問題です。商品のセット販売等における「値引き」の処理（取引価格の配分）を確認してください。

5/1 契約締結時

　契約を締結しただけであり，商品の引き渡しがなく（履行義務の充足がない），また手付金等の受け取りもない（対価の受領がない）ため，「仕訳なし」となります。

　なお，本問では，商品Xおよび商品Yの独立販売価格の合計額から全体で2,000円の値引きを行って，セット販売契約の取引価格を設定しています。したがって，値引き配分後の商品Xおよび商品Yの取引価格を以下のように計算します。

商　品	独立販売価格	セット販売価格	配分後取引価格
X	30,000 円		28,800 円*1
Y	20,000 円	48,000 円	19,200 円*2
合　計	50,000 円	48,000 円	48,000 円

＊1　商品Xの取引価格：

$$48,000円 × \frac{@30,000円}{@30,000円 + @20,000円} = 28,800円$$

＊2　商品Yの取引価格：

$$48,000円 × \frac{@20,000円}{@30,000円 + @20,000円} = 19,200円$$

5／10　商品Xの引き渡し：売上の計上

値引き配分後の取引価格28,800円をもって商品Xに対する売上を計上します。

5／20　商品Yの引き渡し：売上の計上

値引き配分後の取引価格19,200円をもって商品Yに対する売上を計上します。

5／31　販売代金の受け取り

売掛金の回収を仕訳します。

問題17-4

	借方科目	金　額	貸方科目	金　額
5／1	仕 訳 な し			
5／10	契 約 資 産	28,800	売　　上	28,800
5／20	売 掛 金	48,000	売　　上	19,200
			契 約 資 産	28,800
5／31	当 座 預 金	48,000	売 掛 金	48,000

解答への道

本問は，問題17-3の条件を一部変更したものです。「契約資産」と「売掛金」の区別を確認してください。

5／1　契約締結時：仕訳なし

5／10　商品Xの引き渡し：売上の計上

値引き配分後の取引価格28,800円で商品Xに対する売上を計上します。

商品Xの取引価格：

$$48,000円 × \frac{@30,000円}{@30,000円 + @20,000円} = 28,800円$$

なお，本問の場合，対価の支払いは当社が商品Xと商品Yの両方をA社に移転することが条件となっているため，商品Xの引き渡しを終えただけでは当社は「債権＝売掛金」（対価に対する無条件の権利）を有しません。そのため，この段階では28,800円を「契約資産」に計上します。

5／20　商品Yの引き渡し：売上の計上

値引き配分後の取引価格19,200円で商品Yに対する売上を計上します。

商品Yの取引価格：

$$48,000円 × \frac{@20,000円}{@30,000円 + @20,000円} = 19,200円$$

なお，この段階で当社は48,000円の対価に対する「債権＝売掛金」を有することになります。したがって，商品Yの取引価格19,200円について「売掛金」を計上するとともに，商品Xの取引価格28,800円について「契約資産」から「売掛金」に振り替えます。

5／31　販売代金の受け取り

売掛金の回収を仕訳します。

問題17-5

問1

	借方科目	金　額	貸方科目	金　額
①	売 掛 金	960,000	売　　上	900,000
			返 金 負 債	60,000
②	返 金 負 債	60,000	売 掛 金	60,000

問2

	借方科目	金　額	貸方科目	金　額
①	売 掛 金	720,000	売　　上	675,000
			返 金 負 債	45,000
②	返 金 負 債	45,000	売　　上	45,000

問3

	借方科目	金　額	貸方科目	金　額
①	売 掛 金	560,000	売　　上	560,000
②	売 掛 金	240,000	売　　上	190,000
			返 金 負 債	50,000
③	返 金 負 債	50,000	売 掛 金	50,000

解答への道

「売上割戻」の会計処理を確認してください。

問1　割戻しの予測→割戻しの実施

①　販売時

4月における予測販売個数が割戻しの条件（1,000個）を超えるため，取引価格を@750円（@800円 − @50円）と見積り，「売上（収益）」を計上し，割戻しが予想される金額について，「返金負債（負債）」を計上します。

売掛金：@800円 × 1,200個 = 960,000円

売上：(@800円 − @50円) × 1,200個
　　＝ 900,000円

返金負債：@50円 × 1,200個
　　　　＝ 60,000円（予想される割戻額）

② 月末

　割戻しの実施にともない，「返金負債」を取り崩し，「売掛金」の減少を仕訳します。

問2　割戻しの予測→割戻しの実施なし

① 販売時

　5月における予測販売個数が割戻しの条件（1,000個）を超えるため，取引価格を@750円（@800円－@50円）と見積り，「売上（収益）」を計上し，割戻しが予想される金額について，「返金負債（負債）」を計上します。

　売掛金：@800円×900個＝720,000円
　売上：（@800円－@50円）×900個
　　　　＝675,000円
　返金負債：@50円×900個
　　　　　　＝45,000円（予想される割戻額）

② 月末

　5月における実績販売個数（900個）が割戻しの条件（1,000個）に達していないため，割戻しの実施はありません。そこで，「返金負債」を取り崩し，「売上」に振り替えます。

問3　割戻しの予測なし→割戻しの実施

① 700個の販売時

　6月における予測販売個数が割戻しの条件（1,000個）に達していないため，取引価格を@800円と見積り，「売上（収益）」を計上します。

　売掛金および売上：@800円×700個
　　　　　　　　　　＝560,000円

② 300個の販売時

　i　300個分の販売について

　　300個の追加販売により，割戻しの条件（1,000個）を満たすことになったため，取引価格を@800円から@750円（@800円－@50円）に修正し，「売上（収益）」および「返金負債（負債）」を計上します。

```
（売　掛　金）240,000　（売　　　　上）225,000
　　　　　　　　　　　　（返 金 負 債）15,000
```

　　売掛金：@800円×300個＝240,000円
　　売上：（@800円－@50円）×300個
　　　　　＝225,000円
　　返金負債：@50円×300個
　　　　　　　＝15,000円（予想される割戻額）

　ii　先の700個の販売に係る取引価格の修正

　　先に販売した700個分について取引価格を@800円から@750円に修正します。

```
（売　　　　上）35,000　（返 金 負 債）35,000
```

　　修正額：@50円×700個
　　　　　　＝35,000円（予想される割戻額）

　iii　まとめ（i＋ii）

```
（売　掛　金）240,000　（売　　　　上）190,000
　　　　　　　　　　　　（返 金 負 債）50,000
```

③ 月末

　割戻しの実施にともない，「返金負債」を取り崩し，「売掛金」の減少を仕訳します。

問題17-6

(1) 損益計算書

損 益 計 算 書

自×1年4月1日　至×2年3月31日　　　　（単位：円）

Ⅰ 売　　　上　　　高			
1 商 品 売 上 高	（	89,225,000 ）	
2 役 務 収 益	（	8,380,000 ）	（　97,605,000 ）
Ⅱ 売　　　上　　　原　　　価			
1 商 品 売 上 原 価	（	57,275,000 ）	
2 役 務 原 価	（	3,626,000 ）	（　60,901,000 ）
売 上 総 利 益			（　36,704,000 ）
Ⅲ 販 売 費 及 び 一 般 管 理 費			（　26,704,000 ）
営 業 利 益			（　10,000,000 ）

(2) 貸借対照表

貸 借 対 照 表
×2年3月31日　　　　　　　　　　　　　　　（単位：円）

I 流　動　資　産		
1 現　金　預　金	（	7,882,000 ）
2 売　　掛　　金	（	5,230,000 ）
3 商　　　　　品	（	2,125,000 ）
4 仕　　掛　　品	（	204,000 ）
⋮		
I 流　動　負　債		
1 契　約　負　債	（	3,197,000 ）
2 返　金　負　債	（	176,000 ）

解答への道

　本問は，「収益認識に関する会計基準」に関する総合問題です。

1．「商品Y」および「保守サービス」の収益認識（計上）

(1)　商品Yの販売について

　商品Yの引き渡しをもって履行義務が充足されるため，商品を引き渡した時点において，独立販売価格@500,000円／台を基礎とする取引価格をもって「商品売上高」を認識します。なお，本問は「出荷基準」を採用しているため，その「引き渡し」は商品Yの出荷時点において引き渡しがあったと考えます。

(2)　保守サービスの販売について

　保守サービスの提供は一定の期間にわたり履行義務を充足します。したがって，契約時において「契約負債」を認識し，その後，一定期間の経過にともない，独立販売価格@60,000円／年を基礎とする取引価格をもって「役務収益」を認識します。なお，本問は，問題指示により，毎月末に1か月分の金額を役務収益として計上します。

2．「商品売上高」および「契約負債」の計上

　商品Yと保守サービスの対価532,000円をそれぞれの独立販売価格の割合で配分し，「商品売上高」および「契約負債」を計上します。なお，本問における商品売買の記帳方法はいわゆる「売上原価対立法」であることに注意してください。

（現 金 預 金）532,000	（商 品 売 上 高）475,000
	（契 約 負 債）57,000
（商品売上原価）325,000	（商　　　　品）325,000

商品売上高：$532,000円 \times \dfrac{500,000円}{500,000円 + 60,000円}$
　　　　　　$= 475,000円$

契約負債　：$532,000円 \times \dfrac{60,000円}{500,000円 + 60,000円}$
　　　　　　$= 57,000円$

3．売上割戻し

　将来の売上割戻しが予想されるとき，その対価は「変動対価」であり，予想される割戻しを控除した金額を取引価格として収益を認識します。

①　契約時

　期中において，見積販売台数が割戻しの条件（5台）を超えていることから，予想される割戻額を「返金負債」に計上し，割戻しの金額を控除した残額を「商品売上高」に計上しています。

（売 　掛 　金）3,500,000	（商 品 売 上 高）3,150,000
	（返 金 負 債）350,000
（商品売上原価）2,275,000	（商　　　　品）2,275,000

返金負債：@500,000円×10%×7台
　　　　　= 350,000円
商品売上高：@500,000円×（1 − 10%）×7台
　　　　　　= 3,150,000円
商品売上原価：@325,000円×7台
　　　　　　= 2,275,000円

②　月末：割戻しの実施

　当月における実績販売台数（7台）が割戻しの条件（5台）を超えていることから，当月に販売した7台分の売上について割戻しの処理を行います。

（返 金 負 債）350,000	（売 　掛 　金）350,000

割戻額：（@500,000円×10%）×7台
　　　　= 350,000円

4．期末商品の評価

①　商品評価損の計上

　品質低下品2台について，正味売却価額が下落しているため，商品評価損を計上します。

なお，本問において，帳簿数量7台（8台－販売分1台）と実地数量7台（良品5台＋品質低下品2台）が一致していることから棚卸減耗の処理は必要ありません。また，商品売買の記帳方法が「売上原価対立法」であるため，売上原価算定の決算整理仕訳も必要ありません。

(商品評価損)	150,000	(商　　　　品)	150,000

商品評価損：(@325,000円－@250,000円)
　　　　　　　× 2台＝150,000円

② 売上原価への算入

問題指示により，「商品評価損」を「商品売上原価」に振り替えます。

(商品売上原価)	150,000	(商品評価損)	150,000

5．当月分の「役務収益」および「役務原価」の計上

当月（3月）分の保守サービスの提供に係る収益を「契約負債」から「役務収益」に振り替えます。また，役務収益に対応する諸費用を「仕掛品」から「役務原価」に振り替えます。

(契約負債)	820,000	(役務収益)	820,000
(役務原価)	346,000	(仕掛品)	346,000

問題17-7

損　益　計　算　書

自×7年4月1日　至×8年3月31日　　　（単位：円）

Ⅰ	役　務　収　益		(9,708,000)
Ⅱ	役　務　原　価		
1	人　件　費	(3,017,000)	
2	そ　の　他	(1,328,000)	(4,345,000)
	売　上　総　利　益		(5,363,000)
Ⅲ	販売費及び一般管理費		
1	給　料	(1,348,500)	
2	賞　与	(522,000)	
3	支　払　家　賃	(1,275,000)	
4	水　道　光　熱　費	(157,000)	
5	旅　費　交　通　費	(269,000)	
6	広　告　宣　伝　費	(504,000)	
7	通　信　費	(118,000)	
8	(賞与引当金繰入)	(232,000)	
9	減　価　償　却　費	(667,200)	(5,092,700)
	営　業　利　益		(270,300)
Ⅳ	営　業　外　収　益		
1	受　取　利　息	(16,000)	
2	有　価　証　券　利　息	(12,000)	
3	(雑　益)	(3,200)	(31,200)
Ⅴ	営　業　外　費　用		
1	支　払　利　息	(14,000)	
2	(貸倒引当金繰入)	(11,000)	(25,000)
	経　常　利　益		(276,500)
Ⅵ	特　別　損　失		
1	(固定資産売却損)	(26,500)	(26,500)
	税引前当期純利益		(250,000)
	法人税，住民税及び事業税		(100,000)
	当　期　純(利益)		(150,000)

解答への道

Ⅰ．役務収益・役務原価の計上

本問における役務収益と役務原価の計上は以下のようになります。

役務提供前	役務の提供	役務提供後
役務収益：	【役務収益の計上】	
受講料の受取り　→	講座の提供	
現　金／契約負債	契約負債／役務収益	

	⇧	
役務原価：	【役務原価の計上】	
（人件費）	勤務報告書の受領	給料の支給
	役務原価／未払金　→	未払金／現　金

役務原価：	【役務原価の計上】	
（その他）　制　作	講座で使用	
仕掛品／現　金　→	役務原価／仕掛品	

Ⅱ．決算整理仕訳

1．現金実査：現金過不足

（現　　　金）	3,200	（雑　　　益）	3,200

帳簿残高：523,000円（前T／B）

実際有高：紙幣・硬貨245,200円＋他店振出小切
手223,000円＋郵便為替証書58,000円
＝526,200円

雑　　益：実際有高526,200円－帳簿残高523,000
円＝3,200円

2．役務収益の計上

「契約負債（負債）」を取り崩して「役務収益（収
益）」を計上します。

（契　約　負　債）	915,000	（役　務　収　益）	915,000

3．役務原価の計上

（1）役務原価（人件費）の計上

「未払金（負債）」を相手科目として，「役務原
価（費用）」を計上します。

（役務原価・人件費）	337,000	（未　払　金）	337,000

（2）役務原価（その他）の計上

「仕掛品（資産）」を取り崩して「役務原価（費
用)」を計上します。

（役務原価・その他）	216,000	（仕　掛　品）	216,000

4．貸倒引当金の設定

貸付金について貸倒引当金を設定します。なお，
貸付金は当期に発生したものであり，貸倒引当金勘
定の残高が存在しないため，貸倒見積額の全額を繰
り入れます。また，その繰入額は，貸付金が営業外
債権に分類されるため，営業外費用に表示します。

（貸倒引当金繰入）	11,000	（貸倒引当金）	11,000

見積額：550,000円〈貸付金〉× 2％＝11,000円

5．満期保有目的債券：償却原価法

前期首に取得しているため，国債の額面500,000
円と試算表の計上額492,000円の差額8,000円を償
還までの残り月数48か月（60か月－12か月）で償
却します。

（満期保有目的債券）	2,000	（有価証券利息）	2,000

償却額：$(500,000円 - 492,000円) \times \dfrac{12か月}{60か月 - 12か月}$

$= 2,000円$

6．減価償却

（1）建物：定額法

（減 価 償 却 費）	120,000	（建物減価償却累計額）	120,000

減価償却費：3,600,000円÷30年＝120,000円

（2）備品：200％定率法

償却率：1÷5年×200％＝40％

（減 価 償 却 費）	547,200	（備品減価償却累計額）	547,200

減価償却費：（1,800,000円－432,000円）×40％
＝547,200円

7. 賞与引当金の設定

　問題文に指示された当期負担分をそのまま「賞与引当金（負債）」として計上します。

（賞与引当金繰入）232,000	（賞 与 引 当 金）232,000

8. 支払家賃の前払い

　毎期8月1日に向こう1年分を前払いしていることから，試算表の支払家賃1,700,000円は，当期支払分12か月分（×7年8月1日～×8年7月31日）に前期末に前払計上した4か月分（×7年4月1日～×7年7月31日）が加算された16か月分となっています。よって，次期の4か月分（×8年4月1日～×8年7月31日）を前払計上します。

（前 払 家 賃）425,000	（支 払 家 賃）425,000

　前払家賃：$1,700,000 円 \times \dfrac{4 か月}{16 か月} = 425,000 円$

9. 広告宣伝費の未払い

　毎期11月末日に過去1年分を後払いしていることから，試算表の広告宣伝費336,000円は，当期支払分12か月分（×6年12月1日～×7年11月30日）から前期末に未払計上した4か月分（×6年12月1日～×7年3月31日）が減算された8か月分となります。よって，当期の4か月分（×7年12月1日～×8年3月31日）を未払計上します。

（広 告 宣 伝 費）168,000	（未払広告宣伝費）168,000

　未払費用：$336,000 円 \times \dfrac{4 か月}{8 か月} = 168,000 円$

10. 水道光熱費の未払い

（水 道 光 熱 費）14,000	（未払水道光熱費）14,000

11. 法人税等の処理

（法人税，住民税及び事業税）100,000	（仮払法人税等）60,000
	（未払法人税等）40,000

問題18-1

		借方科目	金　額	貸方科目	金　額
(1)	本店	支　　　店	100,000	現　　　金	100,000
	支店	現　　　金	100,000	本　　　店	100,000
(2)	本店	現　　　金	150,000	支　　　店	150,000
	支店	本　　　店	150,000	売　掛　金	150,000
(3)	本店	買　掛　金	60,000	支　　　店	60,000
	支店	本　　　店	60,000	現　　　金	60,000
(4)	本店	営　業　費	30,000	支　　　店	30,000
	支店	本　　　店	30,000	当　座　預　金	30,000

支		店		本		店	
(1)	100,000	(2)	150,000	(2)	150,000	(1)	100,000
		(3)	60,000	(3)	60,000		
		(4)	30,000	(4)	30,000		

解答への道

　本支店間の内部取引についての処理を問うものです。以下，図解しておきます。

(1)

(2)

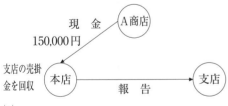

(3)

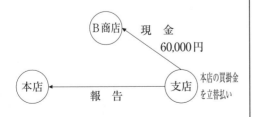

(4)

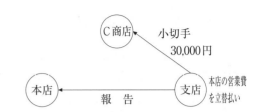

　最後に，本店にある支店勘定の残高と支店にある本店勘定の残高が一致していることを確認してください。

問題18-2

問1

	借方科目	金　　額	貸方科目	金　　額
(1)	神　戸　支　店	500,000	現　　　金	500,000
(2)	神　戸　支　店	350,000	仕　　　入	350,000
(3)	神　戸　支　店	280,000	売　　掛　金	280,000

問2

	借方科目	金　　額	貸方科目	金　　額
(1)	本　　　店	500,000	現　　　金	500,000
(2)	本　　　店	350,000	仕　　　入	350,000
(3)	本　　　店	280,000	売　掛　金	280,000

解答への道

　複数の支店がある場合，支店間取引の処理方法を確認しましょう。

・支店分散計算制度

　各支店は，本店勘定の他に各支店の勘定を設定し，支店間の取引を直接記帳する方法。

・本店集中計算制度

　各支店には本店勘定のみが設定され，支店間の取引を本店勘定経由で記帳する方法。

　参考として，以下，京都支店における仕訳のほか，大阪本店および神戸支店の仕訳を示します。

問1　支店分散計算制度

(1) 送金取引

	借方科目	金　　額	貸方科目	金　　額
京都支店	神　戸　支　店	500,000	現　　　金	500,000
神戸支店	現　　　金	500,000	京　都　支　店	500,000
本　　店	仕　訳　な　し			

(2) 商品の振り替え取引

	借方科目	金　額	貸方科目	金　額
京都支店	神戸支店	350,000	仕　　入	350,000
神戸支店	仕　　入	350,000	京都支店	350,000
本　　店	仕訳なし			

(3) 自己振出約束手形の回収取引

	借方科目	金　額	貸方科目	金　額
京都支店	神戸支店	280,000	売　掛　金	280,000
神戸支店	支払手形	280,000	京都支店	280,000
本　　店	仕訳なし			

問2　本店集中計算制度

(1) 送金取引

	借方科目	金　額	貸方科目	金　額
京都支店	本　　店	500,000	現　　金	500,000
神戸支店	現　　金	500,000	本　　店	500,000
本　　店	神戸支店	500,000	京都支店	500,000

(2) 商品の振り替え取引

	借方科目	金　額	貸方科目	金　額
京都支店	本　　店	350,000	仕　　入	350,000
神戸支店	仕　　入	350,000	本　　店	350,000
本　　店	神戸支店	350,000	京都支店	350,000

(3) 自己振出約束手形の回収取引

	借方科目	金　額	貸方科目	金　額
京都支店	本　　店	280,000	売　掛　金	280,000
神戸支店	支払手形	280,000	本　　店	280,000
本　　店	神戸支店	280,000	京都支店	280,000

問題18-3

(1) **決算整理後残高試算表**

残　高　試　算　表　　　　　　　　（単位：円）

借　　方	本　店	支　店	貸　　方	本　　店	支　店
現　金　預　金	356,000	214,300	支　払　手　形	218,000	165,000
受　取　手　形	175,000	205,000	買　　掛　　金	294,000	202,000
売　　掛　　金	335,000	320,000	貸　倒　引　当　金	20,400	21,000
繰　越　商　品	153,000	182,000	減価償却累計額	146,400	73,200
前　払　営　業　費	136,500	93,200	本　　　　店	――	640,000
備　　　　品	300,000	150,000	資　　本　　金	800,000	――
支　　　店	640,000	――	繰越利益剰余金	425,000	
仕　　　入	1,919,500	1,133,000	売　　　　上	2,565,000	1,520,000
営　　業　　費	397,500	286,800			
貸倒引当金繰入	12,400	16,500			
減　価　償　却　費	38,400	19,200			
支　払　利　息	5,500	1,200			
	4,468,800	2,621,200		4,468,800	2,621,200

(2) **損益勘定**

〈本店〉 損 益

仕 入	(1,919,500)	売 上	(2,565,000)
営 業 費	(397,500)	支 店	(63,300)
貸倒引当金繰入	(12,400)		
減 価 償 却 費	(38,400)		
支 払 利 息	(5,500)		
(繰越利益剰余金)	(255,000)		
	(2,628,300)		(2,628,300)

〈支店〉 損 益

仕 入	(1,133,000)	売 上	(1,520,000)
営 業 費	(286,800)		
貸倒引当金繰入	(16,500)		
減 価 償 却 費	(19,200)		
支 払 利 息	(1,200)		
(本 店)	(63,300)		
	(1,520,000)		(1,520,000)

解答への道

本 店 側

1．決算整理

(1) 売上原価の計算

(仕 入)	154,500	(繰越商品)	154,500
(繰越商品)	153,000	(仕 入)	153,000

(2) 貸倒引当金の設定（差額補充法）

(貸倒引当金繰入)	12,400	(貸倒引当金)*	12,400

＊(175,000円＋335,000円)×4％－8,000円＝12,400円

(3) 減価償却

(減価償却費)*	38,400	(減価償却累計額)	38,400

＊(300,000円－108,000円)×20％＝38,400円

(4) 営業費の前払い

(前払営業費)	136,500	(営 業 費)	136,500

2．決算整理後残高試算表

決算整理後残高試算表

現 金 預 金	356,000	支 払 手 形	218,000
受 取 手 形	175,000	買 掛 金	294,000
売 掛 金	335,000	貸倒引当金	20,400
繰 越 商 品	153,000	減価償却累計額	146,400
前 払 営 業 費	136,500	資 本 金	800,000
備 品	300,000	繰越利益剰余金	425,000
支 店	640,000	売 上	2,565,000
仕 入	1,919,500		
営 業 費	397,500		
貸倒引当金繰入	12,400		
減 価 償 却 費	38,400		
支 払 利 息	5,500		
	4,468,800		4,468,800

支 店 側

1．決算整理

(1) 売上原価の計算

(仕 入)	100,000	(繰越商品)	100,000
(繰越商品)	182,000	(仕 入)	182,000

(2) 貸倒引当金の設定（差額補充法）

(貸倒引当金繰入)	16,500	(貸倒引当金)*	16,500

＊(205,000円＋320,000円)×4％－4,500円＝16,500円

(3) 減価償却

(減価償却費)*	19,200	(減価償却累計額)	19,200

＊(150,000円－54,000円)×20％＝19,200円

(4) 営業費の前払い

(前払営業費)	93,200	(営 業 費)	93,200

2．決算整理後残高試算表

決算整理後残高試算表

現 金 預 金	214,300	支 払 手 形	165,000
受 取 手 形	205,000	買 掛 金	202,000
売 掛 金	320,000	貸倒引当金	21,000
繰 越 商 品	182,000	減価償却累計額	73,200
前 払 営 業 費	93,200	本 店	640,000
備 品	150,000	売 上	1,520,000
仕 入	1,133,000		
営 業 費	286,800		
貸倒引当金繰入	16,500		
減 価 償 却 費	19,200		
支 払 利 息	1,200		
	2,621,200		2,621,200

3．決算振替

(1) 収益・費用の振り替え

（売 上）	2,565,000	（損 益）	2,565,000

（損 益）	2,373,300	（仕 入）	1,919,500
		（営 業 費）	397,500
		（貸倒引当金繰入）	12,400
		（減価償却費）	38,400
		（支 払 利 息）	5,500

(2) 支店純利益の振り替え

（支 店）	63,300	（損 益）	63,300

3．決算振替

(1) 収益・費用の振り替え

（売 上）	1,520,000	（損 益）	1,520,000

（損 益）	1,456,700	（仕 入）	1,133,000
		（営 業 費）	286,800
		（貸倒引当金繰入）	16,500
		（減価償却費）	19,200
		（支 払 利 息）	1,200

(2) 支店純利益の振り替え

（損 益）	63,300	（本 店）	63,300

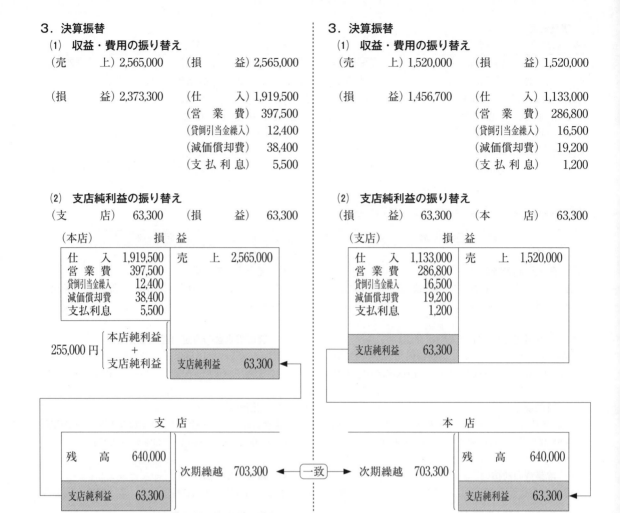

（注）本店側にある支店勘定と支店側にある本店勘定を通じて，支店純利益を本店純利益と合算します。このため，支店勘定および本店勘定の次期繰越額は，支店純利益振替後の金額となります。

(3) 全体純損益の振り替え

（損 益）	255,000	（繰越利益剰余金）	255,000

〈116〉

問題18-4

損 益 計 算 書 （単位：円）

I 売 上 高		（	877,200 ）
II 売 上 原 価			
1 期 首 商 品 棚 卸 高	（ 150,400 ）		
2 当 期 商 品 仕 入 高	（ 655,400 ）		
合 計	（ 805,800 ）		
3 期 末 商 品 棚 卸 高	（ 164,200 ）	（ 641,600 ）
売 上 総 利 益		（ 235,600 ）
III 販売費及び一般管理費			
1 営 業 費	（ 174,400 ）		
2 貸 倒 引 当 金 繰 入	（ 4,200 ）		
3 減 価 償 却 費	（ 15,750 ）	（ 194,350 ）
営 業 利 益		（ 41,250 ）
IV 営 業 外 収 益			
1 有 価 証 券 利 息	（ 1,200 ）	（ 1,200 ）
V 営 業 外 費 用			
1 支 払 利 息	（ 17,600 ）		
2 有 価 証 券 売 却 損	（ 2,400 ）	（ 20,000 ）
当 期 純 利 益		（ 22,450 ）

貸 借 対 照 表 （単位：円）

資 産 の 部			負 債 の 部		
I 流 動 資 産			I 流 動 負 債		
1 現 金 預 金		（ 220,200 ）	1 支 払 手 形		（ 160,000 ）
2 受 取 手 形	（ 60,000 ）		2 買 掛 金		（ 181,800 ）
貸 倒 引 当 金	（ 1,800 ）	（ 58,200 ）	3 未 払 費 用		（ 9,800 ）
3 売 掛 金	（ 120,000 ）		流 動 負 債 合 計		（ 351,600 ）
貸 倒 引 当 金	（ 3,600 ）	（ 116,400 ）	II 固 定 負 債		
4 商 品		（ 164,200 ）	1 長 期 借 入 金		（ 140,000 ）
5 前 払 費 用		（ 12,000 ）	固 定 負 債 合 計		（ 140,000 ）
流 動 資 産 合 計		（ 571,000 ）	負 債 合 計		（ 491,600 ）
II 固 定 資 産			純 資 産 の 部		
1 建 物	（ 300,000 ）		I 資 本 金		（ 240,000 ）
（減価償却累計額）	（ 94,400 ）	（ 205,600 ）	II 利 益 剰 余 金		
2 備 品	（ 80,000 ）		1 利 益 準 備 金	（ 24,000 ）	
（減価償却累計額）	（ 41,750 ）	（ 38,250 ）	2 別 途 積 立 金	（ 30,000 ）	
固 定 資 産 合 計		（ 243,850 ）	3 繰 越 利 益 剰 余 金	（ 29,250 ）	（ 83,250 ）
			純 資 産 合 計		（ 323,250 ）
資 産 合 計		（ 814,850 ）	負債及び純資産合計		（ 814,850 ）

〈本支店合併の損益計算書および貸借対照表の作成〉

1. 期末修正事項の修正

(1) 売上原価の算定

① 期首商品：105,000円＋45,400円＝150,400円

② 期末商品：105,000円＋59,200円＝164,200円

（仕 入）150,400	（繰 越 商 品）150,400
（繰 越 商 品）164,200	（仕 入）164,200

貸借対照表に記載する商品：164,200円

(2) 貸倒引当金

受取手形と売掛金の期末実際有高の3％が貸倒引当金の残高になるように補充します。なお、貸倒引当金は貸借対照表の受取手形および売掛金から控除する形式で示します。

貸倒引当金（受取手形）：

$\underset{\text{本店}}{(25,000円}＋\underset{\text{支店}}{35,000円)}×0.03＝1,800円$

貸倒引当金（売掛金）：

$\underset{\text{本店}}{(80,000円}＋\underset{\text{支店}}{40,000円)}×0.03＝3,600円$

貸倒引当金繰入：

$1,800円＋3,600円－\underset{\text{T/B貸倒引当金}}{(550円＋650円)}＝4,200円$

（貸倒引当金繰入） 4,200	（貸 倒 引 当 金） 4,200

(3) 減価償却

減価償却費（建物）：$\underset{\text{本店建物}}{(200,000円}＋\underset{\text{支店建物}}{100,000円)}×0.9$

÷30年＝9,000円

減価償却費（備品）：$\{\underset{\text{本店備品}}{(50,000円}＋\underset{\text{支店備品}}{30,000円)}$

$－\underset{\text{減価償却累計額}}{(20,000円＋15,000円)\}}×0.15$

＝6,750円

建物減価償却累計額：9,000円＋38,850円

＋46,550＝94,400円

備品減価償却累計額：6,750円＋20,000円

＋15,000円＝41,750円

（減 価 償 却 費） 15,750	（建物減価償却累計額） 9,000
	（備品減価償却累計額） 6,750

減価償却累計額は、貸借対照表の建物および備品から控除する形式で示します。

(4) 未払利息の計上

（支 払 利 息） 9,800	（未 払 費 用） 9,800

支払利息：6,400円＋1,400円＋9,800円＝17,600円

(5) 前払営業費の計上

（前 払 費 用） 12,000	（営 業 費） 12,000

営業費：124,000円＋62,400円－12,000円

＝174,400円

2. 本支店合併損益計算書・本支店合併貸借対照表の作成

期末修正事項の修正仕訳を残高試算表の金額に加減して、それぞれ本店・支店の合計額を損益計算書と貸借対照表に記入していきます。

なお、繰越利益剰余金は決算振替後の金額を記載するため、以下のように計算します。

B/S繰越利益剰余金

前T/B6,800円＋P/L22,450円＝29,250円

または

B/Sの資産合計814,850円－（負債合計491,600円＋繰越利益剰余金を除いた純資産合計294,000円）＝29,250円

Theme 19 合併と事業譲渡

問題19-1

	借方科目	金額	貸方科目	金額
(1)	諸 資 産	4,000,000	諸 負 債	2,000,000
	の れ ん	200,000	資 本 金	2,200,000
(2)	諸 資 産	4,000,000	諸 負 債	2,000,000
	の れ ん	200,000	資 本 金	1,100,000
			資本準備金	1,100,000

解答への道

合併の取引です。合併したときは，交付された合併会社株式の時価と被合併会社の時価純資産（諸資産－諸負債）との差額で「のれん」を計上します。また，株式の交付により増加した資本の金額（交付された合併会社株式の時価）について，「払込資本（資本金，資本準備金，その他資本剰余金）」を計上しますが，何を，いくら計上するかについては，問題文の指示にしたがってください。

(1)

のれん：(4,000,000円 - 2,000,000円) - 2,200,000円
　　　　＝△200,000円

被合併会社（B社）の修正貸借対照表

諸 資 産　4,000,000	諸 負 債　2,000,000
	交付された株式の時価 2,200,000 ｜ 資 本 金 2,200,000
の れ ん　200,000	

(2)

のれん：(4,000,000円 - 2,000,000円) - 2,200,000円
　　　　＝△200,000円

被合併会社（Y社）の修正貸借対照表

諸 資 産　4,000,000	諸 負 債　2,000,000
	交付された株式の時価 2,200,000 ｜ 資 本 金 1,100,000 ／ 資本準備金 1,100,000
の れ ん　200,000	

問題19-2

借方科目	金額	貸方科目	金額
諸 資 産	2,800,000	諸 負 債	1,300,000
の れ ん	300,000	現 金	1,800,000

解答への道

事業譲渡（買収）の取引です。企業を買収したときは，譲渡された資産・負債を時価をもって計上し，その時価純資産に相当する金額と対価として支払った現金との差額をのれん（無形固定資産）として計上します。

のれん：(2,800,000円 - 1,300,000円) - 1,800,000円
　　　　＝△300,000円

〈119〉

20 連結会計Ⅰ（資本連結Ⅰ）

問題20-1

①	②	③	④
親　会　社	子　会　社	連結財務諸表	投　　　資

⑤
資　　　本

解答への道

以下，完成させた文章を示します。

(1) 他の企業の株主総会など意思決定機関を支配している会社を（①：親会社）といい，支配されている当該会社を（②：子会社）という。このような支配従属関係が認められる企業集団の財政状態および経営成績などを報告するための財務諸表を（③：連結財務諸表）という。

(2) （③：連結財務諸表）の作成において，（①：親会社）の（④：投資）と（②：子会社）の（⑤：資本）は相殺消去しなければならない。

問題20-2

①	②	③	④
の　れ　ん	無形固定資産	20	負ののれん発生益

⑤	⑥
非支配株主持分	純　資　産

解答への道

以下，完成させた文章を示します。

(1) 投資と資本の相殺消去における投資消去差額は（①：のれん）として処理する。なお，その差額が借方差額として発生した場合，これを（①：のれん）として処理し，連結貸借対照表の（②：無形固定資産）に計上したうえ，（③：20）年以内の期間をもって毎期償却する。対して，貸方差額として発生した場合には，これを（④：負ののれん発生益）として処理し，連結損益計算書に計上する。

(2) 部分所有の連結において，親会社の投資と相殺消去できないS社の資本は（⑤：非支配株主持分）として処理し，連結貸借対照表の（⑥：純資産）の部に計上する。

問題20-3

	借方科目	金　　額	貸方科目	金　　額
(1)	資　本　金	300,000	子会社株式	650,000
	資本剰余金	200,000		
	利益剰余金	100,000		
	の　れ　ん	50,000		
(2)	資　本　金	300,000	子会社株式	500,000
	資本剰余金	200,000	非支配株主持分	120,000
	利益剰余金	100,000		
	の　れ　ん	20,000		
(3)	資　本　金	300,000	子会社株式	450,000
	資本剰余金	200,000	非支配株主持分	120,000
	利益剰余金	100,000	負ののれん発生益	30,000

解答への道

投資と資本の相殺消去における「非支配株主持分」および「のれん」の計上を確認しましょう。

(1) 完全子会社の場合

　P社がS社の議決権株式のすべて（100％）を取得した場合，S社はP社の「完全子会社」となります。完全子会社を連結する場合，S社の資本はすべてP社の投資（子会社株式）と相殺消去されるため，「非支配株主持分」は計上されないことに注意してください。

　　S社資本：300,000円＋200,000円＋100,000円
　　　　　　＝600,000円

　　のれん：S社資本600,000円－投資650,000円
　　　　　　＝△50,000円（借方差額）

(2) 部分所有の場合

　「完全子会社」以外の子会社を連結する場合，P社の投資（子会社株式）と相殺消去できないS社の資本は「非支配株主持分」として処理します。

　　S社資本：300,000円＋200,000円＋100,000円
　　　　　　＝600,000円

　　非支配株主持分：600,000円〈S社資本〉×20％
　　　　　　　　　　〈非支配株主の持分〉
　　　　　　　　　　＝120,000円

　　のれん：S社資本600,000円×80％〈親会社の持分〉
　　　　　　－投資500,000円＝△20,000円（借方差額）

(3) 部分所有の場合

　(2)と同様に，P社の投資（子会社株式）と相殺消去できないS社の資本は「非支配株主持分」として処理します。

S社資本：300,000円 + 200,000円 + 100,000円
= 600,000円

非支配株主持分：600,000円〈S社資本〉× 20%
〈非支配株主の持分〉
= 120,000円

負ののれん発生益：
S社資本600,000円 × 80%〈親会社の持分〉
− 投資450,000円 = 30,000円（貸方差額）

(1) 連結修正仕訳

借方科目	金　額	貸方科目	金　額
資　本　金	600,000	S 社 株 式	650,000
資本剰余金	250,000	非支配株主持分	400,000
利益剰余金	150,000		
の　れ　ん	50,000		

(2) 連結貸借対照表

連結貸借対照表
×1年3月31日　　　　　　（単位：円）

資　　産	金　額	負債・純資産	金　額
諸　資　産	3,300,000	諸　負　債	1,250,000
の　れ　ん	50,000	資　本　金	1,200,000
		資 本 剰 余 金	300,000
		利 益 剰 余 金	200,000
		非支配株主持分	400,000
	3,350,000		3,350,000

解答への道

(1) 連結修正仕訳：部分所有の場合
「完全子会社」以外の子会社を連結する場合，P
社の投資（子会社株式）と相殺消去できないS社の
資本は「非支配株主持分」として処理します。

S社資本：600,000円 + 250,000円 + 150,000円
= 1,000,000円

非支配株主持分：1,000,000円〈S社資本〉× 40%
〈非支配株主の持分〉
= 400,000円

のれん：S社資本1,000,000円 × 60%〈親会社の持分〉
− 投資650,000円 = △50,000円（借方差額）

(2) 連結貸借対照表の作成
個別貸借対照表を合算し、連結修正仕訳を集計して連結貸借対照表を作成します。

科　目	個別財務諸表		連結修正仕訳の集計	連結財務諸表
	P 社	S 社		
貸 借 対 照 表				連結貸借対照表
諸　資　産	1,850,000	1,450,000		3,300,000
S 社 株 式	650,000	——	△ 650,000	——
の　れ　ん	——	——	+ 50,000	50,000
資 産 合 計	2,500,000	1,450,000	——	3,350,000
諸　負　債	(800,000)	(450,000)		(1,250,000)
資　本　金	(1,200,000)	(600,000)	△ 600,000	(1,200,000)
資 本 剰 余 金	(300,000)	(250,000)	△ 250,000	(300,000)
利 益 剰 余 金	(200,000)	(150,000)	△ 150,000	(200,000)
非支配株主持分	——	——	+ 400,000	(400,000)
負債・純資産合計	(2,500,000)	(1,450,000)	——	(3,350,000)

(注)（　）内の金額は，貸方金額を表す。

21 連結会計Ⅱ（資本連結Ⅱ）

問題21-1

借方科目	金　額	貸方科目	金　額
資　本　金	185,000	子会社株式	300,000
資本剰余金	115,000	非支配株主持分	180,000
利益剰余金	150,000		
の　れ　ん	30,000		

解答への道

　支配獲得後第1期（連結第1年度）における「開始仕訳」の内容を確認しましょう。

(1) 連結修正仕訳：投資と資本の相殺消去

　支配獲得日における投資と資本の相殺消去を「開始仕訳」として行います。このとき，消去すべきS社の資本は，支配獲得日（×1年3月31日）の金額であることに注意します。

　　S社資本：185,000円＋115,000円＋150,000円
　　　　　　＝450,000円

　　非支配株主持分：S社資本450,000円×40%
　　　　　　　　　　〈非支配株主の持分〉
　　　　　　　　　　＝180,000円

　　のれん：S社資本450,000円×60%〈親会社の持分〉
　　　　　　－投資300,000円＝△30,000円（借方差額）

問題21-2

	借方科目	金　額	貸方科目	金　額
(1)	非支配株主に帰属する当期純利益	34,000	非支配株主持分	34,000
(2)	仕　訳　な　し			

解答への道

　連結第1年度における「期中仕訳（子会社当期純利益の調整）」の内容を確認しましょう。

(1) 部分所有（60%）の場合

　部分所有の場合において，S社の当期純利益85,000円について，非支配株主持分に帰属する部分を企業グループの純利益から減額し，非支配株主持分に振り替えます。なお，P社に帰属する当期純利益は合算の手続きにより，企業グループの純利益として反映されるため，修正を考える必要はありません。

（非支配株主に帰属する当期純利益）	34,000*	（非支配株主持分）	34,000

　＊　85,000円×40%＝34,000円

(2) 完全子会社（100%）の場合

　完全子会社の場合，そもそも非支配株主が存在しないため，「仕訳なし」となります。なお，子会社の当期純利益は，合算の手続きにより，そのすべてが企業グループの利益として取り込まれることになります。

問題21-3

	借方科目	金　額	貸方科目	金　額
(1)	受取配当金	48,000	利益剰余金	80,000
	非支配株主持分	32,000		
(2)	受取配当金	80,000	利益剰余金	80,000

解答への道

　連結第1年度における「期中仕訳（子会社配当金の修正）」の内容を確認しましょう。

(1) 部分所有（60%）の場合

　連結上，S社の配当80,000円について修正を行います。S社のP社に対する配当は企業グループ内の内部取引に該当するため，これを取り消します。また，非支配株主に対する配当は，連結上の非支配株主持分を減額する必要があるため，これを取り消します。なお，P社の配当100,000円について，連結上の修正は必要ありません。

① P社に対する配当の修正

（受取配当金）	48,000*	（利益剰余金）	48,000

　＊　80,000円×60%＝48,000円

② 非支配株主に対する配当の修正

（非支配株主持分）	32,000*	（利益剰余金）	32,000

　＊　80,000円×40%＝32,000円

(2) 完全子会社（100%）の場合

　S社の配当はすべてP社に対してなされるため，内部取引として，これを取り消します。なお，完全子会社の場合，そもそも，非支配株主が存在しないため，非支配株主に対する配当の修正を考える必要はありません。

(1) 連結修正仕訳

① 開始仕訳

	借方科目	金額	貸方科目	金額
投資と資本の相殺消去	資 本 金	650,000	S 社 株 式	650,000
	利 益 剰 余 金	350,000	非支配株主持分	400,000
	の れ ん	50,000		

② 期中仕訳

	借方科目	金額	貸方科目	金額
のれんの償却	の れ ん 償 却	5,000	の れ ん	5,000
純利益の振替	非支配株主に帰属する当期純利益	72,000	非支配株主持分	72,000
配当金の修正	受 取 配 当 金	90,000	利 益 剰 余 金	150,000
	非支配株主持分	60,000		

(2) 連結貸借対照表・連結損益計算書

連結貸借対照表
×2年3月31日 （単位：円）

資 産	金 額	負債・純資産	金 額
諸 資 産	3,360,000	諸 負 債	1,280,000
の れ ん	45,000	資 本 金	1,200,000
		利 益 剰 余 金	513,000
		非支配株主持分	412,000
	3,405,000		3,405,000

連結損益計算書
自×1年4月1日 至×2年3月31日 （単位：円）

科 目	金 額
諸 収 益	3,490,000
諸 費 用	△ 3,070,000
の れ ん 償 却	△ 5,000
当 期 純 利 益	415,000
非支配株主に帰属する当期純利益	△ 72,000
親会社株主に帰属する当期純利益	343,000

1．S社資本の増減（P社の持分：60％、S社株式の取得原価650,000円）

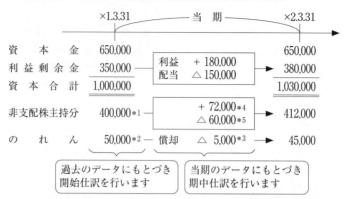

* 1　非支配株主持分：資本合計1,000,000円×非支配株主の持分40％＝400,000円
* 2　のれん：資本合計1,000,000円×60％－S社株式650,000円＝△50,000円（借方差額）
* 3　のれん償却額：50,000円÷10年＝5,000円
* 4　当期純利益の非支配株主持分への振り替え：180,000円×40％＝72,000円
* 5　非支配株主に対する配当の修正：150,000円×40％＝60,000円

2．連結修正仕訳

① 開始仕訳：投資と資本の相殺消去

（資　本　金）	650,000	（S　社　株　式）	650,000
（利益剰余金）	350,000	（非支配株主持分）	400,000*1
（の　れ　ん）	50,000*2		

* 1　(650,000円＋350,000円)×40％
　　　　　　S社の資本
　　　＝400,000円〈非支配株主の持分〉
* 2　(650,000円＋350,000円)×60％
　　　　　　S社の資本
　　　＝600,000円〈P社の持分〉
　　　600,000円－650,000円＝△50,000円
　　　→借方差額（のれん）

② 期中仕訳（×1年度の連結修正仕訳）
　・のれんの償却

（のれん償却）	5,000*	（の　れ　ん）	5,000

* 　50,000円÷10年＝5,000円
　・当期純利益の非支配株主持分への振り替え

非支配株主に帰属する 当 期 純 利 益	72,000*	（非支配株主持分）	72,000

* 　180,000円〈S社当期純利益〉×40％＝72,000円
　・配当金の修正

（受取配当金）	90,000*1	（利益剰余金）	150,000
（非支配株主持分）	60,000*2		

* 1　150,000円〈S社配当金〉×60％＝90,000円
* 2　150,000円〈S社配当金〉×40％＝60,000円

3．連結修正仕訳の集計

　　個別財務諸表を合算し，連結修正仕訳を集計して連結貸借対照表および連結損益計算書の金額を算出します。

　　なお，連結貸借対照表の「利益剰余金」は連結貸借対照表の資産合計と利益剰余金を除く負債・純資産合計の差額で算出します。また，「親会社株主に帰属する当期純利益」は連結損益計算書における収益と費用の差額で算出します。

科　目	個別財務諸表		連結修正仕訳の集計	連結財務諸表
	P　社	S　社		
貸 借 対 照 表				連結貸借対照表
諸　資　産	1,880,000	1,480,000		3,360,000
S 社 株 式	650,000	──	△650,000	──
の　れ　ん	──	──	＋50,000　△5,000	45,000
資 産 合 計	2,530,000	1,480,000		3,405,000
諸　負　債	(830,000)	(450,000)		(1,280,000)
資　本　金	(1,200,000)	(650,000)	△650,000	(1,200,000)
利 益 剰 余 金	(500,000)	(380,000)	△350,000　＋150,000	(差引：513,000)
非支配株主持分	──	──	＋400,000　＋72,000　△60,000	(412,000)
負債・純資産合計	(2,530,000)	(1,480,000)		3,405,000
損 益 計 算 書				連結損益計算書
諸　収　益	(2,040,000)	(1,450,000)		(3,490,000)
受 取 配 当 金	(90,000)	──	△90,000	──
諸　費　用	1,800,000	1,270,000		3,070,000
の れ ん 償 却	──	──	＋5,000	5,000
非支配株主に帰属する当期純利益	──	──	＋72,000	72,000
親会社株主に帰属する当期純利益	──	──	──	(差引：343,000)

（注）（　　）内の金額は，貸方金額を表す。

(1)　連結損益計算書：親会社株主に帰属する当期純利益

　　　連結上の収益：3,490,000円

　　　連結上の費用：3,070,000円＋5,000円＋72,000円＝3,147,000円

　　　親会社株主に期属する当期純利益：3,490,000円－3,147,000円＝343,000円

(2)　連結貸借対照表：利益剰余金

　　　連結上の資産合計：3,405,000円

　　　利益剰余金を除く負債・純資産合計：1,280,000円＋1,200,000円＋412,000円＝2,892,000円

　　　利益剰余金：3,405,000円－2,892,000円＝513,000円

　【参考】

　　なお，連結修正仕訳の損益計算書項目をすべて利益剰余金に置き換えて，連結貸借対照表の利益剰余金を直接算出することもできます。

　　　利益剰余金：P社500,000円＋S社380,000円＋150,000円[*1]－517,000円[*2]＝513,000円

　　　＊1　貸方項目：期中仕訳150,000円

　　　＊2　借方項目：開始仕訳350,000円＋損益計算書項目（5,000円＋72,000円＋90,000円）＝517,000円

〔設問1〕

(単位：千円)

	借方科目	金額	貸方科目	金額
投資と資本の相殺消去	資　本　金	10,000	S　社　株　式	14,000
	利益剰余金	5,000	非支配株主持分	3,000
	の　れ　ん	2,000		

〔設問2〕

① 開始仕訳

(単位：千円)

	借方科目	金額	貸方科目	金額
投資と資本の相殺消去	資　本　金	10,000	S　社　株　式	14,000
	利益剰余金	5,000	非支配株主持分	3,000
	の　れ　ん	2,000		

② 期中仕訳

(単位：千円)

	借方科目	金額	貸方科目	金額
のれんの償却	の　れ　ん　償　却	100	の　れ　ん	100
純利益の振替	非支配株主に帰属する当期純利益	760	非支配株主持分	760
配当金の修正	受取配当金	2,400	利益剰余金	3,000
	非支配株主持分	600		

〔設問3〕

① 開始仕訳（要約仕訳）

(単位：千円)

	借方科目	金額	貸方科目	金額
投資と資本の相殺消去等	資　本　金	10,000	S　社　株　式	14,000
	利益剰余金	5,260	非支配株主持分	3,160
	の　れ　ん	1,900		

② 期中仕訳

(単位：千円)

	借方科目	金額	貸方科目	金額
のれんの償却	の　れ　ん　償　却	100	の　れ　ん	100
純利益の振替	非支配株主に帰属する当期純利益	740	非支配株主持分	740
配当金の修正	受取配当金	2,800	利益剰余金	3,500
	非支配株主持分	700		

連結会計における「開始仕訳」の意味を，今一度，よく確認してください。

1．S社資本の増減（P社の持分80％，S社株式の取得原価14,000千円）

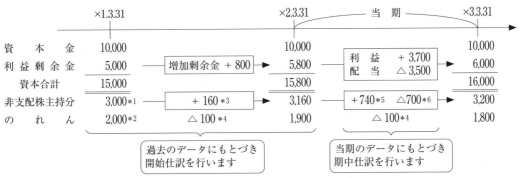

* 1　非支配株主持分：資本合計 15,000 千円×非支配株主の持分 20％＝ 3,000 千円
* 2　のれん：資本合計 15,000 千円× 80％－ S 社株式 14,000 千円＝△ 2,000 千円（借方差額）
* 3　子会社増加剰余金の振り替え：増加剰余金 800 千円× 20％＝ 160 千円
* 4　のれん償却額：2,000 千円÷ 20 年＝ 100 千円
* 5　当期純利益の非支配株主持分への振り替え：3,700 千円× 20％＝ 740 千円
* 6　非支配株主に対する配当の修正：3,500 千円× 20％＝ 700 千円

2．連結修正仕訳

〔設問1〕

×1年3月31日におけるS社の資本を相殺消去します。

(1)　**非支配株主持分**

（10,000千円＋5,000千円）× 20％

＝3,000千円〈S社資本に対する非支配株主の持分〉

(2)　**のれん**

（10,000千円＋5,000千円）× 80％

＝12,000千円〈S社資本に対するP社の持分〉

12,000千円－14,000千円＝△2,000千円

→借方差額（のれん）

〔設問2〕

(1)　**開始仕訳**

支配獲得日における投資と資本の相殺消去の仕訳が開始仕訳になります。

(2)　**期中仕訳**

①　のれん償却：2,000千円÷20年＝100千円

②　S社純利益の非支配株主持分への振り替え

3,800千円× 20％＝760千円

③　S社配当金の修正

3,000千円× 80％＝2,400千円

→受取配当金と相殺消去

3,000千円× 20％＝600千円

→非支配株主持分を減額

〔設問3〕

支配獲得後1年目における「開始仕訳」および「期中仕訳」をまとめた仕訳（要約仕訳）が「開始仕訳」となります。

(1)　**開始仕訳（単位：千円）**

①　投資と資本の相殺消去

（資 本 金）	10,000	（S 社 株 式）	14,000
（利 益 剰 余 金）	5,000	（非支配株主持分）	3,000
（の れ ん）	2,000		

②　のれんの償却

「のれん償却（P/L項目）」は，開始仕訳として行うとき，「利益剰余金」に置き換えます。

（利 益 剰 余 金）	100	（の れ ん）	100

③　子会社当期純利益の非支配株主持分への振り替え

「非支配株主持分に帰属する当期純利益（P/L項目）」は，開始仕訳として行うとき，「利益剰余金」に置き換えます。

（利 益 剰 余 金）	760	（非支配株主持分）	760

④　子会社配当金の修正

「受取配当金（P/L項目）」は，開始仕訳として行うとき，「利益剰余金」に置き換えます。

（利 益 剰 余 金）	2,400	（利 益 剰 余 金）	3,000
（非支配株主持分）	600		

⑤ 開始仕訳の要約

以上①から④の仕訳をまとめたものが「開始仕訳」になります。

（資　本　金）	10,000	（S　社　株　式）	14,000
（利益剰余金）	5,260	（非支配株主持分）	3,160
（の　れ　ん）	1,900		

（参　考）

上記，「③子会社当期純利益の非支配株主持分への振り替え」と「④子会社配当金の修正」をまとめると，以下の仕訳になります。

| （利益剰余金） | 160 | （非支配株主持分） | 160 |

このまとめた仕訳を「子会社増加剰余金の振り替え」といいます。なお，その仕訳金額は，支配獲得日（×1年3月31日）の利益剰余金5,000千円と前期末（×2年3月31日）の利益剰余金5,800千円の差額に非支配株主の持分を乗じて求めることができます。

（5,800千円〈×2年3月31日〉－5,000千円〈×1年3月31日〉）×20％＝160千円

⑵　**期中仕訳**

①　のれん償却：2,000千円÷20年＝100千円

②　S社純利益の非支配株主持分への振り替え
3,700千円×20％＝740千円

③　S社配当金の修正
3,500千円×80％＝2,800千円
→受取配当金と相殺消去
3,500千円×20％＝700千円
→非支配株主持分を減額

科　　　　目	個別財務諸表		修正消去		連結財務諸表
	P　社	S　社	借　方	貸　方	
貸借対照表					**連結貸借対照表**
諸　資　　産	1,880,000	1,480,000			3,360,000
S　社　株　式	650,000	──		650,000	──
の　れ　　ん	──	──	50,000	5,000	45,000
資　産　合　計	2,530,000	1,480,000	50,000	655,000	3,405,000
諸　負　　債	(830,000)	(450,000)			(1,280,000)
資　本　　金	(1,200,000)	(650,000)	650,000		(1,200,000)
利　益　剰　余　金	(500,000)	(380,000)	350,000	150,000	(513,000)
			167,000		
非 支 配 株 主 持 分	──	──	60,000	400,000	(412,000)
				72,000	
負債・純資産合計	(2,530,000)	(1,480,000)	1,227,000	622,000	(3,405,000)
損益計算書					**連結損益計算書**
諸　収　　益	(2,040,000)	(1,450,000)			(3,490,000)
受　取　配　当　金	(90,000)	──	90,000		──
諸　費　　用	1,800,000	1,270,000			3,070,000
の　れ　ん　償　却	──	──	5,000		5,000
当　期　純　利　益	(330,000)	(180,000)	95,000		(415,000)
非支配株主に帰属する当期純利益			72,000		72,000
親会社株主に帰属する当期純利益			167,000		(343,000)

解答への道

連結精算表の作成方法を確認しましょう。

1. 連結損益計算書の完成

(1) 修正消去欄の合計を記入します。
- 「当期純利益」
  借方：90,000円 + 5,000円 = 95,000円
  貸方：0
- 「親会社株主に帰属する当期純利益」
  借方：95,000円 + 72,000円 = 167,000円
  貸方：0

(2) 連結損益計算書欄を完成させます。
- 諸収益：2,040,000円 + 1,450,000円
  = 3,490,000円
- 受取配当金：90,000円 − 90,000円 = 0
- 諸費用：1,800,000円 + 1,270,000円
  = 3,070,000円

- のれん償却：5,000円
- 当期純利益：
  330,000円 + 180,000円 − 95,000円 = 415,000円
- 非支配株主持分に帰属する当期純利益：
  72,000円
- 親会社株主に帰属する当期純利益：
  330,000円 + 180,000円 − 167,000円
  = 343,000円
  または，
  415,000円 − 72,000円 = 343,000円

(3) 修正消去欄に記入された「親会社株主に帰属する当期純利益」の金額（借方：167,000円，貸方：0）を貸借対照表における「利益剰余金」の行に移記します。

なお，金額が「0」となる場合，この「0」の記入は省略してもかまいません。

貸借対照表					
⋮					
利 益 剰 余 金	(500,000)	(380,000)	350,000	150,000	
			►167,000	►0	
⋮					
損益計算書					連結損益計算書
諸 収 益	(2,040,000)	(1,450,000)			(3,490,000)
受 取 配 当 金	(90,000)	——	90,000		——
諸 費 用	1,800,000	1,270,000			3,070,000
の れ ん 償 却	——	——	5,000		5,000
当 期 純 利 益	(330,000)	(180,000)	95,000	0	(415,000)
非支配株主に帰属する当期純利益			72,000		72,000
親会社株主に帰属する当期純利益			└167,000	0	(343,000)

2．連結貸借対照表の作成

(1) 修正消去欄の合計を，「資産合計」および「負債・純資産合計」の行に記入します。
　　・「資産合計」
　　借方：50,000円
　　貸方：650,000円＋5,000円＝655,000円
　　・「負債および純資産合計」
　　借：650,000円＋350,000円＋167,000円
　　　　＋60,000円＝1,227,000円
　　貸方：150,000円＋400,000円＋72,000円
　　　　＝622,000円

(2) 連結貸借対照表を完成させます。
　　・諸資産：1,880,000円＋1,480,000円
　　　　　　　＝3,360,000円
　　・S社株式：650,000円－650,000円＝0
　　・のれん：50,000円－5,000円＝45,000円
　　・諸負債：830,000円＋450,000円＝1,280,000円
　　・資本金：1,200,000円＋650,000円－650,000円
　　　　　　　＝1,200,000円
　　・利益剰余金：
　　　500,000円＋380,000円－350,000円－167,000円
　　　＋150,000円＝513,000円
　　・非支配株主持分：
　　　400,000円＋72,000円－60,000円＝412,000円

(1) 連結修正仕訳

① 開始仕訳（要約仕訳）

	借方科目	金額	貸方科目	金額
投資と資本の相殺消去等	資　本　金	650,000	S　社　株　式	650,000
	利　益　剰　余　金	367,000	非支配株主持分	412,000
	の　れ　ん	45,000		

② 期中仕訳

	借方科目	金額	貸方科目	金額
のれんの償却	の　れ　ん　償　却	5,000	の　れ　ん	5,000
純利益の振替	非支配株主に帰属する当期純利益	100,000	非支配株主持分	100,000
配当金の修正	受　取　配　当　金	120,000	利　益　剰　余　金	200,000
	非支配株主持分	80,000		

(2) 連結精算表

（単位：円）

科　目	個別財務諸表		修正消去		連結財務諸表
	P 社	S 社	借　方	貸　方	
貸借対照表					**連結貸借対照表**
諸　資　産	2,080,000	1,600,000			3,680,000
S　社　株　式	650,000	——		650,000	——
の　れ　ん	——	——	45,000	5,000	40,000
資　産　合　計	2,730,000	1,600,000	45,000	655,000	3,720,000
諸　負　債	(950,000)	(520,000)			(1,470,000)
資　本　金	(1,200,000)	(650,000)	650,000		(1,200,000)
利　益　剰　余　金	(580,000)	(430,000)	367,000	200,000	(618,000)
			225,000		
非支配株主持分	——	——	80,000	412,000	(432,000)
				100,000	
負債・純資産合計	(2,730,000)	(1,600,000)	1,322,000	712,000	(3,720,000)
損益計算書					**連結損益計算書**
諸　収　益	(2,140,000)	(1,710,000)			(3,850,000)
受　取　配　当　金	(120,000)	——	120,000		——
諸　費　用	1,880,000	1,460,000			3,340,000
の　れ　ん　償　却	——	——	5,000		5,000
当　期　純　利　益	(380,000)	(250,000)	125,000		(505,000)
非支配株主に帰属する当期純利益			100,000		100,000
親会社株主に帰属する当期純利益			225,000		(405,000)

連結第2年度の資本連結に関する総合問題です。

以下に示したタイム・テーブルを用意し，「S社資本の増減」を整理し，必要な連結修正仕訳を考えるとよいでしょう。

1．タイム・テーブル（S社資本の増減）P社の持分60%，S社株式の取得原価650,000円

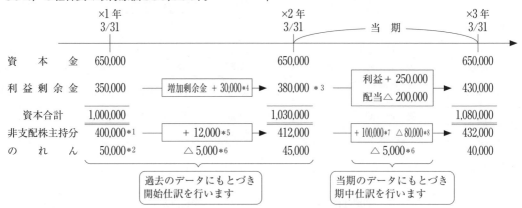

〈×1年 3/31〉
* ＊1　非支配株主持分：資本合計1,000,000円×非支配株主の持分40％＝400,000円
* ＊2　のれん：資本合計1,000,000円×60％－S社株式650,000円＝△50,000円（借方差額）

〈×1年 3/31 ～ ×2年 3/31〉
* ＊3　前期末利益剰余金：当期末430,000円－純利益250,000円＋配当200,000円＝380,000円
* ＊4　子会社増加剰余金：前期末380,000円－支配獲得日350,000円＝30,000円
* ＊5　子会社増加剰余金の振り替え：増加剰余金30,000円×40％＝12,000円
* ＊6　のれん償却額：50,000円÷10年＝5,000円

〈×2年 3/31 ～ ×3年 3/31〉
* ＊7　当期純利益の非支配株主持分への振り替え：250,000円×40％＝100,000円
* ＊8　非支配株主に対する配当の修正：200,000円×40％＝80,000円

2．連結修正仕訳

① 開始仕訳

・投資と資本の相殺消去

（資　本　金）	650,000	（S　社　株　式）	650,000
（利 益 剰 余 金）	350,000	（非支配株主持分）	400,000＊1
（の　れ　ん）	50,000＊2		

* ＊1　(650,000円＋350,000円)×40％
　　　支配獲得日のS社資本
　　　＝400,000円〈非支配株主の持分〉
* ＊2　(650,000円＋350,000円)×60％
　　　支配獲得日のS社資本
　　　＝600,000円〈P社の持分〉
　　　600,000円－650,000円＝△50,000円
　　　→ 借方差額（のれん）

・×1年度におけるのれんの償却

（利 益 剰 余 金）	5,000＊	（の　れ　ん）	5,000

* ＊　50,000円÷10年＝5,000円

・子会社増加剰余金の非支配株主持分への振り替え

前期におけるS社の利益剰余金の増加額のうち，非支配株主に帰属する金額を利益剰余金から減額し，非支配株主持分へ振り替えます。なお，その金額は，支配獲得日（×1年3月31日）の利益剰余金350,000円と前期末（×2年3月31日）の利益剰余金380,000円の差額を計算し，これに非支配株主の持分を乗じて求めます。

（利 益 剰 余 金）	12,000＊	（非支配株主持分）	12,000

* ＊　(380,000円〈当期首残高〉－350,000円〈支配獲得日〉)×40％＝12,000円

・開始仕訳の要約

以上の仕訳をまとめたものが「開始仕訳」になります。

（資　本　金）	650,000	（S　社　株　式）	650,000
（利 益 剰 余 金）	367,000	（非支配株主持分）	412,000
（の　れ　ん）	45,000		

② 期中仕訳（×2年度の連結修正仕訳）
・のれんの償却

$$（のれん償却）5,000* （の れ ん）5,000$$

* 50,000円 ÷ 10年 = 5,000円
・当期純利益の非支配株主持分への振り替え

$$\begin{pmatrix}非支配株主に帰属する\\当期純利益\end{pmatrix} 100,000* （非支配株主持分）100,000$$

* 250,000円〈S社当期純利益〉× 40% = 100,000円
・配当金の修正

$$（受 取 配 当 金）120,000*1 （利 益 剰 余 金）200,000$$
$$（非支配株主持分）80,000*2$$

*1 200,000円〈S社配当金〉× 60% = 120,000円
*2 200,000円〈S社配当金〉× 40% = 80,000円

3．連結精算表の完成

① 連結修正仕訳を修正消去欄に記入します。
② 連結損益計算書を完成させます。
③ 損益計算書の「親会社株主に帰属する当期純利益」の行に記入した金額を貸借対照表の「利益剰余金」の行に移記します。
④ 連結貸借対照表を完成させます。

（単位：円）

科　　目	個別財務諸表 P　社	個別財務諸表 S　社	修正消去 借　方		修正消去 貸　方		連結財務諸表	
貸借対照表							**連結貸借対照表**	
諸　　資　　産	2,080,000	1,600,000					④	3,680,000
S　社　株　式	650,000	——			①	650,000		——
の　　れ　　ん	——	——	①	45,000	①	5,000	④	40,000
資　産　合　計	2,730,000	1,600,000	④	45,000	④	655,000	④	3,720,000
諸　　負　　債	(950,000)	(520,000)					④	(1,470,000)
資　　本　　金	(1,200,000)	(650,000)	①	650,000			④	(1,200,000)
利　益　剰　余　金	(580,000)	(430,000)	①	367,000	①	200,000	④	(618,000)
			③ ▶225,000		③ ▶	0		
非　支　配　株　主　持　分	——	——	①	80,000	①	412,000	④	(432,000)
					①	100,000		
負債・純資産合計	(2,730,000)	(1,600,000)	④	1,322,000	④	712,000	④	(3,720,000)
損益計算書							**連結損益計算書**	
諸　　収　　益	(2,140,000)	(1,710,000)					②	(3,850,000)
受　取　配　当　金	(120,000)	——	①	120,000			②	3,340,000
諸　　費　　用	1,880,000	1,460,000					②	3,340,000
の　れ　ん　償　却	——	——	①	5,000			②	5,000
当　期　純　利　益	(380,000)	(250,000)	②	125,000	②	0	②	(505,000)
非支配株主に帰属する当期純利益			①	100,000			②	100,000
親会社株主に帰属する当期純利益			② └ 225,000		② └	0	②	(405,000)

〈133〉

問題22-1

	借方科目	金　額	貸方科目	金　額
(1)	売　上　高	1,230,000	売 上 原 価	1,230,000
(2)	売　上　高	1,860,000	売 上 原 価	1,860,000
(3)	売　上　高	5,150,000	売 上 原 価	5,150,000
	買　掛　金	327,000	売　掛　金	327,000

解答への道

(1) 内部取引高の相殺

　　P社・S社間の商品売買取引におけるP社の「売上高」とS社の「売上原価（当期商品仕入高）」を相殺消去します。

(2) 内部取引高の相殺

　　P社・S社間の商品売買取引におけるP社の「売上高」とS社の「売上原価（当期商品仕入高）」を相殺消去します。なお，期末に売掛金・買掛金の残高がないため，債権債務の相殺消去は必要ありません。

(3) 内部取引高の相殺および債権債務の相殺消去

　　P社・S社間の商品売買取引におけるP社の「売上高」とS社の「売上原価（当期商品仕入高）」，およびP社の「売掛金」とS社の「買掛金」を相殺消去します。

問題22-2

	借方科目	金　額	貸方科目	金　額
(1)	長 期 借 入 金	3,000,000	長 期 貸 付 金	3,000,000
	受 取 利 息	90,000	支 払 利 息	90,000
(2)	短 期 借 入 金	5,000,000	短 期 貸 付 金	5,000,000
	受 取 利 息	25,000	支 払 利 息	25,000
	未 払 費 用	25,000	未 収 収 益	25,000

解答への道

(1) 債権債務および内部取引高の相殺消去

　　P社・S社間の資金取引に関するP社の「貸付金（長期貸付金）」とS社の「借入金（長期借入金）」を相殺消去します。また，この資金取引における利息の授受について，P社の「受取利息」とS社の「支払利息」を相殺消去します。

(2) 債権債務および内部取引高の相殺消去

　　P社・S社間の資金取引に関するP社の「貸付金

（短期貸付金）」とS社の「借入金（短期借入金）」を相殺消去します。また，この資金取引における利息について経過勘定が計上されているため，P社の「受取利息」および「未収収益（未収利息）」とS社の「支払利息」および「未払費用（未払利息）」を相殺消去します。

消去すべき利息：$5,000,000 円 \times 1.5\% \times \dfrac{4 か月}{12 か月}$

$= 25,000 円$

問題22-3

	借方科目	金　額	貸方科目	金　額
(1)	仕 訳 な し			
(2)	支 払 手 形	200,000	短 期 借 入 金	200,000

解答への道

〈手形割引きの修正〉

　　企業グループ内部で振り出された約束手形の割引きは，連結上，約束手形の振り出しによる資金の借入れ取引（手形借入金）となります。よって，その手形が未決済の場合，S社の「支払手形」を「短期借入金」に振り替えます。なお，割り引いた手形が期中に決済されていた場合には，連結上の修正は必要ありません。

(1) 割り引いた手形が決済されているため，仕訳なしとなります。

(2) 割り引いた手形が決済されていないため，修正が必要となります。

① 個別会計上の仕訳

　・S社

（買　掛　金）200,000 （支 払 手 形）200,000

　・P社

（受 取 手 形）200,000 （売　掛　金）200,000
（当 座 預 金）200,000 （受 取 手 形）200,000

② 連結上の仕訳

（当 座 預 金）200,000 （短 期 借 入 金）200,000

③ 連結修正仕訳（②−①）

（支 払 手 形）200,000 （短 期 借 入 金）200,000

	借方科目	金　額	貸方科目	金　額
(1)	支 払 手 形	250,000	短 期 借 入 金	250,000
	支 払 利 息	6,000	手 形 売 却 損	8,000
	前 払 費 用	2,000		
(2)	仕 訳 な し			
(3)	支 払 手 形	480,000	受 取 手 形	300,000
			短 期 借 入 金	180,000

解答への道

　企業グループ内部で振り出された約束手形が企業グループ外部の者に「裏書き」または「割引き」され，期末において未決済の状態にある場合，受取側の「受取手形」が消滅しているため，これを振出側の「支払手形」と相殺することができません。そこで連結上，残ってしまった「支払手形」についてその修正を考えます。

(1) 割引手形（割り引いた手形のうち未決済のもの）の修正
　・短期借入金の計上
　　S社が振り出した約束手形の意味は，個別会計上は「買掛金等を支払うための約束手形」となりますが，連結会計上は「資金調達のための約束手形（＝手形借入金）」となります。よって，連結会計上「支払手形」の金額を「短期借入金」に振り替えます。

> （支 払 手 形）250,000　（短 期 借 入 金）250,000

　・手形売却損の修正
　　また，上述のとおり，個別会計上の「手形の割引き（＝手形債権の売却取引）」は，連結会計上，「手形借入金（＝手形の振出による資金の借り入れ取引）」とみなされます。そこで，手形の「売却」取引を前提に計上した「手形売却損」を，「資金の借り入れ取引」に伴う「支払利息」に修正します。また，支払利息は期間費用の性質を持つため，未経過分に対応する金額は「前払費用」として処理します。

> （支 払 利 息）　6,000　（手 形 売 却 損）　8,000
> （前 払 費 用）　2,000

[参考]
　なお，「手形売却損」が親会社（P社）ではなく，子会社（S社）において計上されたものである場合，「前払費用」の計上額について，連結上の費用が減少することから，非支配株主持分の調整が必要となります。

> （非支配株主に帰属する当期純利益）　800　（非支配株主持分）　800

　非支配株主持分の調整額：
　前払費用2,000円×非支配株主の持分40％
　＝800円

(2) 裏書手形（裏書譲渡した手形のうち未決済のもの）の修正
　　P社が振り出した約束手形の意味は，個別会計上も連結会計上も，どちらも「買掛金を支払うため」の約束手形であり，いずれも「支払手形」の処理となります。
　・個別会計上：P社がS社に対して負担する買掛金を支払うための約束手形
　・連結会計上：P社が企業グループの仕入先に対して負担する買掛金を支払うための約束手形

　よって，P社が振り出し，S社が裏書譲渡した約束手形320,000円について，連結会計上，修正仕訳は必要ありません。

(3) 債権債務の相殺消去および割引手形・裏書手形の修正
　　本問における手形取引の内訳は以下のとおりであり，修正が必要な項目は①と③です。なお，修正が問題となる「割引手形（裏書手形）」とは，「割引きした（裏書きした）手形のうち期末現在，未決済のもの」であることに注意してください。

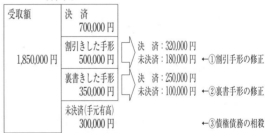

①　割引手形180,000円の修正
　　支払手形の金額を短期借入金に振り替えます。

> （支 払 手 形）180,000　（短 期 借 入 金）180,000

②　裏書手形100,000円の修正
　　個別会計上も連結会計上も「支払手形」の意味に違いがないため，「仕訳なし」。

③　期末有高（手元有高）300,000円の修正
　　受取手形と支払手形を相殺消去します。

> （支 払 手 形）300,000　（受 取 手 形）300,000

	借方科目	金額	貸方科目	金額
(1)	買　掛　金	365,000	売　掛　金	365,000
	貸倒引当金	7,300	貸倒引当金繰入	7,300
(2)	買　掛　金	165,000	売　掛　金	165,000
	貸倒引当金	3,300	貸倒引当金繰入	3,300
	非支配株主に帰属する当期純利益	1,320	非支配株主持分	1,320

解答への道

　貸倒引当金の調整に関する問題です。

　連結上，相殺消去した売掛金等の債権について貸倒引当金が設定されていた場合，債権債務の相殺消去にあわせて，その分の貸倒引当金を消去する必要があります。また，貸倒引当金の消去にともない，「貸倒引当金繰入」が同時に消去されるため，結果として当期純利益および資本が増加します。

　したがって，子会社の貸倒引当金を消去し，かつ部分所有の場合には，消去した貸倒引当金繰入に対するその持分割合について「非支配株主持分」の調整が必要になります。

(1) 債権債務の相殺消去および貸倒引当金（親会社）の調整

　　P社の「売掛金」とS社の「買掛金」を相殺消去し，消去したP社の売掛金に対する貸倒引当金を消去します。

　　消去する貸倒引当金：365,000円〈P社のS社に対する売掛金〉× 2 ％
　　　　　　　　　　　　　＝ 7,300円

(2) 債権債務の相殺消去および貸倒引当金（子会社）の調整

　　S社の「売掛金」とP社の「買掛金」を相殺消去し，消去したS社の売掛金に対する貸倒引当金を消去します。また，本問は，消去した貸倒引当金が子会社のものであり，かつ部分所有であるため，非支配株主持分の調整を行います。

①　消去する貸倒引当金：165,000円〈S社のP社に対する売掛金〉× 2 ％
　　　　　　　　　　　　＝ 3,300円

②　非支配株主持分の調整

　　「非支配株主に帰属する当期純利益」を計上して「非支配株主持分」を増額します。

　　調整する非支配株主持分：
　　3,300円× 40％〈非支配株主の持分〉＝ 1,320円

	借方科目	金額	貸方科目	金額
(1)	売　上　原　価	36,000	商　　　品	36,000
(2)	売　上　原　価	33,000	商　　　品	33,000
	非支配株主持分	13,200	非支配株主に帰属する当期純利益	13,200
(3)	売　上　原　価	15,000	商　　　品	15,000
(4)	売　上　原　価	16,500	商　　　品	16,500
	非支配株主持分	6,600	非支配株主に帰属する当期純利益	6,600

解答への道

　期末商品に含まれる未実現利益の消去に関する問題です。

　企業グループ内部で取引した商品が販売されずに期末商品となった場合，その期末商品棚卸高には売主の利益が含まれています。この利益を未実現利益といい，連結会計上，消去します。

　具体的には，未実現利益の金額を「商品（期末商品棚卸高）」から控除するとともに，その金額を「売上原価」として計上し，連結上の費用を増額することにより間接的に消去します。

　また，未実現利益はこれを計上した側の負担で消去します。すなわちP社がS社に販売したケース（ダウン・ストリーム）ではP社の負担で未実現利益を消去し，S社がP社に販売したケース（アップ・ストリーム）ではS社の負担で未実現利益を消去します。なお，アップ・ストリームの場合において，かつ部分所有の場合には，消去した未実現利益をその持分割合に従い非支配株主に負担させるため，「非支配株主に帰属する当期純利益」を相手科目として，「非支配株主持分」を減額します。

(1) ダウン・ストリーム：売上総利益率による未実現利益の計算

　　売上総利益率とは，売上高に含まれる売上総利益の割合をいいます。

　　未実現利益：180,000円〈P社からの仕入れによる期末商品〉× 20％＝ 36,000円

(2) アップ・ストリーム：売上総利益率による未実現利益の計算

　　未実現利益：165,000円〈S社からの仕入れによる期末商品〉× 20％＝ 33,000円

　　非支配株主持分の調整：
　　33,000円× 40％〈非支配株主の持分〉＝ 13,200円

(3) ダウン・ストリーム：付加率による計算

　　付加率とは原価に対して加算された利益の割合をいいます。

未実現利益：90,000円〈P社からの仕入れによる期末商品〉$\times \dfrac{20\%}{100\% + 20\%}$

　　　　　　　= 15,000円

(4) アップ・ストリーム：原価率による計算

　原価率とは売上高に含まれる原価（売上原価）の割合をいいます。

　原価率：$\dfrac{2,205,000円〈売上原価〉}{3,150,000円〈売上高〉} \times 100 = 70\%$

　未実現利益：55,000円〈S社からの仕入れによる期末商品〉$\times \underbrace{(100\% - 70\%)}_{\text{利益率}}$

　　　　　　　= 16,500円

非支配株主持分の調整：

16,500円 × 40%〈非支配株主の持分〉= 6,600円

問題22-7

	借方科目	金　額	貸方科目	金　額
(1)	固定資産売却益	130,000	土　　地	130,000
(2)	土　　地	300,000	固定資産売却損	300,000
(3)	固定資産売却益	150,000	土　　地	150,000
	非支配株主持分	60,000	非支配株主に帰属する当期純利益	60,000

解答への道

　固定資産（土地）の売買に関する未実現損益の消去を問う問題です。

　企業グループ内部で固定資産を売却した場合、その

固定資産売却損益は企業グループ内部の取引によりもたらされた未実現の損益であるため、連結上、これを消去します。

　未実現損益は、売主の「固定資産売却益（または損）」を消去するとともに買主の固定資産の取得原価を減額または増額します。

　また、未実現損益はこれを計上した側の負担で消去します。すなわちP社がS社に売却したケース（ダウン・ストリーム）ではP社の負担で未実現損益を消去し、S社がP社に売却したケース（アップ・ストリーム）ではS社の負担で未実現損益を消去します。なお、アップ・ストリームの場合において、かつ部分所有の場合には、消去した未実現損益をその持分割合に従い非支配株主に負担させるため、「非支配株主に帰属する当期純利益」を相手科目として、「非支配株主持分」を増額（売却損の場合）または減額（売却益の場合）します。

(1) ダウン・ストリーム

　未実現損益（＝固定資産売却益）：

　1,480,000円 − 1,350,000円 = 130,000円

(2) ダウン・ストリーム

　未実現損益（＝固定資産売却損）：

　3,200,000円 − 3,500,000円 = △300,000円

(3) アップ・ストリーム

　未実現損益（＝固定資産売却益）：

　2,000,000円 − 1,850,000円 = 150,000円

　非支配株主持分の調整：

　150,000円 × 40%〈非支配株主の持分〉

　　= 60,000円

問題22-8

連結貸借対照表

×2年3月31日　　　　　　　　（単位：円）

資　　産	金　額	負債・純資産	金　額
受　取　手　形	275,000	支　払　手　形	285,000
売　　掛　　金	675,000	買　　掛　　金	520,000
貸　倒　引　当　金	△ 24,500	⋮	
商　　　　　品	594,500	⋮	

連結損益計算書

自×1年4月1日　至×2年3月31日　　　（単位：円）

科　　目	金　額
売　　　上　　　高	6,925,000
売　　上　　原　　価	△ 4,519,500
売　　上　　総　　利　　益	2,405,500
販　売　費　及　び　一　般　管　理　費	△ 1,664,000
営　　業　　利　　益	741,500

成果連結に関する総合問題です。

1．売上高と売上原価の相殺消去

（売　上　高）	3,870,000	（売 上 原 価）	3,870,000

2．債権債務の消去と貸倒引当金

(1) 売上債権（受取手形および売掛金）と仕入債務（支払手形および買掛金）の相殺消去

（支 払 手 形）	140,000	（受 取 手 形）	140,000
（買　　掛　　金）	360,000	（売　　掛　　金）	360,000

(2) 貸倒引当金の調整

消去した売上債権に対する貸倒引当金を修正します。なお，本問では「貸倒引当金繰入」は「販売費及び一般管理費」に置き換えます。

（貸 倒 引 当 金）	10,000	（販売費及び一般管理費）	10,000

貸倒引当金の調整額：（140,000 円 + 360,000 円）
$$× 2\% = 10,000 円$$

3．期末商品に含まれる未実現利益の消去

本問では，S社の期末商品はすべてP社からの仕入によるものであるため，期末商品 274,000 円について未実現利益を計算し，これを消去します。

(1) 原価率の算定

$$\frac{4,725,000 円（P社：売上原価）}{6,300,000 円（P社：売上高）} × 100 = 75\%$$

(2) 未実現利益の算定

$$274,000 円 × \underbrace{(100\% - 75\%)}_{利益率} = 68,500 円$$

(3) 連結修正仕訳

（売 上 原 価）	68,500	（商　　　　　品）	68,500

4．連結損益計算書

・売上高：6,300,000 円 + 4,495,000 円 − 3,870,000 円
$$= 6,925,000 円$$

・売上原価：4,725,000 円 + 3,596,000 円 − 3,870,000 円
$$+ 68,500 円 = 4,519,500 円$$

・販売費及び一般管理費：
1,075,000 円 + 599,000 円 − 10,000 円
$$= 1,664,000 円$$

5．連結貸借対照表

・受取手形：300,000 円 + 115,000 円 − 140,000 円
$$= 275,000 円$$

・売掛金：600,000 円 + 435,000 円 − 360,000 円
$$= 675,000 円$$

・貸倒引当金：18,000 円 + 16,500 円 − 10,000 円
$$= 24,500 円$$

・商品：389,000 円 + 274,000 円 − 68,500 円
$$= 594,500 円$$

・支払手形：285,000 円 + 140,000 円 − 140,000 円
$$= 285,000 円$$

・買掛金：520,000 円 + 360,000 円 − 360,000 円
$$= 520,000 円$$

1．連結精算表

(1) 連結貸借対照表

(単位：円)

表示科目	個別財務諸表			連結修正仕訳		連結財務諸表
	P 社	S 社	合 計	借 方	貸 方	
売 掛 金	520,000	265,000	785,000		165,000	620,000
貸 倒 引 当 金	(10,400)	(5,300)	(15,700)	3,300		(12,400)
商 品	150,000	246,000	396,000		14,500	381,500
土 地	1,800,000	800,000	2,600,000		35,000	2,565,000
の れ ん	——	——	——	160,000	8,000	152,000
S 社 株 式	1,000,000	——	1,000,000		1,000,000	——
そ の 他 の 資 産	2,140,400	1,181,300	3,321,700			3,321,700
合 計	5,600,000	2,487,000	8,087,000	163,300	1,222,500	7,027,800
買 掛 金	(370,000)	(312,000)	(682,000)	165,000		(517,000)
そ の 他 の 負 債	(1,380,000)	(625,000)	(2,005,000)			(2,005,000)
資 本 金	(3,000,000)	(1,250,000)	(4,250,000)	1,250,000		(3,000,000)
利 益 剰 余 金	(850,000)	(300,000)	(1,150,000)	150,000	50,000	(885,800)
				▶ 2,147,500	▶ 1,983,300	
非 支 配 株 主 持 分	——	——	——	20,000	560,000	(620,000)
					80,000	
合 計	(5,600,000)	(2,487,000)	(8,087,000)	3,732,500	2,673,300	(7,027,800)

(2) 連結損益計算書

(単位：円)

表示科目	個別財務諸表			連結修正仕訳		連結財務諸表
	P 社	S 社	合 計	借 方	貸 方	
売 上 高	(6,000,000)	(4,230,000)	(10,230,000)	1,980,000		(8,250,000)
売 上 原 価	4,800,000	3,450,000	8,250,000	14,500	1,980,000	6,284,500
販売費及び一般管理費	906,000	646,000	1,552,000			1,552,000
貸 倒 引 当 金 繰 入	6,000	3,000	9,000		3,300	5,700
の れ ん 償 却	——			8,000		8,000
営 業 外 収 益	(180,000)	(90,000)	(270,000)	30,000		(240,000)
営 業 外 費 用	90,000	36,000	126,000			126,000
特 別 利 益	(72,000)	(30,000)	(102,000)	35,000		(67,000)
特 別 損 失	130,000	15,000	145,000			145,000
非支配株主に帰属する当期純利益	——	——	——	80,000		80,000
親会社株主に帰属する当期純利益	(320,000)	(200,000)	(520,000)	⊢ 2,147,500	⊢ 1,983,300	(355,800)

２．連結財務諸表

連結貸借対照表
×2 年 3 月 31 日現在 （単位：円）

資　産　の　部		負　債　の　部	
売　掛　金 （	620,000 ）	買　掛　金 （	517,000 ）
貸 倒 引 当 金 （	△ 12,400 ）	そ の 他 の 負 債	2,005,000
商　　品 （	381,500 ）	負 債 合 計 （	2,522,000 ）
土　　地 （	2,565,000 ）	純　資　産　の　部	
の れ ん （	152,000 ）	Ⅰ 株　主　資　本	
そ の 他 の 資 産	3,321,700	資　本　金 （	3,000,000 ）
		利 益 剰 余 金 （	885,800 ）
		Ⅱ 非 支 配 株 主 持 分 （	620,000 ）
		純 資 産 合 計 （	4,505,800 ）
資 産 合 計 （	7,027,800 ）	負債・純資産合計 （	7,027,800 ）

連結損益計算書
自 ×1 年 4 月 1 日　至 ×2 年 3 月 31 日 （単位：円）

Ⅰ 売　　上　　高			（　8,250,000　）
Ⅱ 売　上　原　価			（　6,284,500　）
売 上 総 利 益			（　1,965,500　）
Ⅲ 販売費及び一般管理費			
1．販売費及び一般管理費	1,552,000		
2．貸 倒 引 当 金 繰 入	（　5,700　）		
3．の れ ん 償 却	（　8,000　）		（　1,565,700　）
営　業　利　益			（　399,800　）
Ⅳ 営　業　外　収　益			（　240,000　）
Ⅴ 営　業　外　費　用			126,000
経　常　利　益			（　513,800　）
Ⅵ 特　別　利　益			（　67,000　）
Ⅶ 特　別　損　失			145,000
当　期　純　利　益			（　435,800　）
非支配株主に帰属する当期純利益			（　80,000　）
親会社株主に帰属する当期純利益			（　355,800　）

連結会計（連結第1年度）の総合問題です。

I．S社資本の増減（P社の持分：60％，S社株式の取得原価1,000,000円）

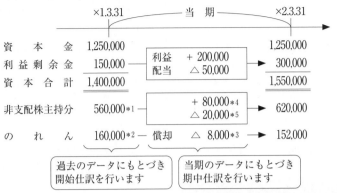

* 1　非支配株主持分：資本合計1,400,000円×非支配株主の持分40％＝560,000円
* 2　のれん：資本合計1,400,000円×60％－S社株式1,000,000円＝△160,000円（借方差額）
* 3　のれん償却額：160,000円÷20年＝8,000円
* 4　当期純利益の非支配株主持分への振り替え：200,000円×40％＝80,000円
* 5　非支配株主に対する配当の修正：50,000円×40％＝20,000円

II．連結修正仕訳

1．開始仕訳：支配獲得日（×1年3月31日）における投資と資本の相殺消去

（資 本 金）	1,250,000	（S 社 株 式）	1,000,000
（利益剰余金）	150,000	（非支配株主持分）	560,000*1
（の れ ん）	160,000*2		

* 1　(1,250,000円＋150,000円)×40％
　　　<u>1,400,000円〈S社の資本勘定〉</u>
　　　＝560,000円〈非支配株主の持分〉
* 2　(1,250,000円＋150,000円)×60％
　　　<u>1,400,000円〈S社の資本勘定〉</u>
　　　＝840,000円〈P社持分〉
　　　840,000円－1,000,000円＝△160,000円

2．期中仕訳（×1年度の連結修正仕訳）

(1)　のれんの償却

（のれん償却）	8,000*	（の れ ん）	8,000

* 　160,000円÷20年＝8,000円

(2)　当期純利益の非支配株主持分への振り替え

（非支配株主に帰属する当期純利益）	80,000*	（非支配株主持分）	80,000

* 　200,000円〈S社当期純利益〉×40％＝80,000円

(3)　配当金の修正

（営業外収益）受取配当金	30,000*1	（利益剰余金）	50,000
（非支配株主持分）	20,000*2		

* 1　50,000円〈S社配当金〉×60％＝30,000円
* 2　50,000円〈S社配当金〉×40％＝20,000円

(4)　売上高と売上原価の相殺消去
　　　P社の売上高とS社の売上原価（当期商品仕入高）を相殺消去します。

（売 上 高）	1,980,000	（売 上 原 価）	1,980,000

(5)　期末商品棚卸高に含まれる未実現利益の消去
　　　S社の期末商品に含まれる未実現利益を消去します。

（売 上 原 価）	14,500*	（商 品）	14,500

* 　$159,500円×\dfrac{0.1}{1＋0.1}＝14,500円$

(6)　債権債務の相殺消去
　　　P社の売掛金とS社の買掛金を相殺消去します。

（買 掛 金）	165,000	（売 掛 金）	165,000

(7) 貸倒引当金の調整

　　消去したP社のS社に対する売掛金165,000円について貸倒引当金を修正します。

（貸 倒 引 当 金）	3,300*	（貸倒引当金繰入）	3,300

　＊　165,000円×2％＝3,300円

(8) 固定資産売買に係る未実現損益の消去

　　P社の固定資産売却益35,000円を消去し，S社の土地の取得原価を35,000円減額します。

（特 別 利 益） 固定資産売却益	35,000*	（土　　　　　地）	35,000

　＊　固定資産売却益：300,000円－265,000円＝35,000円

問題22-10

	借方科目	金　　額	貸方科目	金　　額
(1)	利益剰余金	13,000	売 上 原 価	13,000
	売 上 原 価	21,000	商　　品	21,000
(2)	利益剰余金	130,000	土　　地	130,000
(3)	利益剰余金	130,000	固定資産売却益	130,000

解答への道

　本問は，成果連結における「翌期の処理」を問う問題です。

(1) 期首商品および期末商品に含まれる未実現利益の消去：ダウン・ストリーム

① 期首商品に含まれる未実現利益の消去

　　期首商品は「前期の期末商品」です。したがって，前期末における未実現利益の消去を開始仕訳として行います。なお，「売上原価（P/L項目）」は開始仕訳として行うときには，「利益剰余金」に置き換えます。

　ⅰ　開始仕訳

（利 益 剰 余 金）	13,000*	（商　　　　　品）	13,000

　＊　65,000円×20％＝13,000円

　ⅱ　実現仕訳

　　未実現利益の計算上，期首商品は当期にすべて販売されたとみなされるため，未実現利益が実現します。そこで，「利益剰余金」を本来の「売上原価」に戻して開始仕訳の逆仕訳（実現仕訳）を行います。

（商　　　　　品）	13,000	（売 上 原 価）	13,000

　ⅲ　連結修正仕訳（ⅰ＋ⅱ）

（利 益 剰 余 金）	13,000	（売 上 原 価）	13,000

② 期末商品に含まれる未実現利益の消去

（売 上 原 価）	21,000*	（商　　　　　品）	21,000

　＊　105,000円×20％＝21,000円

(2) 固定資産（土地）売買に関する未実現損益の消去：ダウン・ストリーム

　　前期末における未実現損益の消去を開始仕訳として行います。なお，「固定資産売却益（P/L項目）」を「利益剰余金」に置き換えます。

　ⅰ　開始仕訳

（利 益 剰 余 金）	130,000	（土　　　　　地）	130,000

　　未実現損益（＝固定資産売却益）：
　　1,480,000円－1,350,000円＝130,000円

　ⅱ　実現仕訳

　　この土地は当期末においてS社が所有し，外部に売却されていないため，固定資産売却損益は実現していません。よって，実現仕訳はありません。

仕 訳 な し

(3) 固定資産（土地）売買に関する未実現損益の消去：ダウン・ストリーム

　　前期に企業グループ内部で売買した土地が，当期に企業グループ外部の第三者に売却されることにより，未実現利益が実現します。したがって，前期末における未実現損益の消去を①開始仕訳として行うとともに，②実現仕訳を行います。

　ⅰ　開始仕訳

　　「固定資産売却益（P/L項目）」を「利益剰余金」に置き換えて開始仕訳を行います。

（利 益 剰 余 金）	130,000	（土　　　　　地）	130,000

　ⅱ　実現仕訳

　　開始仕訳における「利益剰余金」をもとの「固定資産売却益」に戻して，逆仕訳（実現仕訳）を行います。

（土　　　　　地）	130,000	（固定資産売却益）	130,000

　ⅲ　連結修正仕訳（ⅰ＋ⅱ）

（利 益 剰 余 金）	130,000	（固定資産売却益）	130,000

問題23-1

(1) 連結修正仕訳

借 方 科 目	金 額	貸 方 科 目	金 額
資 本 金 当 期 首 残 高	185,000	子 会 社 株 式	300,000
資 本 剰 余 金 当 期 首 残 高	115,000	非支配株主持分 当 期 首 残 高	180,000
利 益 剰 余 金 当 期 首 残 高	150,000		
の れ ん	30,000		

(2) 連結株主資本等変動計算書（一部）

連 結 株 主 資 本 等 変 動 計 算 書
自×1年4月1日　至×2年3月31日　　　　（単位：円）

	株　　主　　資　　本			非　支　配 株　主　持　分
	資　本　金	資本剰余金	利益剰余金	
当 期 首 残 高	(300,000)	(200,000)	(250,000)	(180,000)
⋮				

解答への道

(1) 連結修正仕訳：投資と資本の相殺消去

投資と資本の相殺消去を「開始仕訳」として行います。このとき，消去すべき「支配獲得日におけるS社の資本」は，株主資本等変動計算書の当期首残高に引き継がれているため，連結修正仕訳におけるS社の資本項目は「○○当期首残高」とします。

S社資本：185,000円＋115,000円＋150,000円
＝450,000円

非支配株主持分：450,000円〈S社資本〉×40%
〈非支配株主の持分〉
＝180,000円

のれん：S社資本450,000円×60%〈親会社の持分〉
－投資300,000円＝△30,000円（借方差額）

(2) 連結株主資本等変動計算書の当期首残高の計算

P社，S社の金額を①合算のうえ，②投資と資本の相殺消去を行います。その結果，S社資本は，その全額が消去され，親会社の投資と相殺消去できない部分について，非支配株主持分が計上されます。

・資本金当期首残高：300,000円＋185,000円
－185,000円＝300,000円

・資本剰余金当期首残高：
200,000円＋115,000円－115,000円＝200,000円

・利益剰余金当期首残高：
250,000円＋150,000円－150,000円＝250,000円

・非支配株主持分当期首残高：180,000円

(1) 連結修正仕訳

	借 方 科 目	金 額	貸 方 科 目	金 額
純 利 益 の 振 り 替 え	非支配株主に帰属する 当 期 純 利 益	34,000	非 支 配 株 主 持 分 当 期 変 動 額	34,000
配当金の修正	受 取 配 当 金	48,000	利 益 剰 余 金 剰 余 金 の 配 当	80,000
	非 支 配 株 主 持 分 当 期 変 動 額	32,000		

(2) 連結株主資本等変動計算書（一部）

連 結 株 主 資 本 等 変 動 計 算 書
自×1年4月1日 至×2年3月31日 （単位：円）

	株 主 資 本			非 支 配 株 主 持 分
	資 本 金	資 本 剰 余 金	利 益 剰 余 金	
当 期 首 残 高	××	××	××	××
剰 余 金 の 配 当			（ △100,000）	
親会社株主に帰属する 当 期 純 利 益			（ 153,000）	
株主資本以外の項目の 当期変動額（純額）				（ 2,000）
⋮				

<hr>

解答への道

株主資本等変動計算書に記載されたS社の「剰余金の配当：△80,000」と「当期純利益：85,000」について連結修正仕訳を行い、連結株主資本等変動計算書（一部）を完成させます。

(1) 子会社当期純利益の修正

S社の当期純利益のうち、非支配株主に帰属する部分を非支配株主持分に振り替えます。

（非支配株主に帰属する 当 期 純 利 益）	34,000*	（非支配株主持分 当 期 変 動 額）	34,000

* 85,000円×40％＝34,000円

(2) 子会社配当金の修正

S社の「剰余金の配当」を取り消します。

① P社に対する配当の修正

（受 取 配 当 金）	48,000*	（利 益 剰 余 金 剰 余 金 の 配 当）	48,000

* 80,000円×60％＝48,000円

② 非支配株主に対する配当の修正

（非支配株主持分 当 期 変 動 額）	32,000*	（利 益 剰 余 金 剰 余 金 の 配 当）	32,000

* 80,000円×40％＝32,000円

(3) 連結株主資本等変動計算書（一部）の作成

・剰余金の配当：100,000円＋80,000円
　　　　　　　　－80,000円＝100,000円
・当期純利益：問題文に指示された「連結損益計算書における親会社株主に帰属する当期純利益」153,000円を記入します。

（参考）

なお、本問で判明する内容を前提として、連結損益計算書における親会社株主に帰属する当期純利益153,000円を、以下のように確認することもできます。

150,000円〈P社当期純利益〉＋85,000円〈S社当期純利益〉－48,000円〈受取配当金〉－34,000円〈非支配株主に帰属する当純純利益〉
＝153,000円

・株主資本以外の項目の当期変動額（純額）：
連結修正仕訳における「非支配株主持分当期変動額」の金額を純額で記入します。
34,000円〈貸方〉－32,000円〈借方〉
＝2,000円〈貸方〉

科　　目	個別財務諸表		修正消去		連結財務諸表
	P　社	S　社	借　方	貸　方	
貸借対照表					連結貸借対照表
諸　　資　　産	1,880,000	1,480,000			3,360,000
S　社　株　式	650,000	――		650,000	――
の　　れ　　ん	――	――	50,000	5,000	45,000
資　産　合　計	2,530,000	1,480,000	50,000	655,000	3,405,000
諸　　負　　債	(830,000)	(450,000)			(1,280,000)
資　　本　　金	(1,200,000)	(650,000)	650,000		(1,200,000)
利　益　剰　余　金	(500,000)	(380,000)	517,000	150,000	(513,000)
非　支　配　株　主　持　分	――	――	60,000	472,000	(412,000)
負債・純資産合計	(2,530,000)	(1,480,000)	1,227,000	622,000	(3,405,000)
損益計算書					連結損益計算書
諸　　収　　益	(2,040,000)	(1,450,000)			(3,490,000)
受　取　配　当　金	(90,000)		90,000		
諸　　費　　用	1,800,000	1,270,000			3,070,000
の　れ　ん　償　却	――	――	5,000		5,000
当　期　純　利　益	(330,000)	(180,000)	95,000		(415,000)
非支配株主に帰属する当期純利益			72,000		72,000
親会社株主に帰属する当期純利益			167,000		(343,000)
株主資本等変動計算書					連結株主資本等変動計算書
資本金当期首残高	(1,200,000)	(650,000)	650,000		(1,200,000)
資本金当期末残高	(1,200,000)	(650,000)	650,000		(1,200,000)
利益剰余金当期首残高	(450,000)	(350,000)	350,000		(450,000)
剰　余　金　の　配　当	280,000	150,000		150,000	280,000
親会社株主に帰属する当期純利益	(330,000)	(180,000)	167,000		(343,000)
利益剰余金当期末残高	(500,000)	(380,000)	517,000	150,000	(513,000)
非支配株主持分当期首残高	――	――		400,000	(400,000)
非支配株主持分当期変動額	――	――	60,000	72,000	(12,000)
非支配株主持分当期末残高	――	――	60,000	472,000	(412,000)

解答への道

　連結精算表は，①連結損益計算書，②連結株主資本等変動計算書，③連結貸借対照表の順で完成させます。

1．連結損益計算書の完成
(1) 修正消去欄の合計を記入します。
　　・「当期純利益」
　　　借方：90,000円＋5,000円＝95,000円
　　　貸方：0
　　・「親会社株主に帰属する当期純利益」
　　　借方：95,000円＋72,000円＝167,000円
　　　貸方：0
(2) 連結損益計算書欄を完成させます。
　　・諸収益：2,040,000円＋1,450,000円＝3,490,000円

・受取配当金：90,000円－90,000円＝0
・諸費用：1,800,000円＋1,270,000円＝3,070,000円
・のれん償却：5,000円
・当期純利益：
　330,000円＋180,000円－95,000円＝415,000円
・非支配株主持分に帰属する当期純利益：72,000円
・親会社株主に帰属する当期純利益：
　330,000円＋180,000円－167,000円＝343,000円
(3) 修正消去欄に記入された「親会社株主に帰属する当期純利益」の金額（借方：167,000円，貸方：0）を株主資本等変動計算書における利益剰余金の「親会社株主に帰属する当期純利益」の行に移記します。なお，貸方の「0」は省略してもかまいません。

損益計算書					連結損益計算書
諸　　収　　益	(2,040,000)	(1,450,000)			(3,490,000)
受　取　配　当　金	(90,000)		90,000		——
諸　　費　　用	1,800,000	1,270,000			3,070,000
の　れ　ん　償　却			5,000		5,000
当　期　純　利　益	(330,000)	(180,000)	95,000	0	(415,000)
非支配株主に帰属する当期純利益			72,000		72,000
親会社株主に帰属する当期純利益			167,000	0	(343,000)
株主資本等変動計算書					連結株主資本等変動計算書
⋮					
親会社株主に帰属する当期純利益	(330,000)	(180,000)	167,000	0	

2．連結株主資本等変動計算書の完成

(1) 修正消去欄の合計を，各純資産の当期末残高の行に記入します。
　・「資本金当期末残高」
　　借方：650,000円，貸方：0
　・「利益剰余金当期末残高」
　　借方：350,000円＋167,000円＝517,000円
　　貸方：150,000円
　・「非支配株主持分当期末残高」
　　借：60,000円
　　貸方：400,000円＋72,000円＝472,000円

(2) 連結株主資本等変動計算書を完成させます。
　・資本金当期首残高：1,200,000円＋650,000円
　　　　　　　　　　　　－650,000円＝1,200,000円
　・資本金当期末残高：1,200,000円＋650,000円
　　　　　　　　　　　　－650,000円＝1,200,000円
　・利益剰余金当期首残高：

450,000円＋350,000円－350,000円
　＝450,000円
・剰余金の配当：280,000円＋150,000円
　　　　　　　　－150,000円＝280,000円
・親会社株主に帰属する当期純利益：
330,000円＋180,000円－167,000円
　＝343,000円
・利益剰余金当期末残高：
500,000円＋380,000円－517,000円
　＋150,000円＝513,000円
・非支配株主持分当期首残高：400,000円
・非支配株主持分当期変動額：
72,000円－60,000円＝12,000円
・非支配株主持分当期末残高：
472,000円－60,000円＝412,000円

(3) 修正消去欄に記入された各純資産の「当期末残高」を貸借対照表の各純資産の行に移記します。

科　　目	個別財務諸表		修正消去		連結財務諸表
	P　社	S　社	借　方	貸　方	
貸借対照表					連結貸借対照表
⋮					
資　　本　　金	(1,200,000)	(650,000)	650,000	0	
利　益　剰　余　金	(500,000)	(380,000)	517,000	150,000	
非　支　配　株　主　持　分			60,000	472,000	
負債・純資産合計	(2,530,000)	(1,480,000)			
損益計算書					連結損益計算書
⋮					
株主資本等変動計算書					連結株主資本等変動計算書
⋮					
資　本　金　当　期　末　残　高	(1,200,000)	(650,000)	650,000	0	(1,200,000)
利益剰余金当期末残高	(500,000)	(380,000)	517,000	150,000	(513,000)
非支配株主持分当期末残高			60,000	472,000	(412,000)

3．連結貸借対照表の作成

(1) 修正消去欄の合計を，「資産合計」および「負債・純資産合計」の行に記入します。

・「資産合計」
借方：50,000円
貸方：650,000円＋5,000円＝655,000円
・「負債および純資産合計」
借方：650,000円＋517,000円＋60,000円
　　　　＝1,227,000円
貸方：150,000円＋472,000円＝622,000円

(2) 連結貸借対照表を完成させます。

・諸資産：1,880,000円＋1,480,000円
　　　　　　＝3,360,000円
・S社株式：650,000円－650,000円＝0
・のれん：50,000円－5,000円＝45,000円
・諸負債：830,000円＋450,000円＝1,280,000円
・資本金：1,200,000円＋650,000円－650,000円
　　　　　　＝1,200,000円
・利益剰余金：
　500,000円＋380,000円－517,000円＋150,000円
　　＝513,000円
・非支配株主持分：472,000円－60,000円
　　　　　　　　　　＝412,000円

問題23-4

(1) 連結修正仕訳

① 開始仕訳

	借方科目	金額	貸方科目	金額
投資と資本の相殺消去	資本金当期首残高	650,000	S　社　株　式	650,000
	利益剰余金当期首残高	350,000	非支配株主持分当期首残高	400,000
	の　れ　ん	50,000		

② 期中仕訳

	借方科目	金額	貸方科目	金額
のれんの償却	の れ ん 償 却	5,000	の　れ　ん	5,000
純利益の振替	非支配株主に帰属する当期純利益	72,000	非支配株主持分当期変動額	72,000
配当金の修正	受 取 配 当 金	90,000	利益剰余金剰余金の配当	150,000
	非支配株主持分当期変動額	60,000		

(2) 連結精算表

（単位：円）

科　　目	個別財務諸表		修正消去		連結財務諸表
	P　社	S　社	借　方	貸　方	
貸借対照表					**連結貸借対照表**
諸　　資　　産	1,880,000	1,480,000			3,360,000
S　社　株　式	650,000	――		650,000	
の　　れ　　ん	――	――	50,000	5,000	45,000
資　産　合　計	2,530,000	1,480,000	50,000	655,000	3,405,000
諸　　負　　債	(830,000)	(450,000)			(1,280,000)
資　　本　　金	(1,200,000)	(650,000)	650,000		(1,200,000)
利　益　剰　余　金	(500,000)	(380,000)	517,000	150,000	(513,000)
非 支 配 株 主 持 分	――	――	60,000	472,000	(412,000)
負債・純資産合計	(2,530,000)	(1,480,000)	1,227,000	622,000	(3,405,000)
損益計算書					**連結損益計算書**
諸　　収　　益	(2,040,000)	(1,450,000)			(3,490,000)
受　取　配　当　金	(90,000)	――	90,000		
諸　　費　　用	1,800,000	1,270,000			3,070,000
の　れ　ん　償　却	――	――	5,000		5,000
当　期　純　利　益	(330,000)	(180,000)	95,000		(415,000)
非支配株主に帰属する当期純利益			72,000		72,000
親会社株主に帰属する当期純利益			167,000		(343,000)
株主資本等変動計算書					**連結株主資本等変動計算書**
資 本 金 当 期 首 残 高	(1,200,000)	(650,000)	650,000		(1,200,000)
資 本 金 当 期 末 残 高	(1,200,000)	(650,000)	650,000		(1,200,000)
利益剰余金当期首残高	(450,000)	(350,000)	350,000		(450,000)
剰　余　金　の　配　当	280,000	150,000		150,000	280,000
親会社株主に帰属する当期純利益	(330,000)	(180,000)	167,000		(343,000)
利益剰余金当期末残高	(500,000)	(380,000)	517,000	150,000	(513,000)
非支配株主持分当期首残高	――	――		400,000	(400,000)
非支配株主持分当期変動額	――	――	60,000	72,000	(12,000)
非支配株主持分当期末残高	――	――	60,000	472,000	(412,000)

解答への道

(1) 連結修正仕訳

① 開始仕訳：投資と資本の相殺消去

$$\begin{pmatrix}資　本　金\\当期首残高\end{pmatrix}\ 650,000 \quad （S 社 株 式）650,000$$

$$\begin{pmatrix}利 益 剰 余 金\\当期首残高\end{pmatrix}\ 350,000 \quad \begin{pmatrix}非支配株主持分\\当 期 首 残 高\end{pmatrix}400,000^{*1}$$

$$（の　れ　ん）\ 50,000^{*2}$$

* 1　(650,000円 + 350,000円) × 40%
　　　　　　S社の資本
　　　= 400,000円〈非支配株主持分の持分〉

* 2　(650,000円 + 350,000円) × 60%
　　　　　　S社の資本
　　　= 600,000円〈P社の持分〉
　　　600,000円 − 650,000円 = △50,000円
　　　→借方差額（のれん）

② 期中仕訳（×2年度の連結修正仕訳）
　・のれんの償却

$$（のれん償却）\ 5,000^* \quad （の　れ　ん）\ 5,000$$

*　50,000円 ÷ 10年 = 5,000円

・当期純利益の非支配株主持分への振り替え

(非支配株主に帰属する当期純利益)	72,000*	(非支配株主持分当期変動額)	72,000

＊　180,000円〈S社当期純利益〉× 40％ ＝ 72,000円

・配当金の修正

(受取配当金)	90,000*1	(利益剰余金剰余金の配当)	150,000
(非支配株主持分当期変動額)	60,000*2		

＊1　150,000円〈S社配当金〉× 60％ ＝ 90,000円
＊2　150,000円〈S社配当金〉× 40％ ＝ 60,000円

(2)　連結精算表の作成
　　　連結精算表の記入手順については「問題23-3」の解説を参照のこと。

問題23-5

〔設問1〕

(単位：千円)

	借方科目	金額	貸方科目	金額
投資と資本の相殺消去	資　本　金	10,000	S　社　株　式	14,000
	利　益　剰　余　金	5,000	非支配株主持分	3,000
	の　れ　ん	2,000		

〔設問2〕
①　開始仕訳

(単位：千円)

	借方科目	金額	貸方科目	金額
投資と資本の相殺消去	資　本　金当　期　首　残　高	10,000	S　社　株　式	14,000
	利　益　剰　余　金当　期　首　残　高	5,000	非支配株主持分当　期　首　残　高	3,000
	の　れ　ん	2,000		

②　期中仕訳

(単位：千円)

	借方科目	金額	貸方科目	金額
のれんの償却	の れ ん 償 却	100	の　れ　ん	100
純利益の振替	非支配株主に帰属する当　期　純　利　益	760	非支配株主持分当　期　変　動　額	760
配当金の修正	受　取　配　当　金	2,400	利　益　剰　余　金剰　余　金　の　配　当	3,000
	非支配株主持分当　期　変　動　額	600		

〈149〉

〔設問3〕

① 開始仕訳（要約仕訳）

（単位：千円）

	借方科目	金額	貸方科目	金額
投資と資本の相殺消去等	資　本　金当期首残高	10,000	S　社　株　式	14,000
	利益剰余金当期首残高	5,260	非支配株主持分当期首残高	3,160
	の　　れ　　ん	1,900		

② 期中仕訳

（単位：千円）

	借方科目	金額	貸方科目	金額
のれんの償却	の　れ　ん　償　却	100	の　　れ　　ん	100
純利益の振替	非支配株主に帰属する当期純利益	740	非支配株主持分当期変動額	740
配当金の修正	受　取　配　当　金	2,800	利益剰余金剰余金の配当	3,500
	非支配株主持分当期変動額	700		

解答への道

〔設問1〕

　×1年3月31日におけるS社の資本を相殺消去します。

(1) 非支配株主持分

　　(10,000千円 + 5,000千円) × 20%

　　　= 3,000千円〈S社資本に対する非支配株主の持分〉

(2) のれん

　　(10,000千円 + 5,000千円) × 80%

　　　= 12,000千円〈S社資本に対するP社の持分〉

　　12,000千円 − 14,000千円 = △2,000千円（借方差額）

〔設問2〕

(1) 開始仕訳

　支配獲得日における投資と資本の相殺消去の仕訳が開始仕訳になります。ただし，支配獲得日におけるS社の資本は支配獲得後1年目の決算において株主資本等変動計算書の「○○当期首残高」に引き継がれているため，株主資本等変動計算書の科目に置き換えます。

(2) 期中仕訳

① のれん償却：2,000千円 ÷ 20年 = 100千円

② S社純利益の非支配株主持分への振り替え

　　3,800千円 × 20% = 760千円

③ S社配当金の修正

　　3,000千円 × 80% = 2,400千円

　　→受取配当金と相殺消去

　　3,000千円 × 20% = 600千円

　　→非支配株主持分を減額

〔設問3〕

　支配獲得後1年目における「開始仕訳」および「期中仕訳」をまとめた仕訳（要約仕訳）が「開始仕訳」となります。

(1) 開始仕訳

① 投資と資本の相殺消去

(資　本　金当期首残高)	10,000	(S社株式)	14,000
(利益剰余金当期首残高)	5,000	(非支配株主持分当期首残高)	3,000
(の　れ　ん)	2,000		

② のれんの償却

　「のれん償却（P/L項目）」は，開始仕訳として行うとき，「利益剰余金当期首残高」に置き換えます。

(利益剰余金当期首残高)	100	(の　れ　ん)	100

③ 子会社当期純利益の非支配株主持分への振り替え

　「非支配株主持分に帰属する当期純利益（P/L項目）」は，開始仕訳として行うとき，「利益剰余金当期首残高」に置き換えます。

(利益剰余金当期首残高)	760	(非支配株主持分当期首残高)	760

④ 子会社配当金の修正

「受取配当金（P/L項目）」は，開始仕訳として行うとき，「利益剰余金当期首残高」に置き換えます。

（利益剰余金 当期首残高）	2,400	（利益剰余金 当期首残高）	3,000
（非支配株主持分 当期首残高）	600		

⑤ 開始仕訳の要約

以上①から④の仕訳をまとめたものが「開始仕訳」になります。

（資　本　金 当期首残高）	10,000	（S　社　株　式）	14,000
（利益剰余金 当期首残高）	5,260	（非支配株主持分 当期首残高）	3,160
（の　れ　ん）	1,900		

（参考）

上記，「③子会社当期純利益の非支配株主持分への振り替え」と「④子会社配当金の修正」をまとめると，以下の仕訳になります。

（利益剰余金 当期首残高）	160	（非支配株主持分 当期首残高）	160

このまとめた仕訳を「子会社増加剰余金の振り替え」といいます。なお，その仕訳金額は，支配獲得日（×1年3月31日）の利益剰余金5,000千円と当期首（×2年3月31日）の利益剰余金5,800千円の差額に非支配株主の持分を乗じて求めることができます。

（5,800千円〈×2年3月31日〉 − 5,000千円〈×1年3月31日〉）× 20% = 160千円

(2) 期中仕訳

① のれん償却：2,000千円 ÷ 20年 = 100千円

② S社純利益の非支配株主持分への振り替え
3,700千円 × 20% = 740千円

③ S社配当金の修正
3,500千円 × 80% = 2,800千円
→受取配当金と相殺消去
3,500千円 × 20% = 700千円
→非支配株主持分を減額

問題23-6

(1) 連結修正仕訳

① 開始仕訳（要約仕訳）

	借方科目	金　額	貸方科目	金　額
投資と資本の 相殺消去等	資　本　金 当　期　首　残　高	650,000	S　社　株　式	650,000
	利　益　剰　余　金 当　期　首　残　高	367,000	非　支　配　株　主　持　分 当　期　首　残　高	412,000
	の　れ　ん	45,000		

② 期中仕訳

	借方科目	金　額	貸方科目	金　額
のれんの償却	の　れ　ん　償　却	5,000	の　れ　ん	5,000
純利益の振替	非支配株主に帰属する 当　期　純　利　益	100,000	非　支　配　株　主　持　分 当　期　変　動　額	100,000
配当金の修正	受　取　配　当　金	120,000	利　益　剰　余　金 剰　余　金　の　配　当	200,000
	非　支　配　株　主　持　分 当　期　変　動　額	80,000		

(2) 連結精算表

(単位：円)

科　　目	個別財務諸表		修正消去		連結財務諸表
	P　社	S　社	借　方	貸　方	
貸借対照表					**連結貸借対照表**
諸　　資　　産	2,080,000	1,600,000			3,680,000
S　社　株　式	650,000	――		650,000	――
の　　れ　　ん	――	――	45,000	5,000	40,000
資　産　合　計	2,730,000	1,600,000	45,000	655,000	3,720,000
諸　　負　　債	(950,000)	(520,000)			(1,470,000)
資　　本　　金	(1,200,000)	(650,000)	650,000		(1,200,000)
利　益　剰　余　金	(580,000)	(430,000)	592,000	200,000	(618,000)
非　支　配　株　主　持　分	――	――	80,000	512,000	(432,000)
負債・純資産合計	(2,730,000)	(1,600,000)	1,322,000	712,000	(3,720,000)
損益計算書					**連結損益計算書**
諸　　収　　益	(2,140,000)	(1,710,000)			(3,850,000)
受　取　配　当　金	(120,000)	――	120,000		
諸　　費　　用	1,880,000	1,460,000			3,340,000
の　れ　ん　償　却	――	――	5,000		5,000
当　期　純　利　益	(380,000)	(250,000)	125,000		(505,000)
非支配株主に帰属する当期純利益			100,000		100,000
親会社株主に帰属する当期純利益			225,000		(405,000)
株主資本等変動計算書					**連結株主資本等変動計算書**
資本金当期首残高	(1,200,000)	(650,000)	650,000		(1,200,000)
資本金当期末残高	(1,200,000)	(650,000)	650,000		(1,200,000)
利益剰余金当期首残高	(500,000)	(380,000)	367,000		(513,000)
剰　余　金　の　配　当	300,000	200,000		200,000	300,000
親会社株主に帰属する当期純利益	(380,000)	(250,000)	225,000		(405,000)
利益剰余金当期末残高	(580,000)	(430,000)	592,000	200,000	(618,000)
非支配株主持分当期首残高	――	――		412,000	(412,000)
非支配株主持分当期変動額	――	――	80,000	100,000	(20,000)
非支配株主持分当期末残高	――	――	80,000	512,000	(432,000)

(1) 連結修正仕訳

① 開始仕訳

・投資と資本の相殺消去

(資　本　金 当期首残高)	650,000	（S　社　株　式)	650,000
(利益剰余金 当期首残高)	350,000	(非支配株主持分 当期首残高)	400,000*1
(の　れ　ん)	50,000*2		

*1　(650,000円＋350,000円)×40%

　　　　支配獲得日のS社資本

　　＝400,000円〈非支配株主持分の持分〉

*2　(650,000円＋350,000円)×60%

　　　　支配獲得日のS社資本

　　＝600,000円〈P社の持分〉

　　600,000円－650,000円＝△50,000円

　　　→借方差額（のれん）

・×1年度におけるのれんの償却

(利益剰余金 当期首残高)	5,000*	（の　れ　ん)	5,000

*　50,000円÷10年＝5,000円

・子会社増加剰余金の非支配株主持分への振り替え

　本問は部分所有の連結であるため，前期におけるS社の利益剰余金の増加額のうち，非支配株主に帰属する金額を企業グループの利益剰余金から減額し，非支配株主持分へ振り替えます。なお，その金額は，支配獲得日（×1年3月31日）の利益剰余金350,000円と前期末（×2年3月31日）の利益剰余金380,000円の差額を計算し，これに非支配株主の持分を乗じて求めます。

(利益剰余金 当期首残高)	12,000*	(非支配株主持分 当期首残高)	12,000

*　(380,000円〈前期末〉－350,000円〈支配獲得日〉)

　　×40%＝12,000円

・開始仕訳の要約

　以上の仕訳をまとめたものが「開始仕訳」になります。

(資　本　金 当期首残高)	650,000	（S　社　株　式)	650,000
(利益剰余金 当期首残高)	367,000	(非支配株主持分 当期首残高)	412,000
(の　れ　ん)	45,000		

② 期中仕訳（×2年度の連結修正仕訳）

・のれんの償却

(のれん償却)	5,000*	（の　れ　ん)	5,000

*　50,000円÷10年＝5,000円

・当期純利益の非支配株主持分への振り替え

(非支配株主に帰属する 当期純利益)	100,000*	(非支配株主持分 当期変動額)	100,000

*　250,000円〈S社当期純利益〉×40%＝100,000円

・配当金の修正

(受取配当金)	120,000*1	(利益剰余金 剰余金の配当)	200,000
(非支配株主持分 当期変動額)	80,000*2		

*1　200,000円〈S社配当金〉×60%＝120,000円

*2　200,000円〈S社配当金〉×40%＝80,000円

(2) 連結精算表の作成

① 連結修正仕訳を修正消去欄に記入します。

② 連結損益計算書，修正消去欄の「当期純利益」の行および「親会社株主に帰属する当期純利益」の行を記入します。

③ 連結損益計算書を完成させ，「親会社株主に帰属する当期純利益」の金額を連結株主資本等変動計算書に移記します。

④ 連結株主資本等変動計算書，修正消去欄における各純資産の科目の「当期末残高」の行を記入します。

⑤ 連結株主資本等変動計算書を完成させ，各純資産の科目の「当期末残高」を貸借対照表に移記します。

⑥ 連結貸借対照表を完成させます。

（単位：円）

科　　目	個別財務諸表		修正消去			連結財務諸表	
	P　社	S　社	借　方		貸　方		
貸借対照表						**連結貸借対照表**	
諸　　資　　産	2,080,000	1,600,000				⑥	3,680,000
S　社　株　式	650,000	——		①	650,000	⑥	——
の　　れ　　ん	——	——	① 45,000	①	5,000	⑥	40,000
資　産　合　計	2,730,000	1,600,000	⑥ 45,000	⑥	655,000	⑥	3,720,000
諸　　負　　債	(950,000)	(520,000)				⑥	(1,470,000)
資　　本　　金	(1,200,000)	(650,000)	⑤ 650,000	⑤	0	⑥	(1,200,000)
利　益　剰　余　金	(580,000)	(430,000)	⑤ 592,000	⑤	200,000	⑥	(618,000)
非　支　配　株　主　持　分	——	——	⑤ 80,000	⑤	512,000	⑥	(432,000)
負債・純資産合計	(2,730,000)	(1,600,000)	⑥ 1,322,000	⑥	712,000	⑥	(3,720,000)
損益計算書						**連結損益計算書**	
諸　　収　　益	(2,140,000)	(1,710,000)				③	(3,850,000)
受　取　配　当　金	(120,000)	——	① 120,000			③	——
諸　　費　　用	1,880,000	1,460,000				③	3,340,000
の　れ　ん　償　却	——	——	① 5,000			③	5,000
当　期　純　利　益	(380,000)	(250,000)	② 125,000	②	0	③	(505,000)
非支配株主に帰属する当期純利益			① 100,000			③	100,000
親会社株主に帰属する当期純利益			②③ 225,000	②③	0	③	(405,000)
株主資本等変動計算書						**連結株主資本等変動計算書**	
資本金当期首残高	(1,200,000)	(650,000)	① 650,000			⑤	(1,200,000)
資本金当期末残高	(1,200,000)	(650,000)	④⑤ 650,000	④⑤	0	⑤	(1,200,000)
利益剰余金当期首残高	(500,000)	(380,000)	① 367,000			⑤	(513,000)
剰　余　金　の　配　当	300,000	200,000		①	200,000	⑤	300,000
親会社株主に帰属する当期純利益	(380,000)	(250,000)	③ 225,000	③	0	⑤	(405,000)
利益剰余金当期末残高	(580,000)	(430,000)	④⑤ 592,000	④⑤	200,000	⑤	(618,000)
非支配株主持分当期首残高	——	——		①	412,000	⑤	(412,000)
非支配株主持分当期変動額	——	——	① 80,000	①	100,000	⑤	(20,000)
非支配株主持分当期末残高	——	——	④⑤ 80,000	④⑤	512,000	⑤	(432,000)

(1)

	借方科目	金　額	貸方科目	金　額
①	利益剰余金当期首残高	30,000	売上原価	30,000
②	売上原価	24,000	商　品	24,000

(2)

	借方科目	金　額	貸方科目	金　額
①	利益剰余金当期首残高	16,200	売上原価	27,000
	非支配株主に帰属する当期純利益	10,800		
	非支配株主持分当期首残高	10,800	非支配株主持分当期変動額	10,800
②	売上原価	15,000	商　品	15,000
	非支配株主持分当期変動額	6,000	非支配株主に帰属する当期純利益	6,000

解答への道

「株主資本等変動計算書」の作成を前提とした棚卸資産に含まる未実現利益の消去の問題です。

「期首商品棚卸高」に含まれる未実現利益の消去に注意します。この場合，ⅰ開始仕訳とⅱ実現仕訳を行いますが，開始仕訳における資本項目は株主資本等変動計算書における「○○当期首残高」に置き換えます。また，実現仕訳における資本項目は株主資本等変動計算書における「当期変動額」の項目をもって仕訳します。

(1) **ダウン・ストリーム**

① 期首商品棚卸高に含まれる未実現利益の消去
開始仕訳における「売上原価」を「利益剰余金当期首残高」に置き換えます。

ⅰ 開始仕訳

（利益剰余金当期首残高）30,000　（商　品）30,000

　　　未実現利益：150,000円×売上総利益率20%
　　　　　　　　＝30,000円

ⅱ 実現仕訳

（商　品）30,000　（売上原価）30,000

ⅲ 連結修正仕訳（ⅰ＋ⅱ）

（利益剰余金当期首残高）30,000　（売上原価）30,000

② 期末商品棚卸高に含まれる未実現利益の消去

（売上原価）24,000　（商　品）24,000

　　　未実現利益：120,000円×売上総利益率20%
　　　　　　　　＝24,000円

(2) **アップ・ストリーム**

① 期首商品棚卸高に含まれる未実現利益の消去
開始仕訳における「売上原価」を「利益剰余金当期首残高」に置き換え，「非支配株主に帰属する当期純利益」を「利益剰余金当期首残高」にそれぞれ置き換えます。また，実現仕訳における「非支配株主持分」は「非支配株主持分当期変動額」とします。

ⅰ 開始仕訳

（利益剰余金当期首残高）27,000　（商　品）27,000
（非支配株主持分当期首残高）10,800　（利益剰余金当期首残高）10,800

　　　未実現利益：180,000円×売上総利益率15%
　　　　　　　　＝27,000円
　　　非支配株主持分の調整額：
　　　未実現利益27,000円×非支配株主の持分40%
　　　　　　　　＝10,800円

ⅱ 実現仕訳

（商　品）27,000　（売上原価）27,000
（非支配株主に帰属する当期純利益）10,800　（非支配株主持分当期変動額）10,800

ⅲ 連結修正仕訳（ⅰ＋ⅱ）

（利益剰余金当期首残高）16,200　（売上原価）27,000
（非支配株主に帰属する当期純利益）10,800　
（非支配株主持分当期首残高）10,800　（非支配株主持分当期変動額）10,800

② 期末商品棚卸高に含まれる未実現利益の消去

（売上原価）15,000　（商　品）15,000
（非支配株主持分当期変動額）6,000　（非支配株主に帰属する当期純利益）6,000

　　　未実現利益：100,000円×売上総利益率15%
　　　　　　　　＝15,000円
　　　非支配株主持分の調整額：
　　　未実現利益15,000円×非支配株主の持分40%
　　　　　　　　＝6,000円

問題23-8

1．連結精算表

(1) 連結貸借対照表

(単位：円)

表示科目	個別財務諸表			連結修正仕訳		連結財務諸表
	P 社	S 社	合 計	借 方	貸 方	
売 掛 金	520,000	265,000	785,000		165,000	620,000
貸 倒 引 当 金	(10,400)	(5,300)	(15,700)	3,300		(12,400)
商 品	150,000	246,000	396,000		14,500	381,500
土 地	1,800,000	800,000	2,600,000		35,000	2,565,000
の れ ん	——	——	——	160,000	8,000	152,000
S 社 株 式	1,000,000	——	1,000,000		1,000,000	——
そ の 他 の 資 産	2,140,400	1,181,300	3,321,700			3,321,700
合 計	5,600,000	2,487,000	8,087,000	163,300	1,222,500	7,027,800
買 掛 金	(370,000)	(312,000)	(682,000)	165,000		(517,000)
そ の 他 の 負 債	(1,380,000)	(625,000)	(2,005,000)			(2,005,000)
資 本 金	(3,000,000)	(1,250,000)	(4,250,000)	1,250,000	0	(3,000,000) ◀
利 益 剰 余 金	(850,000)	(300,000)	(1,150,000)	2,297,500	2,033,300	(885,800) ◀
非 支 配 株 主 持 分	——	——	——	20,000	640,000	(620,000) ◀
合 計	(5,600,000)	(2,487,000)	(8,087,000)	3,732,500	2,673,300	(7,027,800)

(2) 連結損益計算書

(単位：円)

表示科目	個別財務諸表			連結修正仕訳		連結財務諸表
	P 社	S 社	合 計	借 方	貸 方	
売 上 高	(6,000,000)	(4,230,000)	(10,230,000)	1,980,000		(8,250,000)
売 上 原 価	4,800,000	3,450,000	8,250,000	14,500	1,980,000	6,284,500
販売費及び一般管理費	906,000	646,000	1,552,000			1,552,000
貸 倒 引 当 金 繰 入	6,000	3,000	9,000		3,300	5,700
の れ ん 償 却	——	——	——	8,000		8,000
営 業 外 収 益	(180,000)	(90,000)	(270,000)	30,000		(240,000)
営 業 外 費 用	90,000	36,000	126,000			126,000
特 別 利 益	(72,000)	(30,000)	(102,000)	35,000		(67,000)
特 別 損 失	130,000	15,000	145,000			145,000
非支配株主に帰属する当期純利益	——	——	——	80,000		80,000
親会社株主に帰属する当期純利益	(320,000)	(200,000)	(520,000)	2,147,500	1,983,300	(355,800)

(3) 連結株主資本等変動計算書

(単位：円)

表示科目	個別財務諸表			連結修正仕訳		連結財務諸表
	P 社	S 社	合 計	借 方	貸 方	
資 本 金						
当 期 首 残 高	(3,000,000)	(1,250,000)	(4,250,000)	1,250,000		(3,000,000)
当 期 末 残 高	(3,000,000)	(1,250,000)	(4,250,000)	1,250,000	0	(3,000,000)
利 益 剰 余 金						
当 期 首 残 高	(750,000)	(150,000)	(900,000)	150,000		(750,000)
剰 余 金 の 配 当	220,000	50,000	270,000		50,000	220,000
親会社株主に帰属する当期純利益	(320,000)	(200,000)	(520,000)	2,147,500	1,983,300	(355,800)
当 期 末 残 高	(850,000)	(300,000)	(1,150,000)	2,297,500	2,033,300	(885,800)
非 支 配 株 主 持 分						
当 期 首 残 高	——	——	——		560,000	(560,000)
当 期 変 動 額	——	——	——	20,000	80,000	(60,000)
当 期 末 残 高	——	——	——	20,000	640,000	(620,000)

２．連結財務諸表

連 結 貸 借 対 照 表
×2年3月31日現在　　　　　　　　　　　（単位：円）

資　産　の　部		負　債　の　部	
売　掛　金（	620,000 ）	買　掛　金（	517,000 ）
貸倒引当金（	△ 12,400 ）	その他の負債	2,005,000
商　　品（	381,500 ）	負　債　合　計（	2,522,000 ）
土　　地（	2,565,000 ）	純　資　産　の　部	
の　れ　ん（	152,000 ）	Ⅰ　株　主　資　本	
その他の資産	3,321,700	資　本　金（	3,000,000 ）
		利　益　剰　余　金（	885,800 ）
		Ⅱ　非支配株主持分（	620,000 ）
		純　資　産　合　計（	4,505,800 ）
資　産　合　計（	7,027,800 ）	負債・純資産合計（	7,027,800 ）

連 結 損 益 計 算 書
自×1年4月1日　至×2年3月31日　　　　　（単位：円）

Ⅰ　売　　上　　高		（　8,250,000　）
Ⅱ　売　上　原　価		（　6,284,500　）
売　上　総　利　益		（　1,965,500　）
Ⅲ　販売費及び一般管理費		
1．販売費及び一般管理費	1,552,000	
2．貸倒引当金繰入	（　5,700　）	
3．のれん償却	（　8,000　）	（　1,565,700　）
営　業　利　益		（　399,800　）
Ⅳ　営　業　外　収　益		（　240,000　）
Ⅴ　営　業　外　費　用		126,000
経　常　利　益		（　513,800　）
Ⅵ　特　別　利　益		（　67,000　）
Ⅶ　特　別　損　失		145,000
当　期　純　利　益		（　435,800　）
非支配株主に帰属する当期純利益		（　80,000　）
親会社株主に帰属する当期純利益		（　355,800　）

連 結 株 主 資 本 等 変 動 計 算 書
自×1年4月1日　至×2年3月31日　　　　　（単位：円）

	株　主　資　本		非支配株主持分
	資　本　金	利　益　剰　余　金	
当　期　首　残　高	3,000,000	750,000	560,000
剰　余　金　の　配　当		△ 220,000	
親会社株主に帰属する当期純利益		355,800	
株主資本以外の項目の当期変動額（純額）			60,000
当　期　末　残　高	3,000,000	885,800	620,000

連結会計（連結第1年度）の総合問題です。

Ⅰ．S社資本の増減（P社の持分：60％，S社株式の取得原価1,000,000円）

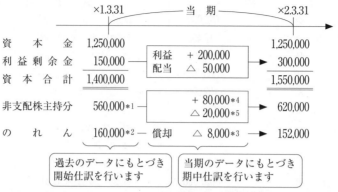

* 1 非支配株主持分：資本合計1,400,000円×非支配株主の持分40％＝560,000円
* 2 のれん：資本合計1,400,000円×60％－S社株式1,000,000円＝△160,000円（借方差額）
* 3 のれん償却額：160,000円÷20年＝8,000円
* 4 当期純利益の非支配株主持分への振り替え：200,000円×40％＝80,000円
* 5 非支配株主に対する配当の修正：50,000円×40％＝20,000円

Ⅱ．連結修正仕訳

1．開始仕訳：支配獲得日（×1年3月31日）における投資と資本の相殺消去

（資　本　金 当期首残高）	1,250,000	（S　社　株　式）	1,000,000
（利益剰余金 当期首残高）	150,000	（非支配株主持分 当期首残高）	560,000*1
（の　れ　ん）	160,000*2		

* 1 （1,250,000円＋150,000円）×40％
　　1,400,000円〈S社の資本勘定〉
　　＝560,000円〈S社持分〉
* 2 （1,250,000円＋150,000円）×60％
　　1,400,000円〈S社の資本勘定〉
　　＝840,000円〈P社持分〉
　　840,000円－1,000,000円＝△160,000円

2．期中仕訳（×1年度の連結修正仕訳）

(1) のれんの償却

（のれん償却）	8,000*	（の　れ　ん）	8,000

* 160,000円÷20年＝8,000円

(2) 当期純利益の非支配株主持分への振り替え

（非支配株主に帰属する 当 期 純 利 益）	80,000*	（非支配株主持分 当 期 変 動 額）	80,000

* 200,000円〈S社当期純利益〉×40％＝80,000円

(3) 配当金の修正

（営 業 外 収 益） 受取配当金	30,000*1	（利益剰余金 剰余金の配当）	50,000
（非支配株主持分 当 期 変 動 額）	20,000*2		

* 1 50,000円〈S社配当金〉×60％＝30,000円
* 2 50,000円〈S社配当金〉×40％＝20,000円

(4) 売上高と売上原価の相殺消去

　　P社の売上高とS社の売上原価（当期商品仕入高）を相殺消去します。

（売　上　高）	1,980,000	（売 上 原 価）	1,980,000

(5) 期末商品棚卸高に含まれる未実現利益の消去

　　S社の期末商品に含まれる未実現利益を消去します。

（売 上 原 価）	14,500*	（商　　　　品）	14,500

* $159,500円×\dfrac{0.1}{1+0.1}=14,500円$

(6) 債権債務の相殺消去

　　P社の売掛金とS社の買掛金を相殺消去します。

（買　掛　金）	165,000	（売　掛　金）	165,000

(7) 貸倒引当金の調整
　　消去したP社のS社に対する売掛金165,000円について貸倒引当金を修正します。

| （貸倒引当金） | 3,300* | （貸倒引当金繰入） | 3,300 |

* 165,000円 × 2 ％ ＝ 3,300円

(8) 固定資産売買に係る未実現損益の消去
　　P社の固定資産売却益35,000円を消去し，S社の土地の取得原価を35,000円減額します。

| （特　別　利　益）
固定資産売却益 | 35,000* | （土　　　　　地） | 35,000 |

* 固定資産売却益：300,000円 － 265,000円 ＝ 35,000円

問題23-9

	借方科目	金　額	貸方科目	金　額
(1)	利益剰余金 当期首残高	13,000	売 上 原 価	13,000
	売 上 原 価	21,000	商　　品	21,000
(2)	買　掛　金	385,000	売　掛　金	385,000
	貸倒引当金	7,700	貸倒引当金繰入	7,700
(3)	利益剰余金 当期首残高	130,000	土　　　地	130,000

解答への道

　本問は，成果連結における「翌期の処理」を問う問題です。
(1) 期首商品および期末商品に含まれる未実現利益の消去：ダウン・ストリーム
　① 期首商品に含まれる未実現利益の消去
　　　期首商品は「前期の期末商品」です。したがって，前期末における未実現利益の消去が「利益剰余金当期首残高」に引き継がれているため，その「開始仕訳」を行います。
　　ⅰ 開始仕訳

| （利 益 剰 余 金
当 期 首 残 高） | 13,000* | （商　　　　品） | 13,000 |

* 65,000円 × 20％ ＝ 13,000円
　　ⅱ 実現仕訳
　　　未実現利益の計算上，期首商品は当期にすべて販売されたとみなされるため，「利益剰余金当期首残高」を本来の「売上原価」に戻して開始仕訳の逆仕訳（実現仕訳）を行います。

| （商　　　　品） | 13,000 | （売 上 原 価） | 13,000 |

ⅲ 連結修正仕訳（ⅰ＋ⅱ）

| （利 益 剰 余 金
当 期 首 残 高） | 13,000 | （売 上 原 価） | 13,000 |

　② 期末商品に含まれる未実現利益の消去

| （売 上 原 価） | 21,000* | （商　　　品） | 21,000 |

* 105,000円 × 20％ ＝ 21,000円

(2) 債権債務の相殺消去と貸倒引当金（親会社）
　① 当期末の債権債務の相殺消去
　　　当期末におけるP社の「売掛金：385,000円」とS社の「買掛金：385,000円」を相殺消去します。

| （買　掛　金） | 385,000 | （売　掛　金） | 385,000 |

　② 貸倒引当金の調整
　　　相殺消去した売掛金に対して設定されている貸倒引当金を調整します。
　　ⓐ 個別会計上の仕訳

| （貸倒引当金繰入） | 13,060* | （貸倒引当金） | 13,060 |

* 653,000円 × 2 ％ ＝ 13,060円
　　ⓑ 連結上の仕訳

| （貸倒引当金繰入） | 5,360* | （貸倒引当金） | 5,360 |

* （653,000円 － 385,000円） × 2 ％ ＝ 5,360円
　　ⓒ 当期分の調整（ⓑ－ⓐ）

| （貸倒引当金） | 7,700 | （貸倒引当金繰入） | 7,700 |

(3) 固定資産（土地）売買に関する未実現損益の消去：ダウン・ストリーム
　　前期における固定資産売却損益（未実現利益）が「利益剰余金当期首残高」に引き継がれているため，連結上，その「開始仕訳」を行います。
　① 開始仕訳

| （利 益 剰 余 金
当 期 首 残 高） | 130,000 | （土　　　　　地） | 130,000 |

　　未実現損益（＝固定資産売却益）：
　　1,480,000円 － 1,350,000円 ＝ 130,000円
　② 実現仕訳
　　　この土地は当期末においてS社が所有し，外部に売却されていないため，固定資産売却損益は実現していません。よって，実現仕訳はありません。

| 仕　訳　な　し |

問題24-1

損 益 計 算 書

自×8年4月1日 至×9年3月31日　　（単位：円）

Ⅰ	売　　上　　高			（	8,458,100　）
Ⅱ	売　上　原　価				
	1	期首製品棚卸高	（　313,800　）		
	2	当期製品製造原価	（　6,550,000　）		
		合　　　　計	（　6,863,800　）		
	3	期末製品棚卸高	（　480,000　）		
		差　　　引	（　6,383,800　）		
	4	原　価　差　異	（　18,000　）	（	6,401,800　）
		売 上 総 利 益		（	2,056,300　）
Ⅲ	販売費及び一般管理費				
	1	販売費・一般管理費	（　1,276,700　）		
	2	棚　卸　減　耗　損	（　22,000　）		
	3	減　価　償　却　費	（　24,000　）		
	4	退　職　給　付　費　用	（　156,000　）		
	5	貸倒引当金繰入	（　4,600　）	（	1,483,300　）
		営　業　利　益		（	573,000　）
Ⅳ	営　業　外　収　益				
	1	投資有価証券売却益	（　110,000　）	（	110,000　）
Ⅴ	営　業　外　費　用				
	1	支　払　利　息	（　25,000　）		
	2	手　形　売　却　損	（　58,000　）	（	83,000　）
		経　常　利　益		（	600,000　）
Ⅵ	特　　別　　利　　益				
	1	固定資産売却益	（　150,000　）	（	150,000　）
		税引前当期純利益		（	750,000　）
		法人税, 住民税及び事業税		（	300,000　）
		当　期　純　利　益		（	450,000　）

貸 借 対 照 表

×9年3月31日 （単位：円）

資 産 の 部			負 債 の 部		
Ⅰ 流 動 資 産			Ⅰ 流 動 負 債		
1 現 金 預 金		(865,100)	1 支 払 手 形		(200,000)
2 受 取 手 形	(452,000)		2 買 掛 金		(400,000)
3 売 掛 金	(403,000)		3 未 払 法 人 税 等		(200,000)
貸 倒 引 当 金	(△ 17,100)	(837,900)	流 動 負 債 合 計		(800,000)
4 製 品		(458,000)	Ⅱ 固 定 負 債		
5 材 料		(294,000)	1 長 期 借 入 金		(500,000)
6 仕 掛 品		(266,000)	2 退 職 給 付 引 当 金		(758,000)
流 動 資 産 合 計		(2,721,000)	固 定 負 債 合 計		(1,258,000)
Ⅱ 固 定 資 産			負 債 合 計		(2,058,000)
1 建 物	(3,630,000)		純 資 産 の 部		
減価償却累計額	(△ 586,000)	(3,044,000)	Ⅰ 株 主 資 本		
2 機 械 装 置	(2,250,000)		1 資 本 金		(5,000,000)
減価償却累計額	(△ 798,000)	(1,452,000)	2 利 益 剰 余 金		
3 土 地		(1,000,000)	(1)利 益 準 備 金	(450,000)	
固 定 資 産 合 計		(5,496,000)	(2)繰越利益剰余金	(709,000)	(1,159,000)
			株 主 資 本 合 計		(6,159,000)
			純 資 産 合 計		(6,159,000)
資 産 合 計		(8,217,000)	負債及び純資産合計		(8,217,000)

解答への道

Ⅰ．決算整理前残高試算表について

本問は，合格テキスト設例24－1の発展問題です。テキストの設例では，2月末の試算表を前提に3月中の取引および決算整理を処理して解答を行いましたが，本問では決算整理前試算表が示されているため，3月中の取引はすでに試算表に反映されています。したがって，資料に示された決算整理のみを処理すれば解答になります。本問とテキストの設例を比較検討しながら学習を進めてください。

Ⅱ．決算整理事項

1．材料の棚卸減耗

材料に係る棚卸減耗は製造間接費に振り替えます。

（製 造 間 接 費）	6,000*	（材　　料）	6,000

＊ 材料の棚卸減耗：帳簿棚卸高300,000円－実地棚卸高294,000円＝6,000円

2．製品の棚卸減耗

製品に係る棚卸減耗損は営業費用として「販売費及び一般管理費」に計上します。

（棚 卸 減 耗 損）	22,000*	（製　　品）	22,000

＊ 棚卸減耗損：帳簿棚卸高480,000円－実地棚卸高458,000円＝22,000円

3．減価償却

期首に見積もった月割額を計上します。なお，製造活動用の固定資産に係る減価償却費は間接経費として製造間接費に計上し，販売・一般管理活動用の固定資産に係る減価償却費は営業費用として「販売費及び一般管理費」に計上します。

① 建物

（製 造 間 接 費）	8,000	（建物減価償却累計額）	10,000
（減 価 償 却 費）	2,000		

② 機械装置

（製 造 間 接 費）	23,000	（機械装置減価償却累計額）	23,000

4．退職給付引当金の設定

　期首に見積もった月割額を計上します。なお，製造活動に関するものは間接労務費として製造間接費に計上し，その他の従業員に関するものは営業費用として「販売費及び一般管理費」に計上します。

（製 造 間 接 費）	25,000	（退職給付引当金）	38,000
（退職給付費用）	13,000		

5．原価差異の計上，および売上原価への振り替え

　上記，1．材料に係る棚卸減耗，3．固定資産の減価償却（製造活動分）および，4．退職給付引当金の設定（製造活動分）の処理をすると当月の製造間接費の実際発生額が確定します。そこで，当月の原価差異（製造間接費配賦差異）を算定し，原価差異に振り替えます。

製　造　間　接　費

実際発生額　　××	予定配賦額　　××
T／B 56,000	

製　造　間　接　費

実際発生額　　××	予定配賦額　　××
棚 卸 減 耗　　6,000 減 価 償 却　　8,000 　　〃　　　　23,000 退・引の設定　25,000	原価差異　　　6,000

(1)　原価差異（借方差異）の計上

（原 価 差 異）	6,000	（製 造 間 接 費）	6,000

(2)　売上原価への振り替え

　当期1年分の原価差異（借方差異）を一括して売上原価に振り替えます。

（売 上 原 価）	18,000	（原 価 差 異）	18,000*

　＊　T／B 12,000円＋3月分6,000円＝18,000円

6．貸倒引当金の設定

（貸倒引当金繰入）	4,600*	（貸 倒 引 当 金）	4,600

　＊　見積額：（受取手形452,000円＋売掛金403,000円）
　　　　　　　　　×2％＝17,100円
　　繰入額：17,100円－12,500円＝4,600円

7．法人税等の計上

（法人税, 住民税及び事業税）	300,000	（仮払法人税等）	100,000
		（未払法人税等）	200,000